CW01664295

AtV

Dieter Kronzucker, 1936 geboren, war vier Jahrzehnte für das Fernsehen unterwegs in Südamerika und Südostasien, in Vietnam und Kuba. Seine neunjährige Korrespondententätigkeit in Washington weist ihn als Amerika-Kenner aus. Den »Weltspiegel« in der ARD und das »heute-journal« hat er mitgeprägt. Sein Deutschlanderlebnis hatte der Bayer in der Nacht des Mauerfalls und während der intensiven Reportertätigkeit in der Noch-DDR. Seitdem gehören Potsdam und Weimar, die Insel Rügen und das Weinrevier an der Unstrut zu seinen Lieblingsorten. Weil auch für ihn das Schicksal Deutschlands mit der Rolle Europas verknüpft ist, hat er von 1997 bis zum Frühjahr 2001 als Korrespondent des Fernsehsenders SAT.1 und des »Rheinischen Merkurs« die Entwicklung der Allianz und der Europäischen Union in Brüssel beobachtet. Seit kurzem ist er Dozent an der Hochschule für Fernsehen und Film in München.

Seine erfolgreichsten Bücher waren Unser Amerika (1987); Das amerikanische Jahrhundert (mit Klaus Emmerich, 1989); Das Jahr des Kondors (1991); Ich glaube, das ist Amerika (1992); der Band zur Fernsehserie »Abenteuer und Legenden« (1989).

Ein ungeteiltes Europa, ein Kontinent ohne Angst – mit dieser Vision vor Augen hat sich Dieter Kronzucker auf eine politische Reise von Großbritannien bis zum Balkan, vom Baltikum bis nach Gibraltar begeben.

»Mein Buch ist ein Plädoyer für ein neues Wir-Gefühl. Nur wenn die Europäer das Einende über das Trennende stellen, alte wie neue Feindbilder überwinden, nationale Grenzen nicht mehr mit machtpolitischen Ansprüchen verknüpfen, könnte ein Gemeinschaftsgefühl wachsen, wie es die Amerikaner verschiedenster Herkunft ganz selbstverständlich eint. Es wäre die Basis für die Wertegemeinschaft Europa als Teil eines transatlantischen Verbundes.«

Dieter Kronzucker

Zum Titelbild:
Fast jede europäische Hauptstadt hat ihren Triumphbogen: Paris den Arc de Triomphe, Rom den Konstantinsbogen, London Marble Arch, Berlin das Brandenburger Tor. Sie alle erinnern an Kriege der Europäer – bis auf den hier abgebildeten Triumphbogen von Brüssel. Er sollte 1880 das Cinquantenaire, den 50. Geburtstag der Nation, in einem dafür gestalteten Jubelpark feiern.

Dieter Kronzucker

Mein Europa

Aufbau Taschenbuch Verlag

ISBN 3-7466-7028-4

1. Auflage 2001
Aufbau Taschenbuch Verlag GmbH, Berlin 2001
© Rütten & Loening Berlin GmbH, 1999
Einbandgestaltung Torsten Lemme
unter Verwendung eines Fotos von Rolf Hayo
Druck Elsnerdruck Berlin
Printed in Germany

www.aufbau-taschenbuch.de

Inhalt

Eine amerikanische Perspektive

Vorwort

Wolkenschwere Himmel, die mit Taifunen drohen. Grabmale in Felsen gehauen wie Bunker. Strände, vor denen Patrouillenschiffe lauern. Korallenbänke, in denen Froschmänner tauchen. Betonbauten, die Hütten und Paläste verdrängen. Ein ständiges Dröhnen von Düsenjägern und Hubschraubern. Mahnwachen vor riesigen Friedhöfen, Demonstrationen vor amerikanischen Militärbasen. Viel Phantasie ist nicht nötig, um sich das Kampfgetümmel, die Todesschreie und die Verzweiflung der letzten Überlebenden vorzustellen in der großen Schlacht um Okinawa am Ende des Pazifikkrieges. Zumal unser Hotel jene Bucht überschaut, an der die amerikanischen Truppen 1945 gelandet und bis heute geblieben sind, erst als Besatzungsmacht, dann als Bündnispartner Japans. So hat nicht nur der Krieg in Okinawa besonders gewütet, die Insel muß auch die Last des Friedens tragen. Das Touristenhotel dient der deutschen, der italienischen und der EU-Delegation als Bleibe während des G-8-Treffens im Juni 2000. Hotel und Strand gehören zum Dorfbezirk von Yomitan in der südlichsten Präfektur Japans. Der greise Bürgermeister Keizo Yasuda hat die europäischen Gäste zu einer Vorführung im neu erbauten Gemeindezentrum geladen und beschert uns einen überwältigenden Empfang. 2000 Dorfbewohner begrüßen uns mit einem Klatschmarsch. 200 von ihnen wirken in der Aufführung zu unseren Ehren mit. Für die Italiener singen die Leute von Yomitan Arien und Schlager aus Enrico Carusos Zeit. Für die Deutschen gibt es Mozart. Und für Europa überhaupt spielen die Laiendarsteller die Geschichte ihrer Insel nach – vom unabhängigen Königreich über Japans Machtübernahme bis zur Öffnung für den Welthandel. Die zierliche Englischlehrerin Norika Grenka erklärt mir nicht nur die Handlung, sondern auch die Euphorie der japanischen Gastgeber. »Wir sind von Tokio und Washington gleich weit entfernt und sehen den Kontakt zu Europa als Ausgleich und Ausweg.« Diese Begeisterung für die Gäste aus Europa bekommen auch die Staatschefs zu spüren. Inselpolitiker wie der Bürgermeister von Yomitan nutzen die Präsenz der G8, um die amerikanische Klammer um Okinawa zu lösen und Distanz zu Tokio zu schaffen. Im »deutschen« Dorf von Miyako mit Nachbauten der Marksburg am Rhein und des Schlosses auf der Insel Mainau wurde Kanzler Gerhard Schröder wie ein Monarch gefeiert. Seine Grußworte werden die Leute von Miyako in Stein meißeln. »Wo gibt es das schon in Deutschland«, meinte Schröder.

Der Brite Blair besuchte Kinderdörfer, der Franzose Chirac erhielt Folkloreunterricht und Rußlands Putin absolvierte einen Karatekurs, und ein jeder konnte ein Bad in der Menge genießen. »Wir machen da keinen Unterschied«, meint Norik Grenka, »für uns gehören die alle zusammen.« Ob es daran lag, daß die Europäer ihrerseits in Okinawa Corpsgeist zeigten?

In Yomitan jedenfalls und zum Finale der Aufführung werden wir Gäste von Drachenpuppen und Papierlöwen auf die Bühne gedrängt, werden selbst Teil der Aufführung.

Brüsseler Bürokraten, italienische Diplomaten und deutsche Journalisten erleben ein Wir-Gefühl, empfinden so etwas wie eine europäische Identität.

Offenbar bedarf es der Ferne und der Einschätzung von außen, um diese Identität zu fühlen und zu pflegen. In unseren heimischen Gefilden stellt sich dieses Selbstverständnis nur in besonderen Situationen her. Ich erlebte es mit den etwa Hundertausend, die im Juni 1999 zu einem Konzert der Rolling Stones ins Wembleystadion gekommen waren. Damals spielten sich die Zuschauer zunächst selber warm. Eine Ola-Welle jagte die andere, alte und junge Anhänger von Mick Jagger und den Seinen verbrüderten sich. Neben mir saßen zwei Jungs aus Dublin, ein junges Ehepaar aus Marburg, eine Gruppe Fans aus Nordfrankreich und ein slowenischer Handelsvertreter. Im Regen rückten wir näher zusammen. Das Stones-Konzert dauerte drei Stunden, aber keiner ging früher nach Hause. Am Ende ließ ich mich wie die anderen zum Finale in die Arena treiben. Der Tumult schlug nicht in Radau um. Der positive Geist von Wembley, in vielen Fußballschlachten gewachsen, hat auch bei dieser Mammutveranstaltung gesiegt.

Leider können Europaerlebnisse auch anders sein. Ich war nach Lens in Nordfrankreich gereist, um Fußball zu sehen, und erlebte statt dessen Straßenschlachten zwischen Polizei und Hooligans. Das ansonsten verschlafene Lens ist eine Fußballgroßmacht, und das Stadion des Städtchens gehörte zu den Austragungsorten der Fußballweltmeisterschaft 1998. Erst flogen Schmähungen, dann Steine, dann Feuerwerkskörper. Es blieb nicht bei Prügeleien und blutigen Nasen, die Randale kosteten dem französischen Polizisten Daniel Nivel fast das Leben. Die Randalierer wollten nicht nur ihre Mannschaft siegen sehen, sondern auch Frust ablassen. Angesichts ihres lebenslang geschädigten Mannes erklärte Frau Nivel: »Ich kann nicht verzeihen.« Nie aber hat sie ein böses Wort über Deutschland verloren. Auch in Nordfrankreich, das bereits in den Weltkriegen unter deutscher Aggression gelitten hat, entstand durch diese Tragödie kein neues deutsches Feindbild. Die Leute sagten sich, für die Tat seien fehlgeleitete Menschen verantwortlich, es hätten ebensogut Hooligans aus anderen Ländern sein können. Dies ist, meine ich, eine sehr souveräne Reaktion auf einen so schlimmen Akt brutaler Gewalt. Wir Deutschen fühlten uns getroffen, eine Flut von Spenden und Bitten um Pardon ging nach Lens. Deutschland wollte sogar aus dem sportlichen Wettbewerb aussteigen. Aber das hätte dem Fußball und der völkerverbindenden Idee des Sports wohl noch mehr geschadet.

Die integrative Kraft eines großen internationalen Turniers hat nur indirekt mit Steilvorlagen und Kurzpässen zu tun, sie speist sich aus der festlichen Stimmung und dem Überwinden von Klassen- und Rassengrenzen durch sportliche Leistungen.

So war der Sieg der »bunten« französischen Equipe sowohl bei der Fußballweltmeisterschaft 1998 in Paris wie bei der Europameisterschaft 2000 in Brüssel auch ein Sieg über die ausländerfeindliche politische Rechte in Frankreich. Die Euphorie der Fans über die fußballspielenden Söhne maghrebinischer, armenischer und ozeanischer Herkunft war stärker als die Fremdelei. Bei deutschen und englischen Zuschauern blieben die Übertragungen Quotenhits, auch nachdem ihre Mannschaften ausgeschieden waren. Da ist Nationalismus dem Spiel auf dem grünen Rasen unterlegen.

Auf italienischen, englischen, spanischen und deutschen Fußballplätzen spielen Hundertschaften von Ballkünstlern, deren Namen auf -ić oder -itch, auf -ow oder -off enden. Hier hat die »Osterweiterung« längst stattgefunden.

Im Sommer 2000 ließen nach einer Reihe von fremdenfeindlichen Übergriffen der FC Bayern und sein Sponsor Opel Großinserate veröffentlichen, darauf die Nachbildung eines Fußballfeldes mit gerade vier Spielern deutschen Namens, darunter die Frage »Ausländer raus?«

Bei der deutschen Begeisterung für Fußball, ungeachtet der Farbe und Physiognomie der Akteure dürften Fremdenhasser eigentlich gar kein Fernsehgerät mehr bedienen oder eine Zeitung aufschlagen können, ohne Verrat an ihrem eigenen Vorurteil zu begehen. Zum Teil habe ich es meinem Onkel Joseph zu verdanken, der einmal für 1860 München Tore schoß und mich zu Gastspielen mit ins Ausland nahm, daß ich von Anfang an immun war gegenüber jedweder Fremdelei.

Aus meiner Alpenheimat Bayern sah ich auf Europa zunächst von oben herab. Der Lokalpatriotismus hielt jedoch nicht lange vor. Anfang der fünfziger Jahre bekam meine Mutter ein Engagement an der Oper zu Köln, die provisorisch in der Aula der Universität untergebracht war, weil das Opernhaus in Trümmern lag. Mein erster Job in den Schulferien war Trümmerarbeit. Im Andreaskloster, in der Nähe des Doms, half ich eine Grube an der Kirchenmauer ausheben. Dabei fand ich ein paar Keramikscherben, die mein Interesse an römischen und fränkischen Bauten in der Stadt weckten. Also beschäftigte ich mich ein wenig mit Architektur- und Kulturgeschichte, nicht ahnend, daß sich damit eine neue, angenehmere Erwerbsquelle auftun würde. Gelegentlich erstreckte sich das Interesse der Dombesucher auch auf das Andreaskloster, und der Polier meines Bautrupps delegierte die Fragen der Touristen nur zu gern an seinen jugendlichen Hilfsarbeiter. Dies wiederum bekam der Eigner eines kleinen angrenzenden Reisebüros mit. Er veranstaltete Sightseeing-Touren nach Bonn und ins Siebengebirge. Weil sie auf deutsch, englisch und französisch angeboten wurden, waren vom Reiseleiter rudimentäre Sprachkenntnisse gefordert. Für mich war die neue Anstellung mehr als ein Karrieresprung. Ich lernte nicht nur die Architektur und Infrastruktur unserer Bundeshauptstadt kennen, sondern auch die Eigenheiten und unterschiedlichen Interessen der Rheinländer und Briten, der Franzosen und Belgier, die mit mir auf Tour gingen. Sie waren entweder Touristen oder Angehörige der im Kölner Raum stationierten Truppen. Erstere zeigten unvoreingenommene Neugier, letztere eher Herablassung. Die Briten warteten vor dem Bus in geduldiger Reihe, die Franzosen drängelten sich vor dem Einstieg. Die eiligen Deutschen wollten soviel wie möglich für ihr Geld sehen und erfahren, die anderen liebten die Pausen vor der Villa Hammerschmidt oder auf dem Petersberg. Die Amerikaner fragten: »Is the water safe«, ist das Wasser trinkbar. Die Franzosen tranken Rheinwein. Die Briten trugen Bermudashorts. Die Belgier zeigten sich wenig gesprächig. Während der Busfahrt legte sich das Fremdeln, meist kam ein Gruppengefühl auf. Sie waren wie ich in Sachen Europa unterwegs: Bonn und die Bonner Republik waren eine Gemeinschaftsarbeit der Siegermächte, und wir Deutschen revanchierten uns als Musterknaben in der Schule Europa.

Mit der Zeit vertraute mir das Reisebüro auch Fahrten ins europäische Ausland an. Diese Entdeckungsreisen erhielten immer eine polittouristische Färbung. Auf dem Ausflug nach Straßburg, das bald Sitz des Europaparlamentes werden sollte, galt der Schlagbaum von Kehl am Rhein vielen als Sehenswürdigkeit, weil deutsche und französische Jugendliche ihn während einer Schlägerei mit der Polizei abmontieren wollten. In Luxemburg hatten Jean Monnet und Robert Schumann gerade die Montanunion gegründet und Deutschland im Sinne der Parole »Wer nicht mehr frei über Energie und Stahl verfügen kann, erklärt auch keine Kriege« erstmals in eine Gemeinschaft mit seinen Nachbarländern eingebunden. Als die Zeitungen 1957 die Unterschrift unter die römischen Verträge zur Gründung der EWG meldeten, waren wir gerade in der Ewigen Stadt. 1958 schließlich fuhren wir immer wieder nach Brüssel zur Weltausstellung mit dem Atomium. Zu diesem Zeitpunkt war von den monumentalen Bauten, die heute die europäischen Institutionen beherbergen, noch nichts zu sehen. Seither erscheinen mir die Belgier als die überzeugtesten Europäer, weil sie vieler Sprachen mächtig sind, sich mit vielen Völkern auseinandersetzen und entsprechend gut zuhören können.

1958 hatte Moskau das Viermächteabkommen über Berlin aufgekündigt und damit den Verbrüderungseffekt unter den Westeuropäern und einen Entfremdungseffekt gegenüber Osteuropa verstärkt. Wir Jugendlichen im Westen amerikanisierten uns weiter. Ich kann mich an die Krawalle der »Halbstarken« aus Anlaß eines großen Rock 'n' Roll-Konzertes mit Bill Haley erinnern.

Die Amerikaner kamen nicht nur als Soldaten, sondern vermehrt als Touristen. Ich betreute ein Programm mit dem Motto »See Europe in seventeen days«: Neuschwanstein und der Schiefe Turm zu Pisa, Brüsseler Spitzen. Bald gehörte *the Berlin Wall* dazu. Die Amerikaner waren die einzigen, die sich in Europa relativ frei bewegen konnten. Sie erhielten auch Visa für Osteuropa, ihrem Reiseleiter Ted (Dieter) blieb ein Blick hinter den Eisernen Vorhang verwehrt.

Nachdem ich den Reiseleiterjob an den Nagel gehängt hatte, promovierte ich 1962 in Wien. Im neutralen Österreich standen sich Ost und West näher als in Berlin. Dort sollten sich 27 Jahre später die Grenzen zum Osten zuerst wieder öffnen.

Zu meinen ersten Aufgaben beim Fernsehen gehörte 1963 die Berichterstattung über den Kennedy-Besuch in Deutschland. Mit seinem Ausruf »Ich bin ein Berliner« gewann er die Herzen der Menschen und meine Bewunderung für Amerika. Um so bestürzter war ich über den in Europa aufkommenden Antiamerikanismus. Als Amerika-Korrespondent versuchte ich zusammen mit meinem Kollegen Hans-Joachim Friedrichs »Bilder aus Amerika« dagegenzusetzen. Ein Parallelprogramm »Bilder aus Europa« aus der ZDF-Redaktion sollte die Entfremdung zwischen Ost und West abbauen helfen.

Die Teilung Europas war nicht nur ein politisches Problem. Wie vielen wurde mir dies erst mit dem lang ersehnten Fall der Mauer bewußt. Der Erkrankung eines Kollegen hatte ich es zu verdanken, daß ich von November 1989 bis April 1990 als Sonderkorrespondent im Osten tätig sein durfte. Ich gewann einen tiefen Einblick in das morsche Gehäuse der Noch-DDR, aber die Fremdheit blieb. Nicht nur im Westen hatte sich ein Wir-Gefühl entwickelt, sondern auch im Osten. Den DDR-Bürgern gab das »Wir« Sicherheit; das Europa ihrer Träume und Wünsche war häufig mit dem Europa des Westens und mit dem *American way of life* identisch. Heute kennzeichnet das »Wir« vielfach in erster Linie das »Anderssein« und die gemeinsamen Sorgen.

1992 haben sich die fünfzehn Staaten der Europäischen Union in Maastricht auf eine künftige politische und wirtschaftliche Einheit in Europa verpflichtet. Eines schönen Tages sollen sich die Völker von Gibraltar bis zum Kaukasus frei in diesem Territorium bewegen können, das sie dann hoffentlich als ihre sehr viel größer gewordene Heimat verstehen werden. Diese Entwicklung wird nicht ohne Verzicht vonstatten gehen. »Wer die Teilung überwinden will, der muß auch teilen können«, hat der erste und letzte frei gewählte Premier der DDR, Lothar de Maizière, nicht nur auf uns Deutsche gemünzt.

Als Korrespondent in Brüssel habe ich in den Jahren 1996 bis 2000 auf Konferenzen und an Stammtischen miterlebt, wie um das Teilen und Verteilen, um Programme und Posten gerungen wird.

Jedes Stück auf dem Weg zur Einigung Europas ist ein Kraftakt und wirkt auf Bürger und Betrachter oft als Stückwerk. Nach der Festigung Westeuropas ist die Erweiterung um die Mitte und den Osten Europas mehr noch von gutem Willen als von den zu erwartenden Kosten abhängig. Fremdenhaß wirft uns dabei um Jahrzehnte zurück. Aber er erscheint mir doch als Einzelphänomen, kann als solches erfaßt und bekämpft werden. Viel vager, ungreifbarer und weiter verbreitet ist das Fremdeln. Mit diesem Buch will ich gegen dies Fremdeln anschreiben, ein Plädoyer für ein neues Wir-Gefühl halten. Mir schwebt ein Europa vor, in dem sich die Bürger weniger einem Nationalstaat, sondern einer Landschaft, einer Tradition und ihrer Kultur verbunden fühlen, wo Grenzen nicht abwehren, sondern einladen zum Besuch, zum Güter- und Kulturaustausch und durchaus auch zum Verbleib. Wo kulturelle Eigenheiten nicht verschwinden, sondern sich zu einem Mosaik verflechten. Wo kein Kaiser regiert, aber eine Charta von Grundrechten für alle verbindlich ist. Wo keine Einheitssprache entsteht, aber Verständigung alle Grenzen überwindet, wo ein Doppelpaß überflüssig wird, weil man sowieso überall zu Hause ist.

Ich danke meiner Lektorin Maria Matschuk, deren Anteil an diesem Buch größer ist, als ein Autor üblicherweise erwarten darf.

Wir in Europa

Augen auf Deutschland

Meine Reisen in und nach Europa haben meinen Glauben an eine demokratische Gemeinschaft gestärkt, in der die Menschen weder ihre Nachbarn noch ihre Machthaber fürchten müssen – eher ihre eigene Unzulänglichkeit.

Das trifft vor allem auf ein Land zu, das aller Augen auf sich zieht, weil es besonders reich, sprich einflußreich ist – und in seiner Größe zum Größenwahn neigt –, das wegen seiner Geschichte unter Selbstzweifeln leidet und dem durch seine zentrale geographische Lage für Europas Zukunft eine besondere Rolle zukommt. Das gilt um so mehr, seit es nicht mehr zweigeteilt ist.

Als Europakorrespondent verbrachte ich einige Jahre als Pendler, zunächst zwischen Bonn und Brüssel, dann zwischen Berlin und Brüssel. Aus der Perspektive der europäischen Hauptstadt ist Deutschland in die Ferne gerückt durch die Vereinigung. War Westdeutschlands Regierungssitz Bonn handlich nahe und gut vernetzt, liegt die deutsche Hauptstadt Berlin schon im östlichen Einzugsbereich. Von Brüssel aus gesehen war Westberlin bis zur Wende ein vorgeschobener Stützpunkt des rheinischen Kapitalismus und das nunmehr ungeteilte Deutschland brachte ein Stück Osteuropa in die Europäische Union ein. »A taste of socialism«, ein Vorgeschmack auf den Sozialismus, meinte mein BBC-Kollege in Brüssel. Entlang und anstatt der Mauerführung blieb eine gestrichelte Trennlinie, die an den Wandgraffiti und den Einschüssen sowjetischer MG-Garben und an den zum Teil weniger üppigen Warenauslagen kenntlich ist. Anstelle des »echten« Checkpoint Charlie entstand eine gelungene Imitation, und die meisten Plattenbauten aus der DDR-Zeit sind der Verschönerung anheimgefallen. Hinter der Verkleidung wohnen oft noch die Privilegierten von einst. Sie sind jetzt

Teil einer neuen Gemeinschaft, die sich auf Nostalgie gründet. Die bauliche Tristesse wird immer mehr aufgemischt durch die Cyper-Gurus von E-Commerce und Internet. Sie erobern Hinterhöfe und Dachgeschosse, und ihre Mitglieder fragen nicht nach Hautfarbe und Herkunft, sondern nach Phantasie und Energie. Dieser multikulturelle Keim ist der Stoff, aus dem eine Kosmopolis entstehen könnte. Ihre Kritiker sind die Deutschtümler, und ihre Feinde sind die Neonationalisten. Beide machen sich bemerkbar. Die einen verbal in der Suche nach einer Gebrauchsanweisung für den Germanismus. Die anderen brutal mit der Schändung jüdischer Friedhöfe und Synagogen, mit der Verfolgung des Fremden und Fremdartigen oder einfach des Schwächeren. Das großstädtische Berlin gibt immer wieder in mächtigen Demonstrationen der Toleranz und auch der Wehrfähigkeit der Mehrheit Antwort auf diesen Rassen- und Klassenhaß. Europa schenkt diesem Kampf zwischen Großmut und Kleingeist große Aufmerksamkeit. Das merkwürdige Nebeneinander von Ost und West, von Gestern und Heute und der täglich spürbare Wandel zieht die Besucher magnetisch an, allen Warnungen ausländischer Reiseführer wegen fremdenfeindlicher Übergriffe zum Trotz. Die Touristen sind neugierig auf die im fernen Berlin entstehende neue Kultur, die sowohl das von Bonn vermittelte gemütliche Deutschlandbild wie auch das von der SED geprägte uniforme verdrängt.

Dieser auch in der Politik spürbare Neubeginn wurde von einem neuen deutschen Selbstbewußtsein begleitet. Als Deutschland turnusgemäß Anfang 1999 den Vorsitz in der Gemeinschaft übernahm, packte der neue Bundeskanzler Gerhard Schröder nicht gerade mit Samthandschuhen an. Er fragte nicht in erster Linie, was Europa bedeutet, sondern, was es kostet, vermittelte wenig Vision, dafür mehr Bodenhaftung. »Wir müssen uns in Brüssel stärker bemerkbar machen«, meinte er bei einem seiner Besuche in Europas Hauptstadt.

Schröders Vorgänger Helmut Kohl betrachtete die deutsche Einheit und die europäische Einigung immer als zwei Seiten derselben Medaille. Er war eher bereit, deutsche Belange dem europäischen Großen und Ganzen unterzuordnen. Die Entrümpelung des Staatsapparates der DDR, die juristische Verurteilung ihrer Spitzengremien und der Umgang mit den Stasiakten haben der Welt zehn Jahre Politspektakel geboten, bis zur Begnadigung der Reuigen. Wieviel Ballast nicht nur der Osten Deutschlands, sondern auch der Westen in die neue Einheit brachte, hat nicht allein das ausländische Publikum der deutschen Aufführung überrascht.

Wie nahe dabei Belang und Blamage stehen können, spiegelt sich in der Person des langjährigen Bundeskanzlers Helmut Kohl. Ihm wurde und wird auch im Ausland hoch angerechnet, daß er wie die meisten seiner Vorgänger gute Politik für Deutschland gemacht hat. Als er immer mehr in einem Küchenkabinett agierte und seine Machterhaltung auf dunklen Machenschaften basierte, hat dies unsere europäischen Nachbarn und unsere Partner in Übersee zunächst nicht in Entrüstung versetzt. Eher das Gegenteil trat ein: »Jetzt seid ihr auch nicht anders als wir«, meinte mein amerikanischer Journalistenfreund Daniel Schorr und zog einen Vergleich mit der Watergateaffäre Nixons oder dem White Water-Skandal Clintons oder der Schamlosigkeit, mit der Parteien »soft money« nehmen, wie in den USA die anonyme Geldspende heißt. Dan Schorr war nur verwundert darüber, wie schwer sich die Christdemokraten mit der Trennung von Helmut Kohl tun: »Wir Amerikaner sind sehr viel erbarmungsloser, wenn es um parteischädigendes Verhalten geht.« In Westeuropa hat die Kohlaffäre sogar Schadenfreude ausgelöst. Die Deutschen, die gern das Maß ihrer Tugend am Politgebaren der Lateineuropäer anlegen, entpuppen sich jetzt selbst als Heuchler, so tönt es aus Italien. Und Frankreich mokiert sich, daß in der öffentlichen Diskussion in Deutschland das Wort Korruption peinlich vermieden werde. Mein Kollege Girard St. Paul vom französischen Rundfunk sah keinen Unterschied zwischen der oft beschworenen Unbestechlichkeit Helmut Kohls als Person und der illegalen Bereicherung der CDU als Partei über ihren Vorsitzenden. Richtig enttäuscht waren eigentlich nur die östlichen Nachbarn. In Warschau und Prag galt die politische Kultur der Bonner Republik als beispielhaft und als Puffer gegenüber dem Ansturm mafiotischer Strukturen aus dem Osten.

Janusz Reiter, von 1990 bis 1995 polnischer Botschafter in Bonn, schreibt im »Rheinischen Merkur«, die Spendenaffäre habe allerdings in Polen »die ohnehin verbreitete Überzeugung bestätigt, daß Politik keine Beschäftigung für moralische Rigoristen sei«.

Das Gewicht und die Verdienste Helmut Kohls haben zunächst in den Hintergrund gedrängt, daß hinter und unter ihm noch ganz andere Mauscheleien zu Tage getreten waren. Aber nachdem ein so sehr als Gentleman ausgewiesener Mann wie der ehemalige CDU-Schatzmeister Walter Leisler Kiep mit der Übergabe eines Geldkoffers jenseits der Schweizer Grenze ins Zwielicht geraten war, brach ein deutsches Biedermann-Image zusammen. Wie in einem Film, der mal im Zeitraffer, mal in Zeitlupe zurückläuft, wurde eine Geschichte von Macht und Geld aufgedeckt, wie sie kein Drehbuchautor hätte spannender schreiben können. Die Nacherzähler dieser Enthüllungsgeschichte waren keine modernen Brüder Grimm, sondern eine ständig wechselnde Mannschaft von Journalisten, die mal der Wahrheit und mal der Sensationslust dienten. Als ich zum Spürtrupp stieß, war ich bereits abgebrüht durch die Skandale bei der Parteienfinanzierung in Frankreich, Italien und in Wallonien. Weil sich diese Machenschaften südlich der Fallinie zwischen Romanen und Germanen abspielten, konnte sich der Norden hochmütig davon distanzieren. Als ob das kühlere Klima vor moralischer Fragwürdigkeit schütze. Im Dezember 1999 wurden wir Deutschen durch eine Saga schwarzer Kassen und finanzieller Schiebereien eines Besseren (bzw. Schlechteren) belehrt. Auf die Täuschung folgte die Enttäuschung: Solche Tricks hätten wir unsereinem nicht zugetraut. Wir sind nicht besser als die anderen. Diese Einsicht beschert uns ein Ende der Gemütlichkeit. Der Leim althergebrachter Denkungsart schien die Chance für den Neuaufbau des christdemokratischen Hauses zu verkleben. Je länger das Gezerre um schwarze Kassen und Kohl andauerte, um so sorgenvoller wurde der Blick von draußen ins deutsche Schaufenster. Da schienen »Ehrensache« und »Pflichterfüllung«, die Gestaltung von Gedenktagen und gegenseitige Schuldzuweisungen wichtiger als Ziele und Aufgaben einer Partei und die Frage, ob vielleicht Politik zuviel kostet im Vergleich zu ihrer Leistung. Angela Merkel hat einen gewissen frischen Wind aus dem Osten in die große Volkspartei gebracht, der dem Mief aus Vetternwirtschaft und politischer Vergreisung zu Leibe rückt. Ihren Selbstfindungsprozeß hat die Partei jedoch keineswegs abgeschlossen. Die Sanduhr, die Helmut Kohls Verdienste als großer Europäer verrinnen läßt wegen seines Starrsinns und seiner Selbstgerechtigkeit, läuft. Der Kanzler der Einheit hat mit allen Mitteln versucht, seinen Leumund zu retten, und dabei indirekt eine andere, viel schwerwiegendere Debatte losgetreten, nämlich die um die Frage, wem die deutsche Einheit gehört.

Die Tragikomödie begann am 16. Juli 2000 im Bundestag mit der Einlassung des SPD-Generalsekretärs Gerd Müntefering, Helmut Kohl sei zu skandalbelastet, um zum zehnten Jahrestag der deutschen Einheit in Dresden zu sprechen. Vielleicht war das wiederum der Anlaß für Kohls Intimfeind Kurt Biedenkopf, als Ministerpräsident von Sachsen und Ausrichter der Jubiläumsfeier den Ex-Kanzler auf die Zuschauertribüne zu verweisen. Am 13. September erfolgte, ebenfalls im Bundestag, die Retourkutsche durch den neuen Fraktionschef der CDU Friedrich Merz. Er hielt der SPD vor, sie habe die Einheit gar nicht gewollt und damit in der

Wendezeit politisch versagt. Am 2. Oktober fragte ich Helmut Kohl in einem Fernsehinterview nach seiner Meinung zum Streit um das Anrecht auf die deutsche Einheit: »Überflüssig und unwürdig«, meinte er, wies jedoch darauf hin, daß es auch international, neben dem amerikanischen Präsidenten Bush und dem sowjetischen Machthaber Michail Gorbatschow nur wenige Beifallsrufer für die Einheit gegeben habe, und rühmte die Ausnahmen wie den damaligen spanischen Premier Felipe González und den Wiener Oberbürgermeister Helmut Zilk, der vor dem Wiener Rathaus die deutsche Fahne aufziehen ließ.

In seinen Tagebuchnotizen würdigt er die Rollen der Sozialdemokraten Willy Brandt und Helmut Schmidt als Vorbereiter der Einheit. Solchermaßen überparteilich gerüstet, geht er dann ins Gericht mit den Gegnern in seiner eigenen Partei. In einem Krieg der Bücher aller Betroffenen trägt Kohl zumindest in den Verkaufsauflagen den Sieg davon.

Die Menschen im Osten der Republik fragen sich allerdings, welches moralische Recht westdeutsche Politiker hatten, sich über ostdeutsche Wertvorstellungen zu empören. Derweil ist Kohls sozialdemokratischer Nachfolger dabei, den Schaden für Deutschland zu begrenzen und zugleich seinen eigenen Ruhm zu mehren. Er beeilte sich zu betonen, daß »die Krise einer Partei keine Staatskrise« sei, und versuchte der wachsenden Skepsis gegenüber der Politik im allgemeinen Positives abzugewinnen: »Als Demokrat habe ich vor dieser Skepsis keine Angst, denn sie ist Ausdruck wachen demokratischen Bewußtseins.« Innenpolitisch hat Schröder die Schwäche der Opposition genutzt, um Wahlversprechen umzusetzen und Wettbewerbsfähigkeit in Europa herzustellen. »Kanzlerwort« und »Chefsache« sind die neuen Machtvokabeln oder »die Rückkehr des Politischen«, wie Gerhard Schröder eine Konferenz über modernes Regieren in Berlin bilanzierte. Auf seinem Weg hat Schröder parteiinterne Widersacher aus dem Saarland verloren, Oskar Lafontaine ging im Zorn, Reinhardt

Klimmt notgedrungen. Auf der linken Schulter Schröders sitzen jetzt nur noch die Grünen. Sie haben ihm die Ökosteuer beschert und den Reformstau genommen. Er hat ihnen den Außenminister Fischer zu verdanken, dafür schluckt er den Umweltminister Trittin. Der Kanzler kann jetzt ungestört in der Mitte Politik machen und auch Brüssel zeigen, wo es langgeht.

Am 24. März 1999 trat die Kommission in Brüssel zurück. Die Reform der Europäischen Union war längst überfällig. Die fünfzehn europäischen Staats- und Regierungschefs kamen zu einem Sondergipfel in Berlin zusammen – ein Augenblick, in dem die ganze Welt auf Deutschlands Hauptstadt schaute, zumal der deutsche Bundeskanzler die Präsidentschaft der EU innehatte. Die Chefs tagten in einem Hotel direkt am Zoologischen Garten. Wir Journalisten logierten in einem Gebäude daneben, das wegen seiner spärlichen Ausstattung »Bikinihaus« genannt wird. Mit den Chefs hatten wir den Blick auf Zebras und Elefanten gemein. In einem Kino namens Zoopalast sollten wir über den Gang der Dinge informiert werden – eigentlich. Aber als wir immerhin 3000 Journalisten die Arbeit aufnehmen wollten, fiel der Strom aus. Von 16.41 bis 19.00 Uhr saßen wir vor schwarzen Bildschirmen. Schnell stellte sich heraus, daß nicht Sabotage, sondern ein Kurzschluß die Ursache war.

Für ein paar Stunden von journalistischer Zudringlichkeit abgeschirmt, fanden die Politiker zu schnellen Entschlüssen: Sie nominierten den Italiener Romano Prodi für den Vorsitz der EU-Kommission, verabschiedeten die »Agenda 2000«-EU-Reform und befürworteten den Angriff auf Jugoslawien. Bei Kerzenlicht tippte der französische Reporter von »Agence France Press« in seinen Laptop: »Bei uns in Paris wäre das Licht nicht ausgegangen, aber wir hätten vermutlich nicht so schnell entschieden.« Und der amerikanische Kollege von der »New York Times«

kommentierte: »Berlin is a zoo, but it works.« – »Berlin ist ein Zoo, aber es funktioniert.«

Dieser Zwischenfall hat einmal mehr bewiesen, daß Berlin als Hauptstadt noch unfertig ist, ein Provisorium – aber auch, daß die politische Frequenz in dieser Stadt höher ist, die Dynamik die Entschlußkraft stärker befördert als im beschaulichen Bonn. Die Verdienste der ehemaligen Bundeshauptstadt um ihre politischen Gäste und die Erfolge der Bonner Politik für die westdeutsche Republik sind inzwischen legendär: Wirtschaftswunder und Westbindung, Aussöhnung mit Paris und Polen, Überwindung von Terrorismus und Rebellion und wie zum Lohn für all die Anstrengungen das Geschenk der Vereinigung, die für Bonn das Aus bedeutete. Doch die Rheinidylle lag im Windschatten der Großmachtpolitik und war auch ein gutes Versteck vor den Gespenstern der Vergangenheit, denn Bonn hatte keine Vorgeschichte. Die Bonner Republik begann ja erst mit dem Grundgesetz von 1949, das wettmachen sollte, was die »Weimarer Verfassung« nach dem Ersten Weltkrieg versäumt hatte, also sah es weniger Obrigkeit vor, weniger Macht für den Staatspräsidenten und weniger Parteien im Parlament. Schon die Bezeichnung Grundgesetz statt des anspruchsvolleren Titels Verfassung drückte das Vorübergehende aus, das vor allem Konrad Adenauer Bonn zugedacht hatte.

Eine meiner ersten Aufgaben beim Fernsehen war die Gestaltung eines Nachrufes für den ersten deutschen Bundeskanzler. Dabei stieß ich auf die Kopie eines Briefes, in dem Adenauer am 28. November 1948 gegenüber dem amerikanischen Botschafter Robert Murphy in Berlin seine Entscheidung für Bonn als provisorische Hauptstadt begründet haben soll: »Ganz vertraulich, in gewissen Kreisen Frankreichs denkt man noch immer an eine besondere Regelung für das linke Rheinufer. Derartige Bestrebungen sind zur Aussichtslosigkeit verurteilt, wenn eine linksrheinische Stadt Sitz der Bundesregierung wird.«

Jedenfalls hatten die Franzosen ihre eventuellen Begehrlichkeiten schnell aufgegeben. Sie ließen zusammen mit den Briten und Amerikanern »Trizonesien« entstehen und steckten so das Terrain für die Bonner Republik ab. Während das kleinstädtische Bonn immer Vorläufigkeit signalisierte, drängte Ostberlin stets auf Zweistaatlichkeit und auf die Entwicklung eines staatsbürgerlichen DDR-Bewußtseins. Für mich und meine Altersgefährten war hingegen Bonn in den fünfziger Jahren so etwas wie ein Ort für nette Schutzengel, die Götter jedoch thronten in Paris und New York. Mit dieser Hauptstadt konnten wir kein neues deutsches Nationalbewußtsein entwickeln und wozu auch, da Europa bereits am Horizont dämmerte.

Die Teilung Deutschlands nahmen wir eher mit sozialem denn mit nationalem Bewußtsein wahr. Westdeutschland war viel Wirtschaft mit wenig Staat, Ostdeutschland ein Staat mit Mangelwirtschaft. Denen drüben ging es schlecht, uns herüben fast zu gut. Bonn war eine Kleinstadt im Reigen wohlsituierter westdeutscher Mittelstädte, Berlin eine geteilte Großstadt in einem fernen, dunklen Teil Deutschlands.

Wie fern und dunkel dieses Land jenseits der Elbe für uns war, mag eine Reise illustrieren, die ich im Jahre 1955 unternahm. Mein in München-Schwabing zusammengestelltes Jazztrio sollte in der Westberliner »Eierschale« ein paar Tage aushelfen. Also packte ich Guitarrist, Baßgeiger und unsere Instrumente in einen geliehenen Adler Junior und begab mich auf die Transitstrecke. Auf einer Umleitung bei Weißenburg gab der Motor den Geist auf. Bis in die Nacht hinein war keine Hilfe zu bekommen, Weißenburg war wie ausgestorben. Ein Volkspolizist, der uns zunächst wegen »Nichteinhaltung der Richtgeschwindigkeit« verdonnern wollte, hielt dann einen Lastzug an. Der schleppte uns nach Westberlin. Wie vielen anderen Westdeutschen blieb uns die Stadt fremd, sogar unheimlich: graue Häuser, graue Kleider, grausliges Essen, süßes Bier, schöne Lieder, geistreiche

Gespräche, räumliche Enge, exotisches Ausland, aber »man spricht deutsch«.

Als Rudi Dutschke 1968 in Berlin den Aufruhr predigte, wollten die Anhänger der »Bonner Republik« keine bessere Welt, sondern einfach ihre Ruhe. Autonome und Alternative, Chaoten und schräge Vögel, dafür war die Exklave Westberlin gut, eine Insel des Aufruhrs im Herzen eines Ordnungsstaates, der uns auch fremd war, weil er sich so abschottete.

Spätere Besuche in Rostock (ein Lateinamerikakongreß), in Leipzig (die Messe), in Dresden (die Semperoper), in Saßnitz (die Fähre nach Klaipeda) haben mir nicht jenes Gefühl der Verwandtschaft vermittelt, das ich als gebürtiger Bayer im italienischen Südtirol oder im österreichischen Burgenland oder sogar am Plattensee in Ungarn empfand. Im Gegenteil, ich verfiel dem weitverbreiteten Glauben, daß die innerdeutsche Grenze nicht von der Willkür der Besatzungsmächte gezogen worden war, sondern daß ihr Verlauf auch einen mentalen Unterschied zwischen den Deutschen beider Länder markierte. Hier fröhliches Rheinland, lebensfrohes Bayern, dort wortkarges Vorpommern, sorbisch-slawische Lausitz, fast ein anderes Volk.

Die Geburtsstunde »meiner« deutschen Nation kam nicht nur für die Deutschen unverhofft. Selbst der innere Zirkel der DDR-Regierung, der den Entschluß zur Genehmigung der freien Ausreise insgeheim für den 10. November 1989 um acht Uhr morgens gefaßt hatte, wurde von den Ereignissen überrumpelt. Günter Schabowski, Mitglied des Politbüros, verkündete bereits am 9. November die sofortige Öffnung der Berliner Mauer und der innerdeutschen Grenze. Das Fernsehen vollzog die Wende nur im Zeitlupentempo nach, und entsprechend war die Freude über das Ereignis zunächst nur ein leichtes Beben und führte erst sehr viel später in der Nacht, als Millionen DDR-Bürger die neue Reisefreiheit nutzten und nach Westberlin und in die Bundesgebiete strömten, zu jener gewaltigen Erschütterung, die das Fundament der DDR sprengte. Die Schriftstellerin Christa Wolf brachte die Ereignisse auf einen Nenner: »Der Souverän ging auf die Straße und lachte seine angemaßten Lenker weg.«

Ehrlich gesagt ist mir die historische Bedeutung der Maueröffnung erst klargeworden, als Exkanzler Willy Brandt vor dem Reichstag sagte: »Jetzt wächst zusammen, was zusammengehört.« Von den meisten Deutschen wurde dieser Satz durchaus patriotisch verstanden und nicht als Ruf nach einem neuen großdeutschen Nationalismus. Denn den hatten uns nicht erst die Siegermächte ausgetrieben. Schließlich waren es die Deutschen selbst, die mit dem Desaster des Zweiten Weltkrieges ihren Nationalstaat zerstörten. Es hätte des Expertenstreites nicht bedurft, der einen Unterschied machte zwischen Vereinigung und Wiedervereinigung und mit letzterem Begriff auch den Anspruch auf die ehemaligen deutschen Ostgebiete jenseits der Oder/Neiße-Linie verband.

Dieser mögliche Anspruch war angesichts der Ereignisse von 1989 auch die vordringlichste Sorge der Polen, obgleich Charles de Gaulle bereits am 25. März 1959 die Konditionen einer Vereinigung beider deutscher Staaten festgelegt hatte: »Die endliche Wiedervereinigung der beiden Teile Deutschlands scheint den Deutschen vorbestimmt, vorausgesetzt, sie stellen ihre gegenwärtigen Grenzen nicht in Frage.«

Auch andere Nachbarn fürchteten die Folgen einer deutschen Wiedervereinigung. Margaret Thatcher argwöhnte eine engere Bindung Deutschlands an Frankreich. François Mitterrand versuchte im Dezember 1989 sogar, die Vereinigung unter Hinweis auf die damit verbundene »Gleichgewichtsstörung« in Europa aufzuhalten. Und Colette Flesch, Exaußenministerin in Luxemburg, verlieh bei einer Konferenz im Berliner Hotel Metropol den Sorgen der Beneluxstaaten vor neuem deutschen Machtbewußtsein Ausdruck.

Auch bei den Österreichern löste die Vorstellung eines

neuen Großberlin Angst aus. Der letzte Ministerpräsident der DDR, Hans Modrow, machte sogar einen Staatsbesuch in Wien, wo er mit Bundeskanzler Vranitzki eine Aufhebung der Sichtvermerke für die Bürger beider Staaten vereinbarte, obschon es mir äußerst verwunderlich erscheint, daß Vranitzki darauf zu diesem Zeitpunkt noch Wert legte.

Die Finnen erhofften sich hingegen vom plötzlichen Mauerfall neuen Spielraum für ihre nordischen Nachbarn im Baltikum. Der russische Botschafter Kwizinski hatte sich ebenfalls schon früh mit der Lage abgefunden und meinte zynisch: »Wir tun Ihnen etwas Schreckliches an, Sie werden nicht mehr länger einen Feind haben.« Die Russen hofften, daß die westliche Allianz sich nach dem Verlust ihres angestammten Feindbildes auflösen würde, konnten sie doch zu diesem Zeitpunkt noch nicht ahnen, wie schnell die NATO in dieser Hinsicht Ersatz finden sollte. Doch trotz aller Vorbehalte der europäischen Nachbarn gelang es schließlich Helmut Kohl und George Bush, den Weg zur deutschen Einheit freizuräumen – ein Kraftakt fürs Geschichtsbuch.

Mein Redaktionsleiter in Mainz war meinem Wunsch nachgekommen, mich im November 1989 als zusätzlichen Reporter in die Noch-DDR zu schicken. Und so ertastete und eroberte ich mir ein zweites Vaterland. Die Reise begann mit der schnöden Suche nach einem optisch reizvollen Loch in der Mauer. Ich vertraute mich also einem Mitglied des neues Berufsstandes der Mauerspechte an. Er bot mir an, ein schönes fotogenes Loch zu klopfen, draußen an der Glienicker Brücke, wo so mancher Agentenaustausch stattgefunden hatte. Ich verzichtete und empfand seine Dienste als zu touristisch. Der Ausverkauf der Mauer an Millionäre in Texas und Japan, an öffentliche Museen und private Stiftungen, der aus dem ordinären Stein einen weltweiten Kultgegenstand machte, interessierte mich nicht.

Ich ging lieber auf die Suche nach der Mauer in den Köpfen, neben den holprigen Straßen und dem Geruch der

Zweitakter. Hinter schäbigen Fassaden entdeckte ich gemütliche Wohnstuben und erste Regungen in sonst so verschlossenen Gesichtern. Die Herzlichkeit und Menschlichkeit, die im Westen verlorengegangen war, beeindruckte mich. Aber ich erlebte auch verkrustete DDR-Nostalgie, vor allem bei denen, die sich Privilegien verschafft hatten.

Die Zeichen der neuen Zeit waren schon bald im ganzen Land nicht mehr zu übersehen. Häuser wurden restauriert, die historischen Zentren vieler Städte wie das der Hansestadt Wismar und die Villen ihrer vorgelagerten Bäder Kühlungsborn und Heiligendamm erstanden neu wie Phoenix aus der Asche. Meißner Wein tauchte auf, der vormals exportiert wurde oder den Herren in Wandlitz vorbehalten blieb …

Die Kehrseite des neuen Glanzes war der zwanghaft lächelnde Unternehmergeist, dem die notorische Unfreundlichkeit der Sättigungsbeilagen auftischenden Kellner zunehmend wich. Und im riesigen Staatssicherheitsgebäude von Leipzig traf man nunmehr auf Coca-Cola, Delikatessen und Baulöwen. An den runden Tischen von Pankow wurden wichtige Reformen, aber auch einiger Unsinn beschlossen. Mein Kollege Fritz Schenk meinte: »Das ist, als ob Blinde sich über Zielfernrohre unterhalten.« Die Schauspielerin Steffi Spira verurteilte den spießbürgerlichen Fahnenappell, und ihre Kollegin Brigitte Mira sprach vom Risiko der Freiheit.

In der Bachstadt Köthen traf ich Michael Naumann, der damals noch Chef des Rowohlt-Verlages war. Seine großbürgerlichen, zum Teil jüdischen Vorfahren besaßen hier einen Betrieb und eine Villa. Auf beides wollte Naumann verzichten (und hat das später auch aktenkundig gemacht): »Wenn wir weiter fragen, wem gehört was, müßten wir womöglich Rügen an die Slawen und Köthen an die Hunnen zurückgeben.«

In Leipzig erlebte ich ein kurioses Bruderschaftstreffen zweier Freistaaten – Sachsen und Bayern. Edmund Stoiber, damals bayerischer Innenminister, sprach vor 2500 geladenen Gästen und erntete frenetischen Beifall, einerseits für seine Hilfszusagen, andererseits für den Plan einer politischen Verflechtung über eine Partei namens DSU, für die die CSU Pate stehen sollte. Und im Überschwang tauchte zu guter Letzt die Idee auf, München zur neuen deutschen Hauptstadt zu machen, was natürlich ein interessanter Kontrast zum preußischen Berlin und dem rheinischen Bonn gewesen wäre. Heute ist es Edmund Stoiber zufrieden, Ministerpräsident in Bayern zu sein, und strebt ebenso wie sein Dresdner Kollege Kurt Biedenkopf so etwas wie Reichsunmittelbarkeit gegenüber dem schwachen Brüssel an. Biedenkopf schaltete in Sachsen sehr schnell auf freie Marktwirtschaft um: »Der Zeitfaktor ist ausschlaggebend für den Wettbewerbsvorsprung.« Die Zeit sei im Osten 45 Jahre lang stehengeblieben.

Große Erwartungen hatte ich an Weimar geknüpft. In der Hauptstadt der deutschen Kulturnation lernte ich Spießbürger, aber auch Lokalpatrioten kennen. Auf Goethe und Schiller waren sie alle stolz. Die einen versanken in Reminiszenzen an die Zeit der beiden deutschen Geistesfürsten, die anderen wollten Weimar einen neuen Anstrich verleihen. Die einen wollten nichts mit dem KZ Buchenwald zu tun haben, die anderen nichts mit den Spießbürgern. Günter Beelitz, der nach der Wende Intendant des Weimarer Theaters wurde, kennt Vertreter beider Sorten: »Die einen haben mich als Wessi gemieden, die anderen habe ich zu Freunden gewonnen.« 1999 war Weimar europäische Kulturhauptstadt und avancierte einmal mehr zum Schaufenster der Kulturnation Deutschland. Friedrich Nietzsche und Franz Liszt, Herder und Wieland, das Bauhaus und das Hotel Elephant zogen Millionen Besucher in das thüringische Städtchen.

1919 hatte sich im Weimarer Theater die Nationalversammlung konstituiert und die Verfassung der ersten deutschen Republik verabschiedet, die dem Reichspräsidenten durch den Notstandsartikel eine allzu große Macht zusicherte. Diese Machtbefugnis sollte es 1933 dem Reichspräsidenten Hindenburg möglich machen, Adolf Hitler als Kanzler zu ermächtigen. Doch Weimar war schon 1932 ein Hort der Nationalsozialisten. Bei allem Respekt vor dem heute so golden glänzenden Kulturdenkmal: Das geflügelte politische Wort »Bonn ist nicht Weimar« gibt es zu Recht.

Als wichtigste Etappe auf dem Weg in die europäische Völkerfamilie empfand ich den 18. März 1990. Ein herrlicher Tag in Berlin. Vormittags filmten wir Wahlgänge, später fuhren wir hinaus nach Lobetal, wohin sich der gestürzte DDR-Staatschef Erich Honecker zurückgezogen hatte. Er ging nicht zur Wahlurne. Aber beinahe alle anderen stimmberechtigten Bürger der DDR nutzten ihre demokratische Chance. Noch vor der Stimmenauszählung lief ich mit Egon Bahr, einem der wichtigsten Architekten der Ostpolitik, über den Gendarmenmarkt. An einigen Stellen waren Erinnerungsplaketten in den Boden eingelassen, eine für Beethoven, eine für Schiller. Diejenige für Honecker hatte irgend jemand ausgebuddelt und entfernt. Egon Bahr meinte: »Jetzt müssen wir ganz vorsichtig auftreten, damit nicht noch zum Schluß etwas passiert.«

Der Wahlgang endete mit einem Sieg für die Christdemokraten. Der bewegendste Kommentar zum Untergang des Einparteienregimes der SED stammte von der Autorin Helga Königsdorf: »Der allgemein verordnete Konsens ist zu Ende. Wir werden in der Zukunft Meinungsvielfalt, Interessenkonflikte, Streit ertragen müssen, vor allem lernen müssen, daß es auch hierin eine Kultur gibt. Und beim Zurückschauen sollten wir uns keine falsche Romantik leisten. Ja, wir waren alle ein bißchen gleicher, aber es war die Gleichheit in der gemeinsamen Demütigung. Ja, wir lebten ein bißchen mehr mit Netz, aber dieses Netz wäre allmählich ein Schleppnetz auf dem Trockenen gewesen.«

An den »Kurzzeit-Regenten« Lothar de Maizière und seine Volkskammer erinnern heute nur noch die Protokolle heftiger Debatten, wie sie im Palast der Republik nie zuvor stattgefunden hatten. So muß es in Bonn zur Zeit Kurt Schumachers, Konrad Adenauers und Herbert Wehners hergegangen sein.

Am dritten Oktober 1990 eilte ich wie eine Million anderer Menschen und auch nicht als Journalist, sondern als zu Deutschland bekehrter Bürger zum Reichstag, um – ja um dazuzugehören zu unserer neuen Einheit. Es war sicher auch ein gefährlicher Impuls, den die Worte Willy Brandts vom Zusammenwachsen derer, die zusammengehören, ausgelöst hatten, so als ob andere damit ausgeschlossen würden.

Inzwischen scheint die Angst vor einem neuen deutschen Größenwahn verflogen zu sein. Das hat unter anderem damit zu tun, daß die Landschaften in der vormaligen DDR nicht so blühen wollten wie vorhergesagt, sondern daß im Gegenteil Ost und West immer noch auseinanderdriften, wie eine gemeinsame Untersuchung der Universität Leipzig und des Sigmund-Freud-Instituts Frankfurt/Main zeigt. Danach fühlen sich zwei von drei Leipzigern und Rostockern zunächst als Ostdeutsche und dann als Deutsche. Im Westen liegt das Verhältnis genau umgekehrt. Gleichzeitig fühlen sich jedoch die Ostdeutschen etwa den Polen oder Balten überlegen. Das nach dem Mauerfall befürchtete West-Ost-Gefälle macht aus Deutschland immer noch eine Zweiklassengesellschaft, die allerdings auch jeden völkischen Übermut dämpft.

An dieser Tatsache ändert die Verlagerung der Hauptstadt von Deutschlands Westgrenze zur Ostgrenze der Nation nicht viel, zumal das kleine feine Bonn dem großen Berliner Bär vor allem Mahnung zur Bescheidenheit mit auf den Umzugsweg gegeben hat. Der Exkanzler Helmut Kohl wollte von einer »Berliner Republik« als Pendant zur »Bonner Republik« nichts wissen: »Wir ziehen nach Berlin, aber nicht in eine neue Republik.« Vor der Vereinigung jedoch hatte Kohl sein Ziel weiter gesteckt: Seine Vision war ein vereintes Deutschland, das fest in Europa eingebunden ist. Und eine Hauptstadt Berlin, die europäische Urbanität widerspiegelt.

Berlin ist nicht die größte, nicht die schönste und keineswegs die älteste Hauptstadt in Europa. Aber aufregend und aufsehenerregend ist sie allemal. Mehr als jede andere Metropole muß sie noch immer Ruinen beseitigen und Baulücken schließen. Wie die Planer und Politiker dies angehen, das sagt auch etwas über die Befindlichkeit der deutschen Gesellschaft aus. Gleich nach dem Mauerfall hat das Brandenburger Tor seine Quadriga, die Siegesgöttin im Viergespann, wiederbekommen. Die Berliner empfinden das mehr als Folklore denn als Erinnerung an irgendeinen Krieg oder Sieg. Ein »Raum der Stille« neben einem der Säulenfüße verleiht dem Ensemble unvermutete Feierlichkeit. An den Flanken des Tores haben sich wieder zwei Banken niedergelassen. Das rückt die Verhältnisse zurecht. Auch das Hotel Adlon hat seinen alten Platz zurückerhalten, aber das Flair, das mit dem Namen Adlon und seinen Gästen einst verbunden war, läßt sich nicht so ohne weiteres zurückholen, obgleich Kofi Annan, der UNO-Generalsekretär, die Atmosphäre des luxuriösen Hauses höflich gelobt hat.

Daß Berlins Mitte Zukunft hat, beweisen die unzähligen Touristen, die sich unter den Linden tummeln. Der Potsdamer Platz, einst der verkehrsreichste in Europa, mit der ersten Verkehrsampel des Kontinents, hat sich unter Beteiligung international renommierter Architekten zum Businessdistrict aufgetürmt. Der Italiener Renzo Piano baute die Daimler-City, der Deutschamerikaner Helmut Jahn schuf mit seiner Sony-City ebenfalls eine stählern glänzende Verbindung von Commerz und Design. Der US-Chinese Pei gestaltet das neue Deutsche Museum, Axel Schultes baut sein Totenheim. Die neuen Regierungsbauten sind bis auf das Kanzleramt im Spreebogen eher schlicht. Auch dieser von deutschen Architekten geplante Bau entspricht nicht

Hitlers größenwahnsinnigem Projekt von Germania, der Hauptstadt der Welt. Ein Überbleibsel faschistisch-monströser Phantasien ist das monumentale Luftfahrtministerium des Hermann Göring, heute gerade groß genug für das Finanzministerium. Die Hinterhöfe im Scheunenviertel strahlen mehr Glanz aus, als sie je hatten, der kühn gebrochene Davidstern des Daniel Libeskind ist sicher ein Mahnmal für die Zukunft. Einen zentralen Raum, nahe dem Brandenburger Tor, wird das Holocaust-Denkmal einnehmen. Die intensive Debatte über seine Gestaltung zögerte den Baubeginn immer wieder hinaus, aber nationale Schande ist, wenn überhaupt, nur schwer faßbar. Dennoch fragt die Generation meiner Töchter, warum so spät, und warum so groß? Das nunmehr verabschiedete Konzept – halb Mahnmal, halb Museum – geht auf eine Initiative des damaligen Staatsministers für Kultur Michael Naumann zurück.

Eine andere, nicht weniger hitzige Diskussion haben die architektonischen Hinterlassenschaften der DDR ausgelöst. Der Fernsehturm darf bleiben, er hat etwas Internationales. Aber der Palast der Republik sollte abgerissen werden, weil er asbest- und stasiverseucht sei und die Sichtlinie vom Brandenburger Tor aus verderbe. Der Vorschlag, anstelle des Glashauses das alte Stadtschloß der Hohenzollern wieder aufzubauen, dessen Ruine Walter Ulbricht in den fünfziger Jahren sicherlich auch sprengen ließ, um den Sieg des Proletariats zu manifestieren, erregt die Gemüter immer wieder.

Für die Jugend im Westen war »DDR« nur ein Staat in Gänsefüßchen. Daß ihr keine nationale Anerkennung zuteil wurde, verstärkte im Arbeiter- und Bauernstaat die Suche nach Identität. Nachdem das Preußentum zunächst getilgt worden war, bot die Erhabenheit des wilhelminischen Baustils einen Ansatz. Vom Schloß allerdings waren nur ein paar Statuen und ein Portal geblieben, das nunmehr als dekorativer Eingang zum Staatsratsgebäude dient. Den Raum des architektonisch wertvollsten Flügels des alten Stadtschlosses nimmt der Beton- und Glasbau des Palastes der Republik, das Haus der ehemaligen Volkskammer, ein. Wenn das alte Schloß also wiedererstehen soll, muß aus Platzgründen der ehemalige Palast der Republik verschwinden und aus architektonischen Gründen das Portal vor dem Repräsentationsbau des ehemaligen Staatsrates weichen. Dem Neuberliner, der aus Bonn und Umgebung kommt, bedeutet beides nicht viel. Für viele Ostberliner war die Volkskammer aber mehr als ein Scheinparlament. In »Erichs Lampenladen« wurde kaum Politik gemacht, dafür reichlich Kultur und Unterhaltung, etwas zum Festhalten in einem oft öden Alltag. Für eingefleischte Sozialisten wiederum hat das Portal zum Staatsrat historische Bedeutung. Vom Balkon darüber hatte Karl Liebknecht 1918 die sozialistische Republik verkündet. Was für die Demokraten rheinischer Prägung eher anstößig, hat für viele Ostdeutsche zumindest nostalgischen Wert. Wer den Abriß der Volkskammer fordert, auch als Rache für die Sprengung des Stadtschlosses, könnte im Osten jene Vorurteile gegenüber dem Westen schüren, die abzubauen so viele Politiker bemüht sind, zumal politische Aufsteiger aus der ehemaligen DDR wie die Christdemokratin Angela Merkel oder der Bundestagspräsident Wolfgang Thierse.

Zu den Vorschlägen für die Umgestaltung des Terrains gehört nicht nur die Sprengung des Palastes der Republik, sondern auch ein Schloßneubau, der nur Attrappen im alten Stil vorsieht und dahinter das zeitgemäß übliche Nebeneinander von Geschäften, Hotels und Büros. Damit wäre zwar der Raum ausgefüllt, hätte die Sichtlinie vom Brandenburger Tor einen Fixpunkt. Aber die Erinnerung würde zum Opfer der Ästhetik. Identitätsstiftend ist solch ein Plan sicherlich nicht.

Wann immer ich in Berlin bin, führt mich mein Weg über den Platz der Republik, und was ich zu Anfang als gesichtslos und etwas schäbig empfand, macht für mich immer mehr Sinn. Warum sollte dieser Platz nicht solange eine

Leerstelle bleiben, bis wir Deutschen unsere Mitte gefunden haben?

Das ehemalige Staatsratsgebäude mit seinem kaiserlichen Portal gab zumindest vorübergehend ein präsentables Interimsobdach für den Bundeskanzler. Es war ihm offenbar selber mulmig zumute beim Umzug in das Mammutbauwerk, das sein Vorgänger für das Kanzleramt am Spreebogen auserkoren hat. Und damit es nicht bombastisch zu einem neuen deutschen Nationaldenkmal gerät, wird das Kanzleramt international gerahmt, mit einem Garten von Skulpturen gesamteuropäischer Künstlerhände, an prominenter Stelle die »Berlinplastik« des spanischen Bildhauers Eduardo Chillida und nicht weit davon eine elegante Brückenkonstruktion von Santiago Calatrava. Ein Kuriosum bleibt das Gebäude der Schweizer Botschaft, das inmitten des neuen parlamentarischen Areals Platz behalten hat. Auf viele Berliner wirkt es dort wie ein Fremdkörper. Ich möchte daran erinnern, daß die Schweiz eine Art Vorläufer für ein mögliches Europa vereinter Nationen war. Die 26 Kantone des kleinen Alpenlandes haben allesamt ihre besondere Identität mit starken Institutionen und Traditionen, unterschiedlichen Sprachen und Religionen, schwacher Zentralregierung und ständiger Mitsprache ihrer Bewohner, die dennoch gemeinsam ein unverwechselbares nationales Image besitzen. Die ersten Hausherren der wiedererbauten Botschaft in Berlin haben zudem mit ihrer Flamboyanz das Image der gediegenen und langweiligen Schweizer abgestreift und sich damit dem Charakter einer Stadt angenähert, von der Ernst Bloch schon in den dreißiger Jahren sagte, daß »sie immer nur wird und nie ist«.

Zum Versuch, die Stadt umzugestalten, ihr in gewisser Weise ein neues Gesicht zu verleihen, gehören auch Umtaufen. So ist die Straße vor dem Kanzleramt nicht mehr nach General Moltke benannt, der zwar ein großer Feldherr war, dessen Siege über Dänemark und Frankreich 1866 und 1871 aber im Zeitalter der europäischen Versöhnung unmodern sind. Die Straße heißt jetzt nach Willy Brandt, der 1970 mit dem Kniefall von Warschau die Aussöhnung mit Polen eingeleitet, die Oder-Neiße-Grenze festgeschrieben und die Osterweiterung der EU vorbereitet hat.

In seiner Neuformation läuft Berlin jedoch Gefahr, das Kind mit dem Bade auszuschütten. Das gilt für Ost und West. Mich hat die Entfernung des Wachtturmes am Checkpoint Charlie in einer Nacht- und Nebelaktion im Dezember 2000 genauso irritiert wie die drohende Auflösung der RIAS Big Band. Dieses traditionsreiche Orchester des »Rundfunks im amerikanischen Sektor« wurde im Kulturbudget der Stadt nicht mehr berücksichtigt. Zu einem Benefizkonzert zur Rettung der Big Band, das ich moderieren durfte, kamen 1200 Besucher, die nicht nur dem Jazz dieser Allstars nachweinten, sondern die Geschichtsvergessenheit der Stadtväter beklagten. Die RIAS Band hat den Westberlinern nach dem Krieg ein neues Lebensgefühl vermittelt und den Ostberlinern zumindest musikalisch eine Brücke in den Westen geschlagen. Der Schauspieler und Jazzfan Manfred Krug brachte das auf den Punkt: »Der Jazz war zwölf Jahre lang verboten. Seine wunderbar aufrichtende Kraft kam erst mit der Freiheit wieder. Seine nützlichste Nebenwirkung: Im Gegensatz zu jeder anderen Musik wirkt Jazz auf Nazis wie Knoblauch auf Vampire.«

Das sicherlich gelungenste Projekt ist der Umbau des Reichstages, mit dem weniger eine architektonische als eine historische Lücke in der politischen Landschaft geschlossen wurde. Viele Parlamentarier taten sich nach dem Umzug des Bundestages schwer, dem grauen Koloß des Ingenieurs Paul Wallot seinen alten Namen zu lassen. Aber das ist erstens engstirnig und zweitens falsch. Beim Bau des Reichstags vor einhundert Jahren schmähte Wilhelm II. das Parlament als Schwatzbude, und Hitler verwehrte sich selbst den Zugang nach dem Reichstagsbrand.

Der britische Architekt Norman Foster hat den Reichstag großartig erneuert. Die Kuppel gehört schon jetzt zu den Sehenswürdigkeiten Berlins und nach Meinung des grünen Bundestagsabgeordneten Werner Schulz wird das »unser Eifelturm«. Berlin, die Hauptstadt, zeigt Transparenz: die gläserne Kuppel eines Hauses der Demokratie. Ob der Plenarsaal nicht allzu geräumig ist für die parlamentarische Debatte, muß sich erweisen. Das Unterhaus in London, die Nationalversammlung in Paris, ja selbst das Repräsentantenhaus in Washington kommen jedenfalls mit weniger Raum aus.

Daß der Reichstag sich für feierliche Anlässe eignet, wurde bereits zur Genüge bewiesen. Ein scheidender und ein kommender Bundespräsident haben mit ihren Ansprachen den Reigen künftiger Debatten eröffnet. Bei seiner Wahl versprach Johannes Rau, ein Präsident »aller Deutschen« einschließlich der in Deutschland lebenden Ausländer zu werden. Und zum fünfzigjährigen Bestehen der Bundesrepublik sprach Roman Herzog von der Pflicht der älteren Generation, ihre Erfahrungen an die Jüngeren weiterzugeben: »Das ist eine Aufgabe, von der niemand Dispens hat ... Nur so entsteht kollektive Erinnerung, und ohne die gibt es weder nationale Identität noch nationale Verantwortung.«

Ein Besuch in Frankreich

Gleich nach seinem Wahlsieg 1998 eilte Gerhard Schröder auf der Trasse deutsch-französischer Freundschaft und auf den Spuren seines Lieblingsdichters Rilke nach Paris. Der hatte Anfang des Jahrhunderts eine Zeitlang bei dem Bildhauer Auguste Rodin im Vorort Meudon verbracht. Dort steht auch das Geburtshaus von Lionel Jospin, dem sozialistischen Premier Frankreichs. In ihm fand Schröder einen kundigen und willigen Führer durch das Museum. Und als ob Schröder auf einen Anstoß nur gewartet hätte, rezitierte er auf meine Nachfrage Rilkes Herbstgedicht, im optischen Hintergrund Rodins monumentaler »Denker«. Die Botschaft war klar, wir können stolz auf Politiker sein, die in Europa auch ein kulturelles Erbe sehen. Was bei den Franzosen selbstverständlich, bedarf in Deutschland noch der Nachhilfe. Deshalb hat Schröder im Kanzleramt einen Staatsminister für Kultur installiert, der eine Brücke schlagen soll zwischen dem politischen und dem kulturellen Diskurs der Gesellschaft und jenes Europa schärfer definieren, das sich auch als geistige und künstlerische Einheit versteht.

In Frankreich kommt der kulturellen Selbstdarstellung eine große Rolle zu. »Das heißt nicht, daß wir Franzosen uns für etwas Besonderes halten, sondern daß kulturelle Aktivität nicht von vornherein eine Frage des Marktes ist. Märkte sind wichtig, aber nicht immer ist der Bestseller auch das beste Buch«, sagte Frankreichs Kulturministerin Catherine Trautmann. Doch trotz dieser liberalen Worte verteidigt Frankreich hartnäckig die eigenen kulturellen Besonderheiten gegen die amerikanische Kulturlawine und den *American way of life*.

Ohne Paris oder Frankreich je gesehen zu haben, erlebte

ich als Jugendlicher in München diesen Kulturkampf. In der amerikanischen Besatzungszone waren Jeans und Jazz allgegenwärtig. Aber AFN, American Forces Network, der Rundfunksender der Besatzungsmacht, hatte im Occam Filmstudio in München, wo die großen französischen Filme liefen, bereits eine starke Konkurrenz. Es war ein Wettstreit von Sinatra und Armstrong einerseits und von Truffaut und Marais andererseits. Wir lasen Camus und Sartre und bewunderten General Motors und die GIs.

Als ich 1954 Paris besuchte, vermischten sich für mich die beiden Kulturen abermals. Ein amerikanischer Großkaufmann und seine Frau wollten ein paar Wochen in Europa, vornehmlich in Paris, verbringen und dabei nicht auf ihren gewohnten Autokomfort verzichten, aber über einen landeskundigen jugendlichen Fahrer verfügen, einen Europäer also, ihre Wahl fiel auf mich.

Der Buick kam einige Tage vor seinen Besitzern an, ich konnte mich also erst einmal einfahren. Elektrische Fensterheber, Lenkhilfe, automatische Kupplung, ein Amischlitten wie aus dem Amerika-Prospekt. Ich fuhr den Buick über die Champs-Élysées, den Boulevard St-Michel, auf den Montmartre und nach Versailles. Ich fuhr ihn später auch zu Bruch. Aber zuvor sollte ich erfahren, was amerikanische Großkaufleute und ihre Frauen an Paris lieben. Es waren das Lido und die Opéra. Es waren Dior und die Haute Couture. Es waren aber auch Harrys Bar, die »Herald Tribune« und die Wirkungsstätten von Ernest Hemingway in Paris.

Der amerikanische Schriftsteller war nicht der erste »Amerikaner in Paris«, aber seine Zustandsbeschreibung der Stadt ist nach wie vor stichhaltig: Der Geruch des frischen Brotes am Morgen, das kühle Glas Wein am Mittag, der Café auf dem Boulevard – diese Gewohnheiten sind nicht bis nach Amerika gelangt. Aber die Plätze, an denen Hemingway schrieb, von der Brasserie Lipp bis zum Café de Flor, sind Pilgerstätten für amerikanische Besucher. Sein Lieblingsbuchladen »Shakespeare und Company« lockt die

Literaturtouristen bis heute. Die Masse der Amerikaner geht allerdings in den Louvre oder auf den Eiffelturm. Die Masse der europäischen Touristen besucht heute die Disney World im Pariser Osten.

Die Beziehung zwischen Frankreich und Amerika ist bis tief in die Geschichte der beiden Länder von Neigung und Abneigung gleichermaßen geprägt. Ihren humoristischen Ausdruck fand diese »Haßliebe« in den Geschichten um die Comicfiguren Asterix und Obelix. Bei diesen frühen Galliern sind die Römer, was heute die Amerikaner darstellen: ein großspuriger und natürlich zu Unrecht die Welt dominierender Menschenschlag.

Aus der Sicht von Versailles und Chantilly waren die Amerikaner ein Volk von Bauern und Banditen. 1682 besetzte Ludwig XIV. ein riesiges Stück Amerika und nannte es Louisiana. Ausgerechnet unter Napoleon gab Frankreich sein amerikanisches Besitztum auf. Der frankophile Präsident Jefferson kaufte 1803 den »Wilden Westen« für fünfzehn Millionen Dollar – Geld für die Kriegskasse des Korsen.

Jefferson wurde in Paris als Verfasser der Menschenrechtserklärung von den Monarchisten gehaßt und von den Republikanern verehrt. Heute ergreifen alle gebildeten Franzosen in der Auseinandersetzung um sein kürzlich aufgedecktes Verhältnis zu einer schwarzen Haushaltssklavin für Jefferson Partei. Keine europäische Nation hat auch so einhellig die öffentliche Debatte über das Privatleben von Bill Clinton verurteilt. So ist es schon erstaunlich, daß der französische Präsident Mitterrand sein außereheliches Lebensverhältnis bis kurz vor seinem Tode geheimhielt.

Was allerdings so ziemlich alle geschichtsbewußten Franzosen Jefferson übelnehmen, ist der Zeitpunkt der von ihm verfaßten Menschenrechtserklärung, nämlich dreizehn Jahre vor der Französischen Revolution 1789. Seitdem streiten sich die Gelehrten beider Länder um das Recht, die Lehren von der Freiheit, der Gleichheit und der Brüderlichkeit erfunden zu haben. Girard St. Paul, ein französischer Fernsehkollege, meinte: »Wir verstehen diese Lehren ganz anders. Freiheit ist in Amerika Bewegungsfreiheit und bei uns Befreiung von Armut. Gleichheit ist drüben Chancengleichheit und bei uns Gleichmachung. Brüderlichkeit heißt bei uns Wohlfahrtsstaat und in den USA freiwillige Nächstenhilfe.«

Die Amerikaner sind jedenfalls nach ihrer Revolution Republikaner geworden, das Weiße Haus in Washington entspricht in der Dimension einem größeren französischen Landgut. Das französische Bürgertum ist hingegen seinem Selbstverständnis nach so überaus elitär, daß man glauben könnte, es mit Monarchen zu tun zu haben. Auf mich hat noch kein französischer Präsident wie ein Mann des Volkes gewirkt. De Gaulle, Mitterrand, Chirac bewegen sich königlich in ihren Prunkgemächern und lassen das Volk ihre Würde spüren. Die Bürgermeister in Bordeaux oder Lyon gebärden sich wie Provinzfürsten, und das Protokoll hat sich eigentlich über Jahrhunderte nicht geändert. Frankreichs Staatsempfänge sind bombastisch und wirken dennoch ungekünstelt. Zum Politiker wird man hier nicht so sehr über demokratische Wahlgänge, sondern durch den Besuch der hohen Schule für Verwaltung ENA, École Nationale d'Administration. Deshalb auch kennen sich die Führungskräfte der politischen Parteien meist schon von der Schulbank her.

In ihrem elitären Selbstverständnis empfinden es französische Politiker als Kränkung, wenn sie »unter ihrer Würde« behandelt werden. Charles de Gaulle hat es den Amerikanern nie vergessen, daß sie ihn nicht auf eine Stufe mit Winston Churchill gestellt haben. Umgekehrt haben die Franzosen eigentlich nur John F. Kennedy mit seiner Frau Jacqueline, einer geborenen Bouvier, als im Range gleichberechtigt gesehen und mit allem Pomp empfangen. Ein Volk, das sich derartig als auserwählt empfindet, muß geradezu zwangsläufig in Gegensatz zu US-Amerika geraten, das sich ebenfalls als Nation mit einer besonderen Bestimmung *(manifest destiny)* fühlt.

Dieser Gegensatz auch macht es Frankreich so schwer, von seiner vergangenen Weltmachtrolle vor allem in der Geisteshaltung Abschied zu nehmen. Auch nach dem Ende der Kolonialzeit verfügt Frankreich noch über transatlantische Besitzungen, die es in Provinzen umgetauft hat. Dabei sind Guadeloupe und Martinique eher Liebhabereien, hingegen befindet sich in Französisch-Guayana der Raumflughafen von Kourou. Weil die Ariane-Rakete ein europäisches Projekt ist, decken Berlin und Rom stillschweigend den Provinzstatus eines Landstriches, der ja in Lateinamerika liegt. Für Paris wiederum ist die »Ariane« ein Stück Eigenständigkeit gegenüber der Raumfahrtnation USA, so wie die *Force de frappe* Frankreich als Atommacht wenn schon nicht quantitativ, so doch qualitativ gleichstellt.

Was Frankreich als Kolonialmacht an Größe eingebüßt hat, will es als Kulturnation wettmachen. Die Frankophonie umfaßt immerhin eine Sprachgemeinschaft von 52 nationalen und regionalen Regierungen. Sie stellten sich auf der »Expolangues« Ende Januar 1999 auf beeindruckende Weise dar. Künste und Wissenschaften, neue Kommunikationswege und multilaterale Organisationen sollen der Verbreitung französischer Lebensart dienen. Ein Beispiel dafür ist die neue französischsprachige Senghor-Universität in Alexandria, Ägypten.

Mehr als in anderen Ländern ist die Sprache in Frankreich Ausdruck und Symbol der nationalen Zugehörigkeit. Entsprechend unduldsam sind Franzosen mit Ausländern, die ihre Sprache nicht sprechen. Das bekommt jeder Besucher zu spüren, der auf dem Markt ein Stück Käse oder im Modeatelier ein Kleid kaufen will. Hüter der Sprache ist die Académie française, die von Kardinal Richelieu 1635 mit dem Ziel geschaffen wurde, die Sprache zu standardisieren. In der Folge der Französischen Revolution wurden die Dialekte eliminiert und das Standardfranzösische als »Sprache der Freiheit« eingeführt. Seit 1882 ist die französische Schulbildung obligatorisch, staatlich und kostenlos.

Im Zuge der Regionalisierung in einem zusammenwachsenden Europa tut sich Frankreich besonders schwer, Regionalsprachen wie das Katalonische, das Korsische oder das Provençalische wieder zuzulassen. Eine entsprechende Charta, die 1992 vom europäischen Parlament in Straßburg verabschiedet worden ist, wartet noch immer auf die französische Unterschrift. Weil Paris auch auf dem Französischen als Verhandlungssprache besteht, benötigen die europäischen Einrichtungen ein Heer von Dolmetschern.

Frankreich zögert von allen EU-Nationen am längsten, vom Zentralstaat zu lassen und die Regionen zu stärken. Eine Autonomie für Korsika kommt Paris nicht in den Sinn. Es läßt die unruhige Provinz von einem eingesetzten Präfekten verwalten und nicht von einem gewählten Mandanten regieren. Als Premier Lionel Jospin mehr Autonomie für Korsika wagte, hat er sich beinahe um die Chance gebracht, nächster Präsident in Frankreich zu werden. Frankreichs politische Landkarte gleicht einem Spinnennetz, in dem es nur einen Knotenpunkt gibt: Paris. Gegen die Metropole kann keine andere Stadt aufkommen. In Spanien zum Beispiel hat Madrid eine echte Konkurrenz in Barcelona. Mailand sitzt Rom im Nacken. München, Hamburg und Stuttgart müssen sich erst wieder an Berlin gewöhnen. Selbst in Großbritannien delegiert London Macht an Edinburgh und Glasgow. Paris aber verweist den Rest des Landes in die Provinz. Dabei saugt die Stadt das ihr eigentümliche Umfeld von Schlössern und Stiftungen, von Parks und Parkplätzen, von grünen Vorgärten und grauen Vorstädten immer mehr auf. Entsprechend dem Hemingwayschen Wort von der »Stadt ohne Ende« fällt Paris zu seinen Rändern nicht ab, dünnt nicht aus wie andere expandierende Metropolen. Es liegt eingebettet in der Region Île-de-France, der Wiege des Königreiches, seiner Architektur und Natur.

Diese Île-de-France zählt gut zehn Millionen Einwohner, das ist ein Viertel der französischen Bevölkerung, zu groß für Frankreich, groß genug für Europa?

Französische Machthaber jedenfalls betrachteten Paris immer als die gar nicht so heimliche Hauptstadt Kontinentaleuropas. Doch gerade weil es so schwergewichtig und so egozentrisch ist, konnte Paris nicht zur europäischen Kapitale aufsteigen. Nach französischem Willen ist es aber mit Brüssel eine frankophone Stadt geworden, tagt das Parlament eine um die andere Woche in Straßburg. Paris war als europäische Hauptstadt auch deshalb ungeeignet, weil es oft nur die eigenen Leistungen gelten läßt und nur die Helden seiner Geschichte verehrt. Die Stadt besteht geradezu aus architektonisch manifestierter Ruhmsucht. So ließen sich Pompidou mit dem nach ihm benannten Kunstzentrum, Mitterrand mit dem Glas- und Stahlkomplex von La Defense ein Denkmal setzen.

Zu den größten Memorialien der Stadt gehört das Mausoleum Napoleons. Paul Matthieu Laurent schildert die Überführung des Leichnams von der Verbannungsinsel St. Helena in den Invalidendom 1840 als einen Staatsakt ohnegleichen, so »als wäre er noch der gewaltige Fürst der Schlachten und käme von errungenen Siegen und aus eroberten Ländern heim. Hunderttausendstimmig erscholl aber- und abermals der begeisterte Jubelruf ›Vive l'empereur‹. Das diplomatische Korps wohnte der Feier nicht bei, die für dasselbe vorbehaltene Tribüne blieb leer.«

Heute noch betrachtet die Nation diesen Mann, der Europa zu seinem Schlachtfeld machte und sein eigenes Volk ausbluten ließ, als ihren herausragenden Sohn. Mit dem Code Napoléon hatte der Korse aber ein Rechtswerk für Europa geschaffen, das zum Teil noch immer gilt. Sowohl die imperialen wie die republikanischen Traditionen hat Europa sowieso von Frankreich übernommen. Von Sanssouci bis Schönbrunn hatte sich Frankreichs monarchischer Stil durchgesetzt. Aus der Revolution stammt der Begriff der

»Liberté«, den Eugène Delacroix bildnerisch so eindrucksvoll umgesetzt hat, daß das Gemälde von 1830 schon ein europäisches Symbol geworden ist. Die französische Lebensart hat Europa allemal mehr geprägt als etwa die deutsche oder die russische. Das reicht vom Essen bis zur Mode und betrifft auch die Sprache. Sie hat im neunzehnten Jahrhundert das Deutsche ebensosehr beeinflußt wie das Amerikanische im zwanzigsten Jahrhundert. So heißt im Rheinland eine Liebelei »Fisimatentchen«. Der Ursprung dieses Wortes ist auf die Aufforderung französischer Soldaten an flanierende Damen zurückzuführen: »Visitez ma tente«, besuche mein Zelt. Von den gebräuchlicheren Lehnworten wie »Rendezvous«, »Trottoir« oder »Portemonnaie« einmal ganz abgesehen.

Auch die französischen Volksaufstände haben Europa stets mitgerissen. Sei es der von 1789, von 1848 oder von 1968.

Daniel Cohn-Bendit, der in Frankreich geborene Sohn jüdischer Emigranten, ging im Mai 1968 mit auf die Barrikaden. Als »Dany le Rouge«, wie ihn die Franzosen seiner Haarfarbe wegen nannten, wurde er zum Helden der Straße im Kampf gegen Charles de Gaulle und seine bürgerliche Gesellschaft. Noch im selben Jahr aus Frankreich ausgewiesen, brachte er es in Frankfurt später zum Dezernenten für Multikulturelles. 1999 führte er die Kampagne der französischen Grünen im Europawahlkampf an.

Als »Dany le Vert« glaubt Cohn-Bendit an den Euro und ein soziales Europa und bringt mit der Antiatompolitik, die er mit seinem Freund Joschka Fischer teilt, die Franzosen und auch viele französische Grüne gegen sich auf. Denn in Frankreich ist Atomkraft nicht umstritten, sondern steht für die Unabhängigkeit der Energieversorgung im Land. Erst die Castortransporte machten auch Franzosen empfindsam gegenüber der offiziellen Atompolitik. Im Atomkraftwerk von La Hague pfiffen ihn die Arbeiter aus, die Jäger von Sault wollten ihn wegen seiner Umweltpolitik aus

Frankreich rauswerfen, und auch die Kommunisten und Sozialisten empören sich gegen ihn. Mit Eiern und Tomaten wurde er beworfen, als er von einer Zukunft redete, in der »die Nationen unwichtig geworden sind«. Denn genau da trifft Cohn-Bendit einen empfindlichen Nerv: Frankreich als Nation unwichtig? Damit mußte er die Franzosen auf das ärgste irritieren, denn diese sind, seit Charles de Gaulle die Losung vom »Europa der Vaterländer« prägte, peinlich auf die Wahrung ihrer europäischen Schlüsselrolle bedacht.

Mit einem französischen Politiker teilt »Dany le Rouge ou Vert« jedoch seine europäische Vision: dem früheren Premier Pierre Mendès-France.

1954 hatte Mendès-France dem Indochinakrieg ein Ende gesetzt und mit der Entkolonialisierung Nordafrikas begonnen. Ihm schwebte ein Europa vor, in dem Nationalismus keinen Platz mehr hat und in dem die Übergabe von Souveränitätsrechten an eine europäische Zentralgewalt unabdingbar ist.

Im französischen Wahlkampf von 1997 kam ich in Avignon mit der Witwe von Mendès-France ins Gespräch. Sie wies darauf hin, daß ihr Mann schon 1930 die Hoffnung formuliert hatte, England werde dem Bau eines Tunnels unter dem Ärmelkanal zustimmen. Gar nicht so sehr wegen der Infrastruktur in Europa, sondern wegen der mentalen Anbindung der Insulaner an den Kontinent. Frau Mendès-France warb in Avignon für den Spitzenkandidaten der Sozialisten, Lionel Jospin. Der Aufstieg dieses Politikers ist deshalb erstaunlich, weil er die sonst übliche Grandeur vermissen läßt und immer etwas spröde und hölzern wirkt. Aber vor allem die Jugend hatte sich 1997 für ihn entschieden, sie erwartete von einem Regierungswechsel bessere Arbeits- und Zunkunftschancen und eine menschlichere Asylpolitik.

Tatsächlich haben die Franzosen mit Jospin etwas Selbstvertrauen zurückgewonnen, die Jugendarbeitslosigkeit eingedämmt und das Wirtschaftswachstum angekurbelt. Nur die Methoden sind eher von gestern als von morgen. Das Wachstum erfolgt nämlich über staatliche Programme, und die Arbeitsplätze haben sich nicht ergeben, sondern sind künstlich geschaffen worden. Das sind nicht nur Eingriffe in den freien Markt, sondern auch Angriffe auf Europa. Denn jede Subvention im Inneren schwächt die Wettbewerber von außen.

Es hat mich ziemlich aus der Fassung gebracht, daß die Piloten der Air France, die bezahlt werden wie Ministerialdirektoren, für eine Lohnerhöhung streikten. Die Angestellten der staatlichen Eisenbahnen verbringen im Schnitt weniger als 35 Stunden wöchentlich im Fahrersitz oder am Signalcomputer, aber sie fordern die Dreißigstundenwoche, gehen mit fünfzig in Pension und erhalten 90 Prozent ihres Salärs. Sie stellen ein Prozent der französischen Arbeiterschaft, aber 40 Prozent der im Streik verlorenen Arbeitsstunden gehen auf ihr Konto. Weil aber die Eisenbahnbetriebe voll aus dem französischen Haushalt finanziert werden, stellt sich die Frage nach der Rentabilität nicht, und außerfranzösische Anbieter haben gegen diesen Monopolisten keine Chance. Anders bei den Lkw-Fahrern. Sie müssen sich dem europäischen Wettbewerb öffnen, und das empfinden sie – wie ich finde, zu Recht – als unfair. In einem der Blockadestaus, die französische Brummifahrer immer wieder einmal verursachen, fand ich eine Runde von Kartenspielern, die allesamt der Meinung waren, daß etwa italienische oder spanische Lkw-Fahrer auf französischen Straßen nichts zu suchen hätten. Gegen deutsche Touristen an der Côte d'Azur hatten sie allerdings wenig einzuwenden.

Vor und zum Teil auch noch nach der Regierungsübernahme durch Lionel Jospin gingen die Arbeitslosen und die Obdachlosen und vor allem die »Sans papiers«, die Menschen, die nicht über Aufenthaltspapiere verfügen, auf die Straße. Sie protestierten gegen die harten Gesetze der Bürgerlichen und die noch härteren Gesetze des freien Marktes. Beide hat die Regierung Jospin durch hunderttausend künstlich geschaffene Arbeitsplätze und durch Erleichterungen bei der Einwanderung gemildert. Der Mix aus freiem Markt und staatlicher Lenkung hat Frankreich ein ungeahntes »blaues Wunder« beschert und wirtschaftlichen Fortschritt mit der Zivilgesellschaft versöhnt.

Mich dünkt es sehr französisch, daß die meisten Bürger sowohl die Streiks und Unruhen wie auch die Intervention des Staates gutheißen. Seit der Revolution ist Randale ein Teil der öffentlichen Ordnung, und trotz der Revolution blieb die Obrigkeit und ihre Gewalt für die Franzosen ein achtenswertes Gut. Weil die »Linke« meist die Seite der Straße vertritt und die Denker und Dichter auf beiden Seiten zu finden sind, kreiert diese Dauergabelung auch beständigen weltanschaulichen Streit. Dabei fördert der Staat seine geistige Elite auch dann, wenn er selber Schaden nimmt. Voltaire verhaftet man nicht, erklärte Präsident de Gaulle im Mai 1968, als ihm empfohlen wurde, Jean-Paul Sartre in Verwahrung zu nehmen. Sartre ließ sich in die konservative »Bibliothèque de la Plèiade« aufnehmen, obwohl er die Bourgeoisie bitter bekämpfte. Der Marxist Louis Althusser lehrte an der École normale supérieure, wo die Töchter und Söhne des Großbürgertums zur Schule gehen. Präsident Mitterrand nahm sich jenen Régis Debray zum Berater, der mit Che Guevara im Dschungel von Bolivien kämpfte und mit ihm die gewalttätige Focus-Theorie ersann. In einem Gespräch in Venezuela sagte mir Régis Debray einmal: »Wir Franzosen schrecken auch vor dem Terror nicht zurück.« Immerhin hatten die Jakobiner in der Revolution den Terror zur Tagesordnung gemacht (Il faut mettre la terreur à »l'ordre de jour«). Also nehmen Franzosen Terror eher stoisch hin? Im Augenblick des Geschehens ja – in der Strafverfolgung nein.

Als Reporter berichtete ich vom Mammutprozeß gegen die mutmaßlichen Attentäter der Terrorwelle, die Paris zwischen 1994 und 1998 getroffen hat. Weil kein Gerichtssaal für die 138 Angeklagten der algerischen GHIA-Untergrundkämpfer und ihr arabisches Publikum groß genug gewesen wäre, mußten die Prozeßbeteiligten in dic Turnhalle eines Gefängnisses am Rande der Stadt umziehen. Die Sicherheitsmaßnahmen waren so extrem, daß meine Kameraleute nur die Füße der Angeklagten erhaschen konnten. Gleichzeitig gab es verstärkte Polizeieinsätze an allen größeren U-Bahn-Stationen. Mit seinen Urteilen handelte das Gericht politisch, das heißt so gemäßigt, daß Revancheakte bisher ausblieben.

Gerade diese relative Milde aber und die gleichzeitige Nachwanderung von nordafrikanischen Asylbewerbern hat die extreme Rechte um Jean-Marie le Pen zunächst auf 15 Prozent des Wählerpotentials gestärkt, bevor sie in innerem Hader implodierte. Tatsächlich leben viele Franzosen arabischer Herkunft heute in gesellschaftlicher Isolation. Das Staatsbürgerschaftsrecht der Franzosen ist immerhin so tolerant, daß eine kunterbunte Gesellschaft entstehen konnte. Franzose ist per se, wer ein französisches Elternteil hat. Ein Kind ausländischer Eltern kann bis zum einundzwanzigsten Lebensjahr über die Staatsangehörigkeit entscheiden. Ein Doppelpaß ist Ermessenssache. Wer, wie Daniel Cohn-Bendit, in zwei Kulturkreisen lebt, kann auch zwei Nationen angehören.

Dennoch ist für mich das französische Bürgerrechtsmodell kein Vorbild. Denn es hat mit der gesellschaftlichen Anerkennung nichts zu tun. Sieht man einmal von so prominenten Persönlichkeiten ab wie Karl Lagerfeld oder Romy Schneider, die in Frankreich Ruhm und eine zweite Heimat fanden, ist aus meiner Erfahrung die Ablehnung der Franzosen gegenüber Fremden generell größer als ihre Aufnahmebereitschaft. In diesem Sinne ist Paris nicht kosmopolitisch wie etwa New York, London oder auch Brüssel.

Dennoch war und ist Frankreich politisch, wirtschaftlich und philosophisch ein Wegbereiter für Europa. Der Dichter Romain Rolland bemühte sich leidenschaftlich um die Überwindung der Nationalismen. Paul Valéry sah den »Homo

Europeus« verkörpert durch Goethe und Leonardo da Vinci. André Gide forderte eine politische Integration Europas. Und der Nationaldichter Frankreichs schlechthin, nämlich Victor Hugo, hatte ein gemeinsames Europa herbeigewünscht, als es dabei war, in Nationalstaaten auseinanderzubrechen.

Für Wirtschaftspragmatiker wie Jean Monnet, Jacques Delors und Dominique Strauss-Kahn stellte die Entwicklung auf ein gemeinsames Europa hin die einzige Chance dar, mit der global vernetzten Weltkonkurrenz Schritt zu halten.

Andere französische Politiker tun sich hingegen mit Europa besonders schwer. Die extreme Rechte mit Jean-Marie le Pen ist in das Europaparlament nur eingezogen, um mit dem belgischen Vlaamse-Block und den deutschen Republikanern gegen jede Art von Europa zu polemisieren. Die Halbrechte mit dem Gaullisten Charles Pasqua glaubt, Frankreich werde seine Freiheit und Souveränität an Brüsseler Bürokraten verlieren. Die Kommunisten, die einst den Sieg der Internationale prophezeiten, fürchten nun, von den bürgerlichen Mehrheiten erdrückt zu werden. Eigentlich sind es hier nur die Parteien der Mitte, die Europa wirklich wollen. Sie auch sehen für Frankreich erst in einem größeren Nationenverbund eine Chance, sich gegen US-Amerika zu behaupten.

Von Konrad Adenauer unterstützt, wehrte sich Charles de Gaulle mit dem politischen Rückzug aus der NATO gegen die amerikanische Vormacht. Unter Präsident Chirac und Premier Jospin versucht Frankreich auch gegenwärtig, gegen Amerikas selbstherrliche Europapolitik vorzugehen. Dies gelang jedoch im Falle Bosnien nicht und im Falle Kosovo nur bedingt.

Frankreich macht sich gern zum Verhandlungsführer in Europafragen, verfolgt dabei aber ungeniert nationale Interessen. »Wenn internationale Posten oder Konferenzen zu vergeben sind, meldet Frankreich grundsätzlich Ansprüche an«, sagte im Mai 1998 der französische Finanzminister Dominique Strauss-Kahn. Damals handelte es sich um die Bestellung des Chefs der europäischen Zentralbank, und Frankreich setzte zumindest dessen begrenzte Amtszeit und den eigenen Kandidaten als Nachfolger durch.

Paris befürwortet eine gemeinsame Außenpolitik, strebt aber auch in diesem Bereich nach der Führung. Dabei behindert sich Frankreich immer wieder selbst. Zum Beispiel hatte es 1954 eine europäische Verteidigungsgemeinschaft vorgeschlagen, die ausgerechnet vom französischen Parlament abgelehnt wurde. Und 1998 bekannte es sich zur Unabhängigkeit der europäischen Zentralbank, erzwang jedoch ein politisches Aufsichtsgremium, das nationale Interessen vertritt.

Aber es gibt auch Politiker wie den ehemaligen Präsidenten Giscard d'Estaing, die Europa bedingungslos befürworten, und es besteht kein Zweifel, daß es ohne Frankreich kein gemeinsames Europa geben wird.

Anfang März 1990 stand Giscard d'Estaing vor der Ruine der Frauenkirche in Dresden und machte Wahlkampf für die Liberalen: »Dies ist das erste Mal in meinem Leben, daß ich an einer Wahlversammlung außerhalb Frankreichs teilnehme.« Dieses sehr ungewöhnliche Engagement des Franzosen in der Noch-DDR diente einer klaren Botschaft: »In Zukunft werdet ihr zu 50 Prozent Deutsche sein und zu 50 Prozent Europäer.« Die kleine Schar von Zuhörern, die vor der Frauenkirche dem Regen getrotzt hatte, fand den Besuch aus Paris eher exotisch als bedeutsam. Der Sprung von Ostdeutschland gleich nach Europa erschien den meisten zu groß. Die Franzosen aber wollten nach der Wiedervereinigung, gegen die Mitterrand immer wieder Bedenken angemeldet hatte, weil sie das Kräftegleichgewicht zugunsten Amerikas verschieben würde, großdeutsche Gedanken gar nicht erst aufkommen lassen und verschrieben dem DDR-Patienten Europamedizin.

Dabei war es die Berliner Blockade 1948/49 gewesen und die Reaktion auf die wachsende kommunistische Bedrohung, die zur Billigung der Bundesrepublik durch Frankreich führte.

Bis zur deutsch-französischen Freundschaft sollte es noch einmal 13 Jahre dauern. Mir ist weniger die Unterzeichnung des entsprechenden Vertrages in Erinnerung als der Triumphzug von Charles de Gaulle durch die Innenstadt von München. Der dort unterzeichnete Vertrag zog einen endgültigen Schlußstrich unter die jahrhundertealte Erzfeindschaft der beiden Länder und war eine grundlegende Vorraussetzung aller europäischen Einigungsbestrebungen.

Auf die Männerfreundschaft zwischen de Gaulle und Adenauer folgten weitere, inzwischen berühmte und symbolträchtige Beziehungen zwischen den Häuptern Deutschlands und Frankreichs:

Willy Brandt und Georges Pompidou vertieften die Freundschaft zwischen den Völkern. Helmut Schmidt und Giscard d'Estaing betrieben gemeinsam die Koordinierung der Weltwirtschaftspolitik und kreierten die regelmäßigen Wirtschaftsgipfel. 1975 erlebte ich, wie die westlichen Industriemächte endlich ein Regelwerk zur Schlichtung der erbitterten Fehden auf den internationalen Finanzmärkten schufen. Ein Vierteljahrhundert später mußte ich beobachten, daß die Parteien im Balkankonflikt sich nicht zu einigen vermochten und deshalb der Krieg in Europa wieder zum Mittel der Politik wurde. Kohl und Mitterrand waren für die großen Gesten da – man denke an die edle Verbrüderungsszene auf dem Schlachtfeld von Verdun.

Vorausahnend meinte der deutsche Dichter Ludwig Börne 1836: »Die Geschichte Frankreichs und Deutschlands ist ein beständiges Bemühen, sich zu begreifen und sich zu nähern. Die Gleichgültigkeit war ihnen immer unmöglich. Sie müssen sich hassen oder lieben, sich verbrüdern oder bekriegen. Der wäre ein geschickter Diplomat, dem es gelänge, den Frieden zwischen den Nationen zu vermitteln, dadurch, daß man sie bewegte, ein neues gleichartiges Ganzes zu bilden, ohne ihre bezeichnenden Eigenschaften aufzuopfern.«

Bundeskanzler Schröder hat wohl begriffen, daß er zuvorderst die Kulturnation Frankreich würdigen muß. Die Franzosen betrachten Schröders Kontakte zu Tony Blair mit einer gewissen Nonchalance, denn die EU-Partnerschaft und der Euro haben die Gemeinsamkeiten zwischen Paris und Berlin ohnehin verstärkt.

England löst sich von der Insel

Das Thalia-Theater in Hamburg hatte zum achtzigsten Geburtstag von Helmut Schmidt geladen. Die Zahl und die Prominenz der Gäste gaben dem Empfang politischen Ereignischarakter. Der Jubilar hatte ohne Polizei und Absperrung auskommen wollen. Aber die drängende Schar von Kameraleuten und Fotografen zwang die Veranstalter, den Intendanten des Thalia-Theaters und den ehemaligen Staatssekretär des Kanzlers, zu »Rettungsmaßnahmen«. Das heißt, die besonders herausragenden Gäste wurden zunächst einmal ins Séparée des Theatercafés geschleust. Und so kam es, daß Helmut Schmidt, sein französischer Freund Valéry Giscard d'Estaing, der unvermeidliche Henry Kissinger und der ehemalige britische Premier Edward Heath in trauter Runde zusammensaßen. Drei Europäer, die Europa geschmiedet haben, und ein Amerikaner, der mit Argusaugen dabei zusah. Alle waren sich einig, daß dem Briten die schwerste Aufgabe zuteil geworden war. Traditionell hatte sich die »Insel im Atlantik« den Vereinigten Staaten näher gefühlt als dem europäischen Festland. Die ersten EU-Beitrittsverhandlungen im Jahre 1963 scheiterten, vielleicht, weil, wie Charles de Gaulle meinte, die Briten damals noch nicht bereit waren für Europa. Im Mai 1967 bewarb sich Großbritannien erneut um eine Aufnahme, und Anfang der siebziger Jahre führte Heath, noch immer gegen den politischen und moralischen Widerstand eines großen Teils seiner Landsleute, die Briten in die Europäische Union. 1975 verlor er die Führung der Konservativen an Margaret Thatcher, die sich als mächtige Gegnerin einer engeren Anlehnung an Kontinentaleuropa entpuppt hatte.

Bei der Geburtstagsfeier für Helmut Schmidt verfocht der zwei Jahre ältere Edward Heath die europäische Idee mindestens so vehement, wie er es Anfang der siebziger Jahre getan hatte. Es gebe kein Commonwealth mehr oder gar ein Empire. England habe seine weltpolitische Rolle als Großmacht aufgeben müssen. Wenn die Briten sich die Entscheidung zum Eintritt in die Europäische Währungsunion genauso schwer machten wie seinerzeit den Beitritt zur Europäischen Gemeinschaft, würden sie der Gnade der internationalen Spekulanten ausgeliefert sein. Die britische Zukunft hieße Europa, so Heath.

Alle seine Nachfolger haben sich hingegen nach wie vor in die Euroskepsis verbissen und können dabei auf die Unterstüzung der Bevölkerung zählen. Bei seiner Wahlkampagne als unabhängiger Kandidat für das britische Parlament sagte mir Martin Bell: »Der liebe Gott hat die Briten nicht umsonst auf einer Insel abgesetzt.« Er spielte damit auf die Sonderrolle an, die sich die Briten als Inselvolk selbst zugedacht haben und die in die Geschichtsschreibung als »splendid isolation« eingegangen ist. Dabei ist Martin Bell ein ausgesprochen kosmopolitisch denkender Mensch. Als er noch Starjournalist beim britischen Fernsehen war, haben sich unsere Wege an den Brennpunkten der internationalen Politik oft gekreuzt. In Reagans Amerika bezog er Stellung gegen den weltweiten Einfluß der Großmacht. Auf Kuba zeigte er Sympathie für Castro, in Bosnien war er gegen die britische Teilnahme an der Friedenstruppe, während des Falklandkonfliktes reagierte er patriotisch. Als Korrespondent in Berlin beobachtete er den Fall der Mauer mit Sorge vor einem neu erwachenden großdeutschen Nationalismus.

Ganz allgemein scheint die einstmals mächtige Kolonialmacht Großbritannien noch immer ihre Rolle im internationalen Politikgeschehen erheblich leichter zu finden als in Zusammenhang mit dem benachbarten Europa. Das hat natürlich auch damit zu tun, daß den Briten das Siegen auf den sieben Weltmeeren leichter fiel als auf dem Festland jenseits des Ärmelkanals. Die opferreiche Landung der Alliierten in der Normandie beschäftigt noch immer eine ganze Veteranengeneration aus dem Zweiten Weltkrieg. Mir ist aufgefallen, daß englische Männer gerne vom Krieg reden, und zwar ohne Feindseligkeit gegenüber dem ehemaligen Gegner, aber mit großem Stolz auf die errungenen Siege. Besonders zu Wohltätigkeitsveranstaltungen kommen sie mit all ihren Orden und Ehrenzeichen.

Das Kapitel der weltumspannenden Kolonialmacht England mag zwar abgeschlossen sein, aber die Erinnerung daran bestimmt auch heute noch die moderne Politik. Unter Margaret Thatcher führten britische Truppen vor der fernen Küste Argentiniens in der Auseinandersetzung um die Falklandinseln einen der letzten Kolonialkriege des zwanzigsten Jahrhunderts. Und wenn die Amerikaner in ihrer Eigenschaft als Weltpolizisten zu einer Strafaktion rufen, folgen die Briten meist als erste dem Ruf ihrer ehemaligen Kolonie, wie etwa die Intervention im Irak zu Beginn der neunziger Jahre und nicht zuletzt der Kosovokonflikt zeigten. Anläßlich der von einem spektakulären Abschiedsfeuerwerk gekrönten Übergabe der letzten größeren Kolonie des Empires, Hongkong, dürfte Großbritannien wohl zum letztenmal in seiner Rolle als Kolonialmacht aufgetreten sein. Heute sind von den britischen Besitzungen neben Gibraltar nur noch einige verstreute Eilande übrig.

Aber die Implosion des früheren Weltreiches macht selbst vor den britischen Inselgrenzen nicht halt. Seit den Verträgen von Maastricht schreitet der Prozeß der Regionalisierung auch in Großbritannien voran. Was Gegenstand jahrhundertelanger blutiger Kriege war, nämlich die nationale Einheit der Inseln im Archipel, erlebt jetzt eine politische Zellteilung. Devolution ist der englische Begriff dafür und meint ein neues Selbstbestimmungsrecht für Wales und Nordirland, für Schottland und am Ende für England selbst. Als Ergebnis dieser Entwicklung prognostiziert der schottische Intellektuelle Tom Nairn einen »Archipel von praktisch unabhängigen politischen Einheiten, die sich regelmäßig treffen, um Fragen von gemeinsamem Interesse zu diskutieren oder zu entscheiden«.

Es war im September 1997, als sich in die Trauer um den Tod von Lady Diana die Freude über das Ergebnis eines Referendums mischte, das Schottland nach dreihundert Jahren der Zwangsunion mit England weitgehende Selbstbestimmung einräumte. So kann das Parlament Steuern erheben und Gesetze in den Bereichen Erziehung, Gesundheit, Rechtssystem und Kommunalverwaltung verabschieden. Der britische Premier Tony Blair, der die Devolution aus persönlicher Überzeugung betreibt, bezeichnete die Verfassungsänderung als »die größte demokratische Errungenschaft seit der Erklärung der Bill of Rights«. Auf den Straßen von Edinburgh bliesen Schotten im traditionellen Kilt den Dudelsack. Die Anhänger der 1934 gegründeten Schottischen Nationalpartei feierten in Gärten und Pubs, und der schottische Filmstar Sean Connery prophezeite die Entstehung einer schottischen Nationalarmee außerhalb der NATO.

Das Referendum setzte das 1707 aufgelöste schottische Parlament wieder ein und stattete es mit weitreichenden Befugnissen aus. Am 6. Mai 1999 fanden die ersten Wahlen statt, zeitgleich wurde auch in der walisischen Hauptstadt Cardiff eine Regionalregierung eingesetzt, in Nordirland hatte sich bereits zuvor eine Abgeordnetenversammlung konstituiert. Doch die anfängliche Euphorie erhielt durch recht bald einsetzende Kompetenzrangeleien bereits einen gehörigen Dämpfer. Der Streit zwischen Schotten und Engländern um die Aufsichtsrechte in einem besonders fischreichen Stück Nordsee wird sicherlich nicht die einzige Auseinandersetzung dieser Art bleiben.

Besonders in Ulster war die Zugehörigkeit zu London schon lange als Unterdrückung empfunden und bekämpft worden. Die Frontlinie zwischen Anhängern und Gegnern der britischen Krone, die etwa der zwischen Katholiken und Protestanten entspricht, weichte im Sog der Devolution auf. So gesehen war das Delegieren der Macht von London an seine Regionen ein wesentlicher Beitrag zum Friedensprozeß in Nordirland. Das nordirische Dilemma erinnert jedoch fatal an die religiös motivierte Auseinandersetzung zwischen Muslimen und Orthodoxen auf dem Balkan. Auch in Westeuropa überdauern demnach Enklaven des Rassen- und Nationalitätenwahns. Bei einem Besuch in Belfast im Sommer 2000 fiel mir allerdings auf, daß die militanten Bürgerkriegsgruppen immer mehr zu kriminellen Banden mutieren und dabei ihren Selbstzweck zerstören.

Im Gegensatz zu den Nordiren zeigen sich die Schotten und Waliser europäischer als die Engländer selbst. Bei einem europäischen Gipfeltreffen in Wales fiel mir die besondere Deutschfreundlichkeit der Einwohner auf. Ein walisischer Politiker erklärte mir das so: »Wir haben mit den Briten gegen die Deutschen gekämpft, und heute helfen uns die Deutschen mit ihren Investitionen im Kampf gegen die englische Vormundschaft.«

Nachdem er die Devolution in Gang gesetzt hat, will Tony Blair das House of Lords, diese Oberkammer des Parlaments, dessen Mitglieder nicht gewählt, sondern bestimmt werden, reformieren. Sein Ziel sei es, die Regierung dem Volke näherzubringen, argumentiert Blair. Konservative Politiker im Unterhaus sehen das anders: »Europa und die Devolution werden das Parlament in die Zange nehmen, bis nur noch ein Schnipsel übrigbleibt«, meinte ein fanatischer Anhänger von Margaret Thatcher.

Einen weiteren erbitterten Gegner hat Blair ausgerechnet in einem gebürtigen Schotten, der sich zum Anwalt des alten Nationalstaates macht. Lian Fox hält Tony Blair für den unbritischsten Premierminister und glaubt, daß er England in kleine Häppchen schneiden will, um sie dem Moloch Brüssel verdauungsgerecht aufzutischen. So wie Fox fürchtet auch Tom Nairn um den Erhalt der nationalen Identität. Nairn glaubt die »Britishness«, das Britische schlechthin, in

Gefahr: »Britishness ist von einer der gesündesten Anlagen auf dem internationalen Ideenmarkt zu einem Überbleibsel von gestern geworden.«

Und tatsächlich scheint das, was man unter dem Begriff der »Britishness« im allgemeinen subsumiert, dem Prozeß der Neuorientierung nicht standzuhalten: Stolze britische Automarken gingen in den internationalen Ausverkauf, darunter Rover und Rolls Royce an die deutsche Firma BMW, Bentley an Volkswagen. Das Ansehen des Königshauses ist durch Affären und Skandale beschädigt worden. Das Mutterland des Fußballs muß sich auf dem grünen Rasen immer öfter den ausländischen Kontrahenten beugen. (Wobei zu bedenken ist, daß Großbritannien in einer Art vorweggenommener Devolution schon lange mit drei Nationalmannschaften auftritt, England, Schottland und Nordirland.) Das Ungeheuer von Loch Ness ist nicht mehr als eine Legende, und die britische Bulldogge steht unter Artenschutz. Die »splendid isolation« wurde aufgebrochen durch den Kanaltunnel, eine Art Nabelschnur zur Mutter Europa. Und die große *Bill of Rights*, die Menschenrechtserklärung von vor 300 Jahren, wird im heutigen Menschheitsbewußtsein gleich zweifach überlagert, einmal durch die amerikanische Unabhängigkeitserklärung von 1776 und die Charta der Menschenrechte der Französischen Revolution von 1789. So etwa ließen sich die Klagelieder der Konservativen um die verlorengegangenen britischen Traditionen zusammenfassen.

Zur Angst um den Bestand des britischen Nationalstaates gesellt sich nicht nur bei den Konservativen die Sorge um England selbst. Tony Linsel produziert Englischbücher im Selbstverlag und propagiert die Gründung eines eigenen englischen Parlamentes. Nur so könnten die Engländer ihr Selbstvertrauen zurückgewinnen und sich in der allgemeinen Auflösung des Nationalstaates behaupten. Linsel und seine Anhänger haben sich auch schon auf die Suche nach einem historischen Platz für ein solches englisches Parlament begeben: Acton Burnell, wo 1283 das erste englische Parlament tagte, oder Lancaster, das im fünfzehnten Jahrhundert kurzfristig das Parlament beherbergte. Noch gibt es eine Mehrheit der Konservativen gegen diese Selbstregierung, die die Devolution, also die Zersplitterung, nur vorantreibe.

Die Notwendigkeit einer Erneuerung des britischen Selbstbildes begründet David Starky, Historiker aus Cambridge, folgendermaßen: »Plötzlich haben die Engländer zu ihrer Überraschung festgestellt, daß es nicht nur das Irland- oder das Balkan- oder das Palästinenserproblem gibt, sondern auch die englische Frage. Wir fragen uns nämlich, was sind wir für eine Nation, sind wir überhaupt eine Nation? Wenn wir darauf nicht die richtige Antwort finden, sehen wir einer grimmigen Zukunft entgegen. Dann werden wir unter den Wogen der Meere versinken, die wir einst beherrscht haben. Dann bleibt uns ein pseudounabhängiger Agrarstaat im Miniformat oder das bedauerliche Geschick einer Provinz in einem europäischen Empire. Wenn wir aber die richtige Antwort finden, ist nur der Himmel unsere Grenze, könnte England ein neues, größeres, erfolgreiches Hongkong sein mit Englisch als Sprache der Welt.«

Als Antwort auf diese Fragen versucht der britische Premier Tony Blair, zwischen dem Verharren in der nationalstaatlichen Tradition und der europäischen Einigung einen dritten Weg zu gehen. Er kombiniert die geopolitische mit einer sozialdemokratischen Vision: jenseits von links und rechts. Da ist die Rede vom Postnationalismus, von einem verjüngten Land, von der Verbindung der besten Werte aus Vergangenheit und Gegenwart, von einer Zukunftsschmiede, in der freier Handel und eine multikulturelle Gesellschaft ein neues Zeitalter bestimmen.

Die englischen, schottischen und walisischen Städte haben ihre Ausstrahlung verändert. Die Britishness von ehedem ist einer selbstverständlichen Akzeptanz des globalen Welthandels gewichen. Nirgendwo in Europa ist die multikulturelle

Gesellschaft so entwickelt wie in London. Und so ist es auch rechtens, daß diese Metropole im Zeitalter der Devolution Autonomiestatus gewinnt. Auf der Portobello Road oder an den Camden Locks, in Soho oder in Chelsea tummelt sich eine Jugend, an der ich nichts Britisches finden kann, die aber in ihrem internationalen Flair wie das Vorbild einer kosmopolitischen Gesellschaft von morgen wirkt.

David Starky schreibt hoffnungsvoll: »Das neue Millennium bringt ein neues Zeitalter. Es wird nicht im schweren Schritt der Saurier von Nationalstaaten und Großkonzernen daherkommen, sondern mit der Springlebendigkeit kleinerer, leichtfüßiger Kreaturen. Das neue postnationale England könnte die erste einer neuen Spezies sein.« Und mein Freund Martin Bell, der Exjournalist und Neuparlamentarier, meint: »In einer solchen Zukunft müssen wir uns nicht größeren Einheiten anschließen wie Amerika oder Europa, sondern könnten den Brückenkopf bilden zwischen beiden.«

Mit seinem »cool Britannia«, dem großen britischen Ideenspeicher der Zukunft, hat Tony Blair ähnliches vor. Aber seine Rechnung geht nur auf, so meint er, wenn in größerer Währung als in Pfund bezahlt wird. So betrachtet Tony Blair den Beitritt zum Euro als notwendiges Übel oder, gelinder gesagt, als Mittel zum Zweck. Weil er durch und durch Politiker ist, wird er die Briten darüber aber erst abstimmen lassen, wenn er seiner Sache sicher sein kann. Beim EU-Gipfel in Nizza im Dezember 2000 hat er einer Zentralisierung europäischer Macht allerdings vorgebeugt mit dem Schlagwort »pool of souvereignty«, Sammelbecken nationaler Souveränitäten.

Sind also die Engländer Europäer? Es war Lord Bollingbroke, der nach dem mühsamen und kräftezehrenden Krieg gegen Ludwig XIV. von allen Festlandsunternehmungen abriet. Er sagte: »Seien wir immer eingedenk, daß wir zwar Nachbarn des Festlandes sind, aber nicht ein Teil von ihm, daß wir zwar Europa zugeordnet sind, aber ihm nicht angehören.« Also hatte England in seinem Expansionsdrang die andere Richtung gewählt, die Richtung über das Meer.

Der große Winston Churchill hatte für Großbritannien eine Perspektive gezeichnet, die bis heute nicht an Relevanz verloren hat. Er sah voraus, daß das Englische zwar eine Weltsprache wird, aber die englisch sprechende Welt sich rund um die große Republik der Vereinigten Staaten scharen würde. Er, der auch den Satz vom Eisernen Vorhang erfunden hatte, sah die Wiederherstellung Europas in seinem alten Raum und in einer seit langem erstrebten Einheit voraus. Er endete seine Rundfunkrede vom 3. Mai 1953 mit dem Satz: »In allen diesen Bereichen haben wir auf unserer bedrängten, aber unbesiegten Insel eine lebenswichtige Rolle zu spielen.«

Bei aller Verzahnung mit dem machtvollen US-Amerika betrachten die meisten Briten eine Anlehnung an Kontinentaleuropa als unvermeidlich. Aber auf dem Wege nach Europa liegt noch ein Stolperstein aus der langen Kolonialgeschichte des Inselreiches, der Felsen von Gibraltar. Allerdings ist England offenbar auf dem Wege, dieses steinerne Symbol des kolonialen Großmachtstrebens und der Integrationsfeindlichkeit erfolgreich zu umschiffen. In der neuen Europäischen Kommission wird Großbritannien die Schlüsselpositionen des Vizepräsidenten und des Ressortchefs Außenpolitik besetzen. Ein proeuropäisches Signal?

¡Viva España!

Todo por la patria, alles für das Vaterland, lautete die Parole des Generals Francisco Franco im Bürgerkrieg. Die Diktatur Francos ist Geschichte, doch die vaterländische Losung gilt auch für die Demokratie von heute. Die Spanier sind als Nation zerstritten, aber einig in ihren Forderungen gegenüber dem Rest Europas. Seit dem Beitritt zur Europäischen Union haben sie sich systematisch Vorrechte und Positionen erkämpft. Sie erhalten sehr viel mehr aus dem Geldtopf der Europäischen Union, als sie einzahlen. Diesen Zuschuß, Kohäsionfond genannt, betrachten sie als rechtmäßiges Eigentum.

Spanier haben in Brüssel höchste Ämter inne: Der ehemalige NATO-Generalsekretär Javier Solana koordiniert die Außen- und Sicherheitspolitik der EU. Gil Robles war Präsident des Europaparlaments, Carlos Westendorp Bosnienbeauftragter, Manuel Marín Kommissionsmitglied.

Bis heute hat Spanien einen Stachel nicht entfernen können, der schon drei Jahrhunderte in seinem Fleisch sitzt: Auf dem Felsen von Gibraltar, an der Schleuse zwischen Mittelmeer und Atlantik, hält England Wache. In den Höhlen und an den Hängen des Felsens hausen Affenfamilien. Wenn sie gehen, werden die Engländer folgen, sagen die Spanier. Ein Korporal sorgt deshalb mit einer Ration Bananen und Erdnüssen täglich für den Fortbestand englischer Präsenz auf der Halbinsel.

Bisher sind alle Rückgabeverhandlungen gescheitert. Immer wenn in Spanien eine neue Patriotismuswelle aufkommt, versucht die Regierung in Madrid, die Felsenkolonie wirtschaftlich auszuhungern. 1966 ließ Franco den Grenzübergang sperren, verschärfte die Zollvorschriften und untersagte britischen Fluggesellschaften den Anflug über spanischen Boden. Die Verkürzung des Luftkorridors zwang die Piloten zu riskanten Manövern. Im Herbst 1967 entschieden sich 95 Prozent der 30000 Einwohner für den Verbleib bei Großbritannien. 1969 verhängte Madrid eine Einfuhrsperre für Waren jeder Art und eine Ausfuhrsperre für Autos. Gibraltar konnte nur über Marokko bzw. aus der Luft versorgt werden.

Das demokratische Spanien hat sich nicht viel anders verhalten. Seit Dezember 1982 ist die Grenze passierbar, doch Anfang 1999 hat Madrid wieder mit einem Überflugverbot gedroht und Führerscheine aus Gibraltar plötzlich nicht mehr anerkannt. Grenzgänger mußten bis zu sieben Stunden in »La Línea«, der Trennlinie zwischen dem Festland und der felsigen Halbinsel, warten.

Die beiden Nationen bedrohen sich als EU-Mitglieder zwar nicht mehr mit Säbelrasseln, aber doch mit einem Krieg der Worte. Spanien ist allenfalls bereit, Gibraltar den Status der Selbstregierung zuzugestehen wie anderen autonomen Regionen auf der Iberischen Halbinsel. Großbritannien hat die Souveränität bisher nicht aufgegeben, doch die enormen wirtschaftlichen Kosten für den Erhalt der Kronkolonie könnten das Thema Gibraltar in London unpopulär machen.

Die Einwohner, darunter ca. 6000 britische Staatsangehörige, führen nur äußerlich ein britisches Leben von der *changing of the guard* bis zum *5 o'clock tea*. Zum Lebensunterhalt sind sie auf ausländische Touristen und spanische Hilfsarbeiter angewiesen. Das Souvenirgeschäft haben vor allem Nordafrikaner an sich gerissen. Es gibt mehr Tapa-Bars als Saloons.

Die immer wieder erhobene Anschuldigung, das »perfide Albion« sei die letze Kolonialmacht in Europa, stammt aus der Propagandakiste. Es ist nicht weit von der einen Säule des Herkules, dem Felsen von Gibraltar, bis zur anderen jenseits der Meerenge in Afrika. Bei guter Sicht vor einem Gewitter leuchten die Häuser von Ceuta auf. Eine weitere spanische Enklave im heutigen Marokko ist die Stadt Melilla. Hier ist der Rest jener 10000-Mann-Armee stationiert, die einst das spanische Protektorat in Marokko schützte.

Marokko verweist stets auf das Beispiel Gibraltar, wenn es um Ceuta und Melilla geht. Um 1900 war Melilla ein bedeutender Handelsplatz an der afrikanischen Mittelmeerküste, von etwa 100000 Menschen bewohnt. Heute, da die Stadt vom arabischen Hinterland abgeschnitten ist, bleibt nur der Weg über das Meer. Doch die großen Handelsschiffe bleiben aus, weil es nicht viel zu handeln gibt. Der Hafen gehört meist den Fischkuttern.

Melilla ist Teil der Provinz Málaga. Die Häuser sind im Stil der Jahrhundertwende gebaut, die Straßen schachbrettartig angelegt. Die Cafés schenken in Andalusien gebrannten Sherry und Cognac aus. Bevölkerungsmäßig überwiegen die Spanier, Araber sind in der Minderzahl. Eine Besonderheit bilden die Nachkommen eines Imports aus Amerika: Indianer.

Die Stadt ist Freihafen. Seine jahrhundertelange Geltung als Umschlagplatz von Afrika nach Europa und umgekehrt hat die Händler vieler Völker angelockt: Abessinier, Levantiner, Deutsche, eine große Zahl von Juden. Aber immer mehr verlieren sich über die Grenze. Der Wohlstand läßt die Stadt im Stich. In den Prachtbauten des goldenen Zeitalters mietet sich die Armut ein, der Lack von Melilla ist ab. Die Denkmäler sind zum Blickfang geworden. Auf schwarzem Marmor steht geschrieben: *aquí estamos*, hier sind wir, hier bleiben wir.

Die Feindseligkeit zwischen Marokkanern und Spaniern hat enorm abgenommen, seit Madrid seine größeren Kolonien in Nordafrika aufgelöst hat (1975 auch die westliche Sahara). Heute ist die Meerenge von Gibraltar zu einer Art Rio Grande von Europa geworden. Am Grenzfluß zwischen den Vereinigten Staaten und Mexiko hat sich eine Trennlinie zwischen dem Süden und dem Norden der Neuen Welt entwickelt. Vor Spaniens Küsten wird das Mittelmeer immer mehr zum Graben zwischen Europa und Afrika. Fast jede Nacht versuchen Nordafrikaner, in klapprigen Holzbooten, den *Pateras*, die Meerenge zu überwinden. Sie setzen ihr Leben aufs Spiel für eine bessere Zukunft in Europa, doch viele dieser überladenen Boote gehen unter. Eine marokkanische Emigrantenorganisation spricht von tausend Toten jährlich. Schlepperbanden verlangen bis zu 5000 Mark für einen Platz auf den Pateras. Weil die spanische Polizei mittlerweile die Meerenge bei Gibraltar schärfer überwacht, weichen die Schlepper auf Routen mit größeren Entfernungen und höheren Risiken aus. Bei Punta Tarifa, das wegen der hohen Brecher als Surferparadies gilt, ist so manches Holzboot jämmerlich zerschellt.

Eigentlich besaß die Meerenge seit alters eine Brückenfunktion. Die großartigen Moscheen von Córdoba und Granada zeugen noch heute von arabischen Hochkulturen am europäischen Ufer. Erst vor fünfhundert Jahren haben Ferdinand II. und Isabella I. nach jahrhundertelangen Rivalitäten die Königreiche Kastilien und Aragonien vereinigt und die Iberische Halbinsel für das Christentum reklamiert. Die *Reyes Católicos*, die Katholischen Könige, so der vom Papst verliehene Titel, eroberten 1492 die letzte islamische Enklave Granada. Einmal im Jahr feiert Spanien dies mit einem vaterländischen Fest. *Viva España*, es lebe Spanien, schallt es dann durch die Gassen der andalusischen Stadt.

1492 schickten die Könige zudem Christoph Kolumbus auf jene folgenreiche Reise, die dem Abendland einen neuen Horizont eröffnen sollte. Bis dahin galt das Kap Finisterre am westlichen Zipfel der Iberischen Halbinsel als das Ende der Welt. Die Entdeckung der Neuen Welt rückte Spanien vom Rande Europas in die Mitte der westlichen Hemisphäre. Nach dem Tod Ferdinands II. wurde sein Enkel Karl I. König von Spanien. Der Sohn von Philipp dem Schönen und Johanna der Wahnsinnigen herrschte auch über die

Besitzungen der Habsburger. 1519 wurde er als Karl V. zum deutschen Kaiser gewählt, 1530 in Bologna vom Papst gekrönt. Seine Macht reichte vom Abend- bis zum Morgenland und von der Alten bis in die Neue Welt. Seine Konquistadoren plünderten den Goldschatz der Azteken und entdeckten das Märchenreich der Maya. Sein ehelicher Sohn, Philipp von Habsburg, erzwang den Gottesstaat mit der Folter, sein unehelicher Sohn, Juan de Austria, zwang den Islam zum Rückzug. Damals war das Heilige Römische Reich deutscher Nation, dessen Teil Spanien war, Herrscherin über die »westliche Hemisphäre«.

Während Karl V. noch selbst in die Schlacht geritten war oder sie zumindest vom Feldherrnhügel beobacht hatte, regierte sein Sohn als König Philipp II. von Spanien vom Schreibtisch aus. Er baute den Beamtenapparat auf, der allen nachfolgenden europäischen Reichen als Unterbau dienen sollte. In Spanien selbst hatte dies die Gründung vieler Universitäten und die höchste Alphabetisierungsrate im damaligen Europa zur Folge. 60 Prozent der Gesellschaft auf der Iberischen Halbinsel konnten lesen und schreiben. Der von Philipp II. gewählte Regierungssitz Madrid stand für Zentralismus (*sólo Madrid es corte*, nur in Madrid sitzt der Hof) wie für Papierkrieg. »Wenn der Tod aus Madrid verfügt würde, könnten wir noch lange leben«, lautete eine Volksweisheit im siebzehnten Jahrhundert. Der Bestseller jener Zeit war »Don Quichote« von Miguel de Cervantes. Dieser Roman vom Ritter, der gegen Windmühlenflügel Krieg führt, läßt den Verfall der Gesellschaft ahnen.

Das Gold und das Silber aus Übersee reichten nicht mehr aus, um den aufgeblähten Hof zu füttern, zumal britische Piraten die Armada trotz Begleitschutz zur Ader ließen. Die Bankiers der Monarchie, die Fugger und Welser, machten sich in Amerika wie in Spanien breit. Das Städtchen Almagro in Kastilien zeigt noch den Abglanz der mächtigen Kontore, die Augsburgs Kaufleute im spanisch-habsburgischen Reich gebaut hatten. Auch jener Palast im

Renaissancestil steht noch, der als Hauptfaktorei des Jacobus Fugger diente. Die schwäbischen Handelsherren liehen der Krone Geld und erhielten dafür Monopole und Ländereien. Sie beteiligten sich am Sklavenhandel und an der Eroberung der Neuen Welt. Sie bestachen Kurfürsten und Kardinäle und schacherten um die Finanzmacht in Europa. Letztendlich trieben jedoch nicht die finanziellen Nöte Spanien wieder an den Rand Europas, sondern die Trennung von den Niederlanden, die 1648 ihre Unabhängigkeit erkämpften und sich dem Protestantismus zuwandten. Spanien mußte auch an Frankreich und England Teile seines Kolonialreiches abtreten. Unter den Bourbonen verlor es in Kriegen weitere Gebiete, darunter Gibraltar, geriet in Abhängigkeit von Frankreich und schwächte sich durch blutige Aufstände.

1890 schrieb der Diplomat und Literat Juan Valera: »Wir erwachten aus unseren ehrgeizigen Träumen und stellten fest, daß wir gegenüber der Zivilisation ins Hintertreffen geraten waren und für lange Zeit das Schlußlicht in Europa bleiben mußten.« 1898, in Kampf und Niederlage gegen Amerika, erhielt die Kolonialmacht ihren Todesstoß. Der Beginn des amerikanischen Jahrhunderts fällt zusammen mit dem Rückzug der Alten aus der Neuen Welt. Ein Machtkampf um die Aufteilung der Erde brach aus und holte auch Spanien wieder ein.

1936 wurde es zum Schauplatz einer großen ideologischen Auseinandersetzung zwischen Links und Rechts in Europa. Eine Volksfrontregierung sammelte zu ihrer Verteidigung Sozialisten und Kommunisten, Idealisten und Abenteurer. Das Epos des Verteidigungskrieges gegen die Truppen von Francisco Franco schrieb ein amerikanischer Schriftsteller: Ernest Hemingway. »Wem die Stunde schlägt« machte auch Filmgeschichte. Franco und die Seinen stilisierten ihren Feldzug gegen die Volksfront zum Kampf gegen den Kommunismus. General Mola setzte dabei die Propagandamaschine ein. Der Putschbruder Francos rückte mit vier Kolonnen gegen Madrid vor, meinte aber, daß die »fünfte Kolonne« in der Stadt selbst ihm zum Sieg verholfen habe.

Generalísimo Franco hat mir einmal in einem Sommerpalast nahe Madrid im Interview gesagt, nur die Entpolitisierung der Nation würde Spanien wieder auf den Weg nach Europa führen. Deshalb gründete er eine Art Ständestaat, der das Land mit sich selbst versöhnen sollte. Der Ideologe dieser nationalen Bewegung hieß José Antonio Primo de Rivera, sein Leitmotiv: »Eine Nation ist nicht Sprache, Rasse oder Territorium, sondern Schicksalseinheit, Mission in der Welt.« Diese Ideologie korrespondierte mit dem Nationalsozialismus in Deutschland und dem Faschismus in Italien. Francisco Franco genügte es, sein eigenes Volk zu unterdrücken, um den Rest der Welt kümmerte er sich nicht. Im Kampf gegen einen besonders hartnäckigen Gegner jedoch nahm er gern deutsche Waffenhilfe an. Es ging um das Baskenland. Vom Atlantik und den Pyrenäen abgeschirmt, in schwer zugänglichen Tälern verknotet, der Landschaft nach eine Schweiz, in der Rolandssage Sarazenenreich, das Land Euskadi, wie es in der Sprache der Basken heißt, ihr nationales Zentrum Guernica. Unter der alten Eiche von Guernica wurden die Sonderrechte der Basken einst beschworen. Deutsche Stukas ließen es zum Opfer des bewaffneten Faschismus werden. Der Katalane Picasso hat die Klage der Opfer des Luftangriffes auf Guernica ins Bild gesetzt. Das Gemälde ist zum Symbol des Unrechts geworden, das auch Franco seinem Volke angetan hat.

Der baskische Patriotismus aber blieb erhalten. Schon im Juni 1969 sagte mir ein Führer des militanten Separatismus im Baskenland: »Wir Basken gehören zu den wenigen, die standgehalten haben vor dem aus Deutschland importierten Faschismus.« Der Kampf des baskischen Volkes ist vornehmlich ein Kampf um die Freiheit, aber zugleich ein Ringen um die Autonomie, um die Anerkennung der nationalen Persönlichkeit des baskischen Volkes innerhalb einer freien Föderation der Völker auf der Halbinsel.

Der Staat nach Franco hat den Nationalitäten auf der Iberischen Halbinsel das Recht auf Autonomie zugesprochen. Doch die Basken wollen mehr, jedenfalls ihr militanter Arm, die ETA – ihr Ziel ist ein unabhängiger Staat. Gute 10 Prozent der Einwohner im Baskenland, das sind etwa 180000 Wähler, sympathisieren mit der ETA. Ihnen fehlt zwar der Fanatismus, für deren Überzeugung zu töten, aber sie haben den Terror der ETA ganz offen gedeckt. Ihre Mordserie begann noch in der Franco-Zeit, als sie 1973 mit einer Autobombe den franquistischen Ministerpräsidenten Luis Carrero Blanco tötete. 24 Jahre später ist es das Attentat auf einen jungen Kommunalpolitiker, der zufällig ebenfalls Blanco mit Familiennamen heißt, das ganz Spanien gegen die militanten Basken aufbringt. Im Juli 1997 gingen Millionen auf die Straßen von Madrid und Barcelona und formten gewaltige Protestchöre. Sie trugen blaue Schleifen als Zeichen der Verbundenheit mit den Hinterbliebenen und verlangten ein Verbot der Partei Herri Batasuna, dem politischen Arm der ETA.

Miguel Angel Blanco aus dem Städtchen Ermua war das 300. Mordopfer. Er mußte sterben, weil die Regierung sich weigerte, die etwa 500 ETA-Häftlinge in ein Gefängnis im Baskenland zusammenzulegen. Zu seiner Beerdigung kamen die drei ersten Regierungschefs der jungen Demokratie, der amtierende Ministerpräsident Aznar und Kronprinz Felipe, der immer öfter seinen Vater Juan Carlos vertritt. Mir erschienen die Beerdigung wie die Demonstrationen nicht nur als ein Zeichen der Empörung gegenüber den militanten Basken, sondern als ein Signal an die anderen Europäer, daß Spanien inzwischen eine erwachsene Demokratie ist, bereit, für die demokratischen Ideale einzustehen. Auch in den kleinen Städten des verwinkelten Baskenlandes hatten sich Gegner der ETA aus Protest auf die Straße gewagt.

30 Jahre nachdem ich ein erstes Gespräch mit einem baskischen Separatisten führen konnte, gab mir ein Mitglied der Führungsspitze der Organisation in Frankreich Gelegenheit zu einem Interview. Der junge Mann studierte in Frankreich politische Wissenschaften und entwarf folgendes Szenario eines Baskenstaates: »Die Basken sollen in den Grenzen des Königreiches aus dem 12. Jahrhundert leben. Weder Mitglied der Europäischen Union noch der NATO sein, aber im engen Verbund mit Gleichgesinnten in Europa.« Dabei erwähnte der Separatistenführer den Vlaamse-Block in Belgien, die kurdische Arbeiterpartei PKK und IRA-Kämpfer in Ulster. Tatsächlich marschierten bei den Demonstrationen der IRA in Nordirland stets Vertreter der ETA mit. Und in der Tat hat das Regierungsparlament im autonomen Baskenland noch im Februar 1999 beschlossen, seine Gebäude für eine Tagung des kurdischen Exilparlamentes zu räumen. Tatsächlich haben sich flüchtige ETA-Terroristen immer wieder im flämischen Teil Belgiens verbergen können. Weil aber der Kern der militanten Bewegung auch im Baskenland immer mehr an Boden und Stimmen verliert, hat die ETA-Führung einen Waffenstillstand angeboten. Das hat die Regierung nicht daran gehindert, auf die militanten Aktivisten weiter Jagd zu machen. Anfang März 1999 ging der vereinten französischen und spanischen Polizei der Chef der illegalen Kommandos der ETA und im September vier weitere Führer der Terrororganisation ins Netz. Weil aber die ETA jugendlichen Nachwuchs hat, wird es erst schlimmer werden, bevor es besser wird, wie Tersch del Valle von der Zeitung »El Pais« sagte. Eine Probe aufs Exempel erlebte Bundeskanzler Schröder, als er im Baskenland bei Eduardo Chillida eine Skulptur für das Kanzleramt in Berlin abholen wollte. Im Wald hinter dem Besitz des Bildhauers wurden acht Granaten gefunden und entschärft.

Es steht zu vermuten, daß sich auch die Basken nicht mehr von ihren terroristischen Landsleuten erpressen lassen werden. Die Gemeinde Ermua, in der Miguel Angel zu

Grabe getragen wurde, liegt an der Autobahn zwischen Bilbao und San Sebastián. Diese beiden Städte mit ihren Promenaden, ihren Banken, ihren Museen, ihrer Gastfreundschaft zeigen ein Baskenland, das sich gegenüber Europa öffnet und mit seinen Büros, seinen wirtschaftlichen Sonderrechten an der Spitze der Autonomiebewegung in Spanien selbst befindet, dicht gefolgt von Katalonien und Galicien. Gerade Katalonien mit seiner Hauptstadt Barcelona zeigt immer mehr Eigenständigkeit und Eigensinn. In der krausen Architektur von Gaudí, in den Gemälden von Miró und Picasso und hinter den Klostermauern von Montserrat hat das Katalanische die Diktatur Francos überdauert. Der Abt des Bergklosters, das der Legende nach den Rittern der Tafelrunde einst als Gralsburg diente, zelebriert seine Messe auf katalanisch, führt eine Bibliothek mit Büchern ausschließlich in katalanischer Sprache und gab radikalen Anhängern der katalanischen Autonomie Zuflucht vor der Verfolgung aus Madrid. Abt Kasia Yust klagte damals: »Die Unterdrückung ist so scharf, daß alle in den Vereinten Nationen proklamierten Menschenrechte verletzt werden. Das einzige der dort verbrieften Rechte, das Spanien uns ließ, ist das Recht auf die freie Wahl des Ehepartners.« Ein Freund des Abtes Kasia Yust war der katalanische Politiker Jordi. Er hat in der Zeit nach Franco Katalonien immer weiter in die Autonomie und immer mehr an Mitteleuropa herangeführt. Für Galicien schließlich erkämpfte der ehemalige Informationsminister Fraga Iribarne im Kabinett Franco einen hohen Grad von Autonomie. In Galicien liegt Kap Finisterre. Hier ist Portugal näher als Madrid, und über den Atlantik ist es nicht weit nach Britannien. Galicien gehört nicht dem Adel, sondern dem Kleinbürger, nicht Latifundien-, sondern Kleinfelderwirtschaft herrschen hier vor. Sein Besitz, seine Musik und seine Sprache sind der Stolz des Galiciers.

Die Techniker kommen aus dem Baskenland, die Intellektuellen aus Katalonien, die Grundherren aus Andalusien.

Galicien im Wetterwinkel der spanischen Nation hat zweimal Geschichte gemacht: Hier begann die Christianisierung, und der heilige Jakob war ihr Feldherr im Kampf gegen den Islam. Santiago de Compostela, die Kirche des heiligen Jacobus im Sternenfeld, ist heute noch ein Ziel der Wallfahrer und Pilger aus ganz Europa. Ein anderer Ort in Galicien jedoch zieht immer weniger Anhänger an, El Ferol del Caudillo, der Geburtsort von Francisco Franco.

Auch die äußeren Anzeichen seiner Diktatur sind aus den Straßenbildern verschwunden, als letztes die Lackhelme der gefürchteten *Guardia civil*, jener allgegenwärtigen Polizei, auf die sich die Diktatur vor allem stützte. Die 1844 von den Bourbonen in Spanien eingeführten Helme mußten Ende der achtziger Jahre einfachen Mützen weichen. Mir wird stets im Gedächtnis bleiben, wie die Sittenwächter der Guardia civil gegen einige barbusige Urlauberinnen am Strand der Costa Brava vorgingen. Heute verfolgt die Guardia civil Rauschgiftschmuggler am Kap Finisterre und illegale Immigranten an der Straße von Gibraltar.

Im Februar 1981 versuchte ein Oberstleutnant der Guardia die Regierung zu stürzen und erklärte die Abgeordneten des Parlaments zu Geiseln. Damals scheiterte der Putsch ultrarechter Militärs an der Entschlossenheit und Geschicklichkeit des Königs Juan Carlos, der die meisten Generale für sich und die Demokratie gewinnen konnte. Dieser König, den Franco in seinem Sinne erziehen wollte, und eine Reihe von Ministerpräsidenten haben Spanien aus der politischen Isolation von Europa befreit. Eine gesellschaftliche Absonderung gab es sowieso schon lange nicht mehr. Dafür sorgten der Tourismus und Francos Informationsminister Fraga Iribarne. Er hatte sein Land mit einer geschickten Werbekampagne hoffähig gemacht. Mit der Parole »Spanien ist anders« pries er die Strände, die Folklore und die Küche seines Landes an. Mit einem dichten Netz von *Paradores*, staatlichen Hotels in reizvoller Lage, schuf er die nötige Logistik. Mit dem Geld, das der Tourismus in das Land brachte, hat sich Spanien in das Wirtschaftswunder gestürzt wie in ein Abenteuer. Bereits in den sechziger Jahren haben die Menschen in den Städten das Auto, den Sonntagsausflug, den Kühlschrank und den Fernsehapparat entdeckt. Die Jugend von heute, die auf der *Gran Vía* in Madrid und auf den Ramblas in Barcelona flaniert, weiß nichts mehr von Franco oder will nichts mehr von ihm wissen. Die meisten Jugendlichen sehen es auch als selbstverständlich an, daß ihr Land zur Europäischen Union gehört. Ein alter Freund, der in der Franco-Zeit nach Köln emigrieren mußte, betreibt jetzt eine Tapa-Bar im Zentrum von Madrid. Zwischen Dienstschluß und dem üblichen späten Abendessen wird Alvaros Kneipe zur Nachrichtenbörse. Dort wird man als Europäer und besonders als Deutscher freundlich begrüßt. Aber mit großer Selbstverständlichkeit erheben die spanischen Gesprächspartner Anspruch auf die Führung in der europäischen Politik, auf Geld aus der Brüsseler Kasse und auf die Brückenfunktion zu den ehemaligen Kolonien von Nordafrika über Südamerika bis zu den Philippinen.

Von der einstigen Macht will die spanische Oberschicht noch immer nicht ablassen. Das wird auf dem reichen Buchmarkt und in den Kommentaren der Tageszeitungen deutlich. Im innenpolitischen Widerstreit werfen sich die Politiker denn auch gegenseitig Verrat an Spaniens Größe und Ansehen vor. Je mehr die einst land- und besitzlose Mehrheit in die Mittelschicht einmündet, um so deutlicher wendet sich Spanien wieder Europa zu, auch wenn dem Land die Unterordnung in den europäischen Institutionen schwerfällt.

Die Heranführung an Europa ist besonders dem Sozialisten Felipe González zu danken. Der Anwalt aus Sevilla ließ sich von deutschen Politikern beraten, und als er es zu eigenem Ansehen gebracht hatte, erwiesen ihm die anderen Europäer, dabei wiederum vor allem die Deutschen, Respekt. Der konservative Helmut Kohl entwickelte zu dem

Sozialisten ein spezielles Freundschaftsverhältnis. Anläßlich eines Porträts, das ich über Felipe González gemacht hatte, sagte der Andalusier: »Unsere Zukunft ist Europa, und wir bringen in dieses Europa unsere Vielfalt ein.«

Diese Vielfalt entwickelt aber auch Fliehkräfte, die Felipe González am Ende seiner Regierungszeit kaum bändigen konnte und mit denen sein konservativer Nachfolger José María Aznar alltäglich zu kämpfen hat. Aznar stand zunächst im Schatten seines politischen Vorgängers. Mit Aznar habe das Mittelmaß gesiegt, unkten viele Journalisten. Aber Aznar hat den spanischen Mittelstand weiter gestärkt und sich als einziger Konservativer im Konzert der europäischen Regierungschefs in eine Führungsrolle gemausert. Er gehört zu den Protagonisten der »neuen Mitte«, und sein Rat wird sowohl in London wie in Berlin gehört.

In Spanien ist das »Europa der Regionen« kein Modell der Zukunft, sondern besorgniserregende Gegenwart. Katalonien löst sich von Wahl zu Wahl weiter von Madrid. Und als José María Aznar mit vollen Geldtaschen vom EU-Gipfel im März 1999 in Berlin zurückkam, erhob sich ein in schrillen Tönen geführter Verteilungskampf zwischen dem Nationalistenblock von Galicien, der Union von Valencia, der Koalition der Kanarischen Inseln, dem Baskenland und all den anderen immer selbstbewußter auftretenden Regionen. Die Klammer um den Iberischen Staat ist das Königshaus. Mein Kollege Alvaro Aguinaga sieht es denn auch als glückliche Fügung an, daß Spaniens oberste Familie nicht wie die britische Monarchie von Skandalen heimgesucht wird. Denn »ohne das Königshaus wären zwar alle gute Europäer, aber man könnte uns nicht mehr als Nachfolgegeneration jenes Spanien erkennen, in dem die Sonne niemals unterging«.

Il compromesso storico – der historische Kompromiß

In Hollywood gelang Italien der Durchbruch. Bei der Oscar-Verleihung 1999 sprang Schauspieler und Regisseur Roberto Benigni über die Stuhlreihen hinweg, um mit einer stakkatoartigen Dankesrede die prestigeträchtige Trophäe für seine Tragikomödie »Das Leben ist schön« entgegenzunehmen.

Doch nicht nur dieser Film bescherte Italien nach langer Pause wieder neue nationale Idole und damit neues Medieninteresse. 1997 hatte Dario Fo den Nobelpreis für Literatur erhalten, und im Frühjahr 1999 bestimmten die Regierungschefs der EU einmütig den Italiener Romano Prodi zum Präsidenten der Europäischen Kommission. Das wichtigste nationale Ereignis aber war die Wahl von Massimo d'Alema zum italienischen Ministerpräsidenten. Damit glückte dem ehemaligen Kommunisten, was seiner Partei so lange verwehrt geblieben war, der Weg zur Macht über den *compromesso storico*, den historischen Kompromiß.

Daß es in Italien zwischen Kommunisten und Katholiken seit langem eine Art friedlicher Koexistenz gab, hatten der Roman »Don Camillo und Peppone« von Giovannia Guareschi und der gleichnamige Film von Julien Duvivier in den Nachkriegsjahren pointenreich in Szene gesetzt. Da hassen und verstehen sich der Dorfpfarrer und der kommunistische Bürgermeister und lösen gemeinsam die Probleme ihrer Gemeinde. Für meine Generation verkörperten Don Camillo und Peppone die widersprüchlichen und sich gerade deshalb gegenseitig bedingenden Grundlagen eines Gesellschaftssystems, das eigentlich nicht funktionieren konnte. Mein Freund Gigi Campi hat dies einst auf den Punkt gebracht: »Wir haben uns im Chaos häuslich eingerichtet.«

Politisch bedeutete das nach dem Krieg die Polarisierung zwischen der christsozialen Mitte und den Kommunisten. Eine erste Annäherung suchte der Generalsekretär der kommunistischen Partei Enrico Berlinguer Mitte 1973. Damals arbeitete ich als Korrespondent im südamerikanischen Chile, wo gerade das Experiment einer Volksfrontregierung blutig gescheitert war. Die Ursachen lagen nicht nur in der Verschwörung der Rechten und den Intrigen des amerikanischen Geheimdienstes, sondern auch im Versagen der Volksfront selbst. Sie hatte Konzerne enteignet und Großgrundbesitz verstaatlicht und dafür Pfründenwirtschaft eingeführt. All die Wasserträger und Politiker, die dem Marxisten Salvador Allende zur Macht verholfen hatten, mußten abgefunden werden, und zwar nicht nach dem Prinzip der Eignung, sondern nach dem der Aufteilung. Nicht Experten, sondern Apparatschiks hatten das Sagen. Als die Militärjunta im September 1973 putschte, wurde Allende getötet, und die Schreckensherrschaft von General Pinochet begann.

Für Enrico Berlinguer war Chile ein warnendes Beispiel. In einer Analyse hatte die Kommunistische Partei Italiens die chilenische Lage als der heimischen vergleichbar erkannt: große Klassenunterschiede, internationale wirtschaftliche Verflechtung, geopolitische Teilung in Reich und Arm. Belinguer sah das Hauptproblem der chilenischen Volksfront in der mangelnden Bereitschaft, mit dem bürgerlichen Mittelstand Einverständnis zu erzielen. Die italienische Lehre daraus: ein Burgfrieden mit der langjährigen Regierungspartei Democrazia Cristiana, der in Berlinguers Formel vom *compromesso storico*, vom »historischen Kompomiß«, seinen Ausdruck fand. Die DC hatte dieser Annäherung zunächst nur eine »Strategie« der aufmerksamen Beobachtung entgegenzusetzen.

Auch in Spanien und Frankreich stieg die Bereitschaft, mit den Kommunisten in Regierungskoalitionen zusammenzuarbeiten. Mitte der siebziger Jahre verbündeten sich die italienischen Kommunisten mit ihren Parteigenossen in Frankreich und Spanien zu einer »linken Alternative« in Europa, die sich zugleich von den dogmatischen Prinzipien der KPdSU loslösen sollte.

Der Eurokommunismus begeisterte das junge Parteivolk und die Wähler gleichermaßen. Diese Begeisterung fand bei den italienischen Wahlen vom 20. Juni 1976 ihren Ausdruck in einem spektakulären Linksruck. Die PCI (Partito Comunista Italiana) hatte mit Raniero La Valle, Altiro Spinelli und Nino Pasti zudem Kandidaten in die Wahl geschickt, die von außerhalb zur Partei gestoßen waren und denen man gerade deshalb die Erneuerung der kommunistischen Politik zutraute. La Valle, der zuvor als Chefredakteur eines katholischen Kirchenblattes gearbeitet hatte, sagte mir dazu: »Wir glauben, daß Parteien politische Instrumente sind und keine ideologischen Glaubensburgen.« Der Viersterne-General Pasti war stellvertretender Oberbefehlshaber des Kommandos Süd der NATO gewesen. Nach seiner Auffassung sollte der Sozialismus »für eine neue Gesellschaft nun nicht mehr mit Waffen, sondern mit Worten kämpfen«. Und der ehemalige EU-Kommissar Spinelli bekannte: »35 Jahre lang habe ich mich für Europa engagiert. Jetzt zieht der Kommunismus nach. Die Partei hat sich verändert, nicht ich habe das getan.«

Seinen euphorischen Höhepunkt erlebte diese Aufbruchsstimmung mit einem Fest, das der italienische Parteichef Berlinguer zum achtzigsten Geburtstag der Spanierin Dolores Ibárruri ausrichtete. Als »La Pasionaria«, die Leidenschaftliche, war Frau Ibárruri in die Geschichte des spanischen Bürgerkrieges eingegangen. Vor den alten Kameraden aus Spanien, Frankreich und Italien rief die Altkommunistin zum politischen Angriff auf die Macht auf.

Bei den Wahlen von 1976 hatte die PCI so hohe Stimmengewinne erzielen können, daß es ihr möglich gewesen wäre, im Verein mit anderen kleineren Linksparteien die Regierung zu bilden, aber Berlinguer erneuerte in einer politischen

Geste gegenüber dem Führer der DC Aldo Moro seinen Vorschlag des *compromesso storico*. Eine Reihe von blutigen Ereignissen sollte diesen Plan zunichte machen: Die Roten Brigaden ermordeten den DC-Chef Aldo Moro. Faschistische Attentäter legten in einer Gewerkschaftsversammlung in Brescia eine Bombe. Die Mafia verfolgte und ermordete systematisch Richter und Anwälte. Entführungen waren an der Tagesordnung. Um in dieser extremen Krisensituation der Gefahr eines durch Auflösung des Parlamentes und Neuwahlen drohenden Machtvakuums zu entgehen, wurde mit der Stimmenthaltung der anderen Parteien ein christdemokratisches Minderheitskabinett unter Giulio Andreotti gebildet.

Ich glaube, es war die Journalistin Franca Magnani, die für diese Zeit den Ausdruck »die bleiernen Jahre« prägte, während derer die politische Moral einen Tiefpunkt erlebte. Auch die Kommunisten rieben sich in den bleiernen Jahren auf. Besonders unpopulär wurden sie durch ihren Widerstand gegen ein Antiterrorgesetz, das der Justiz schärferen Zugriff auf die organisierte Kriminalität erlauben sollte, und sie machten sich als »Eurokommunisten« unglaubwürdig, weil sie gegen den Eintritt Italiens in die europäische Währungsschlange waren. Zudem manövrierte sich 1983 mit dem Sozialisten Bettino Craxi ein Linker an die Macht, der nicht der PCI angehörte.

Während der Amtszeit Craxis entwickelte sich Italien zu einem Land, das auf die Errungenschaften der Moderne setzte. Der großgewachsene Norditaliener etablierte sich als Dauerpartner der italienischen Christdemokraten. Nach Craxis Rücktritt 1987 und wechselnden Regierungen unter Führung der DC übernahm 1989 Giulio Andreotti abermals das Amt des Ministerpräsidenten. Er war längst zu einer Symbolfigur für die Überlebensfähigkeit der Democrazia Cristiana geworden. Siebenmal bekleidete er das Amt des Premierministers und war als Minister verschiedener Ressorts an fast allen Nachkriegsregierungen beteiligt.

Um so größer war der Schock für die italienische Öffentlichkeit, als sich herausstellte, daß seine Person auch für Korruption und mafiöse Verstickungen innerhalb der Partei stand. Andreotti, dem man eine »Leidenschaft für das Pokerspiel am Karten- wie am Kabinettstisch« nachsagte, geriet vor das Tribunal der »sauberen Hände«.

Diese Aktion der *mani pulite* riefen Mailänder Untersuchungsrichter 1992 ins Leben, als die Entrüstung der italienischen Wähler über Politiker, die sich die Hände in Bestechung, Verschwörung und Verlogenheit beschmutzt hatten, ihren Höhepunkt erreichte. Die Kronzeugenregelung – eigentlich geschaffen für den Kampf gegen den Terrorismus – zeitigte auch bei der Bekämpfung der organisierten Kriminalität Erfolge. Die Aussagen dieser pentiti führten nicht nur zur Festnahme mehrerer Mafiabosse, sondern brachten auch weitere Verstrickungen von Mafia und Politik ans Licht. Ich habe vor jenen Staatsanwälten ungemeinen Respekt gewonnen, die sich durch die täglichen Todesdrohungen in ihrer Aufklärungsarbeit nicht beirren ließen. Einer von ihnen, Pierre Luigi Vigna, heute Chefankläger gegen die Mafia, hat in den achtziger Jahren die Serie der Mafia-Entführungen aufgeklärt.

Ihre Sprichwörtlichkeit erlangten die *mani pulite* allerdings erst im Kampf gegen die Korruption auf höchster Ebene. Es war der Mailänder Staatsanwalt Antonio di Pietro, der Mailand als eine Hauptstadt der Schmiergelder entlarvte und eine ganze politische Klasse stürzte. Di Pietro brachte schließlich auch den Sozialisten Bettino Craxi zur Strecke, der sich vor den Anklagen nach Tunis flüchtete.

Leider war sieben Jahre nach Beginn der Aktion »saubere Hände« der Befreiungsschlag gegen die Korruption in Prozeßverjährungen und politischen Vorwürfen gegen die Richter um Antonio di Pietro versandet. Doch die *mani pulite* konnten das durch Korruption und Affären verfilzte Parteiensystem in Italien zerbrechen. Die Umwälzung kam sowohl den Kräften zugute, die sich wenig zuschulden kommen ließen, hat aber auch jene Gruppen an die Macht gespült, die zwar politisch unverbraucht, aber keineswegs unbefangen waren.

Auf den Trümmern der alten Parteienlandschaft gelang es dem Verleger Silvio Berlusconi und seiner Forza Italia, ein Machtgefüge aus Unternehmern, Separatisten und Neofaschisten zu bilden. Als im Juni 1994 anläßlich des fünfzigsten Jahrestages der Befreiung Roms durch die Alliierten der amerikanische Präsident Bill Clinton Italien besuchte, wurden ihm bei den Galadiners und offiziellen Anlässen die neofaschistischen Mitglieder der Regierung Berlusconi sorgfältig vorenthalten. »To avoid embarrassments«, wie mir der Sprecher Clintons sagte, »um verfängliche Situationen zu vermeiden.«

Das Colosseum in Rom entledigt sich zur Jahrtausendwende seiner Gerüste. Die Sanierung dieses größten Amphitheaters des Römischen Reiches konnte außer mit privaten Mitteln auch durch Eintrittsgelder finanziert werden. Denn seit der Italienbesucher nicht mehr hinter jeder dunklen Ecke einen Überfall und in jeder Menschenansammlung einen Diebstahl fürchten muß, läßt das Tourismusgewerbe die Geldquellen lebhafter sprudeln und bessert das magere Kulturbudget des Staates auf.

Die Wende für Italien kam in einem Augenblick, als die Bevölkerung ihren Glauben an die Politik längst verloren hatte. Gerade dieses Mißtrauen provozierte die Entstehung von Initiativen, die man in der Politsprache der sechziger Jahre als außerparlamentarische Opposition bezeichnet hätte. Heute heißen ihre Protagonisten *Volontari*, die Freiwilligen. Sie helfen dort, wo der Staat versagt. Ich habe beim Erdbeben in Umbrien 1997 Tausende von Studenten und Rentnern, Handlungsreisenden und Hausfrauen bei Aufräumungsarbeiten gesehen. Bei den Waldbränden in Turin 1998 kämpften Volontari Seite an Seite mit den Feuerwehrleuten gegen die Flammen. Bevor die Regierung im

Frühjahr 1999 während der Kosovokrise die Hilfsaktion »Regenbogen« beschloß, hatten Hunderte von süditalienischen Familien albanischen Flüchtlingen Obdach gegeben.

Dieser Bürgersinn hat natürlich auch historische Hintergründe. Bevor Cavour und Garibaldi im neunzehnten Jahrhundert Italien wieder zu einer Einheit machten, standen Städte und Regionen für sich, war Selbsthilfe schiere Notwendigkeit. Im heutigen Italien bildet das System der Volontari, also die sozialpolitische Arbeit an der Basis, einen Teil des Regierungskonzeptes.

Der Wirtschaftswissenschaftler Romano Prodi hat dieses Konzept für seinen Seiteneinstieg in die Politik genutzt. Er kommt aus der Universitätsstadt Bologna, die von reichen Kaufleuten bewohnt, aber bis vor kurzem von kommunistischen Bürgermeistern regiert wurde. Hier hatte der *compromesso storico* stets gut funktioniert. Romano Prodi kandidierte für das oberste Regierungsamt denn auch auf der Basis eines weitverzweigten lokalen Netzwerks und nicht aus dem Lager einer landesweiten Partei heraus. Teilweise per Rad reiste der Uniprofessor in über hundert Städte von Lecce im Süden bis Trient im Norden. Er fand nicht nur überall Anhänger, sondern auch die Bereitschaft für weitere Maßnahmen, die Italien »europafähig« machen würden.

Dazu hatte sich Prodi einen Freundeskreis geschaffen, der das politische Spektrum nahezu vollständig abdeckt und zu dem auch der Schriftsteller Umberto Eco gehört. Auch jene Linke, die aus der kommunistischen Partei hervorgegangen ist und sich seit 1989 PDS, Partito Democratico della Sinistra, nennt, unterstützte Prodi.

Zum Symbol des neuen Bündnisses machte Prodi *l'ulivo*, den Olivenbaum, denn er sei »stark und gut in der Erde verwurzelt. Er ist ein Baum des mediterranen Europa, aber unempfindlich gegen die Kälte.«

Was als Autokandidatur eines wenig bekannten und verschrobenen Wissenschaftlers begann, sollte einen unerwarteten Erfolg haben. Gerade gegen die Telekratie des

Medienmannes Berlusconi empfahl sich »L'Ulivo« als basisverbundene Alternative. Es gelang Romano Prodi nicht nur, die Wahl zu gewinnen, sondern auch in Rekordzeit ein Kabinett mit großem Sachverstand und dem Frontmann der *mani pulite* di Pietro als Bauminister zu bilden. Daß in diesem Kabinett ehemalige Kommunisten saßen, erregte die Öffentlichkeit genausowenig wie die Teilnahme von Faschisten am Kabinett von Prodis Vorgänger Berlusconi.

Prodi setzte die harte Sparpolitik des Übergangspremiers Dini fort, machte sich aber keine Hoffnung, rechtzeitig zur Gründung der Währungsunion die dafür notwendigen Kriterien zu erfüllen. Als er den spanischen Premier Aznar nicht überzeugen konnte, gemeinsam mit Italien zunächst außerhalb der neuen europäischen Währung zu bleiben, legte er zur Sanierung der Staatsfinanzen den Schnellgang ein.

Besonders die Niederländer und die bayrische CSU sahen mit der Teilnahme Italiens an der Währungsunion eine Katastrophe heraufziehen und versuchten, seine Aufnahme zu blockieren. Prodi drohte im Gegenzug mit dem Boykott der Kandidatur des Niederländers Duisenberg für den Vorsitz der europäischen Zentralbank. Für dieses Vorhaben konnte er auch leicht die Franzosen gewinnen, die gerne einen Landsmann an der Spitze der EZB gesehen hätten. Zu guter Letzt verordnete Prodi seinem Land noch eine Eurosteuer, die irgendwann rückzahlbar sei, und schaffte schließlich mit Ach und Krach die Aufnahme in die europäische Währungsunion.

Mit der CSU schloß der Italiener allerdings erst später Waffenstillstand. In einem denkwürdigen Doppelinterview, das die »Süddeutsche Zeitung« am 20. November 1998 veröffentlichte, äußerten Prodi und Bayerns Ministerpräsident Stoiber einhellig die Meinung, daß »ein neuer Geist in Europa umgeht«.

Und obgleich zu diesem Zeitpunkt der Vorsitz der Europäischen Kommission noch längst nicht zur Disposition stand, bemerkte Stoiber vorwegnehmend: »Der neue Präsident der Europäischen Kommission darf kein Zentralist (wie Lafontaine) sein. Prodi ist in Europa hoch geachtet.« Der wiederum erklärte die Europabegeisterung seiner Landsleute damit, daß diese sich von Brüssel besser verwaltet fühlten als von Rom, sowie mit der »angeborenen Überzeugung« der Italiener, »daß ihr Wohlstand mit Europa zusammenhängt«. Darin sind sich die Eurokommunisten mit der mächtigen Forza Italia von Silvio Berlusconi und der *mani pulite* einig.

Alles … Walzer!

Wenn der Quadrille-Meister beim Wiener Opernball »Alles Walzer« intoniert, dann sind die Operngläser Europas auf die österreichische Hauptstadt gerichtet. Wenn es sich noch dazu um ein Jubiläumsjahr des Walzerkönigs Johann Strauss handelt, findet der Ball sogar darüber hinaus internationale Beachtung.

Die Stadt an der Donau mit ihrem Hang zu glanzvoll inszenierten gesellschaftlichen Ereignissen hat auch die Jahreswende zu einer weltweit begehrten Attraktion gemacht. Zum Wechsel des Millenniums sind alle 40000 Hotelbetten ausverkauft, eine Karte für das Neujahrskonzert kostet auf dem Schwarzmarkt bzw. als Pauschalreisepaket mit fünf Übernachtungen im Schwarzenbergpalais oder im Hotel Imperial gut 1000 Dollar.

Für die Wiener haben die kulturellen Ereignisse ihrer Stadt eine immense Bedeutung. In keiner anderen Metropole der Welt erregen sich Taxifahrer über eine Theaterproduktion, erweisen sich Zugehfrauen als Experten im Opernalmanach. In Österreich kann der Direktor des Staatstheaters Schlagzeilen in der Boulevardpresse machen und der Autor eines neuen Stückes für Stammtischdebatten sorgen. Michael Häupl, zur Jahrtausendwende Bürgermeister in Wien, erläuterte dieses ungewöhnliche Phänomen in einem Gespräch mit mir: »Kultur ist in Wien das symbolische Handlungsfeld, in dem aktuelle Probleme, Visionen und Zukunftsperspektiven der Politik metaphorisch durchgespielt werden. Und wenn die Politik im Nebel zu verschwinden droht, wenn gewachsene Traditionen außer Kraft gesetzt werden, dann ist Kultur oft der letzte Anker.«

Nach Häupls Auffassung hängt diese einzigartige Stellung der Kultur mit der historischen Entwicklung der zur Alpenrepublik geschrumpften Nation zusammen: »Österreich hatte mit dem Niedergang der Habsburgmonarchie einen gewaltigen Verlust an geographischer Größe hinzunehmen, der Versuch zur Aufarbeitung der NS-Ära belastet die Beziehungen zwischen den Generationen, der Übergang von einer kleingewerblich geprägten Gesellschaft zu einem modernen Industriestaat verlief hektisch. Aus all diesen Gründen wurde die Identität Österreichs oftmals nachhaltig in Frage gestellt, ja ihre Existenz sogar angezweifelt!«

Auf dieser Suche nach nationaler Identität wechseln Selbstzweifel und übertriebener Patriotismus einander ab. Laut Umfragen der Statistikbehörde EUROSTAT in Brüssel ist der Nationalstolz der Österreicher ausgeprägter als in anderen Ländern und der Deutschtümelei weit überlegen.

Die betonte Abgrenzung zum deutschsprachigen Nachbarn zeitigt kuriose Folgen, so wird zum Beispiel in den Schulen das Fach »Deutsch« in gestelzter Umschreibung »Unterrichtssprache« genannt. Deutsche sind als Touristen willkommen, suchen sie nach einem ständigen Arbeitsplatz, treffen sie auf Vorbehalte. Selbst Claus Peymann, der lange Jahre Intendant des Burgtheaters war, bevor er 1999 das Berliner Ensemble übernahm, kann vermutlich ein Lied davon singen. Mehrmals drohte dem gebürtigen Bremer der Rausschmiß, weil er Stücke aufführte oder in Auftrag gab, die Wiens dunkle Seiten ausleuchteten, wie den »Heldenplatz«, einen grandiosen Weltscherz, der die Stadt »erzittern ließ«. Umgekehrt muten österreichische Fernsehschaffende ihrem heimischen Publikum nicht zu, was sie als Programmchefs in privaten deutschen TV-Kanälen im trivialen Bereich veranstalten.

Für große Aufregung sorgte ein Buch des englischen Historikers und Journalisten Gordon Brook-Shepherd, der das Identitätsproblem zum Schlüssel für das Verständnis der österreichischen Geschichte macht. Die Verrisse des Buches in der heimischen Presse lesen sich wie eine Litanei des Schuldbewußtseins. Die Österreicher seien eben nicht

»träg oder realitätsfern«. Das »Fortwursteln« und die »Neigung zu Halbheiten« gehörten eben nicht zu ihrem so beschriebenen Nationalcharakter, meinte Franz Stanzel von der Tageszeitung »STANDARD«: »Man ist durchaus bereit, solche Klischees im lockeren Gespräch an der Theke oder am Biertisch zu tolerieren. Im schriftlichen Diskurs, insbesondere in der Darstellung eines Historikers wird aber diese Toleranzgrenze schnell überschritten.«

Im Klartext heißt das, Kritik an Österreich kann nur aus Österreich selbst kommen, etwa aus der spitzen Feder eines Thomas Bernhard oder des Kulturkritikers Karl Kraus, der 1918 in einem bösen Nachruf über die Habsburgermonarchie schrieb: »Dieser aufgelöste Verein jovialer Scharfrichter, diese Gevatterschaft weltbetrügerischer Kräfte, dieser bürokratische Alpdruck landschaftlicher Schönheit«.

Doch war diese Zeit wohl nicht gar so schlecht wie der polemische Karl Kraus sie beschreibt. Die Habsburgermonarchie hat ihre vielen Völker an längerer Leine geführt, als das unter den monarchischen Diktaturen jener Zeit üblich war. Der große Literat Robert Musil malte das Bild eines »untergegangenen, unverstandenen Staates, der in so vielem ohne Anerkennung vorbildlich gewesen ist«.

Aus dem Mosaik der kaiserlich-königlichen Vergangenheit können sich Kritiker wie Bewunderer des Hauses Habsburg ihre Argumente zusammensuchen. Die Habsburger der Jahrtausendwende, der Sohn des letzten Herrschers, Otto, und seine zwei Söhne sehen in der österreichischen Geschichte Vorbilder für das Europa des neuen Millenniums. Da ist es nicht der Völkerkerker, sondern der Vielvölkerstaat, der als Vergleich dient.

In der Donaumonarchie gab es gemeinsame Streitkräfte, gleiche Münze, Pässe mit Gültigkeit über die Völkergrenzen hinweg und für die meisten sogar freie Berufswahl. Die drei Habsburgs sind allesamt in Sachen Europa tätig: Otto war viele Jahre Europaparlamentarier für Deutschland, ein Sohn Europasprecher Ungarns, der andere Europaabgeordneter der Österreichischen Volkspartei. Der letztere mit Vornamen Karl hat allerdings das europäische Anliegen der vormaligen kaiserlich-königlichen Familie in ein schiefes Licht gerückt. Er verwendete Spenden für die Sache der Paneuropäischen Union als Wahlkampfgelder. Auch höchster Adel wird eben korrumpierbar, wenn er nicht mehr über die nötigen Mittel verfügt.

Es ist schade, daß es zu dieser »schwarzen Causa Habsburg« kam. Denn damit diskreditiert sich ein Herrschergeschlecht, dessen Nimbus nach dem Zerfall seines Reiches erhalten blieb. Man denke an die Anteilnahme der Bevölkerung, als die Kaiserinwitwe Zita Ende der achtziger Jahre zu Grabe getragen wurde. Auch im Januar 1999 war das Gedränge groß, als Kaiserenkelin Katharina von Habsburg in der Bavo-Kathedrale in Gent einem italienischen Granden das Jawort gab. Sie hatte sich das belgische Gent ausgesucht, weil hier im Jahre 1500 ihr Vorfahre Karl V. geboren wurde, unter dem die Habsburger ihre größte Macht entfaltet hatten und über ein Reich herrschten, »in dem die Sonne niemals unterging« – bis der spanische und der österreichische Zweig der Dynastie auseinanderdrifteten.

Der Korruptionsfall in Wien hatte die Aufmerksamkeit noch einmal auf die Paneuropäische Union, eine Schöpfung des Grafen Coudenhove-Kalergi, gelenkt. Er rief in seiner 1923 verfaßten programmatischen Schrift »Paneuropa« zur Gründung einer europäischen Völkergemeinschaft auf. Das Echo war gewaltig, nicht so sehr in der Masse, aber dafür in der geistigen Elite der Gesellschaft. Sigmund Freud und Albert Einstein, Stefan Zweig und Franz Werfel, Thomas und Heinrich Mann, Richard Strauss und Max Reinhardt, Ortega y Gasset in Spanien und Bernhard Shaw in England bekannten sich zu Paneuropa. Politiker wie der Deutsche Stresemann und der Franzose Aristide Briand folgten, selbst Winston Churchill ließ sich beeindrucken.

1926 strömten 2000 Delegierte aus 24 europäischen Nationen zum ersten Paneuropakongreß ins Konzerthaus von

Wien. Nicht gegen, sondern im Rahmen des Völkerbundes, der entsprechend der Forderung des amerikanischen Präsidenten Woodrow Wilson 1919 gegründet worden war, sollte eine »Bundesgemeinschaft der europäischen Völker« entstehen mit der vornehmen Adresse: Paneuropa, Hofburg, Wien.

In New York traf ich bei der UNO, der etwas erfolgreicheren Nachfolgerin des verblichenen Völkerbundes, die Nichte des Grafen Coudenhove-Kalergi. Die Journalistin war überzeugt, die Europäische Union von heute sei die Rechtsnachfolgerin von »Paneuropa«. Kommunismus und Faschismus seien Ausbrüche einer Machtwillkür gewesen, die Europas Friedenswillen verschütten, aber nicht begraben konnten. De Gasperi, de Gaulle und Konrad Adenauer hätten danach die Blaupause »Paneuropa« wieder hervorgeholt.

Am deutsch-französischen Versöhnungsfest in Reims 1962 nahm Coudenhove-Kalergi als Ehrengast teil. Nach seinem Tod 1972 ging die Paneuropabewegung zurück. Im Jahre 1989 kam ihr allerdings noch einmal eine Schlüsselrolle zu. Die Habsburgs hatten als Veranstalter zu einem Jugendlager der Paneuropäischen Union an der Grenze zwischen Österreich und Ungarn eingeladen. Wie auf Verabredung stellten sich Hunderte von Jugendlichen aus der DDR im Camp an der Grenze ein. Die ungarischen Posten schauten weg, als die Jugendlichen auf dem Weg in die Freiheit die Grenzzäune überwanden. Es war der Beginn eines hoffnungsvollen Jahres, in dessen Verlauf sich Ost und West zu einer neuen Gemeinschaft fügen sollten.

Otto Habsburg, der Sohn des letzten Monarchen der österreichisch-ungarischen Doppelkrone, hatte bereits eine Neuauflage des ehemaligen kaiserlich-königlichen Vielvölkerstaates vor Augen, als sich nach dem Fall des Eisernen Vorhangs Ungarn und Österreicher begeistert in die Arme fielen und die Erinnerungen an die Welle der Hilfsbereitschaft aufflackerten, die den Ungarnflüchtlingen nach der

Unterdrückung des Aufstandes von 1956 entgegengebrandet war. Damals war ich stolzes Mitglied eines »Austrian Welcome Club«, der Kleider und Decken, Handschuhe und Hausschuhe, Gastfreundschaft und Mitgefühl anzubieten hatte.

Der Flüchtling Laszlo Legrady, ein Jurist, erinnert sich: »Die Nähe und die Wärme Wiens haben die ungarische Revolution weiter glühen lassen, bis der Eiserne Vorhang 1989 zerriß.« Wie schon zu Zeiten der k. u. k. Monarchie übertrug sich wieder verstärkt österreichische Lebensart nach Budapest. Zunächst verschönerten sich die Kaffeehäuser in der Wiener Tradition. In der barocken Atmosphäre des »Ruszwurm« aßen die feinen Damen von Adel und Geldadel wie einstmals Linzer Torte und Szegediner Gulyás. Dann folgten die Joint-ventures und schließlich die Enttäuschungen.

Im Dezember 1989 erhielten Budapest und Wien den Zuschlag für die Ausrichtung einer gemeinsamen Weltausstellung im Jahre 1995. Doch das ehrgeizige Projekt verdampfte in einem Topf voller Eitelkeiten, Intrigen und Spießbürgertum. Die Furcht vor einem Verkehrschaos und erhöhten Immobilienpreisen war dabei nur ein äußerlicher Einwand.

Es war wohl eher eine dumpfe Angst vor Veränderung und Verfremdung, die zum Ausstieg Wiens führte. Bei einer Abstimmung sprach sich ein Drittel der österreichischen Bevölkerung für das Projekt aus, zwei Drittel waren dagegen. Budapest wiederum traute sich damals die alleinige Ausrichtung der Weltausstellung noch nicht zu. So verpaßten die Zwillingshauptstädte der alten Donaumonarchie die Chance für einen Brückenschlag zwischen Ost und West.

Nachdem die Wiener die Grenzöffnung begeistert gefeiert hatten, bedienten sie sich der neuen billigen Servicequellen in Ungarn, allzuviel Brüderschaft war ihnen bald nicht mehr genehm. Die Ungarn setzten umgekehrt zunächst voll auf die österreichische Karte, nahmen dann die Abweisung wahr und umgingen schließlich das Nachbarland auf dem Weg in den Westen einfach.

Laszlo Legrady, der Flüchtling von 1956, kehrte wieder nach Budapest zurück und arbeitete bis zu seinem 63. Lebensjahr in einer Beratungsfirma für amerikanische Investoren. Denn natürlich sind es die Amerikaner, vor allem jene ungarischer Abstammung, die der Unternehmenskultur in Budapest inzwischen ihren Stempel aufdrücken. Jeans und Jazz, McDonald's und American Bar sind in. Das größte und in seinem Art-déco-Stil prunkvollste Kaffeehaus in Ungarns Hauptstadt heißt nicht mehr Hungaria, sondern New York.

Und dort, wo die Amerikanisierung noch nicht flächendeckend ist, wahren die Ungarn eifersüchtig ihre kulturelle Eigenständigkeit gegenüber Österreich. Der Jugendstil von Budapest, der um die Jahrhundertwende schon einmal Ausdruck des Protestes gegen die Wiener Zentralgewalt gewesen war, entfaltet sich in neuer Pracht. Musik und Malerei schlagen eigene Wege ein. Die vielen Thermalbäder dienen mehr dem Gesellschaftsklatsch als der Körperertüchtigung. Jahraus, jahrein laden Kunst- und Theaterfestivals auch ins ungarische Hinterland.

Damit sind jenem Kulturauftrag Grenzen gesetzt, den zu erfüllen Österreich gerne bereit gewesen war, nämlich das Netz von Kunst und Wissenschaft in den Ländern der alten Donaumonarchie neu zu spannen. Als sich der Eiserne Vorhang hob, schickte Wien seine Dirigenten und Regisseure auf die mitteleuropäischen Bühnen. Aber Budapest, Prag und Pressburg wollten lieber Brot als Spiele.

Was Österreich mit seinen begrenzten wirtschaftlichen Möglichkeiten nicht in der Lage war zu geben, machte die Nation moralisch wett. Mit großer Anteilnahme verfolgten die Wiener 1993 die Schicksalsschlacht zwischen bosnischen Serben und Muslimen um Sarajevo, den Ort des Attentats auf Erzherzog Franz Ferdinand 1914, das den Ersten Weltkrieg und nicht zuletzt das Ende der Habsburgermonarchie nach sich zog. Mit erstaunlich hohen Spenden helfen die Österreicher jedes Jahr mit der Aktion »Licht ins Dunkel« den Armen und Bedürftigen im Balkan und in Osteuropa.

Schließlich vertritt Österreich energisch die Interessen jener Nationen der ehemaligen Donaumonarchie, die sich um die Mitgliedschaft in der Europäischen Union bewerben. Dabei hatte sich Österreich selbst erst mit einer Abstimmung im Juni 1994 zur Europäischen Union bekannt. Kein leichter Akt, das Land mußte seine »immerwährende« Neutralität und seine Politik der »Äquidistanz« aufgeben, gegen wachsende antieuropäische Kräfte ankämpfen und dabei noch »Vergangenheitsbewältigung« betreiben.

Die Neutralität hatte der Nation eine behagliche Zeit geringer politischer Verantwortung beschert. Der Abstand zu beiden Machtblöcken schuf eine Art Inselmentalität. Politische Rabauken wie der Kärntner Jörg Haider schürten Rassismus und Nationalismus. Schließlich wurde Österreich von 1986 bis 1992 von einem Präsidenten regiert, der in den meisten Ländern als nicht salonfähig galt und in den USA sogar Einreiseverbot hatte. In den Jahren zwischen seiner großen Aufgabe als Generalsekretär der UNO und seiner Wahl zum österreichischen Bundespräsidenten lehrte Kurt Waldheim an der Georgetown University in Washington. Damals war ich Amerika-Korrespondent und hatte viel Kontakt zum Ehepaar Waldheim. Er erschien mir tüchtig und unparteiisch, höflich und beherrscht, aber auch stur und altmodisch. In Vorbereitung auf seine Kandidatur gab er recht oft Interviews und wich keinen Fragen aus, auch nicht jenen nach seiner Militärvergangenheit. Daß er es nur zum Oberleutnant gebracht hatte, machte ihn eher unverdächtig – bis seine Kenntnis von der Deportation griechischer Juden ruchbar wurde.

Das Phänomen Waldheim beschränkt sich nicht nur auf seine Person, sondern betrifft die Mehrheit der Österreicher, die ihn zum Staatsoberhaupt wählte, entweder aus

Trotz oder weil viele dachten, das Wissen um böse Geschehnisse sei nicht per se böse. Die Causa Waldheim erwies sich letztlich als Befreiungsschlag für das Gewissen der Nation, mit ihr schien die Verleugnung der österreichischen Nazivergangenheit zu enden.

Nachdem Österreich die blinden Flecken seiner Geschichtsschreibung getilgt hatte, passierte es auch die Hürde nach Europa unter Schwierigkeiten. Gegner des Beitritts zur EU hatten eine lange demagogische Mängelliste parat: Verarmung der Bauern, Bankrott der Staatsunternehmen, ein von »Fremdarbeitern« überschwemmter Arbeitsmarkt, Verwässerung des Kulturerbes, Einbruch des Wohlfahrtsstaates, Ausverkauf von österreichischem Grund und Boden. Dennoch stimmten zwei Drittel der Österreicher im Juni 1994 für den Beitritt.

Im Sommer 1998 ging die Präsidentschaft der EU turnusgemäß an Österreich. Das Land feierte dieses Ereignis mit einem glanzvollen Fest vor der Hofburg. Im Prunksaal der Nationalbibliothek wurde Helmut Kohl zum europäischen Ehrenbürger ernannt. Im Redoutensaal trafen sich die fünfzehn Staats- und Regierungschefs. Die große Pressekonferenz fand vor der prächtigen Kulisse des Spiegelsaals statt.

Im Souterrain warteten die politischen Führer von elf ost- und mitteleuropäischen Nationen auf die Anhörung ihrer Beitrittswünsche zur EU. Allein vier kamen aus der ehemaligen Donaumonarchie, und so geriet der Gipfel von Wien zu einem Völkerkongreß, der an das Jahr 1814 erinnerte, als der österreichische Staatskanzler Fürst Metternich nach dem Zusammenbruch des Napoleonischen Herrschaftssystems den Entwurf zu einer restaurativen Friedensordnung in Europa vorlegte. Damals war Österreich als eine der Siegermächte mit seinen Gebietserwerbungen in Oberitalien, Dalmatien, Kroatien und Galizien zu einer osteuropäischen Großmacht geworden.

Der Gipfel 1998 rückte das kleine Österreich wieder ins

Rampenlicht. Und auch diesmal »tanzte der Kongreß«, zwar nicht im Ballsaal, aber während eines festlichen Rahmenprogramms in der eigens aufgeputzten Stadt. Bei einem Empfang im Rathaus konnte Bürgermeister Häupl auf »eine aufgeweckte und aufgewachte Stadt, die ihren kulturellen Beitrag zu einem gemeinsamen Europa leistet«, verweisen. Kultur, also symbolisches Kapital, das jenseits von der Debatte über Subsidiaritätsprinzip und Konvergenzkriterien bereitgestellt werden muß, um das »Projekt Europa« mit Vitalität und Überlebensfähigkeit, mit Identität und Bewußtsein auszustatten.

So schien in Österreich eigentlich alles zum besten zu stehen, die Infrastruktur und die Lebensqualität und vor allem die Kultur. Wenn man jedoch die Gespräche im Kaffeehaus, in der U-Bahn und beim heurigen Wein in einem Satz zusammenfassen wollte, würde er lauten: »Früher war alles viel besser«.

Dieses »Gestrige« am modernen Österreich kam mit der FPÖ unter Jörg Haider wieder zum Vorschein. Der Rechtspopulist ist eigentlich kein Neonazi in dem Sinne, wie es die Führer der NPD in Deutschland sind. Der Landeshauptmann in Kärnten ist eigentlich kein Fremdenfeind wie Le Pen in Frankreich. Haider ruft nicht zum Separatismus auf wie der Vlaamse-Blok in Belgien und schon gar nicht zur Gewalt wie die ETA in Spanien und die Paramilitärs in Nordirland. Aber er vertritt einen Nationalismus, den Europa gerade bekämpft und deshalb bekämpft ihn die Europäische Union. Zunächst hat die EU jene österreichische Regierung in Acht und Bann geschlagen, der Haiders FPÖ angehört, nur um festzustellen, daß die römischen Verträge der EU weder Rauswurf noch Kündigungsrecht kennen. Daraufhin haben die einzelnen Mitglieder der EU Wien diplomatisch kaltgestellt. Es war der kluge Premier von Luxemburg, Jean-Claude Juncker, der dazu aufgerufen hatte, Wien nicht beim Wort zu nehmen, sondern an den Taten zu messen. Juncker meinte aber auch: »Es ist in

Österreich ungenügend zur Kenntnis genommen worden, daß der Einzug einer rechtsextremen Partei in den Partnerländern nicht banalisiert werden konnte«.

Jedenfalls hatte sich die Alpenrepublik wie schon bei der Causa Waldheim insgesamt angegriffen gefühlt, ein paar Künstler und Intellektuelle ausgenommen. Sie haben einen geistigen Bürgerkrieg gegen Jörg Haider angestrengt, zunächst erfolglos. Aber auch Jörg Haider und seine Parteifreunde haben einen Teil ihrer Wirkung eingebüßt, seit sie Regierungsverantwortung tragen, und Wien geht wieder zum Alltag über. Also wieder Alles Walzer.

Brüssel, Triumph und Sumpf

Beinahe jede europäische Hauptstadt hat ihren Triumphbogen. Paris den Arc de Triomphe, Rom den Konstantinsbogen, London Marble Arch, Berlin das Brandenburger Tor. Sie alle erinnern an Kriege der europäischen Völker gegeneinander, an Siege übereinander. Eine Ausnahme ist der Triumphbogen von Brüssel. Er sollte nur den fünfzigsten Geburtstag der Nation, das Cinquantenaire, im Jahre 1880 feiern in einem dafür gestalteten Jubelpark, dem wiederum der Exerzierplatz der Armee weichen mußte. Aber der Bogen wurde nicht rechtzeitig fertig, ein Provisorium aus Holz und Stoff mußte herhalten. Dann brach ein Streit zwischen Bauherren und Architekten aus. Sollte die Vorlage klassisch oder klassizistisch, britisch, französisch oder deutsch sein? Sie einigten sich auf ein europäisches Mixtum mit einer Quadriga, einem Viergespann wie in Berlin als Kopfschmuck ... Geldmangel und ein Streik der Steinbrucharbeiter zögerten den Bau bis 1905 hinaus. Heute bildet dieser belgische Triumphbogen das Portal zu den europäischen Institutionen in Brüssel. Für mich ist er ein Symbol der Schwierigkeiten wie auch der Möglichkeiten, die der Bau des großen Hauses Europa mit sich bringt.

Getreu der Idee des Jubelparkes haben sich mehr als 15 Nationen zusammengefunden, die den Frieden in Europa sichern und Kriege untereinander ausschließen wollen. Die Vollendung dieser Europäischen Union haben ihre Mitglieder immer wieder verschleppt oder selber behindert. Der luxemburgische Ministerpräsident Juncker hat den Vorgang einmal treffend mit der Springprozession zu Echternach verglichen: »Zwei Schritte vor, einer zurück und hoffentlich nicht umgekehrt.« Um die Bauten der europäischen Institutionen gab es ähnliche Debatten wie einst um den Triumphbogen. Entstanden ist das asbestverseuchte Palais Berlaymont, der unscheinbare Plattenbau der Kommission, ein grau-rötliches Monstrum, von den Belgiern Katafalk genannt, in dem der Europäische Rat residiert, und zum guten Schluß ein ästhetisch gelungener Parlamentsneubau, der den Kosenamen Caprice de Dieu, Laune Gottes, erhalten hat. Diese sehr unterschiedliche Architektur steht sicherlich unter belgischem Einfluß. In Brüssel gibt es zum einen Monstrositäten wie das Atomium, den Justizpalast und die Filmvorstadt Kinopolis, zum andern lockern Cartoonisten das Stadtbild auf, und die Belgier nehmen sich selber auf den Arm. Die berühmteste der Spielereien ist das Männeken Piss.

Belgien ist nicht nur für die Vielfalt, sondern auch für die Zerrissenheit europäischer Völker ein Beispiel. Durch Brüssel verläuft die Fall-Linie zwischen Germanen und Romanen. Sie sind im Verlaufe der 170 Jahre seit der Gründung der Nation weiter auseinandergedriftet. Das Germanenvolk der Flamen beharrt auf Niederländisch und das Romanenvolk der Wallonen auf Französisch, beide können sich nicht auf eine Amtssprache einigen, geschweige denn auf gemeinsame Parteien. In den Ostkantonen wird auch deutsch gesprochen. Der Besucher verständigt sich am besten auf englisch, dann eckt er bei keinem Einheimischen an. Zur Zeit gibt es in Belgien so viele Parteien wie die Währungsunion Mitglieder hat. Deshalb bestehen Regierungen immer aus breiten Koalitionen, denen es schwerfällt, sich auf schlüssige Programme festzulegen.

Womöglich sind die Belgier untereinander noch zerstrittener als die anderen Europäer. Brüssel, das zwar die Hauptstadt der Flamen ist, aber von Wallonen und der französischen Sprache dominiert wird, bildet einen Kleinstaat für sich. Per Gesetz ist die Metropole in mehr als zwölf eigenständige Verwaltungen unterteilt, im Fachjargon *Bruxellisation* genannt. Kann in diesem Irrgarten überhaupt ein Hauptstadtgefühl entstehen? Der langjährige deutsche Botschafter bei der Europäischen Union, Manfred von Kiauw, empfindet Brüssel als Spiegelbild Europas: »Demokratie und Föderalismus sind immer kompliziert, aber es ist das erste Mal in der Geschichte Europas, daß sich seine Menschen nicht unter Zwang, sondern freiwillig auf Prinzipien einigen, als da sind: Demokratie und Selbstverwirklichung, freier Wettbewerb und kulturelle Eigenständigkeit.« Richard Hill hat in seinem Buch »Wir Europäer« die Belgier weltoffene Opportunisten genannt. Kein schlechtes Ambiente für eine Großstadt. Auch wenn Belgien als Nation eher ein historischer Zufall ist, war Brüssel doch immer eine große Residenzstadt.

Burgunder und Habsburger, Karl V. und Ludwig XIV., Maria Theresia und Napoleon haben Brüssel besetzt, zerstört, aber gelegentlich auch positiv beeinflußt. Die Stadtmauer der Burgunder ist in Bruchstücken wieder aufgetaucht, zum Beispiel im Atrium des Royal Hotels. Ein anderes Hotel, das Amigo, ist auf dem Boden des spanischen Gefängnisses entstanden. Unter der Place Royal kam bei Ausgrabungen jener Thronsaal zum Vorschein, in dem Karl V. gekrönt worden ist und abgedankt hat. Unterirdische historische Stätten kann man in Europa vielerorts besichtigen, die Katakomben von Rom und die Gruften von Wien sind nur zwei Beispiele dafür. Die Einwohner von Brüssel besitzen offenbar eine besondere Vorliebe für das Unterirdische; sie haben ihre großartigen Museen mehrheitlich in Kellergeschosse verlegt und die U-Bahn-Stationen in Stätten der Kunst und Kultur umgewandelt.

»Als ob die Belgier etwas zu verbergen hätten«, unkt ein Journalistenkollege aus der Schweiz, »vielleicht reißen sie auch deshalb ihre Hauptstadt ein.« Tatsächlich wurde in Brüssel nach 1945 mehr zerstört als etwa in Dresden durch die Bombenangriffe. Die Täter waren und sind Baulöwen, Stadtplaner und Spekulanten. Die Opfer: Bauten aus der Gründerzeit, dem Jugendstil, der Neoklassik und dem Barock. Manchmal gibt es sogar emotionale Motive für den

Abriß. Als die Planierraupen und Kräne dem Viertel der spanischen Habsburger den Garaus gemacht hatten, habe man einen historischen Schandfleck getilgt, meint die ältere gepflegte Dame im Touristenbüro: »Denken Sie mal daran, was der Herzog von Alba bei uns angerichtet hat, und schauen Sie selbst, welchen Aufbauwillen die Belgier an den Tag legen können!« Madame Chantal verweist auf die architektonische Pracht des Grande Place, der ein Beweisstück energischen Bürgerwillens ist. Die unter dem Kanonenhagel der Franzosen im siebzehnten Jahrhundert zerstörten Zunfthäuser erstanden in der Rekordzeit von zehn Jahren neu.

Rund um diesen wohl schönsten Platz Europas herrscht die Clique der Abbruchunternehmer. Die morsche Welt hinter den glänzenden Fassaden haben die Comic-Autoren Peeters und Schuiten auf die Schippe genommen. In ihren Bildgeschichten fliehen die Bewohner Brüssels vor den Abrißbirnen und suchen vergeblich nach einer schützenden Instanz.

Für die Glas-, Marmor- und Stahlfassaden der europäischen Institutionen mußte das Quartier Leopold mit seinen Schlössern und Klöstern weichen. Besonders schwer getroffen hat es das Altbauviertel rund um den Nordbahnhof. Das Denkmalschutzamt muß schweigend weggesehen haben, als Ministerien und Konzerne, Banken und Investitionsgesellschaften mit ihren Architekten ein Viertel kappten und eine Neustadt bauten, die auch in Amerika stehen könnte: modern und ansehnlich am Tage, öd und menschenleer nach Feierabend.

Das sorglose Neben- und Durcheinander von Alt und Neu, von Glasfassaden, Giebelhäusern und Baulücken erklärt sich aus der Geschichte und der Mentalität der Nation. Zu den wenigen Bauten, die in der nationalen Vergangenheit verankert sind, gehört das Theatre de la Monnaie. Hier wurde Daniel François Aubers Oper »Die Stumme von Portici« aufgeführt. Diese Aufführung leitete die Erhebung der Belgier gegen die Fremdherrschaft ein. Die Oper handelte von einem italienischen Revolutionär, der in Neapel gegen die spanischen Unterdrücker ankämpfte. Spanien war seit der brutalen Unterjochung durch den Herzog von Alba der Intimfeind der Belgier gewesen. 1828 schlossen liberale und katholische Volksgruppen ein Bündnis gegen die Vereinigung ihres Landes mit dem Königreich der Niederlande, die von den europäischen Großmächten auf dem Wiener Kongreß festgelegt worden war.

Nach der Opernaufführung im Sommer 1830 stürmte das aufgeregte Publikum den Justizpalast. Immer mehr Menschen schlossen sich den Aufständischen an, und schließlich mußten die niederländischen Truppen weichen. Im November 1830 verkündete der belgische Nationalkongreß die Unabhängigkeit. Im Januar 1831 garantierten Großbritannien, Frankreich und Preußen Neutralität, und fünf Monate später wurde Leopold von Sachsen-Coburg zum König gewählt.

Im Grunde zählt für die Belgier ihre Geschichte erst ab dem Jahr 1831. Sie feiern nur jene Errungenschaften, die nach diesem Jahr datieren, wie den Bau der ersten Eisenbahnlinie und der ersten überdachten *shopping mall*, der Hubertusgalerie. Beides hat große Traditionen gestiftet: ein ausgedehntes Verkehrsnetz und eine ausgeprägte Freihändlermentalität. Sie steht im Gegensatz zum innenpolitischen Zwist zwischen Wallonen und Flamen, der ein Geburtsfehler der Nation ist. Das Volk wird allenfalls von der gemeinsamen Anhänglichkeit an das Geschlecht der Sachsen-Coburgs geeint, ein gesamtbelgischer Patriotismus zeigt sich nur, wenn andere Nationen gegen Belgien zu Felde ziehen.

Das Kopfsteinpflaster in der Nähe des Brüsseler Fernsehturms liegt in blutgetränktem Boden. Hier starben belgische Widerstandskämpfer unter deutschen Gewehrsalven. Berühmt geworden ist das letzte Wort einer tapferen Antifaschistin: »Vaterlandsliebe ist nicht genug. Ich darf keinen Haß im Herzen tragen.«

Toleranz und Großmut gehören zu den bewundernswerten Charakterzügen der Bürger von Brüssel. Der Ausländeranteil der Stadt ist mit 25 Prozent höher als in jeder anderen europäischen Metropole. Die Einwanderer kamen nicht nur aus der ehemaligen Kolonie im Kongo, sondern auch aus dem Nahen Osten. Die Schattenseite der belgischen Toleranz ist eine gewisse Gleichgültigkeit. Anders ist es nicht zu erklären, daß Massenmörder wie der tschechische Pater Pandy oder Kinderschänder wie der Wallone Dutroux so lange ihr Unwesen unter den Augen der Nachbarn treiben konnten.

Am 20. Oktober 1996 zogen mehr als 300000 Menschen aus Solidarität mit den betroffenen Eltern und aus Empörung über den maroden Staatsapparat in einem Schweigemarsch zum Brüsseler Justizpalast. Schlamperei und Vetternwirtschaft bei den Behörden hatten die Aufklärung des Verbrechens vereitelt. Diese größte Demonstration in der Geschichte Belgiens, auch »weißer Marsch« genannt, da die Teilnehmer weiße Blumen mit sich trugen, einte die verfeindeten Volksgruppen des Landes für einen Augenblick. Losungen, die man nur beim Tod des beliebten Königs Baudoin gesehen hatte, tauchten wieder auf: »Belge et fier de l'être«, Belgier und stolz darauf, es zu sein.

Dies Bekenntnis zu einem sprach- und regionenübergreifenden Nationalgefühl war gegen den verästelten Parteienapparat gerichtet, der jede Reform im Keim erstickt. Ein hoher Prozentsatz der Belgier war bereit, aus dem »weißen Marsch« eine Bewegung zu formieren, die mit den alten Seilschaften aufräumt. Ihr Blick war dabei auch auf Italien gerichtet, wo eine unabhängige Justiz die Parteienlandschaft verändert hatte. Aber in Belgien steckt die Justiz mit dem politischen Apparat unter einer Decke. Die Politiker sind an der »inneren« Teilung der Nation interessiert, weil sie, wie der britische Autor Antony Mason schreibt, »das Prinzip teile und herrsche zum Geschenk macht«.

Grau und gewaltig ragt der Justizpalast über die Altstadt von Brüssel – als hätten seine Erbauer viel Unrecht auf Belgien zukommen sehen. Gelegentlich wird der Palast der Rechtsprechung allerdings seinen Proportionen gerecht. So im Herbst 1998, als nach dem größten politischen Korruptionsskandal des Landes die Elite der belgischen Sozialisten der achtziger Jahre vor Gericht erscheinen mußte.

Der Hintergrund: Im Jahre 1988 hatte die belgische Regierung 46 Helikopter beim italienischen Konzern Agusta geordert und im darauffolgenden Jahr die französische Firma Dassault beauftragt, die belgische Luftwaffe mit Antiradargeräten auszurüsten. Etwa zeitgleich flossen auf die Konten einiger sozialistischer Minister bzw. ihrer Parteien stattliche Provisionen. Das Gericht sah es als erwiesen an, daß die sozialistischen Parteien in den achtziger Jahren umgerechnet fünfeinhalb Millionen Mark Bestechungsgelder für die Erteilung von Rüstungsaufträgen erhalten hatten. Eine solche Summe konnte nicht mehr als Parteispende der Konzerne deklariert werden, die bis zum Jahre 1989 in Belgien legal war, da die öffentliche Hand bis dahin die Parteien finanziell nicht unterstützte. Dies hat sich übrigens geändert: Für den Wahlkampf im Juni 1999 bekamen die Parteien umgerechnet mehr als 30 Millionen Mark.

Bei der Aufklärung des Korruptionsskandals kam den Behörden die Ermordung des wallonischen Sozialistenchefs André Cools zu Hilfe. Cools hatte zwischen persönlichen und parteipolitischen Interessen keine Trennlinie gezogen. Im zunehmend verarmenden Industrierevier von Wallonien konnten er und andere korrupte Politiker über staatliche Zuschüsse Arbeitsplätze besorgen oder verweigern. Ihre Machtinstrumente waren Wasserwerke, Versicherungsgesellschaften und Verkehrsbetriebe. Wer opulente Staatsaufträge erhalten wollte, mußte eine Art Sonderabgabe berappen. Die dicke Zigarre, die schöne Geliebte, der weiße Anzug und das üppige Geschäftsessen waren Cools' Markenzeichen. Viele seiner Anhänger versuchten es ihm gleichzutun. Der Begriff

»wallonische Mafia« bürgerte sich ein, zumal Cools für das eine oder andere nicht ganz saubere Geschäft sizilianische Freunde einsetzte. 1981 verloren die Sozialisten vorübergehend die Macht im Staate; Cools mußte den Sessel des Vizepremiers räumen, blieb aber in Lüttich der gar nicht so geheime Boss. Als sich die italienische Firma Agusta um belgische Rüstungsaufträge bemühte, witterte Cools ein Geschäft für Wallonien. Er erreichte, daß Agusta ein Ersatzteillager in der Nähe des Flughafens von Lüttich anlegte. Das bedeutete Arbeitsplätze und ein Stück mehr Macht für ihn. Ob er Wind bekommen hatte von der zusätzlichen Summe, die Agusta in die sozialistische Parteikasse gezahlt hatte, und ihm dies zum Verhängnis wurde, ist noch ungeklärt. Fest steht, daß seine Erschießung am 18. Juli 1991 auf einem Parkplatz ein Auftragsmord war. Die Killer waren in Sizilien angeheuert worden. Geschnappt wurden sie übrigens aufgrund verschärfter Polizeiarbeit nach der Festnahme des Kinderschänders Dutroux. Als Cools' Familie auf Aufklärung drängte, wurde zunächst der Untersuchungsrichter Connerotte mit dem Fall beauftragt und bald von seinen Aufgaben entbunden – wie später im Fall Dutroux. Man munkelte, dahinter stecke ein ehemaliger Gefolgsmann von André Cools mit Namen Alain van der Biest. Im März 1993 erhielt van der Biest einen schweren Schlag auf den Schädel. Seitdem leidet er an Gedächtnisschwund.

Der Mord an André Cools und die damit verbundenen Nachforschungen brachten den Behördenapparat in Bewegung. Anders als in der Dutroux-Affäre blieben die Untersuchungsbeamten hartnäckig. Sie entdeckten in Monaco und Luxemburg verborgene Konten, spürten Scheinfirmen auf und schließlich die Empfänger der »Provisionen« von Agusta und Dassault. Das waren vornehmlich wallonische Sozialisten. Ein doppelt schwerer Vorwurf traf dabei Guy Coëme. Der damalige Verteidigungsminister war von seinem Generalstab darauf hingewiesen worden, daß eine amerikanische Rüstungsfirma billigere und waffengerechtere Helikopter hätte liefern können als der Agusta-Konzern. Guy Coëme war wegen eines anderen Bestechungsfalles zwischenzeitlich schon zu zwei Jahren Gefängnis mit Bewährung verurteilt worden. Merry Hermanus, der ehemalige Generalsekretär der wallonischen Sozialisten, gestand, ein Geldbote der Firma Dassault habe ihm eine Spende von 30 Millionen Franc, eineinhalb Millionen Mark, übergeben.

Während die Wallonen ihre Spendenbeute auf geheimen Konten deponierten, gingen die Flamen mit ihrem Anteil weniger geschickt um. Sie ließen sich ihr Geld in ein Schließfach legen, und als sie kalte Füße bekamen, lehnte ihre Führung sogar die Annahme ab. Der Schatzmeister der Partei nahm das Geld schließlich doch in Empfang und unterzeichnete auch einen Beleg dafür. Überbringer der Scheine war ein Parteigenosse, der gleichzeitig als hoher Beamter bei der Europäischen Union arbeitete. Er war wiederum befreundet mit der Schlüsselfigur im Prozeß, dem Anwalt Alfons Puelinckx, der den Geldtransfer über die Scheinfirma Kasma Overseas kanalisierte, und zwar sowohl für die wallonischen wie für die flämischen Sozialisten.

Hubert Massa, stellvertretender Generalstaatsanwalt von Lüttich, sollte in einem Prozeß den Mord an Cools als oberster Ankläger neu aufrollen. Der 54jährige beging jedoch am 14. Juli 1999 Selbstmord. Wie die Tageszeitung »De Morgen« berichtete, soll Massa wenige Tage zuvor erfahren haben, daß Cools kurz vor seiner Ermordung Beweise für ein illegales Waffengeschäft mit dem Irak besaß, in das auch Politiker verwickelt gewesen seien. Massas Tod ist für die belgische Justiz ein schwerer Rückschlag, da er auch Chefankläger im Prozeß gegen den Kinderschänder Dutroux war.

Der Korruptionsskandal hätte wohl kaum solch großes Interesse bei Behörden und der Öffentlichkeit Belgiens gefunden, wenn nicht einer der einst ganz großen Politiker des Landes mitangeklagt gewesen wäre: Willy Claes. Der damalige Wirtschaftsminister war für die Überprüfung der Vertragsabschlüsse mit Agusta und Dassault zuständig. Im September 1994 hatte man den flämischen Sozialisten zum NATO-Generalsekretär ernannt, nach 13 Monaten mußte er das Amt wegen jener Korruptionsvorwürfe wieder aufgeben. Während der NATO-Frühjahrssitzung 1995 im amerikanischen Williamsburg, an der ich als Reporter teilnahm, hatte es in der Gerüchteküche schon heftig gebrodelt.

Willy Claes wurde auch Urkundenfälschung nachgewiesen. Er will jedoch von einem Papier, das im November 1988 zwischen Agusta und der Scheinfirma Kasma Overseas unterzeichnet wurde, nichts gewußt haben. Rafaello Teti, der damalige Chef der Agustawerke, und Claes sollen sich mehrmals getroffen haben. Deshalb hatte man mit Spannung auf die Gegenüberstellung gewartet, doch Teti erlag vor der Verhandlung im Alter von 72 Jahren einem Herzanfall.

Im Oktober 1998 präsentierte Willy Claes auf einer Pressekonferenz sein neues Buch mit dem Titel »Botschaften für das 21. Jahrhundert«. Im Klappentext heißt es: »Der Autor hat in den letzten Jahren von Peking bis St. Petersburg Vorträge gehalten und an Seminaren teilgenommen.« Über Belgien erfährt man nichts in diesem Werk. Claes, der nicht gut auf die Presse zu sprechen ist, gab den anwesenden Journalisten in kleiner Schnörkelschrift mit weitausholenden Anfangsbuchstaben Autogramme.

Mit dem Tod von Rafaello Teti schrumpfte im Korruptionsprozeß die Zahl der Angeklagten von 13 auf 12. Nur einer von ihnen, Serge Dassault, ist der »aktiven« Bestechung überführt. Dennoch streitet der 73jährige französische Konzernherr jegliche Verwicklung in den Skandal ab. Er habe schon seit vielen Jahren keine Verantwortung mehr für den elektronischen Zweig der Firma getragen. Allerdings gibt er zu, seine Mutter, Madeleine Dassault, hätte auf ihr persönliches Vermögen zurückgreifen können, um die Zustimmung der belgischen Sozialisten für den Deal zu erreichen.

Das Dossier des Gerichtes umfaßte mehr als 800 000 Seiten. Am Ende sprachen die Richter alle elf Angeklagten schuldig. Serge Dassault erhielt zwei Jahre Haft auf Bewährung, Willy Claes sogar drei Jahre. Ihm wurde die Übernahme öffentlicher Ämter untersagt. So »harte« Strafen hatten die Belgier nicht erwartet. Der Kommentator Jacques Gevers sah darin ein Zeichen für die Genesung der kranken belgischen Politik. Doch dieses Statement ist nach dem Dioxin-Skandal im Frühjahr 1999 obsolet geworden.

Belgien ist ein Land zum Wohlfühlen: Essen wie in Frankreich, Schokolade vom Feinsten, Brüsseler Spitzen und gemütliche *Estaminets*, wie die Bierkneipen hier heißen, Heimat der Schlümpfe und der grandiosen Comic-Figur Tintin. 1991 schrieb Guy Verhofstadt, damals ein junger Politiker der liberaldemokratischen Partei Flanderns: »Belgien ist krank bis auf die Knochen, ein Spektakel-Staat, ein politisches Theater, ein Kabarett.« Die Gesellschaft ist in der Tat krank, die Listen der Verbrechen sind lang. Gemessen an der Zahl der Einwohner hat Belgien die meisten Polizisten in Europa. Seilschaften in den Volksgruppen, Parteien, Verbänden, Vereinen und Versicherungen – Verhofstadt sprach sogar von der Politisierung des gesamten Beamtenapparats –, Klientelismus und Korporatismus unterhöhlen den Rechtsstaat.

Marc Uytendaele, ein renommierter Anwalt, führt die Mißstände in der Gesellschaft auf die enormen Freiräume zurück, die leider auch von den Gesetzlosen genutzt würden, und auf die Spaltung innerhalb der Nation: »Die Flamen fühlen sich intellektuell minderwertig, die Wallonen meinen, sie sind wirtschaftlich benachteiligt, und die Brüsseler sind sowieso ein eigenes Volk. Alle miteinander aber erweisen dem Staat nicht den nötigen Respekt.« Vielleicht macht gerade diese Haltung die Belgier aber zu so hervorragenden Europäern. Sie fühlen sich unter einem hohen

Dach freier als in ihrer geographisch kleinen Nation. Sie sprechen viele Sprachen und stellen ein Meer von Dolmetschern bei den europäischen Institutionen. Meine Kollegin Anja Marx, die als Ostbelgierin zusätzlich Deutsch zur Muttersprache hat, verfügt gleich über fünf Idiome und den Sprachwitz dahinter; Belgien sei besonders geeignet für den Kontakt mit Außerirdischen: »Ein Lichtkreuz haben wir schon gesetzt. Wir sind das einzige Land mit einem durchgehend beleuchteten Autobahnnetz. Es ist bei Nacht aus dem Weltraum als erstes Signal von Zivilisation erkennbar.«

Das belgische Verkehrsnetz ist vorzüglich ausgebaut. Hochgeschwindigkeitszüge fahren in neunzig Minuten durch den Kanaltunnel nach London. Amsterdam ist in zwei Autostunden erreichbar. Diese Anbindungen erleichtern auch mir als Europa-Korrespondent die Arbeit. Das Image von Brüssel ist so eng mit der NATO und der EU verbunden, daß Belgiens nationale Politik ins Hintertreffen gerät. Sie erweckt im Ausland nur Aufmerksamkeit, wenn sie mit einem Skandal verbunden ist. Das Schweigen und die Schlamperei der belgischen Behörden hat auch bei der Dioxin-Krise eine rasche Aufklärung verhindert. Bereits am 14. April 1999 lag dem Genter Gericht ein Gutachten vor, in dem Fett mit hohem toxischen Gehalt als Ursache für die Vergiftung von Hühnern angegeben wurde, doch die Behörden haben die Öffentlichkeit erst Ende Mai informiert. Die Firma De Brabander hatte inzwischen Zucht- und Mastbetriebe weiter mit verseuchtem Futter beliefert, fast tausend von ihnen mußten die Produktion stoppen. Der Verbleib von 52 Tonnen Fett ist nicht mehr aufzuklären. Allein in Belgien sei mit einem Schaden von 161 Milliarden Mark zu rechnen, berichtet »De Morgen«. Der Imageverlust läßt sich gar nicht beziffern.

Verseuchte Coca-Cola führte kurz vor den Wahlen im Juni 1999 zum unrühmlichen Abgang der Regierung von Jean Luc Dehane. Mit dem Juristen Guy Verhofstadt kam ein Mann ans Ruder, der einen persönlichen Kreuzzug gegen die »belgische Krankheit von Filz und Korruption ausgerufen« hat. Seine Regierungskoalition aus liberalen, grünen und roten Parteimitgliedern strebt einen »fundamentalen Bruch mit der Vergangenheit« an, Wirtschaft, Demokratie, soziale Sicherheit und Volksgesundheit sollen gesichert werden.

Was Verhofstadt belgische Krankheit nennt, hat auch auf die Kommission der Europäischen Union abgefärbt. »Wenn sie eine gemeinsame Kultur entwickelt hat, dann ist es die belgische, das heißt die Bereitschaft, schlampige Ergebnisse zu akzeptieren und Interessenkonflikte großzügig hinzunehmen«, merkte der britische Parlamentarier Graham Mather an. Im Sommer 1999 haben Belgien und Brüssel Politiker mit Reformwillen bestallt. Vielleicht triumphieren sie über den Sumpf.

Prag – Europas Mitte

Eine Verwerfung aus dem Kalten Krieg hat Ende 1998 zu einer peinlichen Lage zwischen Prag und Wien geführt. Der Exbürgermeister von Wien, Helmut Zilk, sollte einen hohen Orden verliehen bekommen für seine Verdienste um die Integration der tschechischen Republik in Europa. Eine Recherche brachte angebliche Kontakte zum Geheimdienst der kommunistischen Ära zum Vorschein, und Zilk wurde dementsprechend wieder ausgeladen. Die Anschuldigung erwies sich jedoch als fadenscheinig. Helmut Zilk hat zwar seinen Orden nicht bekommen, aber – wie er mir begeistert schilderte – »einen Empfang bei Havel wie ein Staatspräsident. Václav Havel lief mir über die Freitreppe im Regierungspalast entgegen und umarmte mich. Diese Geste war mir mehr wert als der Orden.« Der Sprecher von Präsident Havel gab noch zu Protokoll, daß »der Präsident und seine Kanzlei nie öffentlich verkündet haben, daß Herr Zilk ein Agent sei«.

Wie so oft, mußt sich Václav Havel als oberster Schlichter seines Landes bewähren, um einen eskalierenden Streit zu vermeiden. Gleichzeitig aber mußte der Präsident vermuten, daß ihn seine Gegner ins Zwielicht bringen wollten.

Als am 20. August 1968 der »Prager Frühling« von den Panzern des Warschauer Paktes zerstört wurde, stand ich als Kommentator vor dem damaligen Gebäude der sowjetischen Botschaft in Oberwinter am Rhein. Tschechen und Slowaken, die entweder zu Besuch oder im Exil in Deutschland weilten, demonstrierten vor der Botschaft. Wir filmten ihre Protestaktion und machten auch Interviews. Da erreichte mich ein Anruf aus dem Auswärtigen Amt mit der dringenden Bitte, die Aufnahmen abzubrechen, weil sie die Angehörigen der Gefilmten in Gefahr brächten. Unter dem infamen Oberbegriff »Normalisierung« haben die Schergen des Husák-Regimes auch auf solch hinterlistige Weise Sympathisanten des Prager Frühlings und ihre Angehörigen hinter Schloß und Riegel gebracht.

Solche Methoden waren nicht nur in der ČSSR Praxis. Aber hier hat sich das unmenschliche Antlitz des Sozialismus sowjetischer Prägung besonders krass und deutlich gezeigt. Mich haben die Ereignisse in Prag auch deshalb so deprimiert, weil ich geglaubt hatte, der Kreml habe aus dem Budapester Aufstand und seiner Unterdrückung gelernt. In Budapest war ich 1956 Augenzeuge, weil ich für eine studentische Hilfsorganisation tätig war. In beiden Staaten wurde wie in Polen nach der Verhängung des Kriegsrechts 1981 die Opposition unterdrückt und verfolgt, doch zugleich der Keim für eine Dissidentenbewegung gelegt. Eine Folge des Prager Frühlings war die vorweggenommene Teilung der Tschechoslowakei durch die Bildung zweier gleichberechtigter Nationen mit eigenen Verfassungen.

Noch ein Beispiel aus jüngster Zeit. Bei einem Besuch in einer der gemütlichen Prager Bierkneipen kam das Gespräch auch auf die Rolle der Deutschen in Böhmen. Da rückten einige Tschechen ganz merklich von unserer Gruppe ab. Im Hotel stellte ich fest, daß mein Mantel vollgespuckt war. Übrigens hat Václav Havel, der große Moderator an der Spitze seines Landes, die Vertreibung der Sudentendeutschen nach dem Zweiten Weltkrieg als Unrecht gebrandmarkt und auf Versöhnung gedrängt.

Die Tschechen waren 1000 Jahre ein Volk ohne Nation und begehrten immer wieder dagegen auf. Ein flammendes Zeichen dieses Protestes waren die Hussitenkriege. Sie richteten sich gegen die deutsche Übermacht im Lande. Jan Hus nutzte die Stiftung einer neuen religiösen Lehre als Bindeglied. Zur gemeinsamen Sprache und zur gemeinsamen Herkunft kam der einigende Glaube.

Die Hussiten unterbreiteten dem Herrscher Europas, Sigismund, Forderungen: Ausländer, insbesondere Deutsche, sollten kein hohes Amt bekleiden, die Rechtssprechung sollte nur auf Tschechisch erfolgen, der neue Glaube nicht unterdrückt werden. Diese erste Demonstration eines nationalen Bewußtseins scheiterte an der Spaltung der hussitischen Bewegung.

Beim Prager Fenstersturz, der den Dreißigjährigen Krieg auslöste, überlebten die Opfer. Aber die Rache der katholischen Habsburger stürzte die Tschechen in zwei Jahrhunderte nationaler Verdunklung. Die Verwaltungssprache war Deutsch, die Sprache der Herrscher war Spanisch und Französisch – ein Spiegel des Habsburger Reiches, das ganz Europa umfaßte. Nur auf dem Lande konnte sich das Tschechische behaupten. Nach der Aufhebung der Leibeigenschaft 1781 drängten junge Landleute in die Städte. Mit der Industrialisierung entwickelten sich eine tschechische Arbeiter- und Handwerkerschicht und ein Bürgertum, und das Handwerksmonopol der Deutschen in Böhmen und Mähren wurde unterwandert.

Aus düsteren Bildern von verlorenen Hoffnungen und unterdrückter Nationalität entstand im Vormärz des europäischen Revolutionsjahres 1848 eine neue Freiheitsahnung, die auch die deutschen Bewohner Böhmens begeisterte. In der Zeitschrift »Ost-West«, die der Versöhnung gewidmet war, erschienen in deutscher Übersetzung slawische Freiheitsgedichte und -lieder: »Erzählen möchte ich heut den deutschen Herzen, wie hier ein ganzes Volk von Schmerzen, wie selten eins für Licht und Recht gekämpft.«

Der lyrische Revolutionsaufruf gegen das Habsburgerregime führte zu friedlichem politischem Druck auf Wien und die Donaumonarchie. Der »mährische Ausgleich« im Jahre 1867 bescherte zwar den Ungarn Gleichberechtigung, ließ aber die Tschechen leer ausgehen.

Im Ersten Weltkrieg erkämpften sich die Slowaken mit dem Schwert, die Tschechen eher mit dem Wort erstmals einen eigenen Staat. In schier übermenschlicher Anstrengung hielt der große Moderator Tomáš Masaryk sechs Millionen Deutsche, eine halbe Million Ungarn und fast ebenso viele Juden in diesem Staatsgebilde zusammen, bis Hitler sich das Sudentenland holte und später aus Böhmen und Mähren ein Reichsprotektorat machte. Die nationalsozialistische Herrschaft ging in eine kommunistische Herrschaft über. Am 5. April 1945 hatte sich eine neue tschechoslowakische Regierung gebildet. Zunächst begrüßten viele Tschechen die Russen als Befreier, wollten aber ihre nationale Unabhängigkeit gegenüber Moskau bewahren. Die Regierung in Prag hatte sich entschlossen, die Marshallplan-Hilfe anzunehmen. Jan Masaryk, der Sohn T. G. Masaryks, damals Außenminister, wurde mit Klement Gottwald nach Moskau zitiert und gezwungen, aus dem Marshallplan auszusteigen. Mit dieser Maßnahme wurde Prag zum Symbol der neuen Spaltung in Ost und West, denn die Trennlinie in Europa verlief zwischen den Ländern, die den Marshallplan annahmen, und jenen, die ihn ablehnen mußten. Wiederum wurde die Spaltung in Parteigänger Moskaus und Gegner des Kommunismus zum Schicksal der Tschechen. Der Slánský-Prozeß (1952) war der grausamste politische Schauprozeß in Osteuropa: Von vierzehn angeklagten hochrangigen Politikern wurden elf zum Tode und drei zu lebenslanger Haft verurteilt. Wieder hatte sich eine Parteibürokratie dem Unterdrückungsapparat zur Verfügung gestellt und Ausgleich gesucht.

Als die Gesellschaft 1968 nach »einem Sozialismus mit menschlichem Antlitz« strebte, brach erneut kein gewaltsamer Aufruhr aus, auch der reformwillige KP-Chef Alexander Dubcek, ein Slowake, suchte nicht Vergeltung, sondern Versöhnung. Ein poetischer Widerstand, der sich in der Charta 77 manifestierte, hatte Václav Havel als Gallionsfigur. Und der Sieg der Tschechen über den Kommunismus Ende 1989 ging als »samtene Revolution« in die europäische Geschichte ein.

Die Judenvernichtung unter Hitler, die Deutschenvertreibung unter den Kommunisten und die Scheidung von der Slowakei seit dem Januar 1993 haben aus Böhmen und Mähren eine eher kleine Republik gemacht, in der die Tschechen fast unter sich sind. Präsident Havel sieht in dieser unfreiwilligen ethnischen Säuberung durchaus die Gefahr eines aufkeimenden Nationalismus. Und dem begegnet Havel mit einem unbedingten Ja zu Europa. Tschechien ragt wie ein vorgeschobener Brückenkopf des Slawentums nach Westeuropa, und Prag liegt westlicher als Wien. Diese Mittellage hat Böhmen und Mähren oft zum Zankapfel der europäischen Mächte werden lassen.

Es grenzt an ein Wunder, daß Prag die Jahrhunderte der Spaltung unbeschadet überstanden hat. All diese unterschiedlichen Regime haben sich hier geistig und architektonisch manifestiert. Prag hat dadurch einen supranationalen Charakter bekommen. In einem neuen Europa liegt die Kapitale genau im Schnittpunkt zwischen Ost und West, Süd und Nord. Für die Amerikaner besitzt Prag alle Vorzeichen einer natürlichen Hauptstadt Europas. Besucher aus den USA wählen Prag gerne als Sammel- und Versammlungsstätte. Was Brüssel für Westeuropa ist, könnte Prag für ein Gesamteuropa werden, dazu müßten jedoch die Tschechen selbst begreifen, daß ihr Land und ihre Hauptstadt mehr als ein nationaler Bezugspunkt sind.

Ginge es nach den Touristen, hätte Prag längst der westeuropäischen Hauptstadt Brüssel den Rang abgelaufen. Trotz der Verwahrlosung in sozialistischer Zeit besitzt die Goldene Stadt heute mehr Glanz und Ausstrahlung als Brüssel. Der architektonische Rahmen ist majestätischer als der Brüssels, und Prag liegt nicht wie die Hauptstadt des belgischen Königreiches auf dem Faltenwurf einer in sich zerstrittenen Gesellschaft.

Die Osteuropäer sind sich über die Vorteile Prags einig. Die Treffen ihrer Regierungschefs finden hier oder in Visegrad statt. Als US-Präsident Clinton 1994 eine Werbereise für seine »Partnerschaft für den Frieden« unternahm, eilten die Präsidenten der Nachbarstaaten nach Prag.

Das Problem der Tschechen wie anderer Osteuropäer faßte Pavel Kohout, ein Mitglied der Charta 77, so zusammen: »Im Kommunismus hat die Mehrheit der Bevölkerung der eigenen Gesellschaft überhaupt keine Erfolge zugetraut ... und umgekehrt der westlichen Welt keine Mißerfolge. Im Endeffekt wurde einem Phantombild ein anderes entgegengesetzt.«

Als die Sowjetarmee ging, kamen McDonald's und die Citibank, der Golfplatz und der Mercedes-Stern. Besonders pikant finde ich nach wie vor die Inschrift vor dem Martinic-Palais, das die Burgwache beherbergt. Nach einer Beschreibung des Bauwerks im Stil des barocken Klassizismus werden die Sponsoren der Burgwache vorgestellt: ein deutscher Autohersteller, eine amerikanische Telekommunikationsfirma und eine nationale Brauerei. Noch trägt die Burgwache, wenn sie zu Ehren von Staatsgästen aufmarschiert, nicht die Embleme der Sponsoren. John Allison – ein New Yorker Verleger und für einige Zeit Berater von Präsident Havel, meint, das Vorzeigen eines amerikanischen Passes habe gleich nach der Wende automatisch zu einer Anstellung in Prag geführt. Ein amerikanischer Kostümbildner entwarf die neue Uniform der Burgwache. Frank Zappa von der Gruppe »Mothers of invention« wurde zum Kulturbotschafter in den USA, und in seiner Residenz auf der Burg im Hradschin machte Havel den Rolling Stones den Hof.

Daß Havel ein überzeugter und ernsthafter Europäer ist, zeigte sich am auffälligsten, als er einen Fürsten Schwarzenberg als Kanzler zu sich nach Prag bestellte. Karl Fürst von Schwarzenberg erhielt dafür sein Schloß Orlik zurück, das von den Kommunisten enteignet worden war. Obwohl aus österreichischem Hochadel, sind die Schwarzenbergs gut gelitten in Tschechien. Die Fürstenfamilie hat sich mit zwanzig Gleichgesinnten seinerzeit den Nazis entgegengestellt und sich waghalsig zum Tschechentum bekannt. Die böhmischen Adligen waren einst die reichsten in der Donaumonarchie.

Heute verfügen manche von ihnen über einen Doppelpaß: einen österreichischen und einen tschechischen. Neben seinen Latifundien in Tschechien betreibt Karl von Schwarzenberg in seinem Wiener Schloß eine Hotelresidenz der Luxusklasse. Nach dem Ende seiner Kanzlerschaft für Václav Havel sagte mir der Fürst im Fernsehinterview: »Ich bin ein Patriot, aber in vielen Ländern Europas.«

Weil sowohl die Habsburgermonarchie wie auch das sozialistische Imperium ihre Industrie vor allem in Böhmen und Mähren ansiedelten, entstand mit der Wiedergeburt der Tschechoslowakei das Sprichwort von der Nation, »die mit dem Silberlöffel im Mund geboren wurde«. Gleich nach der Wende und unter dem Premierminister Václav Klaus sah es auch so aus, als würde zunächst die Tschechoslowakei bzw. die tschechische Republik noch rascher allein an der Spitze jener Nationen marschieren, die sich auf den Weg in die Europäische Union machen.

Aber Alexander Dubcek, der sanfte Held des Prager Frühlings, mußte zusehen, wie in seiner Slowakei Möchtegerndiktatoren das Ruder übernahmen. Die Teilung hat er nicht mehr erlebt. Er fiel im November 1992 einem Autounfall zum Opfer. Wladimir Meciar, der erste Ministerpräsident der Slowakei, hatte vor den Parlamentswahlen im September 1998 versucht, sein Ansehen mit Hilfe internationaler Stars aufzupolieren. Sowohl das Modell Claudia Schiffer als auch der französische Schauspieler Gérard Depardieu waren für ein entsprechendes Honorar bereit, ihn bei seinen öffentlichen Auftritten zu begleiten. Das konnte aber Meciars Sturz nicht verhindern. Meciar agierte wie der Diktator einer Bananenrepublik – eine Politik, die das Land zum Außenseiter werden ließ. Sein Nachfolger Mikuls Dzurinda hat versprochen, die Slowakei in die europäische Völkerfamilie zurückzuführen. Bei der Direktwahl des Staatspräsidenten im Mai 1999 unterlag Meciar dem Karpatendeutschen Rudolf Schuster.

Václav Havel, immer wieder durch Rückschläge seiner

Lungenkrankheit abgebremst, sprach davon, daß sich auch Tschechien allmählich zu einer Bananenrepublik zu entwickeln drohe. Was war passiert?

Zu den Sünden der Väter der Republik gehört, daß sie 1992 gut 3000 Firmen über Nacht in die Privatwirtschaft entlassen und die Öffentlichkeit zu Eigentümern gemacht haben. Die auf diese Weise beglückten Bürger übergaben ihre Rechte größeren Fonds, welche entweder von unsicheren Kantonisten, unsoliden Banken oder von halbseidenen Geschäftsleuten gemanagt wurden. (Früher nannte man in der Donaumonarchie solche Typen die »Slawiner«.) Der neue wilde Markt hat zu Anfang funktioniert, jedenfalls solange Masse vorhanden war. In dieser Gemengelage begann auch die Politik im trüben zu fischen, Geschäftsleute und Politiker bauten ein parasitäres Verhältnis auf. Diese Verflechtung wiederum verhindert jene radikale Reformen, die der Wirtschaft und vor allem ausländischem Kapital wieder Auftrieb geben würden. Bereits bei den jetzigen begrenzten Auslandsinvestitionen gehen 60 Prozent des Exportes eben auf das Konto dieser zum Teil ausländischen Firmen. Zur Erinnerung: Bis 1989 zählten die Tschechen dank einer vielseitigen Industrie und einer gut entwickelten Landwirtschaft zu den führenden Ländern im Ostblock. Im Automobil-, Straßenbahn- und Lokomotivbau besaßen sie sogar ein weitgehendes Monopol. In Sofia, Leningrad, an der Ostsee oder auf der Krim – überall fuhren tschechische Straßenbahnen, Pkws und Trucks. Nach der Wende versuchten sich tschechische Geschäftsleute an einer neuen Vertriebsorganisation von Lkws. Vorstand Lubomir Soudek sprach von Deals mit Rußland, Polen und Brasilien. Im ersten Halbjahr 1998 wurden vom Lkw Marke LIAZ ganze 187 Stück verkauft und von der legendären Marke Tatra 1125. Lubomir Soudek muß entweder den Bankrott anmelden oder sanieren und dann einen starken ausländischen Partner suchen.

Mehr Glück hatte die weltberühmte Firma Škoda. Im

wohl größten west-östlichen Joint-Venture schlossen sich Škoda und Volkswagen zusammen. Das Konglomerat arbeitet mit Profit, obwohl sehr unterschiedliche Unternehmenskulturen aufeinanderprallten und der tschechische Škodaarbeiter mit geringem Lohn und Plattenbauwohnung neidisch auf die hohen Löhne und schicken Villen der VW-Manager blickt. Als die Vergabe von Škoda an VW ruchbar wurde, traf im tschechischen Außenministerium eine Wagenladung Klagebriefe ein. Sie enthielten allesamt Warnungen vor der wiederkehrenden Herrschaft der Deutschen. Das Werk liegt in Mladá Boleslav, das bis zur Vertreibung der Sudetendeutschen Jungbunzlau hieß. Gewiß hat dies die Vorbehalte verstärkt.

Die Beziehungen zwischen Tschechen und Deutschen sind noch immer eher frostig als freundlich. Viele Slawen können nicht vergessen, daß es die Sudentendeutschen waren, die Hitler den Weg nach Prag ebneten. Umgekehrt können viele ältere Sudetendeutsche ihre Vertreibung aus Böhmen nicht verwinden. Zwei Aussagen erscheinen mir aufschlußreich. Ein tschechischer Braumeister, den ich nach seinen Vorurteilen fragte, gab zur Antwort: »Ich habe keine, aber am liebsten sind mir jene Sudetendeutschen, die Hitler Widerstand geleistet haben.« (Sprich: keine.) Eine ältere Kaufmannsfrau, die aus Eger, dem heutigen Cheb, nach Niederbayern floh, sagte mir: »Die letzten fröhlichen Weihnachten habe ich 1943 erlebt, als mein Mann Fronturlaub hatte. Danach habe ich ihn, mein Geschäft und meine Heimat verloren.«

Von den einst drei Millionen Deutschen blieben etwa zehn Prozent in Böhmen und Mähren. Sie pflegen ihre Sprache und Tradition in einem Netz von Begegnungszentren und versuchen eher Brücken zu bauen als neue Gräben aufzureißen. Ihr wichtigstes Organ ist der deutschsprachige »Landesanzeiger«, Informationsblatt der Landesversammlung der Deutschen in Böhmen, Mähren und Schlesien.

Die meisten von ihnen wohnen in der »Euregio Egrensis«, der westböhmischen Euroregion, und seit die Grenzen zu Sachsen offen sind, fühlen sie sich auch im Erzgebirge zu Hause, dem Dreiländereck Böhmen, Sachsen, Bayern. Trotz vieler guter Absichten ist die bisher einzige Kulturleistung in der Region die Einrichtung von Einkaufszentren. Höchste Priorität müßte der Bau einer Verkehrsader haben, denn die Entwicklung einer kontinentumspannenden Infrastruktur ist eine Grundbedingung für die Vernetzung in Europa, insbesondere für Handel und Tourismus.

Der Ausbau der A17 auf deutscher und der D8 auf tschechischer Seite gehört zu den wichtigsten Autobahnprojekten in Europa. Das Teilstück würde den europäischen Norden mit der Balkanhalbinsel verbinden. Die Hindernisse sind nicht politischer Art. Weil die Fallinie der Autobahn durch Naturschutzgebiete führen würde, protestieren sowohl deutsche wie tschechische Umweltschützer dagegen. Wer derzeit von Dresden nach Prag will, muß oder besser darf durch die Kurorte im Erzgebirge fahren, und weil es nach der Grenze ebenso langsam weitergeht, machen die Hübschlerinnen, wie die Damen des leichten Gewerbes früher hießen, gute Geschäfte.

Die Vision von einem Europa der Regionen gibt dem oft geplagten Land zwischen Prag und dem Erzgebirge Auftrieb. Vom internationalen Besucherstrom verwöhnt, fremdeln die Tschechen nicht, mit einer Ausnahme, und das ist gegenüber den Roma und Sinti. Seit dem 15. Jahrhundert schon ziehen sie in Sippen durch Osteuropa. Später suchten sie auch in Frankreich Zuflucht. Dort bezeichnete man sie als *bohème*, weil sie aus Böhmen kamen. Heute gelten Bohemiens als Lebenskünstler. In den fünfziger Jahren hat die sozialistische Regierung viele Romafamilien zwangsangesiedelt und damit dauerhafte Spannungsherde geschaffen. Nach der »samtenen Revolution« versuchten sich die Roma in neuer Freizügigkeit und agierten vor allem auf dem Schwarzmarkt. Sie werden nicht nur angefeindet, weil sie gewiefte Händler sind, sondern auch aus rassistischen Gründen. Ihre Diskriminierung in der Tschechischen Republik ist einer der Gründe, die der schnellen Aufnahme Tschechiens in die EU entgegenstehen. In manchen Ortschaften sind die Gemeinderäte sogar dazu übergegangen, die Romasiedlungen durch Zäune und Mauern abzugrenzen.

Andere Gründe für die hinausgeschobene Aufnahme in die EU sind der Stillstand bei der Privatisierung der restlichen Staatsbetriebe und staatseigenen Banken und die um sich greifende Korruption und Vetternwirtschaft. Von letzterer bleibt nicht einmal die Lichtgestalt Václav Havel unberührt. Der Großvater des Präsidenten hatte einst das Hotel Lucerna-Palace in der Innenstadt gebaut. 1989 ging das Hotel wieder in Besitz der Havelfamilie. Präsident Havel hatte seinen Anteil im Februar 1997 verkauft, doch dieser kam auf merkwürdigen Wegen an eine Schwester seiner Frau Dagmar Havlova. Offenbar geht imperialer Anstrich immer einher mit Hofintrige. Seit die Demokratie in Tschechien eingezogen ist, darf Kritik auch lautstark oder gar haarsträubend sein. Pavel Kohout kommentierte das so: »Es gibt im Prinzip seit ewig nur die Wahl zwischen der Friedhofsruhe im totalitären System und dem Chaos eines Circus in der Demokratie. Ich liebe Circus, weil ich gerne lebe.«

Zum Jahresende 1998 stieg ich im Hotel Europa am Wenzelsplatz ab. Vom Balkon des Hotels verkündete einst Václav Havel die »samtene Revolution«, und hinter der prunkvollen Jugendstilfassade schlief seit der Jahrhundertwende die Prominenz. Der Glanz ist zur Jahrtausendwende verblichen, ein Spekulant hat das Hotel erworben und sich mit den Bankkrediten aus dem Staub gemacht. »Dem Europa kann das nichts anhaben«, meinte der alte Hausdiener, »das ist nämlich mehr als ein Jugendstilgebäude am Wenzelsplatz.« Er meint damit die neuen Gäste. Seit das etwas heruntergekommene Hotel kleine Preise hat, logieren hier nicht mehr Fürsten und Politiker, sondern Studenten und Künstler – die Bohemiens von heute.

Von Lissabon bis Helsinki

Bei einem Besuch in Lissabon platzte ich in eine aufgeregte Debatte über den Euro. Grund der Emotion waren die neuen Geldscheine. Sie zeigten die Iberische Halbinsel ohne die nationale Grenze zwischen Portugal und Spanien. Dazu titelte die renommierte Zeitung »Jornal de Noticias«: »Gemeinsame Währung für ein gemeinsames Iberien? Nein danke!«

Eine Beschwerde bei Frankreichs EU-Kommissar Yves-Thibault de Silguy hatte eine Entschuldigung und eine Korrektur zur Folge. Wenn der Euro als tägliches Zahlungsmittel eingeführt wird, soll die iberische Version die Trennlinie zwischen Spanien und Portugal tragen.

Der Zwischenfall offenbart den nationalen Stolz der »Kleinen« gegenüber den »Großen« in der EU. Im Zeitalter der Globalisierung müssen die kleinen Staaten allerdings dulden, daß die Konzerne der großen sie wirtschaftlich unterwandern. Schon jetzt stehen 3000 spanische Firmen in Portugal den 400 portugiesischen Firmen in Spanien gegenüber. »Dabei muß die mentale Barriere abgebaut werden, die unsere Diktatoren Franco und Salazar zur Verfestigung ihrer Macht zwischen den iberischen Nationen errichtet haben«, meint Professor Sousa Ferreira, der in Lissabon Wirtschaftsintegration lehrt. »Kurzfristig bedeutet die Wirtschafts- und Währungsunion für viele mittlere Unternehmen Existenzgefahr. Langfristig aber führt uns die Integration vom Rande Europas in die Mitte. Dann sind wir Europa. So schlecht mag das nicht sein, die Kleinen müssen notgedrungen über den Tellerrand hinaus blicken. Bei uns in Portugal ist es ein Blick in die Welt. Denn wir haben Europa im Rücken.«

Die Presse stärkt die Hoffnung der zehn Millionen Einwohner auf eine europäische Zukunft, und die Politiker haben den Schritt nach Europa kühn vorbereitet. So hat diese neben Griechenland ärmste Nation der EU die Kriterien für die Aufnahme in die Wirtschafts- und Währungsunion bravourös erfüllt. Wie der Finanzexperte Eduardo Lopes Maja Cadete verschmitzt anmerkt, »übertreffen die kleinen Länder mit ihrem Schwung die großen wie Deutschland, das um seine D-Mark bangt, wie Frankreich, das um den sozialen Frieden fürchtet, und wie Großbritannien, das sich mit Europa überhaupt schwer tut«.

Als positives Beispiel nennt Lopes Maja Cadete besonders Irland. Der nördliche, britische Teil der Insel und speziell die Stadt Belfast haben die Aufmerksamkeit so sehr auf Konflikt und Haß, auf Straßenkämpfe und Religionszwist gelenkt, daß die souveräne Republik Irland es schwer hatte, ins Gedächtnis Europas zu treten. Mit Irland verbindet sich allenfalls noch die Vorstellung von Hunger und Not, und die Iren begegnen einem vor allem als starke Minderheit in den USA, als ein Volk, das seine Heimat in Richtung Übersee verlassen hat.

In den Statistiken von Brüssel firmiert Irland hingegen als arbeitsam, erfolgreich und besonders europafreundlich. Irland hat das Soll für den Euro übererfüllt mit einem Haushaltsdefizit, das bei nur 0,9 Prozent liegt, einer Inflationsrate von 1,2 Prozent und einer Arbeitslosigkeit von unter 5 Prozent. Das Land ist eine Software-Wiese geworden mit einer engagierten, sehr jugendlichen und selbstbewußten Arbeitnehmerschaft. Beim Gipfel in Dublin Ende 1996 hatte die irische Regierung besonderen Anteil an der Festschreibung des Stabilitätspaktes, der den EURO-Ländern strenge Maßstäbe auferlegt. Mit 80 Prozent war in Irland laut Statistik auch die Zustimmung zur EU am größten. Die Gastfreundschaft der Iren übertrifft fast ihren Durst, und neuerdings lockt dieses klassische Auswandererland magnetisch irisches Kapital und Kulturgut zurück. Mir fiel auf, daß sich die Iren auch wieder auf ihre keltischen Wurzeln besinnen. Bei einem Musikfestival in Dublin belebte keltische Folklore aus Galicien in Spanien, aus der Bretagne in Frankreich, der Isle of Man in Großbritannien und dem Norden Portugals eine lange verlorene Verbundenheit neu.

Laut »Eurobarometer«, so wird das Meinungsforschungsinstitut der Europäischen Kommission genannt, nimmt das Interesse an Europa parallel zur Größe und Einwohnerzahl der Mitgliedsländer ab. Nur Dänemark ist eher europaskeptisch geblieben. Daß sich ansonsten die kleinen EU-Staaten europäischen Visionen bislang am weitesten angenähert haben, ist kein bloßes Vorurteil. Der deutsche Kanzler Gerhard Schröder meinte vor nicht allzulanger Zeit sinngemäß, mit einem Euro, dessen Kriterien allenfalls Luxemburg erfüllen könne, sei nicht zu handeln. Frankreichs EU-Kommissar Yves-Thibault de Silguy ging noch weiter und nannte die politische Union ein ehrgeiziges Projekt, dessen Realisierung in naher Zukunft objektiv nicht möglich sei.

Die Kleinen, allen voran die Portugiesen, nehmen eine ganz andere Perspektive ein. Sousa Ferreira betrachtet den Euro als den ersten von vielen Meilensteinen auf dem Weg zu den Vereinigten Staaten von Europa. Eduardo Lopes Maja Cadete würdigt die demokratische Basis der Währungsunion: Der Euro sei »seit dem Römischen Reich die erste gemeinsame Münze im Abendland, nur daß dies neue Reich nicht unter der Diktatur geschweißt, sondern über die Demokratie erreicht werden wird«.

Das ehrgeizige Portugal setzte mit der Weltausstellung im Mai 1998 ein Zeichen auf der geopolitischen Landkarte Europas, das seine einstige Bedeutung bei der Eroberung der Meere ins Gedächtnis rief. Maskottchen »Gil« war ein kleiner Bursche mit einem verwegen optimistischen Gesichtsausdruck und einer Wellentolle auf dem Kopf.

Einer der erfolgreichen Manager Portugals, Mário Pais de Sousa, heute bei Bosch in Stuttgart, schreibt: »Mehr als üblicherweise in New York, Tokio, London oder Frankfurt erkannt, hat sich eine enorme Verteilung von Know-how über die Welt ereignet. Gute Geschäftsideen eilen so schnell wie

Popsongs um die Welt. Wer weiß, vielleicht wird es ein portugiesischer Manager sein, der die nächste zündende Idee für den Weltsupermarkt hat.«

Jedenfalls beflügeln die Ideen und die Euphorie der »Kleinen« den Prozeß der europäischen Integration mindestens genauso, wie die »Großen« es mit ihrem politischen Gewicht und ihrer Wirtschaftskraft vermögen.

Eine eher überraschende europäische Erfolgsstory schreibt Finnland, das im zweiten Halbjahr 1999 die Präsidentschaft in der EU von Deutschland übernommen hatte. Die sehr bodenständige Regierung setzt auf Bürgernähe und will, wie Premier Paavo Lipponen betonte, die Rechte der kleinen Mitgliedsländer stärken. Während der deutschen und vorher der österreichischen Präsidentschaft gehörte Deutsch immer zu den europäischen Verhandlungssprachen, Finnland gesteht bei informellen Treffen wieder nur Englisch, Französisch und die Landessprache zu. Die Finnen ließen sich nicht einschüchtern von der etwas kleinlichen Drohung der Deutschen, den Sitzungen fernzubleiben. Sie halten sich gern und hartnäckig an Regeln und Traditionen. Dies half ihnen, ihre Identität gegen schwedische und russische Einflüsse und Besatzung zu verteidigen. Trotz ihrer Randlage und ihrer sehr eigenen Sprache sahen die Finnen sich stets als Teil des Westens. Das Land konnte erst 1917 das Band zu Rußland lösen und sich nur durch strikte Neutralität vor neuer Inbesitznahme durch Moskau schützen. Finnlandisierung wurde im Kalten Krieg zum Begriff.

Fast hätte sich Finnland 1975 bei der Konferenz für Sicherheit und Zusammenarbeit in Europa mit den USA überworfen, die partout die Vertragsunterzeichnung nach Wien verlegen wollten. Mit der diplomatischen Lösung der Kosovokrise durch Präsident Martti Ahtisaari gelang Helsinki erneut ein Meisterstück, das wiederum in Europa mehr Anerkennung fand als in Washington. Nach dem Erfolg sieht sich Finnland besonders verpflichtet, die EU-Mitglieder zu motivieren, nicht nur aus dem gemeinsamen, sondern auch aus ihren nationalen Haushalten Mittel zum Wiederaufbau der Balkanregion abzuzweigen. Dabei will Finnland mit gutem Beispiel vorangehen. Premier Paavo Lipponen betont stets, wie entscheidend es für Europas Zukunft sei, aus dem 19. Jahrhundert überkommenes nationales Denken zu überwinden.

Finnlands Wirtschaft stützte sich in der ersten Hälfte des vergangenen Jahrhunderts auf eine Monokultur. 30 bis 40 Prozent der Exporte beruhten auf Holz. Ein europaweiter Einbruch der Papierpreise hätte dem Staat sofort eine Krise beschert.

Den Finnen bereitet die Erfüllung der EU-Umweltnormen besondere Probleme. Die Minderheit der Lappen, oder wie sie sich selber nennen, Samen, lebt neben der Rentierzucht von der Holzindustrie. Der finnische Großunternehmer Jorma Vaajoki sagte beim Weltwirtschaftsforum in Davos, sie hätten erkannt, welchen Reichtum sie in den Wäldern des Nordens besitzen und wie wichtig es ist, diesen Schatz zu hüten.

Zwischen der Zentralregion und dem Land der Samen hat sich die Telekommunikations- und die Softwareindustrie angesiedelt. Die futuristischen Produktionsstätten nennen sich Technopolis, Medipolis, Micropolis. Gleich nach dem Beitritt Finnlands zur EU 1995 unterstützte Brüssel diese Entwicklung finanziell. In der Schneeregion um Oulu entstand ein Ballungszentrum mit 200000 Einwohnern (bei einer Gesamtbevölkerung von 5 Millionen).

Zur Teilnahme an der Währungsunion hat sich Finnland mühsam durchgerungen. Eine Fünf-Parteien-Koalition von Rechten, Linken und Grünen sowie der fette Wohlfahrtsstaat erwiesen sich als Hindernisse. Bei einem Referendum im Jahre 1997 sprachen sich jedoch 53 Prozent der Finnen für den Beitritt aus. Präsident Ahtisaari sagte dazu: »Die Aussicht auf die weitere Verbesserung der wirtschaftlichen Möglichkeiten wird uns Stabilität bescheren.«

Finnland hatte Anfang der neunziger Jahre die tiefste

Rezession seit Kriegsende zu beklagen. Die Gewerkschaften haben die Gründung eines Fonds durchgesetzt, der den Schock einer möglichen nächsten Krise lindern soll.

Daß sie den Anschluß an Europa nicht verpaßt haben, animiert die Finnen offenbar zu mehr Lebensgenuß. In der früher so ruhigen Hauptstadt Helsinki boomt die ausländische Gastronomie, vor allem die Kette der Pizzaparlours, immer mehr Nachtbars laden ein, der Liebe zum Tango zu frönen.

Mit Recht betrachten sich die Finnen im Augenblick als die »Tiger des Nordens«. Nach der inneren Sanierung wollen sie sich unter Premier Lipponen einem »großen nordischen Projekt« widmen. Dazu gehört eine engere Zusammenarbeit mit Skandinavien, dessen Schwergewicht Finnland früher gefürchtet hat, und insbesondere die Kooperation mit den Staaten auf der anderen Seite des Meerbusens. Die wichtigsten Vorhaben sind der Handel und der Verbund mit den baltischen Staaten, die Integration von russischen Städten wie Sankt Petersburg, Kaliningrad und Murmansk am Eismeer sowie eine bessere Kooperation bei der Entsorgung atomarer Altlasten und der Nachrüstung von Kernkraftwerken.

Wenn erst Estland und dann Lettland und Litauen in durchaus absehbarer Zeit ebenfalls zur EU stoßen, wird die Gemeinschaft vollends von den »Kleinstaaten« dominiert. Diese motiviert sehr viel mehr als der »freie Binnenmarkt« Europa, nämlich die Vorstellung von einem Staatenbund, in dem die Kleinen ihren Einfluß wahren können nach dem Prinzip des Senates in den Vereinigten Staaten von Amerika. Dort vertreten jeden Bundesstaat zwei Senatoren, sei er klein wie Rhode Island oder groß wie Kalifornien. Beim EU-Gipfel in Nizza im Dezember 2000 hat die Angst der Großen vor der kommenden Übermacht der Kleinen erst einmal zu einem Patt auf dem europäischen Schachbrett geführt.

Die Balten tun Europa gut

Auf einer Reise in die karibische See entdeckte ich in Tobago, der kleineren Schwester der Insel Trinidad, die Spuren früher deutscher Kolonialherrschaft. Im Mini-Museum des tropischen Eilands lag eine verschlissene Fahne mit einer Art Shrimp als Emblem aus. Aus der Inschrift konnte ich ersehen, daß Tobago im 17. Jahrhundert zum Handelsimperium des Herzogtums Kurland gehörte. Auch von einer Niederlassung in Sambia an Afrikas Westküste war die Rede.

Anfang der neunziger Jahre kam ich im journalistischen Gefolge von US-Präsident Clinton nach Lettland und bereiste die bedeutenderen Orte des ehemaligen Herzogtums Kurland. In Jelgava, früher Mitau, residierte jener Herzog Jakob, der im Hansehafen von Windau, heute Ventspils, Kriegsschiffe für seine kolonialen Unternehmungen bauen ließ. Jelgava kam zu noch mehr Glanz, als Herzog Ernst Johann Biron seiner Geliebten Anna, der zukünftigen Zarin, von dem italienischen Architekten Rastrelli, der auch das Winterpalais in Sankt Petersburg entworfen hatte, ein Märchenschloß bauen ließ. Das Schloß mit seinen 138 Räumen ist übrigens vollständig restauriert und gehört heute zu den schönsten Sehenswürdigkeiten in Lettland.

Von den 650 später erbauten deutschen Herrenhäusern und Rittergütern allein in Lettland und den fast 2000 im gesamten Baltikum sind nur wenige erhalten. Die erste russische Revolution, die 1905 das Zarenreich und seine baltischen Provinzen erschütterte, die Enteignungen durch die Kommunisten und schließlich der deutsche Exodus nach dem Hitler-Stalin-Pakt, der das Baltikum den Sowjets preisgab, löschten die Spuren der deutschen Kultur nahezu vollständig aus.

Deutsche Besitzansprüche oder gar Rückgabeforderungen sind heute längst verjährt. So müssen sich Wolf von Kleist und einige andere Mitglieder der deutsch-baltischen Landsmannschaft, die sich nach dem Zusammenbruch der Sowjetunion schon als Erben der Rittergüter ihrer Ahnen sahen, mit Besuchen in Orellen oder Poperwahlen, in Dondangen oder Palms oder auf anderen Herrensitzen aus der großen Zeit der Junker begnügen.

Anders als in Böhmen und Mähren sind die Deutschen hier gern gesehen. Die historische Distanz und vor allem der Vergleich zur sowjetischen Mißwirtschaft verklärt das Deutschlandbild der Letten. Viele von ihnen bedauerten heute den deutschen Exodus, »weil die deutsche Minderheit unsere Verbindung zu Europa war«, meinte der ehemalige lettische Ministerpräsident Vilis Kristopans. Zudem gebe es heute etliche Gemeinderäte, die beim Wiederaufbau der Landwirtschaft die helfende Hand der früheren Landherren geradezu suchten. Kristopans erinnerte aber auch daran, daß »der deutsche Adel die Einheimischen hochmütig als undeutsch herabgestuft hat«.

Nicht zuletzt diese Herabwürdigung zu »Menschen zweiter Klasse« war der Grund dafür, daß sich viele Letten den Kommunisten anschlossen. Lettische Schützen verhalfen Lenin zur Macht, ein lettischer Oberst wurde sogar Oberbefehlshaber der Roten Armee. Die Revolutionäre enteigneten die Güter in Lettland und führten sie als Kolchosen weiter. Lettisch wurde Amtssprache. Aber mit Terror und Plünderungen machten die Kommunisten die Sympathie des Volkes zunichte.

Als die Sowjetunion, von Krieg und Bürgerkrieg geschwächt, 1920 notgedrungen die Unabhängigkeit aller drei Baltenstaaten anerkannte, gaben sich Lettland, Litauen und Estland demokratische Verfassungen. Diese galten zwar nur für etwa ein Jahrzehnt, denn bereits zu Beginn der dreißiger Jahre wurden in allen drei Baltenstaaten Diktaturen errichtet, und 1940 schließlich annektierte das Sowjetreich seine früheren Provinzen abermals. Doch als Litauen, Lettland und Estland 1991 ihre Unabhängigkeit erklärten, konnten sie auf ihre Verfassungen aus der Zwischenkriegszeit Bezug nehmen. Aus dem Stand wurden die drei Republiken politisch reife Mitglieder der europäischen Völkerfamilie.

Die Art und Weise, mit der die baltischen Staaten ihre Rückkehr nach Europa vollzogen, trug ihnen in aller Welt Achtung und Sympathie ein. Der Mut, den sie gegenüber den sowjetischen Sondertruppen gezeigt hatten, die Sängerfeste der Hunderttausenden, die zum Protestchor gegen die Unterdrückung anschwollen und als »singende Revolution« in die Geschichte eingingen, imponierten der Staatengemeinschaft. Denn dieser weitgehend friedliche Verlauf der Ablösung des Baltikums vom Moskauer Zentralstaat war keineswegs selbstverständlich, verlor Rußland damit doch das Tor nach Europa, das im Verlauf der Geschichte immer wieder Gegenstand blutiger Kriege gewesen war.

Umgekehrt tat sich auch das Baltikum, vor allem Lettland, schwer, die Verflechtung mit Rußland zu überwinden. Moskau hatte dem Land mit seiner Russifizierungskampagne fast die nationale Identität geraubt. Sowjetische Soldaten und Ingenieure wurden angesiedelt, lettische Bauern und Lehrer verschwanden in der Verbannung. Die deutsche Handelssprache in der Hansestadt Riga war in der sowjetischen Industriestadt Riga von der russischen abgelöst worden. Die Letten drohten Fremde im eigenen Land zu werden.

Exemplarisch für das nationale Schicksal ist die Biographie des früheren Ministerpräsidenten Kristopans selbst. Seine Mutter war mit achtzehn Jahren nach Sibirien deportiert worden, dort kam Vilis Kristopans auch zur Welt. Erst 1959 lernte er sein Mutterland kennen. Der hochgewachsene Bauernsohn schaffte es in die Basketballauswahl und konnte dadurch auch ins Ausland reisen. Er nutzte erste Freiräume im sozialistischen System als Geschäftsmann und stieg dann auf die Politik um. Infolge der Rußlandkrise, die sich unter anderem mit steigender Arbeitslosigkeit auch auf Lettland auswirkte, mußte Kristopans im Juli 1999 sein Amt niederlegen. Seine Gegner unter Führung der parteilosen Präsidentin Vaira Vike-Freiberga sowie des Oppositionsführers Andris Skele hatten ihm vorgeworfen, die Wirtschaftskrise nicht bewältigen zu können.

Die neue lettische Präsidentin erklärte nach ihrem Amtsantritt den Beitritt zu EU und NATO zur Priorität und führt damit den Weg fort, den Kristopans während seiner nur neun Monate dauernden Amtszeit eingeschlagen hatte. Vorsichtig und umsichtig hatte er das Land in Richtung der Europäischen Union gesteuert. Trotz der gegenwärtigen Wirtschaftskrise ist der Lat eine stabile Währung, die Inflationsrate liegt bei etwa vier Prozent und die Arbeitslosigkeit bei sieben Prozent. Das Durchschnittseinkommen ist auf umgerechnet 400 Mark angestiegen. Etwa siebzig Prozent des lettischen Außenhandels werden unter freien Handelsbedingungen abgewickelt. Der lettische Außenminister Valdis Birkavs betonte anläßlich einer Rede in Bonn, daß Lettland mit seiner Entwicklung der Handelsbeziehungen die Erwartungen der EU-Experten weit übertroffen habe: 55,6 Prozent der lettischen Importe kommen aus EU-Mitgliedsstaaten, und der Exportanteil in die EU beträgt 59 Prozent, während der Handel mit Rußland von ehemals 95 Prozent auf 11 Prozent abgesunken ist. Angesichts dieser Erfolge wurden im Jahr 2000 die Verhandlungen über den Beitritt Lettlands zur EU aufgenommen.

Aber die lettische Regierung weiß, daß die Bewährungsprobe für das Land im Umgang mit der riesigen russischen Minderheit liegt. Schon während seines Besuchs im Baltikum Mitte der neunziger Jahre hatte US-Präsident Clinton für die »Partnerschaft für den Frieden« geworben, eine Mitgliedschaft jedoch an die Bedingung geknüpft, daß ein Ausgleich mit den Russen gefunden werde. Auch die EU achtet darauf, daß die Rechte der Minderheiten gewahrt bleiben.

Mittlerweile stehen die Chancen gut, daß die ehemaligen Besatzer in Lettland heimisch werden. Seit der Rubelkrise nämlich fühlen sich die Armeeveteranen und pensionierten Ingenieure schon deshalb hier besser aufgehoben als in Rußland, weil sie ihrer Renten sicher sein können. Und die jungen Russen wiederum begreifen, daß die westliche Orientierung Lettlands auch ihnen Chancen eröffnet, erst recht, wenn sie eines Tages Bürger der Europäischen Union sind. So hat sich eine verhältnismäßig friedliche Koexistenz zwischen den Nationalitäten entwickelt.

Bei der Sprache allerdings hört die Gleichberechtigung auf. Alle Politiker des Landes bestehen darauf, daß die Einwohner Lettlands auch lettisch sprechen. Eine Art Sprachpolizei überprüft, ob sich Beamte, Taxifahrer, Markthändler, Krankenschwestern, Ärzte und Apotheker daran halten. Das gilt auch für die »Russenmärkte« in den Vorstädten von Riga. Der Moskauer Bürgermeister Luschkow beklagte diese Praxis als brutale Unterdrückung seiner Landsleute. In Riga aber erinnert man an die Marginalisierung des Lettischen in sowjetischer Zeit, als die Landessprache nur im Gesang überlebt hatte, der schließlich in der »singenden Revolution« zum machtvollen Ausdruck des Unabhängigkeitswillens geworden war. So ist es denn auch nicht verwunderlich, daß die besondere Vorliebe der Rigaer dem eher häßlichen Bauwerk des Freiheitsdenkmals aus den dreißiger Jahren gilt, das die Russen erstaunlicherweise nicht abgerissen haben und das Schauplatz der Versammlungen und Protestmärsche während der Unabhängigkeitsbewegung war.

Die lettische Hauptstadt kehrt immer mehr die Fassaden ihrer Vorvergangenheit heraus. Die Stadt an der Düna bzw. Daugawa war im Ostseehandel reich geworden, und das spiegelt sich sowohl in der Pracht ihrer Bauwerke wie auch in der Vielzahl kultureller Institutionen wider. Im restaurierten Rigaer Dom und in der schönen Petrikirche finden wieder Gottesdienste statt. Die Alleen im Jugendstilviertel werden von Cafés und Boutiquen gesäumt. Der prachtvolle

Stuck der Handelshäuser jüdischer und deutscher Kaufleute ist inzwischen restauriert. – Viele dieser Gebäude wurden von dem Architekten Michael Eisenstein erbaut, dem Vater des berühmten Filmregisseurs von »Panzerkreuzer Potemkin«.

Den lange vernachlässigten Zeugnissen der deutschen Vergangenheit schenkt man inzwischen weitaus mehr Aufmerksamkeit als jenen der russischen. Vor St. Petri halten die Bremer Stadtmusikanten Wache. Beim Dom steht das Denkmal Johann Gottfried Herders. Das Drei-Brüderhaus in der Altstadt erinnert daran, daß die Hälfte der Handwerker Rigas im Mittelalter Deutsche waren. Die Bewohner der Millionenstadt haben sich selbstbewußt in ihrer fremdbestimmten Vergangenheit eingerichtet.

Auch Estlands Hauptstadt Talinn hat den sowjetischen Mief abgeschüttelt und kann sich dem Schönheitswettbewerb mit jeder mittelgroßen skandinavischen Stadt stellen. Vom »langen Hermann«, dem Eckturm der Ordensburg, in dem der Oberste Sowjet getagt hatte, weht die blau-schwarz-weiße Fahne Estlands. Die Altstadt mit ihrem Kopfsteinpflaster erinnert ein wenig an Disneyland, so als ob Architekten von heute bewußt auf mittelalterliche Vorbilder zurückgegriffen hätten. Es entstehen moderne Bürobauten, und im Café Stude sitzen junge amerikanische Banker und betagte finnische Touristen.

Schon gleich nach der Unabhängigkeitserklärung im Jahre 1991 hatte Premierminister Mart Laar den 1,5 Millionen Esten mit der Privatisierung der Staatsbetriebe, dem Wegfall aller Zölle und der meisten Subventionen und einer einheitlichen Einkommenssteuer eine Radikalkur verschrieben. Das Resultat war 1998 ein Wirtschaftswachstum von 11,4 Prozent und die Aufnahme in die erste Reihe der Kandidaten für die Mitgliedschaft in der EU. Sein Nachfolger Lennart Meri arbeitet ehrgeizig darauf hin, daß Estland alle Voraussetzungen erfüllt, um den von Laar gesetzten Beitrittstermin, den 1. Januar 2003, einhalten zu können.

Schwer zu tragen hat Estland an der Umweltverschmutzung im Osten des Landes, wo im großen Stil Ölschiefer abgebaut wird. Hier befinden sich auch die Kraftwerke von Narva, die das Baltikum und Nordrußland mit Strom versorgen und deren enormer Ausstoß von Abgasen die Luft verpestet. Besonders das benachbarte Finnland drängt auf Sanierung. Das gilt auch für Pildiski, lange die größte U-Bootbasis der Sowjetunion und jetzt ein dunkler Flecken der Umweltverschmutzung und Verelendung.

Schon zu sowjetischen Zeiten haben die Finnen dem kleinen Nachbarn geholfen, wo sie konnten, und Estland hat in Architektur, Kunst und Bildung vieles von der so gerühmten »finnischen Moderne« übernommen. In Tartu, der früheren Hansestadt Dorpat, ist die Hochschule, an der einst Maximilian von Klinger, Jugendfreund Goethes und Autor des Dramas »Sturm und Drang«, lehrte, inzwischen zum Anziehungspunkt für Studenten aus allen Nachbarländern geworden. Besondere Förderung genießt das Computerwesen. Schon jetzt gilt Estland als der am meisten vernetzte Landstrich im ehemaligen sowjetischen Machtbereich, hier gibt es mehr Internetnutzer als in Frankreich oder Italien.

Die Freundlichkeit und Tatkraft der Esten trägt zur Unverwechselbarkeit des kleinen Landes bei, das so viele Herren ertragen mußte. Wie viele, das wird in St. Marien auf dem Domberg deutlich. Auf dem Kirchhof ruhen schwedische neben russischen Feldherren, die Wappen deutscher Adelshäuser zieren die Wände des Doms. Zu den Besuchern gehören die vornehm wirkenden Herren, die das Deutsche mit jenem rollenden »R« sprechen, das sie als Nachkommen der Junker von einst verrät. Ihr Ziel ist meist Palms, ein vorzüglich restauriertes Gutshaus, das junge Esten gerne als Hochzeitskulisse nutzen.

Estland ist stolz auf seine Errungenschaften und auch auf die zunehmend engere Anbindung an Westeuropa. Bereits acht Jahre nach seiner Unabhängigkeit gehört der kleine

Baltenstaat zu den am meisten entwickelten Ländern Osteuropas. Das anämische Brüssel sollte sich an der Progressivität und Veränderungsbereitschaft seines Europa-Aspiranten ein Beispiel nehmen.

Litauen als die größte der drei Baltenrepubliken tut sich am schwersten mit der staatlichen Emanzipation und Neuorientierung. Dabei hat das Land in Valdas Adamkus einen starken Verfechter des Freihandels an seiner Spitze. Adamkus lebte 27 Jahre lang in den Vereinigten Staaten, absolvierte eine glänzende Diplomatenlaufbahn und blieb US-Bürger bis fast zum Tag seiner Wahl zum Präsidenten Litauens zur Jahreswende 1997/98. Ein Jahr später war seine Popularitätskurve auf achtzig Prozent gestiegen, wurde der über Siebzigjährige als Mann der Zukunft gesehen. Zum Premierminister machte er den vierzigjährigen Gediminas Vagnorius, »denn nur die junge Generation sucht auch nach neuen Wegen, heraus aus der geschlossenen Gesellschaft«.

Dabei ist sich Adamkus darüber im klaren, daß seine rigorose Privatisierungspolitik eine ganze Generation von Litauern, die ein Leben in karger staatlicher Fürsorge verbracht haben, in die soziale Unsicherheit entläßt. »Aber was bleibt einem anderes übrig? Das Land kann sich nicht vom Fortschritt abschotten.«

Der geschäftstüchtige Adamkus ist das genaue Gegenteil des musisch veranlagten Vytautas Landsbergis, der Litauen 1991 in die Unabhängigkeit geführt hat. Eigentlich hatte Landsbergis Pianist werden wollen, aber es reichte nur zu den Musikwissenschaften. Den Behörden war er suspekt, weil er sich mit Konstantin Ciurlonis beschäftigte, einem Maler und Musiker, der in der vaterländischen Bewegung gegen die Zarenwillkür aktiv war. Immerhin durfte Landsbergis dennoch am Konservatorium Klavierunterricht geben. 1988 setzte er sich an die Spitze der Volksbewegung Sajudis und hoffte auf deutsche Unterstützung. Aber in Deutschland war damals die Begeisterung für die Politik Michail Gorbatschows größer als das Verständnis für die

Probleme des kleinen Baltenstaates. Landsbergis sah sich mit dem Vorwurf zu großer Eile und Sturheit im Kampf gegen Moskau konfrontiert.

Nachdem er sich gegen den Zugriff der Sowjetmacht wochenlang im Parlament verbarrikadiert hatte, schien er von den geistigen Barrikaden nicht mehr lassen zu wollen. In einem Interview 1991 sagte er mir: »Ich bin vielleicht ein Idealist. Denn nach meiner Ansicht bewährt sich ein Volk nur in seinen geistigen Eigenschaften«.

Doch nach der Befreiung aus der sowjetischen Vormundschaft dachte das litauische Volk an Brot und Arbeitsplätze, nicht an Musik und Ideale. Landsbergis wurde durch den Nationalkommunisten Brasauskas abgelöst und der wiederum durch den Realisten Adamkus. In dieser Reihenfolge auch wandelte sich das litauische Verhältnis zur Sowjetunion: von bitterernst, als am blutigen Sonntag Mitte Januar 1991 vierzehn Menschen im Kugelhagel starben, über besonnen, als Rußland und Litauen sich gegenseitig anerkannten, bis freundlich, weil Litauen den russischen Zugang zur Enklave Kaliningrad zusicherte. Diese positive Entwicklung der litauisch-russischen Beziehungen wurde von der Tatsache befördert, daß aus Moskauer Sicht dieser größte baltische Staat am weitesten von der Aufnahme in EU und NATO entfernt ist.

Letzteres hat vor allem mit dem Kernkraftwerk Ignalina zu tun. Es ist vom Typ Tschernobyl, und die EU fordert seine Schließung. Allerdings liefert Ignalina 83 Prozent des Stroms für Litauen. »Das Ende von Ignalina käme einem wirtschaftlichen Selbstmord gleich«, meint Präsident Adamkus und verweist auf eine schwedische Untersuchung, nach der Ignalina sehr wohl zu retten sei. Was die NATO angeht, hat sich das Land auf später vertrösten lassen. Dafür bildet es gemeinsame Bataillone mit dem Nachbarland Polen, das ja bereits Mitglied der NATO ist.

Die polnisch-litauischen Beziehungen waren im Verlaufe der Geschichte wechselweise freundlich und haßerfüllt. Ein litauischer Großfürst begründete die polnische Dynastie der Jagiellonen. Ein anderer mit dem auch heute noch sehr beliebten Namen Vytautas machte Litauen zu einem der größten Staaten Europas. Der polnische Nationalheld Piłsudski wurde in Vilnius geboren, und sein Herz liegt hier auf dem Friedhof von Rossa in einer silbernen Urne. Der gleiche Piłsudski aber hatte Anfang der zwanziger Jahre Vilnius für Polen erobert, gerade als Litauen im Begriff war, sich erstmalig aus Rußlands Vorherrschaft zu befreien.

Die Polen kamen als Eroberer, die Deutschen unter Hitler jedoch als Vernichter. 1941 besetzten sie Vilnius, das zu den geistigen Zentren des Judentums gehörte. Vor dem Völkermord war jeder dritte Einwohner der 600000-Seelenstadt Jude. Heute hat die jüdische Gemeinde von Vilnius 4000 Mitglieder. Der jüdische Sportverein »Makkabi« nimmt regelmäßig an Wettbewerben in Israel teil – unter der gelb-grün-roten Fahne Litauens.

Die äußerst turbulente Geschichte der Stadt zeigt sich auch an ihrem Namen: Das heutige Vilnius hieß früheren Chroniken zufolge Vilnia, unter polnischer Herrschaft Wilno, die Russen änderten es in Vilna, die Deutschen kannten die Stadt als Wilna, und unter den Juden war Vilne schlichtweg als das Jerusalem des Ostens bekannt. Wie in den anderen baltischen Staaten waren Sprache und vor allem die alten Volkslieder Refugien, in denen die litauische Nationalkultur den wechselnden Herren trotzte. Deshalb sind die Litauer so eifersüchtig darauf bedacht, nur den als Staatsbürger anzunehmen, der auch ihre Sprache spricht.

Wer von Mukran auf der Insel Rügen mit der Fähre – zu DDR-Zeiten gab es eine Eisenbahnfähre – nach Klaipeda in Litauen übersetzt, fühlt sich gleichzeitig fremd und vertraut. Vor dem Theater in Klaipeda grüßt der Ännchen-von-Tharau-Brunnen, hier steht die Burg des Deutschen Ordens und das Haus, in dem das preußische Königspaar während der Napoleonischen Kriege residierte. Am Saum dieser anheimelnden Kulisse jedoch ragen sozialistische Betonklötze in den Himmel. Dann wieder sprießen Cafés und Imbißbuden aus dem Boden, die auch überall im Westen stehen könnten.

In den Jahren nach der Erlangung der Souveränität haben die Balten ihre Geschichte wie im Zeitraffer noch einmal durchlebt und gleichzeitig versucht, an das Tempo des westlichen Fortschrittes Anschluß zu finden.

Für Deutsche ist Klaipeda dabei ein besonderer Ort. Nach der ersten Strophe unserer Nationalhymne, die ein Reich von der Maas bis an die Memel verhieß, verlief in Klaipeda, dem früheren Memel, die deutsche Ostgrenze. Die Versailler Verträge zwangen die Deutschen, das Memelland abzutreten; ab 1924 erkannte die Botschaftskonferenz das Gebiet als Teil Litauens an. Die deutsche Niederlage im Zweiten Weltkrieg schrieb die Grenzen fest.

Heute sind die Deutschen in Klaipeda als Investoren oder Touristen willkommen. Daran ändert auch die Erinnerung an die Herrschaft der Junker im Baltikum nichts. Im Gegenteil, meint mein Kollege Bernd Nielsen-Stokkeby: »Deutsch-Balten, Esten, Letten und Litauer haben gleichermaßen Tränen in den Augen, wenn in nordisch hellen Sommernächten am gemeinsamen Johannifeuer die alten vertrauten Lieder der Heimat erklingen.«

Die wechselvolle Geschichte der Balten, die im Laufe der Jahrhunderte immer wieder das Aufeinanderprallen von Ost und West ertragen mußten und die es dennoch verstanden, ihre kulturelle Eigenständigkeit zu wahren, hat eine Tradition der Toleranz wachsen lassen, die exemplarisch sein sollte für den Umgang Europas mit dem Osten. Die im Baltikum fest verankerten Pfeiler der östlichen und der westlichen Kultur könnten die Brücke zwischen den Hemisphären tragen, auf der sich Ost und West nicht länger argwöhnisch und feindlich gegenüberstehen, sondern den Schritt auf die andere Seite wagen, und zwar in beiden Richtungen.

Drei auf einen Schlag

Verlassen Touristen die Alpen-Adria-Autobahn und machen einen Abstecher ins Hinterland von Villach, entdecken sie urige Ortsnamen. Erst kommt die *innere*, dann die *äußere Einöd* in einer eher rauhen Gegend, die einfach *Gegend* heißt. Wo die Bauern seit Jahrhunderten ihr Feld bestellen, liegt Feld. Wo sie ihren Schnaps brannten, liegt der *Brennsee*. Wo sie ihre kleine Kirche bauten, liegt *Kleinkirchheim*, und wo sie sich zum Handeln trafen, liegt *Treffen*. Der Ort gehörte nacheinander zur römischen Provinz Noricum, zum Slawenreich von Sumo dem Mächtigen, zum Königreich Bayern mit Ulrich von Treffen als Statthalter und zum Frankenreich, das Karl der Große geschaffen hat. Dann gingen Treffen wie die Gegend und Villach in die Habsburgermonarchie ein.

Familiennamen und Bauten legen Zeugnis ab vom Aufeinanderprallen, Sichmischen, Sichzerstören und Untergehen slawischer, romanischer und germanischer Geschlechter. Der Palazzo in Treffen heißt Porcia, er wurde im sechzehnten Jahrhundert von der Gräfin La Tour renoviert. Die Burg am Hang verfiel, als das Geschlecht derer von Treffen im zwölften Jahrhundert ausstarb. Der Arzt heißt Barczuk, der Holzschläger Pontasch und der Tischler Münzer.

Seit es nach Italien hinein keinen Schlagbaum mehr gibt und die Grenze zu Slowenien offen ist, hat der Verkehr durch den Marktflecken zugenommen. Die Durchreisenden halten in Treffen meist nur, um ihr Auto mit neuem Kraftstoff zu versorgen. Auf den Skipisten von Kleinkirchheim wird mittlerweile so viel italienisch wie deutsch gesprochen, und die Slowenen kehren gern in Feld am Brennsee ein (der heute Feldersee heißt). Eine bis heute deutschnational denkende ältere Generation in Österreich sieht die

Grenze zu Slowenien als willkommene Abgrenzung von einer anderen, einer slawischen Lebensart. Jörg Haider, der politische Rechtsausleger, schürt die Angst vor den Slawen weiter und redet immer wieder von den Expansionsgelüsten der Slowenen. In der Gegend um Treffen kann er auf Gestrige zählen, wie seine Wiederwahl zum Landeshauptmann in Kärtnen zeigt. Die Mehrheit der Einwohner dieses österreichischen Bundeslandes hat jedoch aufgehört, die Slowenen abfällig Tschuschen zu nennen und die Italiener die Katzlmacher. Kärnten, die italienische Provinz Friaul und die kleine slowenische Nation, die sich von Jugoslawien abgespalten hat, bewarben sich sogar gemeinsam um die Olympischen Winterspiele 2006 – leider vergeblich. Geopolitisch wirkt ein solches Angebot von Germanen, Romanen und Slawen unwiderstehlich: Erstmalig hätten ein Land des westlichen Bündnisses, ein neutraler Staat und eine Nation aus dem vormaligen Ostblock gemeinsam eine internationale Großveranstaltung ausrichten können.

NATO-Generalsekretär Solana zeigte sich beeindruckt von einer Begegnung in Ljubljana, der Hauptstadt Sloweniens. Ein 87jähriger Mann, der sein gesamtes Leben in Ljubljana verbracht hat, erzählte ihm von den fünf verschiedenen Nationen, die in dieser Zeit über seine Stadt geherrscht hatten. Solana kommt darauf immer wieder zurück, wenn er seine Gesprächspartner von einer neuen Friedensordnung in Europa überzeugen will.

Die Slowenen tun sich schwer mit der Definition ihres nationalen Bewußtseins. Sie haben sich erst 1991 eine Unabhängigkeit wiedererkämpft, die sie vor mehr als tausend Jahren verloren hatten. Am längsten dienten die Slowenen dem Habsburgerreich. Ljubljana hieß damals Laibach und Maribor Marburg. Die Lipizzaner für die Hofreitschule in Wien waren die Hauptattraktion des Landes. Nach dem Zusammenbruch der Donaumonarchie suchten die zwei Millionen Slowenen Anschluß an das neugegründete Königreich der Serben und Kroaten. Im Zweiten Weltkrieg teilten

Deutsche, Italiener und Ungarn das Land unter sich auf. 1946 wurde Slowenien Teil der Föderativen Volksrepublik Jugoslawien. Tito ließ diesen Bundesstaat zum Industrierevier ausbauen. Davon profitieren die Slowenen heute in der Konkurrenz bzw. Kooperation mit ihren westlichen Nachbarn. Igor Bavkar, der vom Freiheitskämpfer zum Minister für europäische Angelegenheiten aufrückte, meint stolz: »Von Anfang an haben wir unsere Augen fest auf Mitteleuropa gerichtet und sind von diesem Ziel nicht abgewichen, seit der Unabhängigkeit von Belgrad im Jahre 1991.« Mehr als 60 Prozent der Einwohner des Landes stimmten für einen Beitritt zur EU.

Die Sehnsucht nach einem Zuhause in Europa ist weniger auf Sicherheitsbedürfnisse zurückzuführen als auf den Mangel an eigenen Traditionen. Slowenien hat als Nationalität durch seine Sprache überlebt. Die Freisinger Denkmäler, eines der frühesten slawischen Sprachzeugnisse überhaupt, sind die ältesten Dokumente slowenischen Schrifttums. Eine Bibelübersetzung schuf im sechzehnten Jahrhundert die Basis für eine slowenische Schriftsprache, weltliche Literatur auf slowenisch entstand erst in der zweiten Hälfte des achtzehnten Jahrhunderts. An der Adria herrscht venezianische Lebensart, wer von Österreich her kommt, bemerkt kaum, daß er eine Grenze überquert, so ähnlich sind sich Natur und Menschen. Die slowenischen Weinbauern am Collio lernen von ihren Kollegen im italienischen Friaul. Westlicher Tourismus hat sich Skiorte auf dem Kanin, die slowenische Adria und den Kurort Bled zu eigen gemacht. Dort kann man in Marschall Titos Bett schlafen und an jenem Tisch essen, an dem einst Nasser und Nehru saßen.

Die Hürden vor Europa resultieren wohl vor allem aus der Untertänigkeit und Unselbständigkeit der Slowenen unter der Habsburger Bürokratie wie unter der kommunistischen Ideologie und Planwirtschaft. Geht man von der Wirtschaft aus, ist das Land Slowenien heute europareif. Die Privatisierung und Sanierung der Staatsbetriebe erwies sich als schwierig, aber ELAN-Sportwaren, MURA-Textilien und KRKA-Arzneimittel haben ihren Export von Ost nach West umdirigiert. Früher wanderten 80 Prozent der gesamten Exporte in den Osten, heute wird in gleicher Höhe in den Westen geliefert. Das Bruttosozialprodukt ist höher als in allen anderen früheren kommunistischen Staaten und sogar höher als in Griechenland und Portugal. Es könnte den Slowenen noch besser gehen, wenn sie ausländischen Investoren freundlicher gesinnt wären und die Angst vor einem Ausverkauf ihres Landes, das ihnen erst seit kurzem wieder gehört, überwinden würden.

»Wir möchten die Erinnerungen löschen an die gemeinsame südslawische Front gegen Habsburger, Deutsche und Italiener«, sagte mir Sloweniens Botschafter in Belgien. Wenn man den slowenischen Patrioten ärgern will, verwechselt man sein Land mit der Slowakei oder gar Slawonien auf dem Balkan. Die entschlossene Kehrtwendung zum Westen hin findet nicht nur Zustimmung. Seit Jörg Haider Landeshauptmann in Kärnten ist, hat die Nachbarschaft mit Österreich Widerhaken bekommen, und die politische Rechte in Italien meldet Ansprüche auf das Hinterland von Triest an, das nach dem Zweiten Weltkrieg an Jugoslawien abgetreten werden mußte.

In Friaul-Venetien aber, das über eine lange Grenze mit Slowenien verbunden ist, hat die Gegenwart die Geschichte besiegt. Die blutigen Schlachten des Ersten Weltkriegs im Socatal sind in die Literatur eingegangen, so in Ernest Hemingways berühmten Roman »In einem anderen Land«, doch kein politischer Konfliktstoff mehr. Sehr lebendige Erinnerungen haben Langobarden und andere Oberitaliener jedoch an die Hilfsbereitschaft der Slowenen und Kärntner nach dem großen Erdbeben 1976. Damals nahmen viele Bürger aus Villach und Nova Gorica für den Wiederaufbau der zerstörten Städte im Friaul ein paar Wochen Berufsurlaub. Nachträglich erweist sich die Naturkatastrophe als Auftakt für eine bessere Zukunft der Provinz und ihrer fleißigen Bewohner. Heute ist Friaul-Venezien eine der reichsten Regionen in Europa, sie erstreckt sich vom industriestarken Pordenone bis zu den Weingütern von Gorizia, dem früheren Görtz. Der beste unter diesen edlen Weinen wächst im Kreis Oslavia. Winzer wie Gravner und Jermann bauen dort an. Ihre Namen deuten auf slawische Abkunft hin. Gut hundert Jahre österreichische Vorherrschaft haben die Verflechtungen zwischen Slowenien und dem Friaul befördert. In dieser Zeit wurde etwa eine Eisenbahnverbindung quer durch die Alpen gebaut, die heute eine große touristische Attraktion ist.

In der Landschaft zwischen Alpen und Adria waren vor den Slawen, Romanen und Germanen noch ältere Völker Europas zusammengetroffen, hier mischten sich im Lauf der Jahrhunderte mediterrane und kontinentale Kulturen, gegensätzliche und komplementäre Lebensweisen. Dieses Substrat legte den Keim für die Eigenheiten und ungebrochene Vitalität der Menschen, die sich nicht in einer Nischengesellschaft abschotten. Der Heimatdichter Ippolito Nievo nennt Friaul mit Recht einen »kleinen Auszug des Universums«. Die Provinz hat nichts Provinzielles, hier zeigt sich Vollkommenes und Dauerhaftes, Ungezügeltes und Unfertiges: alte Ruinen, Betonspuren vom Wiederaufbau nach dem Erdbeben, Bauskelette, die auf gescheiterte Architekturideen verweisen, schroffe Felskuppen, üppige Wiesen, Weinstöcke, aufgestellt in Reih und Glied, verkrüppelte Palmen und gepflegte Ziergärten. Das mittelalterlich strenge Gemona ist ein Schaufenster des modernen Handels, das langobardische Cividale bietet Romantik, Wein und Computer, das jugendliche Podenono Mode und akademische Bildung.

Friaul ist natürlich offen für Joint-Ventures. Das spektakulärste dieser Projekte war das gemeinsam mit Kärnten und Slowenien geplante Olympiafestival 2006, das sich um das Skisportzentrum Tarvis konzentrieren sollte. Die gleichnamige Grenzstadt zu Österreich bietet nach dem

Wegfall der Schlagbäume alles, was man zum Wohlleben braucht. Die da mit Schinken aus San Daniele und Steinpilzen aus Udine handeln, nehmen slowenische Tolar, österreichische Schillinge und deutsche Mark ... ohne Wechselverlust. In Tarvis ist »fremdeln« ein Fremdwort. In meinen Augen ist Friaul eine europäische Traumlandschaft.

Für Helmut Manzenreiter, den Bürgermeister der Stadt Villach, eröffnet ein »grenzübergreifender Industrie-Cluster« mehr Perspektiven als das Olympiaprojekt: »Vom Fremdenverkehr mag eine emotionale Bindung ausgehen, aber ein Industriearbeitsplatz hat die vierfache Wirkung.« Mittlerweile entwickelt sich im Dreiländereck ein »Mikroelektronik-Cluster« von 40 Firmen. Von einer idealen Synthese italienischer Phantasie, slowenischer Arbeitskraft und österreichischem Organisationsvermögen ist man aber noch ein ganzes Stück entfernt. Manzenreiter baut nicht auf ausländische Investoren oder Know-how; er weiß, daß Eigeninitiative gefordert ist, und setzte deshalb 1992 den Bau einer Fachhochschule für Elektronik durch. Im Juni 1999 schlossen die ersten 60 Ingenieure ihre Ausbildung ab. Sie haben alle Arbeitsplätze diesseits und jenseits der Grenzen gefunden.

»Wir haben ohne Not auf die Elektronik gesetzt«, erklärte mir Manzenreiter und dozierte, »die Schnellen fressen die Langsamen, und die guten Netzwerke haben die Oberhand.« Folgerichtig förderte der Bürgermeister die Ausbildung einheimischer elektronischer Intelligenz, suchte und fand neben Unternehmern aus Kärnten Interessenten aus dem slowenischen Jesenice und Tarvis im Friaul.

Ein Entwicklungszweig des Clusters ist die Geomatik. Geomatiker steuern die Feldbestellung auf der Basis von ausgewerteten Satellitenbeobachtungen, sie erkennen, wo zuviel oder zuwenig gedüngt wird, wo Böden ausgelaugt sind und wo ungenutzt. Diese Informationen kommen der Region direkt zugute, in der noch reichlich Landwirtschaft betrieben wird, und die Wissenschaft selbst läßt sich in alle Welt verkaufen.

Mikrosysteme, virtuelle Fabriken und systemisches Management stehen im Kontrast zur faßlichen Schönheit der Landschaft im Dreiländereck. Das Cyberspace und das Projekt Europa bauen neue Brücken zur Welt. Fast überflüssig zu sagen, daß in Villach, Ljubljana und Tarvis eine Mehrheit für den Euro und ein gemeinsames Europa votierte.

European way of life

Titanic ohne Untergang

Die MS Astor pflügt gemächlich auf den Hafen von Belfast zu. Wie ihren vielen Schwestern von der Odessa bis zur neuen Europa befindet sich die Astor auf Dauerkreuzfahrt. Nur die Passagiere haben das Gefühl von Reiseanfang und -ende, weil sie das Schiff so gebucht haben. Einige allerdings sind Dauergäste, buchen von einer Fahrt in die nächste. Ihnen wachsen mit der Zeit Schiffe und Mannschaften ans Herz. Das weitet ihre Toleranzgrenzen und bringt Gemeinschaftsgefühl mit sich. So auch auf der MS Astor. Sie faßt knapp 600 Gäste und gut 300 Crewmitglieder. Die Gäste sind meist aus Deutschland und die Crew kommt aus aller Herren Länder. Die 90 Seeleute kommen aus der Ukraine, der Kapitän eingeschlossen. Die Köche sind aus Österreich, viele Stewardessen aus Bulgarien, die meisten Kellner aus Ungarn. Eher unsichtbar bleiben die Philippinos in der Wäscherei. Mit 23 Nationen an an Bord ist die Astor ein europäisches Mutterschiff. Ein Pastor aus Ostdeutschland, ein Lektor aus Bayern und ich sorgen für Vorträge und Diskussionen. Das Hauptthema: Basta mit der Intoleranz!

Auf der Fahrt nach Belfast hat das besondere Bedeutung, denn Jahrhunderte von Bürgerkrieg und Bürgerhaß haben aus Belfast ein Symbol der Intoleranz gemacht. Hinzu kommt ein Stigma der besonderen Art. Auf den Werften von Belfast wurde jene Titanic gebaut, deren Untergang nicht nur die Welt der Kreuzschiffahrt bis heute erschüttert.

Zur Ankunft der Astor stellt sich der Lord Mayor von Belfast ein. Denn für Oberbürgermeister Robert Stoker ist noch jeder Tourist, der den Boden der Unruheprovinz Ulster betritt, ein Schrittmacher in die Normalität. Auf einer

Tour durch die so lange vom Bürgerkrieg heimgesuchte Stadt, zeigt uns der Lord Mayor seine Stadt: restaurierte Häuser, aufblühende Märkte, pralle Auslagen und eine erstaunliche Geschäftigkeit. Als ich in einem Fischlokal meine Tasche für eine Stunde deponieren will, fragt mich der Oberkellner scherzhaft, ob darin eine Bombe verborgen sei. »Brüssel hat das Geld gegeben für den Wiederaufbau«, meint Stoker, »Europa ist gut zu uns.« Wir werden auch nach Greater Shankill geführt, wo die Bevölkerung von 70000 auf 20000 geschrumpft ist während der »troubles«, wie die Unruhen hier heißen. Wandmalereien, Flaggensymbole und Einschüsse verraten, daß hier einmal eine Grenze war, »nicht nur zwischen Protestanten und Katholiken«, wie Stoker sagt, sondern »zwischen Killern und guten Bürgern«. »Aber wir haben den ‚Enemy within', den Feind im Innern, besiegt«, und jetzt schließen wir uns dem »European way of life« an. Was der Bürgermeister damit meint? »Frieden, Ende des Hasses, Kontakt und ein gutes Nebeneinander« ... und »Wir lassen die Titanic nicht noch einmal untergehen«! Hinter dieser Anspielung verbirgt sich die Idee von Europa als einem gewaltigen Schiff mit einer Vielzahl von Völkerschaften an Bord – aber auf der Fahrt in eine gemeinsame Richtung und hoffentlich nicht in den Untergang.

Die Bausteine Europas

Glas und Beton, geschwungene Linien und großzügige Dimensionen – Europas neue Architektur besticht das Auge. Erst wuchs aus dem Brüsseler Bauverhau ein eleganter, hoher Bogen über das Quartier Leopold, dann öffnete sich an dem romantischen Flüßchen Ill in Straßburg ein gewaltiger Rundbau. Die 626 Abgeordneten des Europäischen Parlaments können sich über mangelnden Raum und Komfort nicht beklagen. Eher stellt sich die Frage, ist das nicht zuviel des Guten? Der Prachtbau an der Ill hat 800 Millionen Mark gekostet, verfügt über 12000 Büros, entsprechende Sitzungssäle, Cafés, Restaurants und Grünanlagen. Das Gebäude wird allerdings nur an 50 Sitzungstagen im Jahr benutzt. Für weitere zieht das Parlament nach Brüssel um, wo die Unterbringung ähnlich luxuriös ist. Bisher tat es in Straßburg auch die Untermiete im weitläufigen Komplex des Europarates, der ebenfalls hier angesiedelt ist. Den bombastischen Neubau hat nicht Notwendigkeit, sondern Frankreichs Prestigebewußtsein erzwungen, das hinter Brüssel nicht zurückstehen mag. Dabei wollten gerade die Franzosen mit ihrem zentralistischen Staatsbewußtsein die Befugnisse des Europäischen Parlaments klein halten. Erst auf dem Gipfeltreffen in Amsterdam 1997 stimmten sie einem Machtzuwachs zu.

In den Genuß der neuen Kompetenz kommen die Gewinner der Europawahl vom 13. Juni 1999. Die Wahlbeteiligung entsprach der neuen Bedeutung nicht, sie war mit weniger als 50 Prozent erschreckend niedrig. Optimisten verweisen darauf, daß sie bei Wahlen in den USA auch nicht höher liegt; Pessimisten interpretieren dieses Abstimmungsverhalten allerdings als wachsende Europamüdigkeit. Konrad Adam von der FAZ sieht einen Grund in der mangelnden Dramatik: »Heftige Wahlkämpfe sind unerwünscht. Sie gelten als ein Feuerzeichen an der Wand, das für den inneren Frieden der Gesellschaft fürchten läßt.« Daniel Cohn-Bendit, bisher Europaabgeordneter der deutschen Grünen, kandidierte diesmal für Les Verts, Frankreichs grüne Partei. Er konnte ihre Anhänger überproportional motivieren, Les Verts hat bei der Europawahl die Kommunisten hinter sich gelassen. Cohn-Bendits nüchterner Kommentar zur niedrigen Wahlbeteiligung lautet: »Europa hat eine Dimension, die den Bürgern noch unheimlich ist. Ihr Verständnis von Politik orientiert sich immer noch auf der nationalen Ebene.« Am ehesten läßt sich das Wahlvolk wohl animieren von Spitzenkandidaten wie Cohn-Bendit oder Paradiesvögeln wie dem Bergsteiger Reinhold Messner, der für die italienischen Grünen ins Parlament zog, oder Charles de Gaulle, einem Enkel des französischen Generals ...

Das öffentliche Bewußtsein hat bisher nicht recht wahrgenommen, daß die Wahl dem linken Flügel im Parlament eine Niederlage beschert hat und dem rechten Flügel einen großen Sieg. Entsprechend ging die Präsidentschaft im neuen Parlament ans bürgerliche Lager. Zeitgleich mit der Eröffnung des neuen Gebäudes in Straßburg am 20. Juli 1999 übernahm die Französin Nicole Fontaine das hohe Amt. Sie machte sogleich neue Ansprüche geltend und drohte den Kandidaten für die ebenfalls neue EU-Kommission in Brüssel eine gründliche Überprüfung an. Diese Ankündigung ist doppelt ernst zu nehmen. Zum einen gehört die Kontrollfunktion gegenüber der Kommission zu den neuen Rechten des Parlaments. Zum anderen ist diese Kommission linkslastig besetzt. Sie spiegelt die Mehrheit in den Ländern der Europäischen Union wider. Zeitweise wurden von den 15 Nationen 13 sozialdemokratisch regiert. Erstmals kommt es also zwischen Parlament und Kommission zu einer politischen Divergenz. Erst wenn die Kommission nicht mehr von den Regierungen bestimmt, sondern in einer europäischen Volksversammlung gewählt wird, entspricht das dem Muster der Regierungen auf den nationalen Ebenen.

Die Deutschen nehmen dieses Parlament und Europa noch am wenigsten ernst. Die Briten haben sowohl ins Parlament als auch in die Kommission Schwergewichte entsandt. Bei den Franzosen gilt eine Abordnung in die europäischen Institutionen als Ehre. In Deutschland gilt immer noch die Parole »Hast du einen Opa, schick ihn nach Europa« oder »Der nach Brüssel rennt, keiner ihn erkennt«. Viele deutsche Bürger haben von dem langjährigen Kommissar Martin Bangemann erst Kenntnis genommen, als er unrühmlich aus seinem Amt schied. Und die Grüne Michaele Schreyer hat erstmals auf sich aufmerksam gemacht, als sie mit sanfter Gewalt und wegen einer rot-grünen Koalitionsabsprache in die Kommission geschleust wurde. Dabei hat der neue Kommissionspräsident Romano Prodi dem Parlament eine Verwaltung »auf Weltniveau« versprochen sowie ein Team, das verlorenes Vertrauen beim Bürger zurückgewinnen kann. Das ist notwendig genug, da unter seinem Vorgänger, dem Luxemburger Jacques Santer, Schlendrian, Unvermögen, Vetternwirtschaft und regelrechter Betrug in der Kommission an der Tagesordnung waren.

Findige und hartnäckige Abgeordnete des Europäischen Parlaments waren auf die Mißstände aufmerksam geworden. Dabei hervorgetan hat sich der Vorarlberger Herbert Boesch. Er sagte mir im Interview: »Wann wir den Pfad der Tugend verlassen haben, ist nicht mehr nachvollziehbar. Denn eine lückenlose Darstellung der Mittelverwendungen gab es ganz schlicht nicht.« Der spät eingeschaltete Rechnungshof in Luxemburg, ein weiteres Organ der Europäischen Union, stellte fest, daß falsche Belege, Vetternwirtschaft, Scheinverträge und Unachtsamkeit den europäischen Steuerzahler 1997 acht Milliarden D-Mark gekostet haben. Rechnungshofpräsident Bernhard Friedmann meinte dazu: »Die Beschädigung des Ansehens der Kommission ist noch viel größer als der tatsächlich angerichtete finanzielle Schaden.«

Eine Expertengruppe stellte fast alle Mitglieder der Kommission an den Pranger, beschulgigte sie der Hoffärtigkeit und der Beutelschneiderei. Einer der wenigen, die sich nichts zuschulden kommen ließen, schien der deutsche Kommissar Martin Bangemann zu sein. Gerade er aber trieb die Schamlosigkeit auf die Spitze. Er verdingte sich erst klammheimlich und dann ganz offiziell an den spanischen Telefonkonzern »Telefónica«, den er vorher als Kommissar zu beaufsichtigen hatte. In Amerika wäre ein solcher Frontwechsel als *insider-trading* strafbar. In Europa hat er zumindest große Empörung ausgelöst.

Edith Cresson, immerhin einst französische Premierministerin, hatte in Brüssel Freunde mit Posten versorgt. Das Büro für humanitäre Hilfe ECHO steckte seine Hilfsgelder nicht so sehr in Krisengebiete, sondern nutzte sie zum Anwerben freier Mitarbeiter in der Zentrale. In Brüssel nennt man solche Beschäftigten »Unterseeboote«, weil sie in der Öffentlichkeit nicht in Erscheinung treten dürfen. Firmen, die mit der Europäischen Union zusammenarbeiten wollten, gewährten den Kommissionsmitgliedern kleine Gefälligkeiten wie Karten für die Formel 1, als Geschäft getarnte Privatreisen oder großzügige Einladungen in die nobelsten Restaurants vor Ort. Allein 80 Millionen Mark wurden für angebliche Wirtschaftsanalysen in Rußland ausgegeben, von denen nur eine überhaupt auf den Brüsseler Schreibtischen landete.

Die Schlamperei einiger ließ die Leistungen anderer Mitglieder der Kommission fast untergehen. So die Anstrengung des Italieners Mario Monti, der Steueroasen in Europa trockenlegen und Schlupflöcher für Steuerflüchtlinge dichtmachen will und dem es gelungen ist, gegen massiven Widerstand die Duty-free-shops in Euroland zu schließen. Auch der Österreicher Franz Fischler, zuständig für die Agrarwirtschaft, hat sich redlich bemüht. Er mußte sich von den Landwirten dafür beschimpfen lassen, daß er seinen Etat – übrigens den größten der EU – nicht weiter überziehen wollte. Am Ende mußte sich aber auch Fischler Unregelmäßigkeiten nachsagen lassen. Die Mammutaufgabe, den freien Wettbewerb in Europa zu überwachen und gegebenenfalls regulierend einzugreifen, hatte der Belgier Karel van Miert übernommen. Kirch und Bertelsmann, Lufthansa und British Airways können ein Liedchen davon singen. Ausgerechnet der ehrenwerte und gestrenge van Miert wurde von seiner Regierung nicht wieder nominiert.

Der Präsident der Kommission Santer stellte sich lange schützend vor seine Behörden. Dann setzte er sich plötzlich selbst an die Spitze der Bewegung, die mehr Überwachung forderte. Doch selbst sein Auftritt vor dem Parlament in Straßburg konnte die Abgeordneten nicht mehr von der Glaubwürdigkeit der Kommission und ihres Präsidenten überzeugen, sie drängten auf Rücktritt. Im März 1999 mußte die Kommission abdanken.

Drei Jahre zuvor hatte sich das Parlament gegen Santer und die Seinen schon einmal durchsetzen können, als es um die Rinderseuche BSE ging. Der Vorsitzende im entsprechenden Untersuchungsausschuß Reimer Boege unternahm auf eigene Faust Recherchen und unterzog die Verantwortlichen hochnotpeinlichen Verhören, bis es zum Einfuhrverbot für britische Rinder kam und ein System zur Kennzeichnung von Rindern eingeführt wurde. Seit die aus England importierte Kuh Cindy mit nur einem Ohrclip plus gefälschten Nummern den Rinderwahnsinn nach Deutschland brachte, gibt es zwei Ohrnarben und fälschungssichere Nummern. Reimer Boege wurde 1999 wieder ins Parlament gewählt: »Die Konflikte mit der Kommission zeigen, wie wichtig es ist, Abgeordnete zu wählen, die auch dort ihren Mann oder ihre Frau stehen.«

Das Parlament hat inzwischen in den meisten Politikbereichen ein Mitentscheidungsrecht, so auch bei der Frage der Erweiterung der Union. Sie liegt besonders dem Abgeordneten Elmar Brok am Herzen. Der Osnabrücker meint, daß die Union »endlich mit sich selbst ins reine kommen muß. Denn bevor Europa größer wird, muß es erst eine Schlankheitskur machen.« Damit ist sowohl die Ausgabendisziplin gemeint wie auch ein Umdenken in den Entscheidungsprozessen. So wollten vierzehn Staaten die Ökosteuer auf EU-Ebene harmonisieren, aber Spanien weigerte sich. Deutschland erntete viel Kritik, als es eine Verordnung ablehnte, die Autofirmen zur Rücknahme von Gebrauchtwagen verpflichtet. Da die Union bisher nur einstimmig entscheiden kann, ist in solchen Fällen die Gesetzgebung blockiert. Wenige Wochen später wurde ein Mehrheitsentscheid herbeigeführt, der die gesamte europäische Autoindustrie nunmehr dazu zwingt, ab dem Jahr 2006 alle Altautos kostenlos zu verschrotten.

Werden neue Mitglieder aufgenommen, müssen auch die größeren Staaten darauf verzichten, einen zweiten Vertreter zu benennen, damit die Kommission nicht ausufert. Vor allem muß der weitaus größte Kostenpunkt, die Agrarwirtschaft, geringer subventioniert werden, sonst könnte die Union die Aufnahme eines Agrarlandes wie Polen nicht verkraften. Schließlich und vor allem sollen die EU-Behörden von Entscheidungen entlastet werden, die auch auf nationaler oder lokaler Ebene gelöst werden können. Das bislang geltende »Subsidiaritätsprinzip« trieb mitunter groteske Blüten. Zu den 10000 Verordnungen der EU-Kommission gehören unter anderem die fachgerechte Definition von Schnittblumen oder Normen für die Haltung von Tieren in zoologischen Gärten. Den großen Europäer Helmut Kohl nervte dieser Regulierungswahn. Beim Gipfel im walisischen Cardiff stöhnte er vor uns Journalisten: »Es kann doch nicht wahr sein, daß uns Brüssel die Länge von Kälberstricken vorschreibt oder die Kurvenform von Gewürzgurken.« Die Klage über zuviel Machtanspruch der Kommission fällt jedoch auf die nationalen Regierungen zurück, denn Brüssel kann Verordnungen nicht selbst erlassen, das konnte bisher nur der allgemeine Rat. Hier dominieren und diktieren nationale Interessen. Der Ratsvorsitzende in Person des Außenministers wechselt halbjährlich im Turnus der 15 Nationen. Oft erledigt dieser Rat wegen schierer Überlastung allenfalls Routineaufgaben. Die »großen Brocken« müssen die Staats- und Regierungschefs aus dem Weg räumen oder bei ihren Gipfelkonferenzen angehen, die zwei- bis dreimal im Jahr stattfinden. Dort fielen einst die Entscheidungen über die Richtung und die Richtlinien der Gemeinschaft von den Römischen Verträgen bis zum Vertrag von Maastricht, von der Wirtschaftsgemeinschaft zur politischen Union, von der Währungsschlange zur Währungsunion.

Die Nacht, in der im Mai 1998 der Euro geboren wurde, wird mir ewig in Erinnerung bleiben. Die meisten Vertreter jener elf Nationen, die die geforderten Kriterien erfüllt hatten, wollten nach diesem Hürdenlauf in Brüssel ein Jubelfest feiern und mußten gut acht Stunden auf das Buffet warten. Der französische Staatspräsident Chirac hatte in letzter Minute ein Veto gegen den Wunschkandidaten der anderen, den Niederländer Wim Duisenberg, eingelegt. Die Zentralbankchefs der Mitgliedsländer hatten sich längst auf den Banker mit der schlohweißen Sturmfrisur geeinigt. Jacques Chirac wollte dies nicht hinnehmen. Mit der Begründung, es handle sich um eine politische Bestallung, bestand er auf seinem eigenen Mann, dem Franzosen Trichet. Wegen des Zwistes kam es zu einer chaotischen Nacht in Brüssel, die der neuen Währung in der öffentlichen Meinung Schaden zufügte. Das mag dereinst in den Annalen der europäischen Integration als Fußnote abgetan werden. Aber bei den Zeugen der Installierung des ersten Zentralbankchefs bleiben Unmut und Enttäuschung haften. Helmut Kohl hat damals nach eigenem Bekunden erwogen, die Sache abzubrechen. Der Mehrheitskandidat Duisenberg mußte einen Brief aufsetzen, aus dem hervorging, daß er »freiwillig« und ohne Druck auf den zweiten Teil seiner

Amtszeit von acht Jahren verzichtet und dann das Feld für Trichet räumt. Mürrisches Gelächter im Pressecorps war die unmittelbare Reaktion, die bösen Kommentare folgten später. Mein spanischer Kollege Alvaroi meinte: »Schade, daß das Gottesurteil abgeschafft ist, dann hätte es dieses irdische Debakel nicht gegeben.« Ohne diesen Kompromiß »wäre es zum Krach gekommen«, versicherte mir der damalige Bundesfinanzminister Theo Waigel. Der portugiesische Premier Antonio Guterres lamentierte über zuwenig Führungsstärke im großen europäischen Projekt, der spanische Regierungschef José María Aznar reiste erbost frühzeitig ab. Nur der Belgier Jean Luc Dehaene schickte sich geduldig in die Wartezeit und kommentierte lapidar: »Dieses europäische Buffet gehört ins Guinnessbuch der Rekorde.«

Unter dem Leiter des Währungsausschusses Karl von Wogau sprach das Parlament dem Niederländer Duisenberg das Vertrauen aus. Und so ging am ersten Januar 1999 die Vormundschaft über elf Währungen in Europa an die europäische Zentralbank mit Sitz in Frankfurt über. Den Deutschen fiel der Verzicht auf die nationale Währung besonders schwer, da die Deutsche Mark in unserer unbeständigen Geschichte ein fester Anker war. Außerdem verbindet sich mit einer Währung auch Kultur, Politik und liebe Gewohnheit. Für uns war der Euro kein Wunschkind, sondern ein Beitrag zu Europa. Theo Waigel wies die nationalen Regierungen wie die Bürger immer wieder auf den Stabilitätspakt hin. Die Politiker wollte er an ihre Pflicht mahnen, die Richtwerte der Stabilität weiter einzuhalten: geringe Defizite im Haushalt, niedrige Schulden, niedrige Inflation und niedriges Zinsniveau. Den Bürgern wollte er Zuversicht in die europäische Währung geben.

Erstaunlicherweise haben die Schöpfer der Währungsunion ein Scheitern derselben ausgeschlossen. Es gibt keine Ausstiegsklausel aus dem Euro. Damit ist die Brüsseler Gründungsakte unumkehrbar. Mit dem Euro hat sich ein neuer geopolitischer Begriff eingebürgert: Euroland. Uns Deutschen bleibt gar keine Wahl, als dort auf Dauer Platz zu nehmen.

Im Juni 1999 vollzogen die Staats- und Regierungschefs noch einen weiteren Schritt auf die europäische Integration hin. Sie haben einen hohen Repräsentanten ernannt, der die europäische Außen- und Sicherheitspolitik koordinieren soll. Der Spanier Javier Solana hat diese Aufgabe übernommen und den Posten des NATO-Generalsekretärs für den Schotten Robertson freigegeben.

Diese rasante Entwicklung konnte jedoch keine Begeisterung für Europa wecken. Es fehlt den Institutionen an Transparenz und Bürgernähe. Die Abgeordnete Doris Pack schrieb dazu: »Die Bevölkerung hat die EU nie so richtig geliebt wie ein Vaterland. Lieben werden wir die EU vermutlich erst, wenn wir sie verloren haben.« Und führt dann als Lösung an: »Wir brauchen nun endlich ein europäisches Grundgesetz. Darin muß geregelt werden, was die Union tun darf und was in der Souveränität der Völker verbleibt.«

Der britische Verfassungsrechtler Walter Bagehot hat schon vor über hundert Jahren zwischen ehrenwerten und effektiven Teilen in einem Grundgesetz unterschieden. Auf die Gegenwart angewendet, würde diese Unterteilung dem Bürger die Aufgaben der verschiedenen Gremien sinnfälliger machen.

Entscheidend für Europas Zukunft wird sein, ob seine Kraft erstarkt, die eigenen Geschicke zu lenken und das Europa des Nationalismus und der Kriege in ein Europa der Integration umzuwandeln. Je mehr sich Interessen und Institutionen verzahnen, desto nötiger ist ein Regelwerk, das Rechte und Pflichten der Einzelstaaten und Regionen definiert, Steuer- und Finanzpolitik koordiniert. Nationale Gesetze lassen sich nicht wie mit einem Fahrstuhl auf europäisches Niveau hochfahren, deshalb müssen Angleichungsmechanismen entwickelt werden. Brüssel kann nationale Klassen-, Regional- und Kulturkonflikte nicht ignorieren, jedoch auch nicht auf jeden Parteienstreit, Bauernprotest, Bergarbeiter- oder Fernfahrerstreik in den Mitgliedsländern Rücksicht nehmen. Die Italiener wollen möglichst wenig normieren, die Deutschen hingegen sind dafür bekannt, alles bis ins kleinste regeln zu wollen, und fordern mit dieser Strenge Gesetzesübertretungen geradezu heraus. Der Wirtschaftsjournalist Günther Ederer betrachtet Schwarzarbeit als ein Zeichen geistiger Reife, weil sie Mängel am System offenlege. Französische Weinbauern aus der Champagne würden sich niemals an portugiesischen Winzern am Dourofluß messen lassen, eine Debatte über 630-Mark-Jobs ist in Belgien nicht vorstellbar. Die durch die Währungsunion geschaffenen Zwänge müssen in ein wirtschaftliches, politisches und kulturelles Modell eingebracht werden, das nach innen verschiedene Loyalitäten und Solidaritäten erlaubt und nach außen verschiedene Modernisierungspfade eröffnet.

Joschka Fischer betonte in seiner Rede zu Beginn der deutschen Ratspräsidentschaft vor dem Europäischen Parlament: »Die Entwicklung freier Märkte ist nur dann von Dauer, wenn sie in eine umfassende Freiheitskultur eingebettet ist, beruhend auf den Menschenrechten, Gewaltenteilung, Verfassungsstaat, demokratischen Parteien, freien Gewerkschaften, einer unabhängigen Presse und einer kritischen Öffentlichkeit.« Der Schlüssel zu einer effizienten, präventiven und operativen Konfliktbewältigung liege in der verstärkten Anwendung von Mehrheitsentscheidungen und einem einheitlichen Auftreten nach außen.

Europa ist mehr als ein geographischer Ort. Die Idee von einem gemeinsamen Europa hat Heerscharen von Literaten inspiriert. Für Novalis war Europa das christlich bestimmte Abendland, für Stefan Zweig ist über dem geographischen ein geistiges sichtbar. Friedrich Schlegel hielt Gewinn und Wucher für das herrschende Prinzip und schrieb: »Gegen diese Gleichheit verschwindet in der Tat jeder Nationalunterschied.« Der Franzose Victor Hugo hielt 1851 vor der Nationalversammlung in Paris eine flammende Rede für eine europäische Union und erntete nur Hohn. Als im Juli 1848 der Abgeordnete Arnold Ruge in der Frankfurter Paulskirche eine demokratische Europäische Föderation forderte, strafte ihn die junge deutsche Nationalversammlung mit Nichtachtung.

Von der Frankfurter Paulskirche bis zum neueröffneten Reichstag in Berlin war Deutschland 150 Jahre ein Labor für Monarchie und Demokratie, für Faschismus, Kommunismus und Föderalismus. Nach dem Zweiten Weltkrieg setzte Westdeutschland zum Sprung in die supranationale Gesellschaft an. Meiner Generation waren der falschverstandene Stolz auf die eigene Nation wie auch die Vorbehalte gegenüber anderen Nationen zum Glück gründlich ausgetrieben worden – auch dies eine Chance für Europa.

Wenn die USA ihr Bevölkerungsmosaik nach Farben und Rassen unterteilen, firmieren die Europäer übrigens als »Caucasian«. Das bezieht sich auf den Mythos der Region als einer Wiege der Menschheit. Für die abendländische Prägung sorgen das frühe Christentum der Armenier, das Rittertum des georgischen Adels und die klassische Schönheit der tscherkessischen Frauen. Aber der Kaukasus liegt immerhin doppelt so weit vom Zentrum Europas entfernt wie der Balkan. Und es fällt den Westeuropäern noch einmal schwerer, dieses Grenzgebirge zu Asien als Teil Europas zu verstehen. Es waren sowjetische Geographen, die eher willkürlich die Grenzlinie Europas entlang der Manytschniederung gezogen haben. Die NATO hat diese Grenzziehung übernommen und einige Kaukasusvölker in ihre »Partnership for Peace« aufgenommen. Ein gewagter Schritt angesichts der brodelnden ethnischen Konflikte in der Region. Bei den Militärs ist der europäische Völkerbasar bereits strategische Wirklichkeit, soldatische Disziplin hat nun mal einen Nivellierungseffekt. Im NATO-Hauptquartier in Brüssel fallen mir besonders die rumänischen Uniformen auf. Politisch und wirtschaftlich noch im Hintergrund, gelten die Rumänen militärisch schon als ein osteuropäisches Ziehkind der NATO.

Im Jahre 1989, das nach dem Fall der Mauer als Jahr der Hoffnung in die europäische Geschichte eingegangen ist, mußte sich nur Rumänien gewaltsam und auf blutige Weise von der kommunistischen Diktatur befreien. Bei der endgültigen Konfrontation mit der »Securitate« im Dezember 1989 riefen die revolutionären Studenten der Sicherheitspolizei zu: »Die Armee ist mit uns«, und als der Umsturz Gestalt annahm, skandierten sie »Europa ist mit uns«. Slavenka Drakulić schrieb: »Wenn man nicht wußte, was Europa darstellte, konnte man leicht meinen, es sei kein Kontinent, sondern etwas einheitliches Ganzes, ein mächtiges gottgleiches Wesen.«

Das zwanzigste Jahrhundert ging sehr launisch mit Europa um. Noch in der Pubertät hat es den Ersten Weltkrieg angezettelt und sich dann mit Lenin und Stalin, mit Franco und Mussolini eingelassen. Im Schaffensalter überzog das Jahrhundert den Kontinent mit technischem Fortschritt und sozialer Not. Mit Hitler und dem Holocaust brachte es die schwerste Leidenszeit über alle Völker. Im hohen Alter aber hat es Wiedergutmachung betrieben mit dem Ende des Kalten Krieges und der Überwindung der europäischen Teilung. An der Wende zum nächsten Millennium und zum Abschied brachte uns das Jahrhundert jenem Wir-Gefühl näher, das allein die Kluft zwischen ärmeren und reicheren Völkern überwinden kann. Solch ein Wir-Gefühl wird abgebremst, wenn »Gewinn und Wucher das Prinzip bilden«, doch es kann befördert werden von jenem geistigen Europa, in dem »immer eine andere Art der Kunst, der Wissenschaft das vielfarbige Banner der Einheit erhebt«, das Stefan Zweig zu sehen vermeinte.

Der Brückenschlag von Nizza

»Die europäischen Probleme und Herausforderungen haben sich zu einem Knoten geschürzt, der innerhalb der bestehenden Vorgaben nur noch sehr schwer aufzulösen sein wird«, erklärte Joschka Fischer in einer Rede in der Berliner Humboldt-Universität am 12. Mai 2000. Wie schwer, das hat der EU-Gipfel von Nizza im Dezember 2000 gezeigt. Trotz mehrfacher Verlängerung wäre diese Konferenz fast am Eigeninteresse der EU-Nationen und am mangelnden europäischen Geist gescheitert.

Gemessen an den Gedanken, die sich der deutsche Außenminister zur Vollendung der europäischen Integration gemacht hat, ist in Nizza nur das unbedingt Nötige herausgekommen, um das europäische Schiff nicht stranden zu lassen. Aber es bleibt in Fahrt, wenn auch in schwerer See.

Fischers Ziel ist eine Föderation, die alle beitrittswilligen Staaten Osteuropas einschließt und dabei doch die Handlungsfähigkeit nicht lähmt. Diese Föderation muß den Bürgern Europas nähergebracht werden, also mehr demokratische Legitimation besitzen, mit einem gewählten Präsidenten und zwei Kammern, geregelt durch eine europäische Verfassung.

In Nizza haben die 15 Staats- und Regierungschefs sich zwar nicht auf eine Verfassung einigen können, aber einen Grundwertekatalog verabschiedet, den der frühere Bundespräsident Herzog mit einem Konvent von 62 Persönlichkeiten aus allen beteiligten Nationen zurechtgezimmert hat. Einige der 52 Artikel werden da ganz konkret, wie das »Verbot des reproduktiven Klonens von Menschen«, andere sind nur als Ziele, nicht als Rechte formuliert, wie der weite Bereich der Sozialgesetzgebung. Aber, wie es der SPD-Parlamentarier Jo Leinen ausdrückte, es ist eine »Visitenkarte für

Europa« entstanden, wie sie noch vor Jahresfrist nicht möglich schien.

Von der Wahl eines Präsidenten durch die Bevölkerung war Nizza weit entfernt, aber immerhin wurden die Befugnisse des Kommissionspräsidenten gestärkt. Ferner haben die großen Länder ihre Bereitschaft erklärt, ab dem Jahre 2004 auf einen zweiten Kommissar in der »Regierung« in Brüssel zu verzichten. Weil die kleinen Länder aber »ihren« Kommissar behalten, wird Luxemburg, der kleinste Partner, genausoviel Einfluß in der Kommission haben wie Deutschland, der größte Partner. Bei den Mehrheitsverhältnissen im Ministerrat, der die politischen Richtlinien vorgibt, haben die Großen indes vorgesorgt. Da verfügt zum Beispiel Italien über 29 Stimmen und Irland über 7. An dem von Frankreich aufgestellten Stimmenschlüssel wäre die Konferenz fast zerbrochen. Deutschland, obwohl um 20 Millionen Einwohner größer als Frankreich, hat sich schließlich der französischen Forderung nach Stimmengleichheit gebeugt. Denn, wie Präsident Chirac betont, »ist die deutsch-französische Freundschaft auf der Basis absoluter Gleichberechtigung entstanden, und das darf sich nicht ändern ...«. Beinahe auch hätten die Belgier die Konferenz platzen lassen, weil sie eine Stimme weniger als die Niederländer bekommen sollen. Das Faszinierende an dieser Aufschlüsselung ist jedoch, daß bereits alle Anwärterländer ihre Stimmen zugesprochen bekommen haben, gleich ob Polen, das in der ersten Welle dabei sein soll oder Rumänien, das als letztes Land in der Warteschlange steht.

Schließlich wurde auf vielen Feldern der Kooperation der Zwang zur Einstimmigkeit aufgehoben, der bei einer Mitgliederzahl von knapp 30 Ländern sicherlich zur Fußfessel würde.

Aus nationaler Eigensucht blieben aber einige Felder von der Aufhebung des Vetozwanges ausgenommen.

Die Briten wollten das Veto beibehalten in Sachen Steuern, die Franzosen bei Kulturgütern, die Deutschen im

Asylrecht, die Spanier bei der Strukturpolitik. Sie wollen auf den Geldsegen aus Brüssel nicht zugunsten der »Neuen« verzichten. Vor dem scheußlichen Konferenzgebäude in Nizza waren 27 Fahnen aufgezogen, über allen jedoch wehte die Flagge des Krämergeistes. Allerdings waren die Staatslenker in ihren Entscheidungen nicht frei. Sie müssen sich gegenüber ihren nationalen Parlamenten verantworten und den Vertrag von Nizza ratifizieren lassen – ein Hindernislauf.

Weil der bald länger werdende Europazug sich nach dem Tempo des Langsamsten richten muß, konnte Kanzler Schröder eine Regelung durchsetzen, die es den »Schnelleren« erlaubt, auch einmal ohne die Nachzügler aktiv zu werden. Mein französischer Kollege Girard St. Paul verglich das mit der »Tour de France«, da führten die Mannschaften ja auch nicht im Pulk, sondern es setzten sich stets Spitzenreiter ab.

Und noch ein wichtiger Beschluß: Im Jahr 2004, also etwa zur Zeit der Aufnahme der ersten Anwärter aus Ost- und Südosteuropa, soll eine weitere Konferenz Rechte und Pflichten der Union gegenüber den Nationalstaaten und auch ihren wichtigsten Regionen definieren, eine Kompetenzabgrenzung, die in Deutschland besonders die Bayern gefordert haben.

Das Tauziehen von Nizza mag für die Bewohner Westeuropas abschreckend sein und ihr Mißtrauen gegenüber Brüssel noch anheizen. Für die Aspiranten aus Osteuropa aber wurde aus der Hoffnung die Zuversicht, bald dazuzugehören, und zwar gleichberechtigt und nicht in einem Zweiklassensystem. Ärgerlich war sicherlich das Verhalten der französischen Gastgeber. Ihre Aufgabe als derzeitige Vorsitzende der EU wäre es gewesen, Kulanz zu zeigen, sie haben Europa mit ihrer Selbstsucht Schaden zugefügt. Von dem Land, das Anfang 2001 die Präsidentschaft übernahm, nämlich Schweden, erwarten sich die Mitglieder weniger falsches Pathos und mehr ehrlichen Pragmatismus.

Die Geduldigen, die Unermüdlichen und die Langzeitdenker unter den europäischen Politikern denken aber schon längst über Nizza hinaus. Der finnische Präsident Lipponen zu Beispiel, den ich bei einer Veranstaltung in Brügge sagen hörte: »Es muß Schluß sein mit den üblichen Prozessen von oben nach unten«. Der Finne fordert wie Joschka Fischer eine Staatenkammer wie den Bundesrat oder einen Senat, wie er in den USA üblich ist. Dann würde eine Kammer die Bevölkerungszahlen widerspiegeln und die andere die Vielfalt der Union. Nicht so sehr das Ergebnis von Nizza, sondern die Art, wie es zustande gekommen ist, zieht Europa herab, statt es zu beflügeln. Das wird jene entmutigen, die noch nicht einmal im Wartesaal der Union Platz genommen haben, sondern noch draußen vor der Tür auf Einlaß oder zumindest Beistand hoffen.

Europa liegt am Amselfeld

»Europa, wo bleibst du?« Mit dieser Frage, die auch eine Klage war, gingen in der zweiten Hälfte der neunziger Jahre junge Leute aus dem Kosovo auf die Straßen. Dort, wo sich Europa gerade zeigte: auf Gipfelkonferenzen, Gesangswettbewerben und sportlichen Großveranstaltungen. Besonders lautstark und zahlreich aber protestierten die Kosovaren auf den Zusammenkünften der Europäischen Union im irischen Dublin, im schottischen Edinburgh, im verregneten Salzburg, an der sonnigen Algarve. Dieses »Europe where are you« verfolgte die Politiker auf Schritt und Tritt, doch die konnten sich nicht auf gemeinsame Beschlüsse einigen. In Salzburg klagte der damalige deutsche Außenminister Klaus Kinkel, es sei nicht einmal möglich, Einvernehmen über ein Landeverbot jugoslawischer Verkehrsmaschinen auf Flugplätzen der Union zu erreichen. Im portugiesischen Vilamoura stöhnte der damalige deutsche Verteidigungsminister Volker Rühe über die Schwierigkeiten, im deutschen Parlament eine Mehrheit für einen Truppeneinsatz zu erzielen: »Der Fraktionsführer der SPD, Rudolf Scharping, hat zwar ja gesagt, aber der Fraktionschef der Grünen, Joschka Fischer, hält sich noch bedeckt.«

Wie so viele Kroaten und Bosnier, Slowenen und Mazedonier überschätzten auch die Kosovaren die Anteilnahme Westeuropas am Schicksal des Balkans. Noch im Herbst 1998 wandten sich Vertreter der Europäischen Union schulterzuckend ab von dem Wahnsinn, der an den südöstlichen Rändern des Kontinents »kichert« (György Konrád).

Wieder einmal zwang die Öffentlichkeit in den Vereinigten Staaten »ihre« Politiker zu Taten. Und wieder einmal setzten sich amerikanische Diplomaten und Generale in Bewegung – wie 1993 in Bosnien. Damals hatte die kroatische

Journalistin Slavenka Drakulić bitter kommentiert: »Die Bosnier brauchten Jahre, um zu begreifen, daß Europa nicht war, was sie sich vorgestellt hatten. Das ging ihnen erst auf, als man sie schändlich im Stich ließ.« Was Slavenka Drakulić Schande nennt, war zumindest eine Unterlassungssünde. Mancher von uns hat wohl den Balkan lange nicht als Teil Europas angesehen.

Aus der Ferne und Vogelperspektive Amerikas erscheint das europäische Mosaik geschlossener, liegen die Berliner Mauer und das Amselfeld näher beieinander. Als die Krisenstäbe von Pentagon und State Department auf der Europakarte wieder einen Brandherd sichteten, den es zu löschen galt, nahmen sie das Heft des Handelns in die Hand. Wie im Falle Bosniens waren die Feuerwehrleute aus den USA aber nur an Beilegung, nicht an Ursachenforschung interessiert. Vielleicht führte die Westeuropäer diese Erkenntnis aufs Amselfeld, vielleicht war es auch die Gewißheit, daß sie immer mehr zum Appendix der Amerikaner würden, wenn sie keine eigenen Initiativen entwickelten. Manchen drängte wohl das schlechte Gewissen; die Zögerlichsten – zu ihnen gehörte der damalige Bundespräsident Roman Herzog – handelten aus Notwehr.

Eine Reihe deutscher Politiker wollten sich nicht länger vorwerfen lassen, daß sie sich hinter der Nazivergangenheit versteckten. An die Spitze des zunächst moralischen Feldzuges setzten sich älter gewordene 68er, gewendete Friedensaktivisten der großen Aufruhrbewegung gegen Staat und Gesellschaft. Zu ihnen zählten Grüne wie Daniel Cohn-Bendit, einst ein Anführer der Pariser Mai-Unruhen, und Joschka Fischer, einst ein Aktivist der Anti-NATO-Bewegung.

Im Frühjahr 1999 gehörten die meisten Staatenlenker in der Europäischen Union zum linken Spektrum. Sie nennen sich selber Vertreter der neuen Mitte und gelten nicht als Kriegsfalken, sondern als Friedenstauben. Vermutlich vermochten nur solchermaßen Unverdächtige und Unbelastete eine Kriegskoalition quer durch Europa zu schmieden. Ebenso konnte vor zwanzig Jahren wohl nur der Falke Menachem Begin für Israel einen ersten Nahostfrieden aushandeln, weil er aus arabischer Sicht die Kriegspartei vertrat.

Der britische Premier Tony Blair, selbst ein 68er, erinnerte in einem Leitartikel für »Newsweek« an das Versagen in Bosnien und erklärte, die neue Entschlossenheit resultiere nicht aus imperialen Zielen: »Wir kämpfen nicht um Land, sondern um Werte.« Kritiker speiste er mit dem Argument ab, sie könnten »sich nur schwer damit abfinden, daß eine neue Generation von Staatslenkern, die nach dem Zweiten Weltkrieg geboren sind und von der linken Seite der Politik kommen, mindestens soviel Handlungsfähigkeit zeigen wie ihre Vorgänger«.

Die »Jüngeren« gingen mit der Frage der Unverletzlichkeit der Grenzen unbefangener um als die politischen Veteranen des Kalten Krieges, die sich in Europa einvernehmlich an die KSZE-Schlußakte gehalten hatten. Der Angriff auf Jugoslawien war ein Eingriff in die im Helsinki-Abkommen garantierte staatliche Souveränität. Spitzfindige Historiker gehen noch viel weiter in die Geschichte zurück und behaupten, die Intervention in Jugoslawien habe den Westfälischen Frieden von 1648 gebrochen, der nach dem Dreißigjährigen Krieg Souveränität nach dem Motto verteilte: »Wes das Land, des der Glaube.« 350 Jahre später beziehen sich die Westeuropäer auf den Humanismus und die Serben auf die Religion.

Die Serben gaben ihrer Südprovinz den Namen Kosovo Polje und Metohija – Amselfeld und Land der Kirchen. Die orthodoxen Kirchen und Klöster bauten sie, als sich unter Zar Stephan Dušan das Groß-Serbische Reich von der Donau bis Griechenland erstreckte. Ihr weltliches Zentrum war Skopje, heute die Hauptstadt der ehemaligen jugoslawischen Teilrepublik Mazedonien.

Ende der fünfziger Jahre verdiente ich mir durch den

Studentenschnelldienst ein paar Mark mit dem Transfer von Gebrauchtwagen über den jugoslawischen Autoput nach Saloniki in Griechenland. Auf der Rückreise machte ich einen Abstecher ins Kloster Decani im Kosovo und nach Peć, das heute in der Schutzzone der Franzosen liegt. Die sakralen Bauten erschienen mir prächtig und finster zugleich. Ihr dichtes Netz verwies auf eine starke und große Kultur.

In der Schlacht auf dem Amselfeld im Juni 1389 verloren die Serben dieses Reich. In den Geschichtsbüchern lese ich, daß die Serben sich während der türkischen Knechtschaft allein über ihren Glauben definieren konnten. Die »heiligen Stätten« gaben sie jedoch Andersgläubigen preis. Der heutige Serbenführer Milošević läßt sich nicht von religiösen, sondern nur von machtpolitischen Ambitionen leiten. Er hat die »Erbfeindschaft« zwischen Serben und Albanern jahrelang instrumentalisiert. Durch eine Verfassungsänderung wurde die autonome Provinz 1989 politisch zur Räson gebracht. Milošević rief damals dazu auf, Kosovo »zurückzuerobern«, als sei es in Feindeshand gefallen. Erst war Unterdrückung die Waffe der Aggressoren, dann Folter und Gefängnis, dann Vertreibung.

Die Europäer drängte kein heißes Kämpferherz auf das Amselfeld. Selbst die willigsten hörten nur mit halbem Ohr hin, wenn exilierte Kosovaren oder Menschenrechtler in Paris mahnten, der serbische Mordzug sei nicht aufzuhalten. Das Massaker von Raçak im Januar 1999 führte wenigstens zur Entsendung einer Beobachtergruppe der OSZE, der Organisation für Sicherheit und Zusammenarbeit in Europa. Dann begannen die Verhandlungen von Rambouillet und der gleichzeitige Aufmarsch der Serben. Die Folgen haben Europa verändert: Zum einen entschloß sich die Allianz zur Intervention und zum Militarismus in humanitärem Auftrag, und zum anderen gewann das Amselfeld zentrale Bedeutung als Gegengift gegen europäische Uneinigkeit.

Die neue Grausamkeit und die neuen Gräberfelder auf dem Amselfeld rechtfertigten den Zorn und den Eingriff des Westens moralisch, doch die Öffentlichkeit in den Ländern der Europäischen Union stand alles andere als einhellig hinter den NATO-Aktionen. Um das Für und Wider der Intervention stritten Politiker, Intellektuelle und Künstler. In diesen Debatten haben sich bisherige Bündnispartner entzweit, zugleich sind neue Allianzen über parteipolitische oder nationale Grenzen hinweg geschmiedet worden. Der polnische Literat Waldemar Januszczak erhob den Vorwurf, es sei nicht genug nachgedacht worden über die tiefen historischen Wurzeln des Krieges. Jiří Dienstbier, 1989–1992 Außenminister in Prag, bewertete das Handeln des Westens als verantwortungslos. Die NATO-Luftschläge seien der letzte Beweis dafür. Seiner Meinung nach haben sowohl die Albaner als auch die Serben schuld an der Eskalation des Konflikts. Peter Scholl-Latour führte in der »Welt am Sonntag« die NATO-Intervention auf Interessen amerikanischer Rüstungsanleger zurück. Der französische Politphilosoph Régis Debray, einst ein Freund des lateinamerikanischen Guerillaführers Che Guevara, meinte, die Serben habe man seit Jahrhunderten nicht verstanden. Peter Handke, Schriftsteller aus Kärnten, das an Südslawien grenzt, hält die Serben »für ein schicksalhaftes Volk«, das sich stets wehren mußte und deshalb eine Abwehrhaltung gegen den Westen entwickelt habe. Er hat sich besonders über eine Zusatzklausel des in Rambouillet verhandelten Vertrags erregt, die den Kosovaren bekannt war, aber den Serben vorenthalten wurde. In dieser Klausel war festgelegt, daß drei Jahre nach Abschluß des Abkommens im Kosovo, wo die Albaner in der Mehrzahl sind, ein Volksentscheid über den Status der Region durchgeführt werden sollte. Die Abgesandten Belgrads wollten eine Volksabstimmung in ganz Restjugoslawien. »Das war ein einziger grausamer Schwindel«, sagte mir Handke beim Kaffee in einer der Bars vor dem Schloß.

In Griechenland war die Ablehnung der Intervention am stärksten, in Großbritannien die Zustimmung am größten. Im Zwischenfeld lag Deutschland, wobei sich zwischen Ost- und Westdeutschen gravierende Unterschiede zeigten. Auf die Fragen der Demoskopen in Allensbach, ob es auch Aufgabe der NATO sei, in Ländern einzugreifen, in denen ganze Volksgruppen bedroht und verfolgt werden, oder ob dies nicht zu den Aufgaben der NATO gehöre, antworteten im Westen auf die erste Frage 52 Prozent mit ja und auf die zweite 31 mit nein. Im Osten sagten 26 Prozent ja zur ersten Frage und 55 nein zur zweiten. Der Soziologe Wolfgang Engler erklärte dies in einem »taz«-Artikel mit den Erfahrungen der Ostdeutschen, die zur Herausbildung einer bestimmten Mentalität geführt hätten. Der Einsatz sowjetischer Panzer 1953, der Mauerbau 1961, die Invasion von Truppen des Warschauer Paktes in die ČSSR 1968 hätten ihnen demonstriert, daß gewaltsame Eingriffe Probleme nur vertagen bzw. verschärfen oder offene Rechnungen hinterlassen.

Auch die Wendungen der 68er resultieren aus Erfahrungen: Für den Westen hatte sich der Kommunismus mit dem Einmarsch selbst entlarvt. Der Bewegung um Rudi Dutschke, die den Szenarien der ständigen militärischen Bedrohung etwas entgegensetzen und aus dem Teufelskreis des Wettrüstens ausbrechen wollte, versetzte die Niederschlagung des Prager Frühlings den Todesstoß.

Gregor Gysi, der Fraktionsvorsitzende der PDS im Bundestag, kritisierte den Eingriff des Westens und beklagte die Geschlossenheit der großen Parteien in diesem Gewissenskonflikt. Er erntete während der Bundestagsdebatte vom 8. Juni 1999 über die Entsendung weiterer deutscher Truppen ins Kosovo offenen Beifall von Helmut Kohl und ein Kopfnicken von Theo Waigel, als er wehmütig an alte Zeiten erinnerte. Vor ihrer Regierungsübernahme wären laut Gysi sowohl Grüne wie Sozialdemokraten an der Seite der PDS gegen den Krieg auf die Straße gegangen. Bundeskanzler

Schröder wetterte zurück, Gysi betätige sich als »fünfte Kolonne Belgrads«. Er bezog sich damit auf den sicher nicht angebrachten Besuch Gysis bei Milošević. Auch wenn Schröder, Scharping und Fischer Kritiker aus den eigenen Reihen als »Verräter« stigmatisierten, zeigte sich, wie schnell eine ganz normale Auseinandersetzung, die zur politischen Streitkultur gehört, in Haß umschlagen kann.

Die ethnische Säuberungskampagne der Serben haben nur wenige westliche Zeugen erlebt. Zu ihnen gehört Christiane Mesquita Goncalves, eine Brasilianerin im Dienst von AP-TV. Sie sagte mir: »Die Kosovaren sind seltsame Menschen, sie sind unfähig zum Kontakt mit den Serben. Ihre Flucht vor dem Serbentum führte in Nichtkriegszeiten zum Aufbau paralleler Institutionen, geheimer Lernstätten und Leitungsfunktionen. In Bosnien haben sich Muslime und Serben zumindest am Rande vermischt, auch Mischehen waren möglich. Im Kosovo nicht.«

Paul Watson von der »Los Angeles Times« entschuldigte den Blutrausch der Serben nicht, aber er nannte eine seiner Ursachen: »Die Bombenangriffe können Rachelust erzeugen. Wenn man die Leute nicht erreichen kann, die aus 5000 Meter Höhe angreifen, muß man andere Wege suchen, um sich zu wehren.« Und er wunderte sich, daß die Kosovaren bereit seien, für einen Hoffnungsschimmer der Freiheit »einen solch hohen Preis zu zahlen«, als eine ihrer Flüchtlingskolonnen von NATO-Bomben getroffen wurde und die Allianz behauptete, sie seien als menschliche Schilde von der serbischen Soldateska benutzt worden.

Steven Erlanger von der »New York Times« entdeckte in Uroševac blutige Zeichen der ethnischen Säuberung: das kyrillische C im Quadrat, das serbische Häuser schützt. »Es steht für den herkömmlichen Spruch ›Samo sloga Srbina spasova‹ nur Einheit kann die Serben retten.« Einige der Israelis, die aus Dankbarkeit für den Schutz vor faschistischer Judenverfolgung als Legionäre auf seiten der Serben stritten, mögen dabei an die biblische Flucht aus Ägypten gedacht haben: »Sie markierten ihre Türen mit Lammblut, damit sie der Engel des Todes verschont.«

Die verfolgten und geschundenen Kosovo-Albaner erlitten andere Erfahrungen. Ihre Berichte über Ausmaß und Brutalität der Aktionen serbischer Soldateska sind mit jedem Tag der Aufklärung glaubhafter geworden. Beque Cufaj, Bonner Korrespondent der kosovarischen Zeitung »KOHA Ditore«, bat »die bombenverstörten Friedensfreunde, aus ihren gemütlichen Debattierstuben herauszukommen und wenigsten den Versuch anzustellen, in die Haut von Menschen zu schlüpfen, die ihre nächsten Angehörigen auf die denkbar entsetzlichste Art verloren haben«.

Augustin Palokoj, ein kosovarischer Journalist, der wegen seiner penetranten Fragen bei den Pressekonferenzen in Brüssel aufgefallen war, konnte nach sechs Jahren im Exil nach Hause zurückkehren. Kurz vor der Heimreise meinte er im Kreis westlicher Kollegen: »Ich habe inzwischen so viel von Westeuropa mitbekommen, daß ich das Unverständnis teile gegenüber dem Ausmaß des Hasses, der da frei geworden ist.«

Wie viele Journalisten erlebte ich die Kosovotragödie mal vor den Toren von Rambouillet, mal auf den Gipfelkonferenzen in Berlin und Köln, meist im Presseraum der NATO in Brüssel und fast ununterbrochen vor dem Fernsehschirm. Landschaft und Geschichte der Provinz nahm dabei für mich nur bruchstückhaft Gestalt an. Daß es dort Weinberge gibt, erfuhr ich durch eine Reportage, in der ein Weinkeller gezeigt wurde, den man zur Folterkammer umfunktioniert hatte. Jawohl, der Amselfelder Rosé kommt aus Kosovo. Daß die Landschaft malerisch ist, ließen Kameraschwenks über marschierende UÇK-Kolonnen hinweg erkennen. Daß die Kosovaren erdverbunden sind, zeigt ihr Wille, so schnell wie möglich in die zerstörte Provinz zurückzukehren. Auch jene, die in die USA und nach Kanada ausgeflogen wurden, machen sich auf zur Heimkehr. Ein gar nicht so humanes Motiv für das Eingreifen des Westens war ja die Sorge, über Italien, Deutschland und Frankreich könne sich eine Flüchtlingsflut ergießen.

Die Kosovo-Albaner betrachten das serbische Land der Klöster als allein ihnen zustehenden Boden. Sie verteidigen ihn mit Waffengewalt und Vergeltungssucht, ihre Rache erstreckt sich auch auf die dort lebenden Roma.

In Prizren schlugen Albaner den Kopf der bronzenen Statue von Stephan Dušan ab. Mich hat der Anblick sehr bewegt; dieser Akt der historischen Revanche hatte etwas Endgültiges. Natürlich wiegen weder solche Aktionen noch die Plünderungen und brennenden Häuser von Serben im malerischen Altstadtviertel von Prizren und anderen Orten der Region die unerwartete Grausamkeit auf, mit der Serben gegen die Kosovo-Albaner vorgingen. Westeuropäer erschreckt die Vergeltung, die vor ihren Augen im Stile mittelalterlicher Blutfehde vollzogen wird: Auge um Auge, Zahn um Zahn. Zugleich mehren sich Berichte über kriminelle Albaner, Plünderer, Drogendealer, Waffenhändler. Bujar Bukoshi, Ministerpräsident der international nicht anerkannten Kosovo-Exilregierung und Generalsekretär des Demokratischen Bundes Kosovo, mahnte verstärkte Hilfe der internationalen Gemeinschaft beim Aufbau ziviler Sicherheitskräfte und einer Zivilverwaltung an.

Um die weiter schwelenden Nationalitätenkonflikte unter Kontrolle zu halten, wird das Kosovo auf unbestimmte Zeit in Militärsektoren aufgeteilt sein. Meine Generation und die folgende haben lebendige Erinnerungen an die Aufteilung in Sektoren und die Bedeutung von Sektorengrenzen. Für mich, dessen Geburtsort in der amerikanischen Zone lag, bedeutete das Schulspeisung, Care-Pakete, Körperpflege, *American way of life*. In den deutschen, britischen, französischen, italienischen und amerikanischen Sektoren im Kosovo wird eine gewisse »Verwestlichung« die heimische Kultur in den Hintergrund drängen. Die Bestechung durch Wohlstand dürfte auf die Heranwachsenden im kinderreichen Kosovo besonders abfärben. Gewiß klingt die Dankbarkeit gegenüber den westlichen »Befreiern« bald ab, doch fördern Toleranz gegenüber anderen Kulturen und Aufklärung ein solidarisches Europa.

Donika Gervalla, eine Albanerin, die für gemäßigte politische Gruppen in ihrem Land spricht, kann sich vorstellen, in drei Jahren einen Frieden zu erreichen, der diesen Namen auch verdient. Die Politiker der Allianz richten sich zwar auf einen längeren Zeitraum ein, doch auch sie hoffen, Kosovo könnte der Katalysator für »Europas Wiedergeburt« sein. Unter diesem Titel erschien ein Buch von Elizabeth Pond, einer Mitarbeiterin des Brookingsinstituts in Washington. Die Autorin betont, daß nicht Taktik, sondern Tugend Europas Herz höher schlagen lasse. So honorig sehen sich die Nationen Westeuropas nicht, die sich in der Tat von Prinzipien und nicht von ökonomischen Eigeninteressen leiten ließen.

Obwohl die Amerikaner die Kriegskoalition militärisch angeführt haben und die UNO die Verwaltung im Kosovo übernommen hat, wird die Kosovokrise in anderen Erdteilen als Test für Europa gesehen – und zwar keineswegs nur positiv.

Bei einem Treffen Ende Juni 1999 in Rio de Janeiro las der Kubaner Fidel Castro dem deutschen Bundeskanzler die Leviten. »Wie konnten Sie nur ... Bomben auf Jugoslawien werfen«, fragte der Commandante den früheren Jungsozialisten, und ob ihn vielleicht die Amerikaner unter Druck gesetzt hätten. Gerhard Schröder hob Europas Rolle sowohl als Partner im Krieg wie auch als Makler zum Frieden hervor und rief bei dem Altrevolutionär eine Mischung aus Respekt und Unglauben hervor.

Die meisten Lateinamerikaner haben die militärische Intervention in Kosovo verurteilt. Der mexikanische Schriftsteller Carlos Fuentes meinte: »Wir haben nur schlechte Erfahrungen gemacht mit fremdländischen Militäraktionen, die sich auf die Moral berufen.« Die Grenzen, die einst mit dem Stift der Kolonialherrschaft gezogen wurden, sind für Lateinamerikaner sakrosankt. Nur mit Nichteinmischung haben sie zweihundert Jahre lang größere Kriege in der Hemisphäre verhindern können.

Auch in Asien haben die Europäer für ihr Eingreifen auf dem Amselfeld bis auf wenige Ausnahmen nur böse Kommentare geerntet. Der japanische Journalist Tan Minoguchi schrieb in der FAZ, dies sei ein »amerikanischer Krieg« gewesen, »nicht weil die US-Soldaten die erste Geige spielten, sondern wegen des Weltbildes, das ihm zugrunde liegt ... Viele Menschen in Asien ... schütteln den Kopf, daß die EU-Staaten aus Überzeugung einen amerikanischen Krieg mitmachen.« Die Völker Indochinas fühlten sich an den Vietnamkrieg erinnert, der der Dominotheorie folgte: Fällt ein Stein, fallen die anderen mit. Diese Kampftheorie hat gegen den Kommunismus jämmerlich versagt, aber damals jeden Eingriff in souveräne Staaten gerechtfertigt.

Ein Diplomat aus China, der lange in Bonn gedient hat, meinte: »Wenn der Krieg aber wegen Europa geführt wurde, dann droht da der Welt ein ganz neuer Supranationalismus.« Die Chinesen fürchten natürlich, daß das Beispiel Schule macht in Tibet, an der Seidenstraße oder in anderen Randprovinzen, wo immer wieder Sezessionen drohen oder Selbstbestimmung gefordert wird. Tatsächlich war und ist ja in Jugoslawien, aber auch in Rußland der Drang nach Selbstbestimmung das Projektil, das Vielvölkerstaaten zerschlägt.

Vertreter Afrikas schließlich lassen auf allen Konferenzen und in vielen Notlagen wissen, daß die Allianz mit zweierlei Maß messe. Im Kongo oder in Ruanda und Burundi greife sie ja auch nicht aus humanitären Gründen ein. Aus europäischer Sicht ist das einfach zu begründen, die NATO hat sich schon schwer genug getan, jenseits ihrer Bündnisgrenzen zuzuschlagen. Über Europas Rand hinaus will sie schon gar nicht zum Einsatz kommen. Im Umkehrschluß heißt das, Europa ist dabei, sich selber neu zu definieren, und findet sich deshalb fast vollzählig auf dem

Amselfeld ein. Mit Soldaten und Maschinen, mit Helfern und Hilfsgütern, mit Kalkül und mit gutem Willen. Wenn eines Tages die Politiker und die Polizisten, die Ingenieure und Ärzte wieder in ihre Länder zurückkehren, verdrängen sie hoffentlich ihre Erfahrungen nicht und erhalten sich ihr Interesse für den Balkan. Vielleicht ist Europa gekommen, um auf dem Amselfeld zu bleiben.

Über die Nato hinaus

Im April 1999 kommen die Staats- und Regierungschefs von mehr als 40 Nationen nach Washington. Es ist der größte Aufmarsch von Politprominenz in der amerikanischen Hauptstadt seit der Beisetzung des ermordeten Präsidenten John F. Kennedy. Diesmal ist der Anlaß ein festlicher: Die NATO hat 50. Geburtstag. Die Teilnehmer versammeln sich in einem weitläufigen Kongreßzentrum, das rund um das Auditorium entstanden ist, in dem einst vor 1500 Gästen die Geburt des Bündnisses verkündet wurde. Der Komplex trägt den Namen Ronald Reagans, dessen Politik der Stärke die Sowjetunion in die Knie gezwungen und die Auflösung des Warschauer Pakts beschleunigt hat. Daß keine rechte Stimmung herrscht, liegt nicht an den unterkühlten Räumen im *Reagan building*: Auf der Versammlung lastet der Schatten des Kosovokrieges. Die umliegenden Straßen sind verwaist, es gilt Sicherheitsstufe 1. Absperrungen halten Schaulustige fern. Im Blickfeld liegt das wegen Renovierung eingerüstete Washington-Monument, nicht die Blütenpracht von Dogwood, Kirsche und Azalee, die Washingtons schönste Jahreszeit ausmacht. Vor dem Weißen Haus protestieren Tausende von serbischen Amerikanern gegen die NATO. Ihre Parolen sind nicht zu überhören.

Die Gäste wollten eigentlich die Errungenschaften des NATO-Bündnisses feiern, doch das vorgesehene glänzende Fest fällt aus, nur eine Stunde ist einem kommemorativen Akt gewidmet. Auch er findet unter Ausschluß der allgemeinen Öffentlichkeit statt.

Der geladene Gast Rußland fehlt in der Runde von NATO-Mitgliedern, NATO-Anwärtern und der Allianz über die Partnerschaft für Frieden verbundenen Nationen.

Aus der Ferne schauen die Anhänger der alten Sowjetunion jedoch mit Argwohn auf die Gästeliste. Denn unter den Teilnehmerstaaten sind nicht nur die ehemaligen Satelliten der Sowjetunion, sondern auch viele ihrer abgespaltenen Mitglieder: Armenien und Aserbaidschan, Estland und Georgien, Kasachstan und Kirgisien, Litauen und Lettland, Tadschikistan und Turkmenistan, die Ukraine und Usbekistan. Das überwältigend große Gruppenbild der Staats- und Regierungschefs sowie ihrer Außen- und Verteidigungsminister beim Fototermin gilt Expansionisten in der NATO als Symbol für eine Allianz, die sich weit in die Welt erstreckt.

Am 12. März waren Polen, Tschechien und Ungarn in Fulton dem Bündnis beigetreten. In dieser Stadt im Bundesstaat Missouri hatte einst Churchill jene berühmte Rede gehalten, in der er den Begriff »Eiserner Vorhang« prägte. Polens Außenminister Bronisław Geremek bezog sich auf Churchill: »Niemals wieder darf ein anderer Vorhang auf Europa fallen. Auch wenn er nicht mehr die Gestalt des alten Eisernen besäße, würde er sicherlich genauso grausam werden. Wir sollten deshalb für jene die Tür offenlassen, die für die Freiheit gekämpft haben.« Hat die NATO damit die Trennlinie zwischen Ost und West aufgehoben oder einfach nur weiter in Richtung Moskau vorgeschoben? Die Debatte darüber ist mit der Millenniumswende nicht beendet. Deutschland ist jedenfalls damit ins strategische Zentrum Mitteleuropas gerückt und hat die Pufferzone an seine östlichen Nachbarn abgegeben. Und die NATO hat mit der Erweiterung ihre neue *raison d'être* erhalten.

Die amerikanische Außenministerin Madeleine Albright teilt die Vision von der NATO als Kontinente umspannendes Bündnis unter Führung der USA. Ginge es nach der Zahl und dem Eifer der Kandidaten, die vor der Tür der NATO Schlange stehen, dann ist das Wachstum der Allianz noch längst nicht abgeschlossen und damit ein Kollisionskurs mit Rußland vorprogrammiert. Beim Gipfel in Moskau 1995 hatte Bill Clinton seinem Gesprächspartner und Freund Boris Jelzin sogar die Aufnahme Rußlands in die NATO angeboten. Dies war entweder ein unüberlegtes oder ein scheinheiliges Angebot. Rußland wird auf lange Dauer weder den wirtschaftlichen noch den Demokratie-Kriterien entsprechen, die an die Aufnahme in die Allianz gebunden sind. Und wenn die NATO sich dieses Riesenreich einverleiben wollte, würde sie sich dabei ganz sicher verschlucken. Bei fast jeder anstehenden Entscheidung käme es dann zu jenen Zerreißproben innerhalb des Bündnisses, die sich jetzt außerhalb dessen abspielen. Schließlich war es schon schwierig genug, die Russen für die Teilnahme an einer Friedensschutztruppe in Bosnien zu gewinnen.

Ein Beispiel für Konflikte, die auf die Allianz zukämen, sollte sie Europa bis zum Kaukasus verdauen wollen, hat in Washington Aserbaidschans Staatschef Gaidar Alijew erwähnt. Thema seiner Rede auf der Bühne der NATO-Versammlung war das Unrecht, das sein Land vom Nachbarn Armenien erdulden müsse. Vor dem inneren Auge der Zuhörer erstand wieder der Konflikt um Nagorny Karabach, jene armenische Enklave in Aserbaidschan, die zu einem Krieg zwischen den beiden Völkern geführt hatte. Der 1994 vereinbarte Waffenstillstand ist trotz Vermittlung der OSZE keine Friedensgarantie. NATO-Truppen im Kaukasus? – ein eher abschreckendes Beispiel für eine Erweiterung des Bündnisses auf ganz Europa.

Ausgerechnet Gaidar Alijew bekommt in Washington den Kosovokonflikt zu spüren. Als seine von General Motors gesponserte Wagenkolonne den Lafayettepark vor dem Weißen Haus passiert, wollen amerikanische Demonstranten serbischer Abkunft handgreiflich werden. »Nieder mit der NATO«, rufen sie und »NATO-Faschisten raus«.

Als beim 50jährigen Jubiläum die Fahnen der ersten 12 Mitgliedsstaaten in den Saal getragen werden, kommt ein wenig Nostalgie auf. Ursprünglich sollten nur die fünf westeuropäischen Nationen der vorher gegründeten WEU mit den Nordamerikanern ein Schutzbündnis angesichts der militärischen Präsenz der Sowjetunion in Europa bilden. Aber viele US-Politiker waren besorgt, daß damit die Teilung Europas in West und Ost festgeschrieben würde, und haben sich auch nicht umbesonnen, als Moskau mit dem Eisernen Vorhang eine Linie durch Europa zog.

Der Senat hatte zunächst schwerste Bedenken gegen den Artikel 5 im Pakt erhoben, da Amerika bei einem Angriff auf eines der Partnerländer automatisch mit in einen Krieg gezogen wird. Die Parlamentarier sahen sich damit um ihr Verfassungsrecht gebracht, Krieg zu erklären oder Frieden zu schließen, ließen sich jedoch davon überzeugen, daß es den Sicherheitsinteressen der Inselfestung Amerika entspricht, jenseits des atlantischen Burggrabens einen Saum von verbündeten Staaten zu bilden. Der NATO-Pakt demonstrierte die Entschlossenheit der USA, als Führungsmacht der westlichen Welt den Expansionsbestrebungen der östlichen Führungsmacht entgegenzutreten. Die Signatarstaaten verpflichteten sich, »die Freiheit der Völker, ihr gemeinsames Erbe und ihre Zivilisation, die sich auf Prinzipien der Demokratie und der Freiheit des Individuums und der rechtsstaatlichen Ordnung gründen, zu erhalten«.

Beim fünfzigsten Geburtstag des Bündnisses in Washington dient der ovale Tisch, auf dem der Nordatlantikpakt unterzeichnet wurde, als Dekoration, erinnern vergoldete Stühle auf der Empore daran, daß Präsident Truman der Zeremonie nur vom Hochsitz aus beiwohnte und seinem Außenminister Dean Acheson die Unterschrift für Amerika überließ.

1949 detonierte in der Sowjetunion die erste Atombombe, nun war auch die UdSSR Nuklearmacht. Ein Gleichgewicht des Schreckens verhinderte einen direkten Waffengang zwischen den Großmächten, bis zum Ende der Systemkonfrontation starben jedoch Millionen Menschen in Korea und Vietnam, Angola und Äthiopien, Afghanistan und Nicaragua in Stellvertreterkriegen.

Gegen die deutsche Wiederbewaffnung formierte sich starker innerer Widerstand, aber die Westintegration der Bundesrepublik, maßgeblich vorangetrieben von Konrad Adenauer, wurde mit dem Beitritt zur NATO im Mai 1955 untermauert. Im Gegenzug formierte die UdSSR mit ihren Satellitenstaaten den Warschauer Pakt. Angesichts dieser Drohung schlossen sich die europäischen Partner fest um die amerikanische Führung. Präsident John F. Kennedy sprach zwar höflich von der amerikanischen und der europäischen Säule der NATO, aber die europäischen Staaten waren weit entfernt von Integration und fast ein jeder einzeln auf die USA ausgerichtet, mit Ausnahme von Frankreich.

Die Waffenarsenale der USA und der Sowjetunion bargen damals das mehrfache Potential zur gegenseitigen Vernichtung. Angesichts der Kubakrise sahen sich die Regierungen der Supermächte gezwungen, künftig Konfrontationen zu vermeiden, die einen Nuklearkrieg heraufbeschwören konnten, und die Rüstung einzugrenzen.

Erste Risse im NATO-Bündnis traten auf, als Frankreich sich 1966 aus dem militärischen Teil der Allianz zurückzog. Charles de Gaulle zeigte sich verstimmt über die geringe Beachtung der französischen Machtallüren und rüstete sein Land mit der Force de Frappe, einer heimischen Atomwaffenproduktion, auf.

1969 begannen in Helsinki zwischen den USA und der Sowjetunion erste konkrete Rüstungskontrollgespräche zur Begrenzung strategischer Waffen. 1972 schlossen die Supermächte das erste Rüstungskontrollabkommen (SALT 1) ab. Ein Jahr später paraphierte der sowjetische Parteichef Breschnew in Washington ein amerikanisch-sowjetisches Abkommen zur Verhinderung eines Atomkrieges.

Die sozialliberale Koalition unter Willy Brandt konnte durch Anerkennung der Oder-Neiße-Linie die Beziehungen mit der Sowjetunion und Polen normalisieren. Die Konfrontation mit dem Kommunismus verlor in Mitteleuropa nach Abschluß des Viermächteabkommens der Siegermächte und dem Grundlagenvertrag zwischen beiden Staaten an Schärfe.

Im Herbst 1972 erörterten Vertreter der NATO und des Warschauer Pakts mögliche »beiderseitige ausgewogene Reduzierungen von Streitkräften und Rüstungen« in Mitteleuropa, blockierten sich aber durch gegenseitiges Mißtrauen und Zweifel an den jeweiligen Angaben. Zeitgleich begannen die Außenminister von mehr als 30 europäischen Staaten, der USA und Kanadas Vorgespräche für eine Konferenz über Sicherheit und Zusammenarbeit in Europa, KSZE. Die Schlußakte wurde 1975 in Helsinki unterzeichnet. Darin erklärten die Staats- und Regierungschefs, in gegenseitigen Beziehungen auf Androhung und Anwendung von Gewalt zu verzichten und die Menschenrechte zu achten. Der Westen hat damals Land gegen Ideengut gehandelt. Das heißt, Moskau wurden sowohl die Grenzen der Sowjetunion als auch die seines Einflußbereichs zu gestanden. Dafür mußte sich der Kreml in seine Menschenrechtspolitik hineinregieren lassen. Ein gewisses Grundrecht auf Religions- und Meinungsfreiheit und freie Berichterstattung für ausländische Medien gehörten genauso zu diesem Paket wie das Grundrecht auf Ausreise. Ich war damals Chef der starken ARD-Redaktion, die nach Helsinki entsandt worden war. Die Debatten in unserem Team spiegelten den Streit zwischen Linken und Rechten in der Bundesrepublik wider, ob der Westen dabei nicht ein sehr schlechtes Geschäft gemacht habe. Die Fernsehgremien beschuldigten uns damals, unausgewogen zu berichten. Wir waren nämlich der Ansicht, daß die Sowjetunion bekomme, was sie de facto hatte, und hinnehmen mußte, was ihr nicht genehm sein konnte: einen Einblick in die Behandlung und Kontrolle ihrer Bürger, besonders der Andersdenkenden. Wenn der Kreml sich von der Charta leiten lasse, zwinge ihn dies zu mehr Menschlichkeit. Die Stimmung war so aufgeheizt, daß die Unterbrechung einer

TV-Leitung nach Helsinki während eines Interviews mit einem Kritiker des Abkommens als Manipulation bewertet wurde.

Mit dem amerikanischen Präsidenten Jimmy Carter kam Unsicherheit ins NATO-Bündnis; er ließ sich von seinem Generalstab überreden, die Neutronenwaffe ins Waffenarsenal zu übernehmen. Diese Nuklearbombe vernichtet Menschen, schont aber Material und wird deshalb von den Europäern als besonders zynisch empfunden. Carter zwang seinen Partnern die Neutronenbombe auf, um sie bei erster moralischer Gegenwehr zu Hause wieder aufzugeben. Ich kann mich an harsche Worte von Bundeskanzler Helmut Schmidt über Carter beim G-7-Gipfel in Venedig erinnern. Im heute-journal hatten wir uns 1978 eine ungewöhnliche Idee einfallen lassen, um die Wirkung dieser Waffe »ins Bild« zu setzen. Wir blendeten den Moderator kurzfristig aus, um die Eliminierung des Menschen zugunsten des Materials zu illustrieren. Der Fernsehaufsichtsrat des ZDF unter seinem damaligen Vorsitzenden Schwarz-Schilling verurteilte die Demonstration als polemische Attacke auf die NATO. Eine Rüge, die wir damals sehr ernst nahmen.

Schmidt hatte die Bündnispartner darauf hingewiesen, daß Moskau seit 1977 die bisher in Osteuropa aufgestellten Mittelstreckenraketen durch modernere, zielgenauere Raketen mit jeweils drei Sprengköpfen zu ersetzen begann. Die NATO reagierte zwei Jahre später auf diese neuen Gefahren aus dem Osten mit einem Doppelbeschluß: Nachrüstung von Mittelstreckenwaffen im Westen bei gleichzeitigem Bestreben, diese Waffengeneration wegzuverhandeln.

1979 unterzeichneten Breschnew und Carter in Wien ein Abkommen zur Begrenzung atomarer Interkontinentalraketen. Durch den Einmarsch der Sowjets in Afghanistan und Reagans Absage an die Entspannungspolitik mit der Sowjetunion erhielten die Kritiker der nuklearen Abrüstung in den USA Auftrieb. Der Vertrag wurde vom amerikanischen Senat nicht ratifiziert. Reagans Aufrüstung erschreckte eine junge Generation von Europäern. Als 1983 Pershing-II-Raketen in Europa stationiert wurden, demonstrierten Tausende dagegen. Darunter Petra Kelly, Joschka Fischer und Daniel Cohn-Bendit. Eine neue Welle des Antiamerikanismus breitete sich aus. Die wiederum erregte in Amerika Verwunderung und Verärgerung.

Richard Burt, der nacheinander Journalist bei der »New York Times«, Unterstaatssekretär im Außenamt, Botschafter in Deutschland und Konzernmitglied bei Merrill Lynch war, gab der Wachablösung in Europa die Schuld: »Die Gründergeneration der NATO hat ihre Ansichten in einem Europa gebildet, das durch den Krieg verwüstet und vom stalinistischen Rußland bedroht war. Die Vereinigten Staaten empfahlen sich als die natürliche Schutzmacht. Die Nachfolgegeneration empfindet Lebensstandard und Stabilität als Selbstverständlichkeiten. Die Jungen sprechen von der Entdämonisierung der Sowjetunion und der Machtanmaßung der USA.«

Nach der Wahl Ronald Reagans zum Präsidenten wurden die Risse im Bündnis zu Abgründen. Reagan, der bereits im Wahlkampf der bisherigen Entspannungspolitik eine klare Absage erteilt hatte, deklarierte die Sowjetunion zum evil empire, zum »Reich des Bösen«. Daraufhin verdammten die Amerikaner eine Erdgasleitung von Rußland nach Europa als ideologische Nabelschnur. Sie glaubten, die Europäer seien aus Habgier bereit, Menschenrechte gegen Erdgas zu verkaufen. Der Chefdenker im Pentagon Fred Iklé meinte dazu: »Wir dürfen uns nicht ins eigene Fleisch schneiden bei der Verteidigung des Westens.« Reagan beschloß, »to go it alone«, und begann über seine transatlantischen Partner hinweg Großmachtpolitik zu betreiben.

Mit der Entmottung der großen Schlachtschiffe aus dem Zweiten Weltkrieg, der »Missouri«, die schon zum Museum umfunktioniert worden war, und der »New Jersey«, die am besten erhalten war, demonstrierten die Amerikaner ihre Entschlossenheit, alles einzusetzen, um »die Sowjetunion notfalls totzurüsten«. Noch mehr als die massive konventionelle Aufrüstung schreckte eine junge Generation von Europäern Reagans Plan, mit Hilfe eines weltraumgestützten Raketenabwehrsystems eine perfekte Verteidigung Amerikas gegen interkontinentale Raketen zu sichern. Edward Teller, der an der Entwicklung der Wasserstoffbombe mitwirkte, war begeistert von SDI. George Ball, eine der Säulen des liberalen Establishments in den USA, hielt die Idee für ein Wolkenkuckucksheim. Er und andere Kritiker nannten die Utopie eines Strahlenschutzschirms im Weltraum nach einer Hollywoodproduktion *star wars*.

Diese *strategic defense initiative* schürte die Ängste der transatlantischen NATO-Partner vor einem Alleingang der USA und einem Sicherheitsvakuum in Europa. Im Bemühen um mehr Selbständigkeit ließen sie 1984 ihre WEU wieder aufleben.

Die Verschärfung des Ost-West-Konflikts in der Reagan-Ära leitete den Anfang vom Ende des Kalten Krieges ein. Reagans Parole vom *Frieden durch Stärke* zwang Moskau erst in ein Wettrüsten, das der zivilen Wirtschaft wichtige Ressourcen entzog, und dann zu weiteren Abrüstungsverhandlungen. Im Dezember 1987 unterschrieben der US-Präsident und Gorbatschow in Washington ein Abkommen zur Vernichtung der Mittelstreckenraketen. Der neue Führer in Moskau war nicht nur bereit, die Waffen zu strecken, sondern entließ auch die Satellitenstaaten in die Freiheit.

Für Europa kam das Ende des Ost-West-Konfliktes mit dem Ende der deutschen Teilung und dem Fall der Mauer 1989. Amerika datiert das Ende des Kalten Krieges auf die Unterzeichnung der Nichtangriffserklärung zwischen NATO und Warschauer Pakt im Jahre 1990 und dem anschließenden Zusammenbruch der Sowjetunion.

An sich hatte damit auch der Nordatlantikpakt seine Aufgabe erfüllt. Der Politologe Maynard Glitman meinte dazu: »Obwohl der Kalte Krieg so lange Bestandteil des amerikanischen Lebens war, endete er auf relativ undefinierbare

Weise, ohne daß eine gegnerische Armee auf dem Schlachtfeld besiegt wurde und die amerikanischen Streitkräfte zu einer Siegesparade nach Hause zurückkehrten.«

George Bush, Helmut Kohl und NATO-Generalsekretär Manfred Wörner nutzten die Implosion des Kommunismus und die Trägheit westeuropäischer Staatschefs zu ihren Gunsten. Kanzler Kohl legte bereits am 28. November 1989 einen Zehn-Punkte-Plan zur Überwindung der deutschen Teilung vor, der nicht mit seinen europäischen Alliierten abgesprochen war. Ohne Rücksicht auf die Bedenken von Franzosen und Briten zu nehmen, entschied sich Bush für diesen Plan, weil er der schnellste Weg war, auch die Barriere zum Osten zu überwinden. Und Manfred Wörner definierte das Bündnis neu: »Unsere Allianz wird den Schwerpunkt vom Militärischen aufs Politische verlagern, von der Friedenserhaltung zur Friedenssicherung und von einer NATO, die unter amerikanischer Führung steht, zu einer gleichberechtigten Partnerschaft zwischen Nordamerika und einem geeinteren Europa.«

Nach seinem erfolgreichen Feldzug gegen den Irak im Golfkrieg sah Bush wie der Gestalter einer neuen Weltfriedensordnung aus. Aber erst Bill Clinton, der Mann aus der Provinz, der versprochen hatte, wie ein Laserstrahl seine Energie auf die Innenpolitik zu fixieren, machte die NATO zum politischen Instrument nach dem Ende des Kalten Krieges. Der 42. Präsident der Vereinigten Staaten hat die militärische Übermacht als ein überzeugendes politisches Druckmittel genutzt. Am 9. Januar 1994 trat Clinton eine Reise in die Alte Welt an, die der Friedenssicherung über Westeuropa hinaus dienen sollte.

Im Hauptquartier der NATO erwarteten ihn die politische Führung der Allianz und ein Generalsekretär Wörner, der das Krankenbett noch einmal verlassen hatte, um das Startsignal für »einen Kontinent ohne Krieg« mitzuerleben.

In Brüssel nahm Europa Maß an Clinton, und es wurde ein Programm für Osteuropa abgesteckt: philosophisch – es handelt sich um einen Wettlauf zwischen Erneuerung und Verzweiflung, politisch – wir müssen den ehemals sozialistischen Staaten auf dem Weg in die Demokratie helfen, strategisch – wir bieten ihnen eine Partnerschaft für den Frieden an. Sie steht allen osteuropäischen Staaten offen, die sich zu Demokratie und Völkerrecht bekennen.

Die Bündnispartner waren von der Ernsthaftigkeit, mit der Amerikas Präsident die neue NATO-Doktrin propagierte, überzeugt. Das Vorhaben stieß aber auch auf Kritik. Konservative Amerikaner bewerteten es als Affront gegen Rußland, das sich in seiner Sicherheit bedroht fühle, andere Kritiker sahen darin einen Beschwichtigungsversuch gegenüber jenen ehemaligen Satellitenstaaten Moskaus, die vor Rußland Angst haben.

Nach Brüssel war Prag die nächste Station. In dieser »heimlichen Hauptstadt eines verbündeten Osteuropa« traf Clinton die politischen Führer der Tschechen und Slowaken, der Polen und Ungarn. Er machte ihnen Mut auf dem Weg in die Erneuerung und sicherte ihnen Amerikas Schutz zu. Madeleine Albright, damals US-Botschafterin bei der UNO, stammt aus Prag. Sie hat sich besonders um die Aufnahme der Osteuropäer in das Bündnis bemüht. Inzwischen haben sich fast alle ehemaligen sozialistischen Staaten der Partnerschaft für den Frieden angeschlossen und sie zur Verhinderung von Konflikten und zum Abbau von Spannungen eingesetzt.

Bei seiner Reise 1994 mußte sich Clinton auch mit einer gefährlichen Hinterlassenschaft des Kalten Krieges befassen: dem gewaltigen Arsenal an Atomwaffen, das nach der Auflösung der Sowjetunion auf ukrainischem Boden lagert. Rußlands Präsident Boris Jelzin war es nicht gelungen, die Ukraine zur Übergabe dieser Waffen zu bewegen. Denn Kiew betrachtete das Arsenal als Faustpfand gegenüber möglicher russischer Aggression. Nun oblag es US-Präsident Clinton, dem ukrainischen Staatschef Krawtschuk die Entsorgung des Nuklearwaffenpotentials nahezulegen. Der

Treffpunkt stand in einem seltsamen Gegensatz zur Hochkriegstechnik, um die verhandelt wurde.

Schon vor der Landung auf dem Flughafen von Kiew wurden wir Presseleute gewarnt: »Es ist dunkel hier, tretet vorsichtig auf und trinkt kein Wasser.« Weil die Elektrizität ausgefallen war, mußten die Kameraleute ihre Geräte bei Kerzenschein installieren. Streunende Hunde und Katzen und eine Demonstration gegen die Übergabe der Waffen bildeten den Hintergrund für das Gespräch zwischen Krawtschuk und Clinton.

Der Amerikaner sicherte der Ukraine sowohl den Schutz der Partnerschaft für den Frieden zu als auch Hilfe bei der Sanierung jener Kernreaktoren in Tschernobyl, die einst die Welt in Angst und Schrecken versetzt hatten. Dafür stimmte die ukrainische Regierung der Übergabe und späteren Vernichtung des gewaltigen Waffenpotentials zu.

Der Erfolg in der Ukraine ebnete Clinton den Weg nach Moskau und verdrängte vorübergehend die russischen Vorbehalte gegenüber einer Partnerschaft für den Frieden, die aus der Perspektive des Kreml nach einer westlichen Umklammerung aussah. Jelzin empfing den Amerikaner als Freund und sagte: »Mit der Unterschrift unter das Nuklearabkommen mit der Ukraine ist der Schlußpunkt unter das letzte Problem des Kalten Krieges gesetzt.« Nicht ganz, denn die Duma, das russische Parlament, zieht die Ratifizierung eines Vertrages über weitgehende atomare Abrüstung zwischen Moskau und Washington unerträglich in die Länge.

Gerade deshalb hat Clinton in späteren kritischen Zeiten auf Präsident Jelzin gesetzt. Das Vorgehen in der Kosovokrise sprach die NATO jedoch nur mit den Mitgliedern der Partnerschaft für den Frieden ab. Weder die UNO noch Rußland waren zunächst mit im Boot, als die Allianz den Kampf gegen »den letzten Diktator Europas«, wie der US-Präsident den jugoslawischen Präsidenten Milošević nannte, aufnahm. Um die Russen doch noch auf die Seite der NATO zu ziehen, mußte viel Überzeugungsarbeit geleistet werden.

Ein Platz für Rußland

Der allgegenwärtige amerikanische Nachrichtensender CNN hat sie als erste gesichtet, die russische Militärkolonne auf dem Weg von Bosnien nach Kosovo. Das *S* vor der Abkürzung *for* ist notdürftig ersetzt durch ein *K*. Die 200 Russen sind unterwegs zu einem mit der NATO nicht abgestimmten Einsatz. Wie sich herausstellt, haben sie ihre Stationierung in Bosnien ohne Abmeldung verlassen und damit die Grundregeln militärischer Disziplin mißachtet. Im Handstreich nimmt die Truppe den Flughafen von Priština und bringt jene gewaltige NATO-Streitmacht in Verlegenheit, die just dort ihr Hauptquartier aufschlagen will. Im Vorfeld hatten die russischen Generalstäbler in Moskau betont: »Wir wollen nicht die ersten sein im Kosovo, aber auch nicht die letzten.« Außenminister Iwanow wurde selbst von den Ereignissen überrascht, und fast wäre aus dem Zwischenfall ein Ernstfall geworden. Denn NATO-Oberkommandant Wesley Clark wollte in letzter Minute die Russen mit seinem Gewicht bremsen, das heißt mit einer militärischen Sperre des Flughafens. Sein Befehlshaber vor Ort, der Brite Michael Jackson, behielt jedoch einen kühlen Kopf und legte sich nicht mit den Russen an.

Der Coup von Priština hat dem russischen Publikum Genugtuung verschafft. »Wir haben es satt, vom Westen herumkommandiert zu werden, und jetzt haben wir gezeigt, daß wir selber wissen, was wir tun«, rief der Fernsehkommentator Viktor Baranez aus, und im Kreml freute sich Boris Jelzin diebisch. Vermutlich hatte er selbst den Befehl zu dieser Überraschungsaktion erteilt und einen Mann mit dieser Aufgabe betraut, der uns Korrespondenten in Brüssel wohl bekannt ist: Viktor Sawarsin. Er gehörte erst zur Militärmission Moskaus bei der NATO und dann zur Verhandlungsdelegation der Russen im Kosovokonflikt. Am 11. Juni 1999 setzte sich Sawarsin an die Spitze jener Militärkolonne, die das Rennen um den frühesten Eintritt ins Kosovo gewonnen hat. Jelzin hat ihn dafür vom Generalleutnant zum Generaloberst befördert. Mit dem Coup hat Moskau einen festen Platz im Kosovo erzwungen, ohne Rücksicht auf Absprachen und in krausem Eigensinn. Diese Vorgehensweise entspricht offenbar einer Tradition, die der Diplomat Augustin von Mayerburg 1660 so beschrieben hat: »Die Russen folgen in der Diplomatie nie einer geraden Linie. Sie kommen selten zum Punkt und argumentieren im Kreis. Was für sie russischen Interessen entspricht, erhält für uns im Westen den Charakter der völligen Konfusion.«

Im Frühjahr 1999 hatte ich auf dem Petersberg ein Wiedersehen mit Wladimir Markow. Der rundliche und quirlige Russe diente Viktor Tschernomyrdin als Assistent bei den Verhandlungen mit Belgrad und dem Westen. Markow gehört zur Bruderschaft der intellektuellen Stehaufmännchen im Systemwandel. Kennengelernt hatte ich ihn als Journalisten zur Zeit des Kalten Krieges, dann wiedergetroffen als Mitarbeiter im diplomatischen Dienst, später als Chef der mächtigen Moskauer Nachrichtenagentur »Nowosti« und schließlich als Mitglied im Verhandlungsteam von Tschernomyrdin. Welche Funktion er auch ausfüllte, immer war die Vermittlung eines »anderen« Rußlandbildes gegenüber westlichen Gesprächspartnern ein wesentlicher Grundzug seiner Aktivitäten.

Reagans Projektion von der Sowjetunion als dem Reich des Bösen versuchte Markow etwa mit dem Satz zu entschärfen: »Ein erster Schritt, um eure eigenen Vorurteile zu überwinden, wäre, daß ihr nicht von der Sowjetunion, sondern von Rußland sprecht, daß ihr nicht als Ostblock abtut, was in Wirklichkeit Nationen unterschiedlicher Prägung mit einer gemeinsamen Ideologie sind.«

Als Markow später für die begehrten »Reisen ins Hinterland« von Moskau mit zuständig war, ließ er mir und anderen vergleichsweise freie Hand in der Berichterstattung. Einer Reportage über Jakutien und seine vielen asiatischen Minderheiten wurde sogar die Ehre einer Sondervorführung in der sowjetischen Botschaft in Bonn zuteil, weil »Antikommunismus genau wie der Antiamerikanismus am besten korrigiert werden kann durch Berichte über das ganz gewöhnliche, ganz alltägliche Leben der Menschen«, wie Markow meinte.

Der Russe hat versucht, das bärbeißige Bild von der Sowjetunion zu retuschieren, bis es sich durch *Glasnost* und *Perestroika* und nach dem Fall der Mauer von selbst verändert hat.

Noch bevor die Sowjetarmee Ostdeutschland verließ, milderte Markow die finstere Hinterlassenschaft von grauen Kasernen, verwahrlosten Stabsquartieren und verseuchten Böden mit dem Aufgebot von Kosakentänzern, Folkloregruppen und Musikkapellen aus eben jener Armee. Mein kurzlebiges Fernsehmagazin »Quadriga« hat von dieser neuen Offenheit profitiert.

Markow und viele andere beeilten sich, aus dem Wort »Ost« statt eines abschätzigen Synonyms für ein abgedanktes System eine Himmelsrichtung zu machen. Dabei halfen ihnen die Euphorie für Gorbatschow und dessen Imageaufwertung durch den Friedens nobelpreis 1990. Aus Leningrad wurde wieder Sankt Petersburg, regiert von einem Lieblingskind des Westens, Anatoli Sobtschak. Wie hat uns Journalisten der tapfere Boris Jelzin imponiert, als er im August 1991 vor dem »weißen Haus« in Moskau einem Putschversuch widerstand. Wie emphatisch haben wir eine neue Generation von Politikern begrüßt, darunter den Exgeneral Alexander Lebed oder den Wirtschaftsreformer Grigori Jawlinski.

Für die Meinungsführer eines neuen demokratischen Rußlands schien der Westen ein natürlicher Verbündeter, war der Kalte Krieg eine tragische Verwerfung der Geschichte. Andrej Kosyrew, Rußlands Außenminister von 1990 bis 1997, suchte Vorurteile über sein Land auszuräumen: »Wir sind weder Feinde des Westens noch arme Brüder, die den Instruktionen des Westens folgen.«

Die junge russische Elite orientierte sich nach Wesen und erwartete von dort Hilfe beim Aufbau einer moderneren Gesellschaft. Aber die radikale Reform des liberalen Vizepremiers Jegor Gaidar von 1992 scheiterte an Parteienstreit, Wirtschaftschaos und Großkriminalität. Nicht Aufbau, sondern Verfall waren die Signale, die der Westen empfing: arme Straßenkinder in Petersburg, superreiche neue Oligarchen, Zobelpelze in Biarritz, Luxuslimousinen vor dem Negresco in Cannes, Mafia und Prostitution, dazu ein schmutziger Krieg in Tschetschenien, den Moskau nicht gewinnen konnte. Einer Nachkriegsgeneration im Westen ist 1989 die Furcht und 1999 der Respekt vor Rußland verlorengegangen.

Auch in Moskau war der Glanz der neuen Partnerschaft verblaßt, der Glaube der Russen an westliches Wohlwollen erhielt einen derben Rückschlag durch den Bombenkrieg der NATO gegen Jugoslawien. Weil jedoch der Kosovokonflikt nur mit Moskau zu lösen war, rückte Rußland wieder in den Mittelpunkt der Politik. Viktor Tschernomyrdin, nach Jelzin der im Westen bekannteste Politiker, erhielt eine zentrale Vermittlerrolle, und mit ihm reiste Wladimir Markow.

Auf dem Petersberg fragte er mich mit Ratlosigkeit in der Stimme: »Wie konntet ihr auf Bomben als Mittel zum Zweck zurückgreifen?« und zitierte seinen Chef, der diesen Angriff verglich »mit der sowjetischen Intervention im Prager Frühling 1968«. War der russische Bär zur Taube geworden?

Gewaltanwendung ist Rußland weder fremd noch neu. Die Nation hat jedoch mit Gewalt erworbene Gebiete selten behalten können. Afghanistan und Tschetschenien, das bereits unter Nikolai I. erobert wurde, sind dafür nur zwei Beispiele, Dagestan könnte bald folgen. Die Verletzung nationaler Grenzen aus humanitären Gründen – das Argument des Westens gegenüber Belgrad – können nur Nationen wagen, die sich ihrer eigenen Grenzen und Gesetze sicher sind. Beides trifft auf die Russen nicht zu. Ihr seit der Auflösung der Sowjetunion 1991 souveräner Staat gleicht einem taumelnden Giganten.

Das Rußland von heute fühlt sich den neueren Staaten der Dritten Welt sowie China nahe. Das Reich der Mitte muß gleichfalls befürchten, daß sich seine Minderheiten, etwa die Turkvölker in Sinkiang oder die unterdrückten Tibeter, gegen die Zentralmacht erheben könnten und die Welt sich gar noch erdreistet, gegen China Stellung zu beziehen. Bei einer Reise durch die große Wüste Taklamakan Anfang der neunziger Jahre erklärten meine chinesischen Begleiter, daß tibetische Raubritter einst das Gebiet unsicher gemacht hätten und die Bevölkerung daraufhin den Schutz Chinas gesucht und erhalten habe. Die Anschläge türkischstämmiger Uiguren entlang der Seidenstraße wurden von den Behörden zu kriminellen Delikten herabgestuft. Zweifellos ist sich China seines riesigen Herzlandes gewiß, aber seine Grenzvölker drohen mit Abspaltung. In diesem Punkt zeichnen sich Parallelen zu Rußland ab.

Nach einer ideologischen Verstimmung in den Gorbatschowjahren hat die Kosovokrise Peking und Moskau einander wieder nähergebracht. Gorbatschow wurde von Peking der Subversion des Sozialismus bezichtigt. Beide Staaten verurteilten nun die »NATO-Aggression«, weil sie die Stabilität nicht nur in Europa bedrohe, sondern auch in anderen Teilen der Welt. Gleichzeitig warnen Chinesen und Russen vor einer »monopolaren« neuen Weltordnung – aus Sorge, daß sich Amerika des Instrumentes der NATO und der Doktrin vom humanitären Militarismus bedienen könnte, um willkürlich Macht auszuüben. In Quingdao, das unter kurzer deutscher Kolonialherrschaft Tsingtau hieß, sagte mir ein Funktionär: »Rußland hat uns Marx und Lenin gebracht und dann beide auf dem Altar Europas geopfert. Jetzt sind wir die Hüter des Sozialismus und uns dieser Verantwortung bewußt«.

Im UNO-Weltsicherheitsrat jedenfalls bilden Peking und Moskau eine neue Achse. Ihre Stimmen für einen NATO-Frieden in Jugoslawien zu gewinnen war schwierig genug. Letztlich hat erst der Kreml den Frieden, oder besser die Befriedung des Kosovo, möglich gemacht. Der erste frei gewählte Präsident Rußlands, Boris Jelzin, mußte bei seiner Entscheidung für den Wesen gleich an mehreren innenpolitischen Fronten kämpfen: gegen das panslawische Lager, das sich Serbien verbunden fühlt, gegen den Widerstand der Apparatschiks, jener Kaste aus Militärs, Diplomaten und Kadergrößen, die der alten Sowjetunion nachtrauert, und gegen ein Antiwestlertum, das von einem neuen eurasischen Reich als Gegenpol zu Amerika träumt.

Die Musik von Rachmaninow und Rimski-Korsakow, die Kosakentänze und Krimtataren, die Romane Tolstois und die Dramen Tschechows gelten im Westen noch immer als Ausdruck einer fremdartigen Kultur bzw. der »russischen Seele«. Der slawischen Welt fühlen sich auch jene Intellektuelle zugehörig, die den Kommunismus einst verteufelt haben. Alexander Solschenizyn, der Autor des »Gulag«, sieht »keinen Unterschied zwischen der NATO und Nazideutschland«. In meinem Beruf bin ich jedoch öfter mit jenen Russen in Verbindung gekommen, die sich dem Westen zuwenden.

Einen Einblick in die großrussische Gemütslage bietet der Film »Der Barbier von Sibirien«, der im Mai 1999 in die Kinos kam. An den Produktionskosten von mehr als 40 Millionen Dollar beteiligte sich auch der Staat mit Subventionen. Vor den Augen des Publikums entsteht das Panorama des imperialen Rußland im ausgehenden neunzehnten Jahrhundert. Nach der russischen Niederlage im Krimkrieg 1855 hatte sich das Zarentum vom Westen ab- und dem Osten zugewandt. Die Eroberung von Tscherkessien, der Halbinsel Sachalin und dem Gebiet am Ussuri sowie die Gründung von Wladiwostok schoben die russische Grenze bis China und Persien vor. Alexander II. verkaufte Alaska für 7 Millionen Dollar an die USA und gab damit ein gewaltiges Stück der Neuen Welt auf, das immerhin über die Beringstraße bis vor die Tore von San Francisco nach Fort Roß reichte. Aber der Zar gewann ein eurasisches Reich, das er seinem Sohn Alexander III. vererbte. In der Zeit von dessen Regentschaft spielt nun das Filmmelodram über eine russisch-amerikanische Liebschaft. Ein amerikanischer Erfinder möchte der Monarchie eine gewaltige Kreissäge auf Rädern andrehen, die bei der Rodung des sibirischen Urwalds zum Einsatz kommen soll. Für seine Zwecke spannt er eine Lebedame aus Neuengland ein, die sich erst einen Zögling der zaristischen Kadettenschule gefügig macht, schließlich aber selbst ihre Liebe für ihn endeckt. Allerdings zu spät, so will es das Drehbuch: Der edle Russe vergreift sich aus Eifersucht an einem Offizier und wird zu Gefängnis und Verbannung nach Sibirien verurteilt. Nach Verbüßung seiner Haft verdient er sich ein Zubrot als Barbier. Die Geschichte ist in glanzvolles zaristisches Dekor gekleidet und vermittelt den Kodex von Ruhm und Ehre der Zeit, aber auch von russischem Eigensinn und schwerem Gemüt. Eindeutig als Botschaft an die Welt konzipiert, ist der »Barbier von Sibirien« im Hollywoodstil aufgemacht. Im Film wird englisch gesprochen, so daß die 5000 ausgesuchten Premierengäste im Kongreßsaal des Kreml der Handlung über Kopfhörer oder Untertitel folgen mußten. Dennoch haben sie den Regisseur Nikita Michalkow und sein Werk gefeiert wie einst das revolutionäre Rußland den »Panzerkreuzer Potemkin« des Regisseurs Eisenstein.

Nikita Michalkow ist aber nicht nur Filmemacher, sondern auch politisch tätig, und zwar in Sachen Nationalismus und als Anhänger der Monarchie. Sein Vorbild ist nicht Peter der Große, der Sankt Petersburg zur Hauptstadt erwählte und Rußland zum Westen hin orientierte. Dieser Monarch umgab sich mit westeuropäischen Wissenschaftlern und Beratern, sein Respekt vor niederländischer Kaufmannschaft ist motivisch in die Oper »Zar und Zimmermann« eingegangen.

Nikita Michalkows Idol ist Alexander III., den er mit jener panslawistischen Strenge, die der Zar walten ließ, selbst im Film verkörpert. Nach dem Zusammenbruch der Sowjetunion hat der Panslawismus, verstärkt durch fundamentalistische Strömungen in der orthodoxen Kirche, wieder Auftrieb erhalten. Die Ikone und der Zwiebelturm, das orientalische Gepränge und die Kosakenuniform stehen als Sinnbilder für jenes Moskau, das ein anderer berühmt gewordener Film nach der Vorlage von Tolstois »Krieg und Frieden« beschworen hat. In seinem Roman legt Tolstoi dem französischen Diktator Napoleon die Worte in den Mund: »Da ist sie endlich, diese asiatische Stadt. – Diese nie gesehene orientalische Schönheit.«

In den »Basler Schriften zur europäischen Integration« zeigte Andreas Guski 1998 die Ursprünge einer anderen Strömung in Rußlands Machtkampf von heute auf. Er zeichnete eine Linie von Peter dem Großen über die deutschstämmige Zarin Katharina bis zu Josef Stalin: »Wie Lenin eine Überwindung der halbasiatischen Produktionsweise propagiert, ruft auch Stalin auf dem Höhepunkt seiner Industrialisierungs- und Kollektivierungskampagne den Massen zu: Nie wieder werden wir Asien sein. Der Marschbefehl Peters des Großen: Nach Westen! hallt nach in Stalins Forderung, die Sowjetunion müsse Amerika einholen und überholen.«

Die brutale Gleichmachung der Gesellschaft hat an die Stelle des Individuums das Kollektiv gesetzt, an die Stelle des Frohsinns die Parade, an die Stelle der Lebensqualität Plattenbauten und an die Stelle der Zukunftserwartung die tägliche Not. Aus europäischen Metropolen wie Warschau,

Budapest und Bukarest wurden farblose Satellitenstädte, und mit der widerspenstigen russischen Elite wurden Sibiriens Produktionsstätten und Zwangslager bevölkert. Es hat mich immer wieder verwundert, daß die Sowjetbürger, obwohl sie in Unmündigkeit verstoßen wurden, militärische Siege und große Erfolge bei der Industrialisierung des riesigen Landes und in der Weltraumtechnik errungen haben. Die Niederwerfung des Nationalsozialismus gehört ebenso zu den Triumphen wie der Aufbau der Rüstungsindustrie, der erste Atomeisbrecher und der erste Sputnik. Sowjetische Künstler zählten zur Avantgarde der Moderne, und mit den Erfolgen im Leistungssport konnte sich kaum ein anderes Land messen lassen.

Während meiner gelegentlichen, immer von Auflagen und Behinderungen begleiteten Reisen in die Sowjetunion fielen mir vor allem die Gegensätzlichkeiten auf. Während einer Reise nach Aden im Südjemen in den siebziger Jahren hatte ich in Moskau den Anschlußflug verpaßt. Darin sahen die Behörden auf dem Flughafen Scheremetjewo ein Vergehen. Ich mußte mit anderen Leidtragenden 36 Stunden in einem gefängniskahlen Raum verbringen. Ein endlich erlaubter Anruf bescherte mir über den damaligen ARD-Korrespondenten Fritz Pleitgen einen luxuriösen Abend im Heim von Viktor Louis, der zwar als Mitarbeiter einer englischen Zeitung fungierte, aber offensichtlich das Vertrauen des Regimes besaß. Bei Schaumwein aus Georgien und in Begleitung attraktiver Dolmetscherinnen schilderte mir Louis die Vorzüge Moskaus und führte mich im Vorort Peredelkino zum Grab von Boris Pasternak, der für sein in der Sowjetunion nicht zur Veröffentlichung zugelassenes Werk »Doktor Shiwago« den Nobelpreis erhalten hatte, diesen jedoch unter Druck zurückweisen mußte.

Auf dem Nowodewitschje-Friedhof in Moskau liegen außer Politikern wie dem 1964 als Partei- und Regierungschef gestürzten Nikita Chruschtschow auch Künstler wie Sergej Eisenstein und Michail Bulgakow. Nach dem 1929 durch Stalin angeordneten Verbot aller seiner Theaterstücke mußte sich Bulgakow als Regieassistent am Moskauer Künstlertheater durchschlagen. Erst 1967 erschien sein Hauptwerk, der Roman »Der Meister und Margarita«, eine satirische Faust-Paraphrase. Auch der Regisseur Sergej Eisenstein, dessen Film »Panzerkreuzer Potemkin« 1925 als Schlüsselwerk der neuen sowjetischen Revolutionskunst gefeiert wurde, fiel in den dreißiger Jahren in Ungnade und wurde als Formalist scharf angegriffen.

Die Unterwürfigkeit Stalin gegenüber konnte bizarre Auswirkungen haben. Der Architekt des riesigen Hotels »Moskwa« geriet in Verlegenheit, als der Diktator während der Diskussion zweier Modelle beide unterzeichnete. Deshalb ist das »Moskwa« asymmetrisch gebaut.

Jakutsk, die Hauptstadt der größten Republik in der russischen Föderation, Sibirien, verfügte Ende der achtziger Jahre nur über zwei annehmbare Hotels, in denen Ausländer untergebracht werden konnten. Beide waren natürlich Monate im voraus ausgebucht. Weil ich von einer Reise aus der Tundra kam, war ich unangemeldet. Ein Ärzteehepaar aus Chabarowsk räumte daraufhin für einige Nächte ihr Zimmer und zog ins Krankenhaus um.

Auf meinen Reisen nach dem politischen Umbruch begegneten mir die Russen nicht mehr mit solch großer Herzlichkeit wie in früherer Zeit, die Hotels boten aber mehr Komfort (für wesentlich mehr Dollar). Das berühmte »Metropol« in Moskau wurde für 120 Millionen Dollar renoviert. Seine Gästeliste reicht von Nikolai II. über Stalin und Shirinowski bis hin zu Michael Jackson in neuester Zeit. Wo unter der bleiverglasten Kuppel einst Lenin sprach und »Doktor Shiwago« gedreht wurde, ersingen und ertanzen sich jetzt Künstler vom Bolschoitheater ein Zubrot. Lachen tun sie dabei nicht.

Auf dem Arbat, einer Fußgängerzone in der Innenstadt von Moskau, bot mir ein Händler eine kleine Dose Kaviar, eine Ikone, eine Flasche Cola und einen Stapel pornographischer Fotos an. Der Kaviar hatte sein Verfallsdatum überschritten, die Cola war warm, die Ikone neu, aber die Pornofotos scharf und der Händler ergrimmt, als ich nichts kaufen wollte. Früher konnte man kaum ein Taxi in Moskau finden, jetzt überbieten sie einander mit den Preisen. Eine große Renovierungswelle hat den stets von einer Touristenwoge überrollten Stadtkern heimgesucht. Weder der KGB noch das Reisebüro »Intourist« verfolgen den Besucher, und doch hat die Neugier noch nicht den Argwohn ersetzt.

In dem Maße, wie die Großstädte an altem Glanz gewinnen, versinkt das Hinterland im Morast der Armut. Die Region zwischen Petersburg und Moskau entlang jener 600 km langen Bahnstrecke, die schon 1851 gebaut wurde und damals als die längste der Welt galt, ist trist und unwirtlich. Aber das Elend wird noch drastischer, wenn man in den russkij sever, den russischen Norden, kommt. Dort ist vom neuen Licht Moskaus nichts zu sehen. Bauern, Arbeiter bzw. Arbeitslose leben am Rand des Existenzminimums. Hier gilt der Barterhandel, also der bargeldlose Tausch von Kleidung gegen Nahrung oder Kohle gegen Batterien. Manche Regionen wie jene um Nowgorod konnten mit westlichen Investitionen ein paar Fertigungsstätten aufbauen oder erleben sogar Goldgräberstimmung wie in den Minen Jakutiens. Andere sind in eine Apathie zurückgefallen, die weder unter den Zaren noch unter den Sowjets herrschte. Wo vorher Gleichmachung bitter war, ist jetzt Ungleichheit unerträglich. Und die Frage, ob Rußland nunmehr eher nach Asien als nach Europa tendiert oder umgekehrt, ist müßig. Westliche Schlagworte wie Selbstverwirklichung oder Modernisierungsrückstand, Rollenverteilung und Mobilität, gar Globalisierung haben für Menschen, deren Zukunft vom Ertrag eines Gemüsevorgartens abhängt, keinerlei Bedeutung. Siegesgärten hießen diese Stückchen dicht bepflanzter Erde im Zweiten Weltkrieg. Die Russen sind hart im Nehmen und ihrer Heimat treu, dieses »Überlebensgen« ist auch für den Rest Europas von großer Bedeutung. Von Gorbatschow bis Jelzin jedenfalls knüpft sich die Zukunft des Landes an das gemeinsame Haus Europa. Die Frage ist nur, ob und wie lange sich der politische Trend gen Westen noch halten kann.

Nach dem Untergang der Sowjetunion schrieb der in Riga geborene Politologe Isaiah Berlin: »Bei allem Elend, das es zu überwinden gilt, die Russen sind ein großes Volk, ihre schöpferische Kraft ist ungeheuer, und ist sie erst einmal freigesetzt, läßt sich nicht vorhersagen, was sie der Welt alles schenken wird.« Isaiah Berlin hatte sich viele Jahre mit dem spezifisch russischen Phänomen der Intelligenzija beschäftigt. Das hat nur wenig mit unserer Vorstellung von Intellektuellen zu tun. In Rußland ist das vor allem die Bezeichnung für eine Bewegung im ausgehenden neunzehnten Jahrhundert. Dazu gehörten Dichter wie Dostojewski und Turgenjew, Kritiker wie Belinski und Herzen, aber auch jene vorrevolutionären Geister, die einen dem westlichen Kapitalismus entgegengesetzten Bauern- und Arbeiterstaat propagierten. Diese Narodniki, die aus dem Elfenbeinturm der Elite in die Seele des Volkes vorstoßen wollten, bereiteten die Revolution von 1917 vor, um dann in ihrem Blutrausch unterzugehen. Isaiah Berlin aber meinte, daß die Bewegung selbst überlebt hat. Er sah ihren größten Protagonisten in Andrej Sacharow, dem Atomphysiker, der sich von der Gewalt abgewendet und der Menschlichkeit verpflichtet hat: »Und er stand nicht allein. Daß die Kultur, der er angehörte, unter der Asche und dem Schutt einer schreckensvollen Erfahrung überlebt hat und nicht in der Versenkung der Geschichte verschwand, ist für mich eine Offenbarung.«

Daß die Intelligenzija überleben konnte, hatte auch mit der Konferenz für Sicherheit und Zusammenarbeit in Europa zu tun. Bei der KSZE in Helsinki handelte die Sowjetunion die Unverletzlichkeit der Grenzen ihres Machtbereiches aus und mußte sich im Gegenzug an ihrer Menschenrechtspolitik messen lassen. Was damals Breschnew als guter Tausch erschien und dem amerikanischen Präsidenten Ford den Vorwurf der Schwäche einbrachte, verlieh den Dissidenten Auftrieb.

Bis auf Sacharow und seine Frau Jelena Bonner nahmen die Oppositionellen jedoch eher die Gelegenheit wahr, aus ihrem Land auszureisen. Die Intelligenzija hat daher in der zweiten Hälfte der siebziger und und in den achtziger Jahren mehr von außen Druck auf ihre Heimat ausgeübt als von innen. Beim Zusammenbruch der Sowjetunion haben merkwürdigerweise beide verloren, die Dissidenten, weil ihre Anstöße nicht mehr gefragt waren, und die Machthaber, weil die Unverletzlichkeit der Grenzen ihres Machtbereiches sie vor der Implosion, der Auszehrung im Innern, nicht schützte.

Im Auflösungsprozeß des Ostblocks verlor Moskau sowohl seinen europäischen Satellitengürtel wie auch einen Teil seiner asiatischen und islamischen Republiken. Der Zerfallsprozeß scheint noch nicht zu Ende zu sein. Der Versuch, sie im Verbund der GUS in loser Form an die frühere Zentrale zu binden, ist insofern fehlgeschlagen, als die Gemeinschaft unabhängiger Staaten Stückwerk geblieben ist und Provinzfürsten in der immer noch riesigen russischen Föderation immer mehr an Eigenmacht gewinnen. Sowohl inländische Patrioten wie ausländische Rußlandexperten sind sich einig, daß ein neues demokratisches Rußland mehr Sicherheitsgefühl und mehr Selbstbewußtsein braucht, vor allem aber ein größeres Maß an von außen entgegengebrachten Sympathien.

In der Sicherheitsfrage soll das Vordringen der NATO in den ehemaligen Ostblock ausgeglichen werden durch eine NATO-Rußland-Partnerschaft, die sich erstmals bei der Bewältigung der Kosovokrise bewährt hat.

Nur die wirtschaftliche Gesundung kann dem Selbstbewußtsein aufhelfen. Noch aber heißt freie Marktwirtschaft in Rußland Bereicherung von wenigen und Verarmung der vielen. Da ist es ein Hoffnungsschimmer, daß die russischen

Wirtschaft langsam Aufschwung nimmt. Noch sind Investitionen in Rußland Risikounternehmen. Einen Ausblick auf gelungenes unternehmerisches Engagement gibt das Milliardenabkommen zwischen dem deutschen Chemiekonzern BASF und der russischen Gazprom. Sie wollen gemeinsam die Bodenschätze in Westsibirien heben. Über welch Ressourcen Sibirien verfügt, hat eine Messung in Prirazlomnoje ergeben. Statt der vermuteten 70 Millionen Tonnen Erdöl lagern unter diesem Feld gut eine Milliarde Tonnen. Deutschland bezieht bereits 33 Prozent aller Erdgasimporte über eine Rußlandpipeline.

Auf dem Petersberg bei Bonn sagte mir Wladimir Markow: »Zu Zeiten des Ost-West-Konfliktes hatte ich den Wunsch, daß wir nicht Sowjetunion, sondern Rußland genannt werden, damit die Furcht vor uns abnimmt. Jetzt sind wir Rußland und erregen eher Mitleid als Furcht. Was wir aber brauchen, sind Vertrauen und Verständnis.« Beides haben führende Politiker des Westen aufgebracht. Margaret Thatcher machte den Anfang mit ihrem Respekt vor dem Reformer Gorbatschow. Das Triumvirat Kohl, Chirac und Clinton setzte auf Boris Jelzin. Seit Wladimir Putin die Macht im Kreml hat, überbieten sich westliche Regierungschefs in Freundschaftsbezeugungen. Besonders Gerhard Schröder bemüht sich um den neuen starken Mann Rußlands. Schwieriger ist es, über Verbindungen auf politischer Ebene hinaus die Völker des Westens an Rußland heranzuführen und umgekehrt. Da erscheint es von besonderer Bedeutung, daß die Finnen während ihrer Präsidentschaft der Europäischen Union dem östlichsten Nachbarn in Europa ihre Hilfe und Aufmerksamkeit widmen, damit sich Rußland nicht ins Schneckenhaus des Slawentums zurückzieht.

Auf der großen Balkankonferenz Ende Juli 1999 in Sarajewo versuchten die Russen noch einmal, ihrem serbischen Klienten zu helfen. Der russische Ministerpräsident Stepaschin setzte sich auch für Serbien als Nutznießer des großangelegten Hilfsplans ein. So recht ernst genommen wurde

Stepaschin nicht, entpuppte er sich doch nur als eine vorübergehende Figur auf dem Machtkarussel des unberechenbaren Boris Jelzin. Tony Blair machte den Standpunkt des Westens klar. An die Serben gewandt, sagte der britische Premier: »Werdet Milošević los, und gebt euch ein demokratisches System. Dann könnt ihr teilhaben an der Rekonstruktion des Balkans«. Noch einmal bekommt Serbien den Stempel des Parias unter den Völkern aufgedrückt.

Der serbische Patient

Serbien leidet, und seine Krankheit heißt Nationalismus. Darüber sind sich die meisten berufenen Seelenärzte und Experten im Westen einig. Die Symptome der Erkrankung: Rassenwahn bis zur Mordlust und Realitätsferne bis zum Selbstbetrug rechtfertigen die Diagnose. Die politischen Therapeuten meinen auch das Datum der Erkrankung festgemacht zu haben, nämlich das Jahr 1986.

Damals veröffentlichte die serbische Akademie der Wissenschaften zwei Memoranden. Das erste forderte die »Mobilisierung aller geistigen und moralischen Kräfte des serbischen Volkes«; im zweiten war vom »physischen, politischen, rechtlichen und kulturellen Genozid an der serbischen Bevölkerung« Kosovos die Rede. Federführend war der Schriftsteller und ehemalige Politkommissar der Partisanenbewegung im Zweiten Weltkrieg Dobrica Ćosić. Nach dem Tode Titos sah er das Heil Serbiens nicht mehr in einem panjugoslawischen Vielvölkerstaat, sondern in einer Nation, die ausschließlich Serben vorbehalten sein sollte.

Nur einige wenige Intellektuelle haben sich damals von diesen »Memoranden« distanziert, so das ehemalige Mitglied der Akademie der Wissenschaften Bogdan Bogdanović. Er schrieb einen offenen Brief an den neuen starken Mann in Belgrad, Slobodan Milošević, in dem er vor nationalistischem Größenwahn und Kriegstreiberei warnte. Das Echo waren Haß und der Vorwurf des Landesverrates. Bogdan Bogdanović, der selbst lange der Nomenklatura angehört hatte und von 1982 bis 1986 Bürgermeister in Belgrad war, wurde als Dissident gebrandmarkt, mußte schließlich wegen der Anfeindungen nach Wien ins Exil gehen. Für Bogdanović war die multinationale Gemeinschaft »das Beste ..., was das Land zu bieten hatte«, wie Henriette Schröder von der »Süddeutschen Zeitung« schreibt. Seit seinem Weggang ist dieses Ideal denunziert worden.

Der Virus Größenwahn führte Serbien in vier Kriege gegen einstige jugoslawische Partnerstaaten, die allesamt als Niederlagen endeten, aber von einem durch Regimepropaganda geblendeten Volk als Heldentaten gefeiert wurden. Nach Ansicht der damaligen amerikanischen Außenministerin Madeleine Albright hat der Westen kräftig zur Zerstückelung Jugoslawiens beigetragen, und zwar mit der frühen Anerkennung Sloweniens und Kroatiens als souveräne Nationen: »Der Westen hat Jugoslawien nie richtig verstanden. Er hat die Partisanen und Tito nur mit Heldentum verbunden. Als er starb und die rotierende Präsidentschaft kam, hatte der Westen erneut keine Ahnung von den tiefgreifenden Unterschieden zwischen Serbien und den anderen.« Frau Albright sagte dies dem »Spiegel« nicht nur als Amerikanerin, sondern als geborene Tschechoslowakin, die ihre Kindheit in Belgrad verbracht hatte. »Ich fühle mich als ein Kind von Mitteleuropa – als ein gebranntes Kind. Meine Lebensgeschichte kommt mir vor wie ein Symbol des zwanzigsten Jahrhunderts, es ist die Geschichte vom Kampf gegen die Übel des Totalitarismus.«

Nach Ansicht von Madeleine Albright wurde dem totalitären Anspruch Milošević' zu spät die Androhung von Gewalt entgegengesetzt. Deshalb hätte der Serbe zeitweilig an den Erfolg seines nationalistischen Wahns glauben können. Zumal ihm die Bevölkerung und die Armee die Gefolgschaft nicht verweigert hatten, im Gegenteil.

Die im Tito-Staat so lange unterdrückten nationalen Gefühle schafften sich Luft, als sich die Gelegenheit bot. Es waren aber erst Milošević und die Seinen, die den Wind des Nationalismus zum Feuersturm entfachten. Die Brandzeichen von Vukovar und Mostar, von Srebrenica und Peć legen Zeugnis ab gegen die Brandstifter in Belgrad. Erstens kam jedoch die Feuerwehr aus dem Westen zu spät, und zweitens scheint die nationalistische Glut noch immer nicht gelöscht, stellen sich die Serben weiterhin als Opfer der Geschichte dar.

So wirkt das jedenfalls aus der Wahrnehmung der Beobachter jenseits der jugoslawischen Grenzen. Zwar kritisieren immer mehr Serben ihren Präsidenten Milošević. Die Begründung hat mehr mit Selbstmitlied zu tun als mit Reue für die Zerstörungs- und Vernichtungskampagne im Kosovo. Zunächst wurden diese Aktionen als Greuelpropaganda des Westens abgetan, nun verschließen viele Bürger Augen und Ohren gegenüber den Daten und Fakten, die sich nicht mehr verleugnen lassen. Die Menschenrechtsaktivistin Natasha Kandic hat nach einer Recherchenreise ins Kosovo mit ihren Berichten von Massengräbern und serbischen Bluttaten wenig Aufmerksamkeit bei den Bürgern Belgrads und in den Medien gefunden. Und mein SAT 1-Kollege Pit Schnitzler erlebt immer wieder einen schnellen Themenwechsel, wenn er im Kreis von Bekannten in Belgrad das Ausmaß serbischer Brutalität in der geplagten Südprovinz schildert. Ivan Ivanji schreibt im »Rheinischen Merkur«: »Einige Bekannte und Verwandte glauben tatsächlich, Jugoslawien habe die NATO besiegt. Mit Gegenargumenten rennt man gegen eine Wand an, so daß man sich am Ende fragt, wer da verrückt ist.«

Anscheinend haben Serben einen Wahrnehmungscode, der dem unseren fremd ist. Westliche Politpsychologen konstatieren einen Verdrängungsmechanismus, der an Gedächtnisschwund grenzt. Nur Dissidenten wie Bogdan Bogdanović fühlen sich unbelastet genug, um den Tätern »Blutrausch im pathologischen Sinne« vorzuwerfen. Ein serbischer Journalistenkollege, der ein Jahrzehnt in Deutschland verbracht hat, flüchtet sich, auf die Schuldfrage angesprochen, stets in die Floskel von der verfahrenen Situation und einem Unheil, das viele Väter hat.

Das Verdrängen und Umverteilen von Schuld trifft zumindest auf einen Teil jener Politiker zu, die gegen Slobodan Milošević opponierten und im Jahre 1997 zusammen gegen seine Herrschaft auf die Straße gegangen waren. Der populärste unter ihnen, Vuk Drašković, war 1991 gegen Kroatien mit in den Kampf gezogen, hat aber dann gegen den Bosnien-Krieg protestiert. Das Regime ließ ihn verfolgen und foltern, dann ließ er sich in die Regierung einbauen. Erst ging er mit anderen Oppositionellen das Bündnis »Zajedno« ein, dann fiel er den Bündnispartnern in den Rücken. Drašković hat nie gegen die »ethnische Säuberung« protestiert, sondern nur gegen die brutale Art und Weise des Vorgehens. Sein Ruf nach einem »friedlichen Bevölkerungstransfer« ist allerdings jetzt verstummt. Einem neuerlichen breiten Oppositionsbündnis hat Drašković sich zunächst verwehrt. Sein Partner von 1997, Zoran Djindjić, der es sogar zum Bürgermeister in Belgrad gebracht hatte, mußte wegen des Protestes gegen die Kosovoaktion, und weil er ein Attentat fürchtete, in die serbische Schwesterrepublik Montenegro fliehen. Diese Flucht hat seinem Ansehen geschadet, selbst Anhänger haben sie als »Verrat« ausgelegt. Dafür genießt der deutschsprachige und westlich orientierte Politiker die Zuwendung des Auslandes. Auch er ist hingegen kein Gegner des serbischen Nationalismus. Djindjić wird außerdem eine enge Freundschaft zu Radovan Karadžić nachgesagt, der das serbische Blutbad in Bosnien angerichtet hatte.

Auf die beiden Oppositionsführer fällt also ein nationalistischer Schatten, schwerer aber wog ihr Zerwürfnis, das es Milošević leichter machte, die Oberhand zu bewahren. »Milošević konnte keine für ihn günstigere Opposition wählen«, klagt Slobodan Vuksanović, Vizepräsident einer demokratischen Splitterpartei. Er jedenfalls hat sich einer »Allianz für die Wende« angeschlossen, die auf die Enttäuschung vieler Jugoslawen über Milošević setzt. Dieser Mann hatte ihnen versprochen, Kosovo Polje, das Amselfeld, die Walstatt eines in serbischen Augen biblischen Krieges gegen den Islam, von aufständischen Muslimen zu befreien.

Statt dessen ließ er Kosovo ausräuchern und überließ es dann ungleichen Gegnern, zum einen den Aufständischen von der UÇK, zum andern den Soldaten der NATO. Der Machthaber konnte zunächst mit einer aus der zunehmenden Isolierung geborenen Solidarität der Serben rechnen. Zehntausende schützten mit ihren Leibern Brücken vor der Zerstörung. Tausende hielten Wache in den Fabriken, um sie vor Angriffen zu bewahren.

Im Zuge der NATO-Bombenangriffe entwickelten die Serben eine Bunkermentalität, ja der Angreifer aus einer unangreifbaren Höhe wurde ins Unrecht gesetzt. Auch die Serben im Ausland schürten diesen Unrechtsgedanken. In Washington protestierten Zehntausende von serbischen Amerikanern gegen die NATO. In Wien sprach der Metropolit Staikos von »Bomben der Verleumdung«, einer Hetzkampagne gegen das serbische Volk. Das staatlich gelenkte Fernsehen in Belgrad übertrug kritische Stimmen des Westens. Der amerikanische Biochemiker Erwin Chagaff schimpfte zum Beispiel über die Schandtaten gegen ein »kleines aufrechtes Volk«.

In diese Kerbe schlug auch Milošević – immer in der Hoffnung, dem Westen würden die Gründe für die Intervention zerrinnen, nämlich Verteidigung der Menschenrechte und der europäischen Wertvorstellungen. Aber mit ständig nachgelieferten Beweisen für die blinde Wut seiner Soldateska ließ er selbst die Begründungskette nicht abreißen. Aufgrund der Dauer und Intensität des Bombardements schlug der Mut der Zivilbevölkerung in Unmut um, dann mehrten sich Zweifel an der serbischen Führung. Es war nicht der Nationalist, sondern der Feldherr Milošević, der diese Zweifel schürte. Er blies zum Rückzug aus dem Kosovo. Bis heute rätseln die Polittherapeuten im Westen über das Motiv, denn die NATO hatte der jugoslawischen Armee weit weniger Schaden zugefügt als angenommen. Angeblich zerstörte Kanonen erwiesen sich als Attrappen aus Ofenrohren, die aus Herden ragten. Angeblich vernichtete Panzer entpuppten sich als Traktoren. Angeblich schwer getroffene Truppenkonvois waren Flüchtlingskolonnen. Eine ungeschlagene Armee räumte auf Befehl das Amselfeld, und ein Troß von serbischen Zivilisten zog aus Angst vor Revanche hinterher. Sie erst überbrachten die Kundschaft von den Verbrechen im Kosovo und von der erneuten serbischen Niederlage. In Kragujevac und Niš und Cacak mischten sie sich unter eine Bevölkerung, die mit der Vernichtung der Fabriken ihren Arbeitsplatz und mit der Zerstörung von Brücken und Bahnstationen den Lebensmittelnachschub verloren hatten. Der serbische Nationalismus wich der Existenzangst. Einige jener Stadträte und Bürgermeister, die den Kosovofeldzug als Plan eines Wahnsinnigen gebrandmarkt hatten, wagten sich aus ihren Verstecken wieder hervor. Cacak und dreißig andere Städte haben eine Allianz zum Sturz Milošević' gebildet.

Ihre Stadtväter wissen auch, daß Serbien keine Aufbauhilfe vom Westen bekommen kann, solange Milošević am Ruder bleibt. Velimir Ilić hat jedoch keine Hoffnung, daß sein Land ohne auswärtige Hilfe die wirtschaftliche und soziale Not überwinden kann. Er führt dies nicht nur auf die Zerstörung der Infrastruktur und der Fabriken durch NATO-Bomben zurück: »Unter Tito hatten wir uns an den Lebensstandard von Griechenland herangearbeitet. Unter Milošević fielen wir auf den Stand von Rumänien zurück. Nach dem Kosovokonflikt können wir uns allenfalls als Agrarstaat halten.«

Der Bürgermeister klagt, der gemeinsamen Oppositionsbewegung fehle eine Integrationsfigur. Die Politiker stünden sich mit ihrer Selbstherrlichkeit gegenseitig im Wege. Ein Mann, der sich selber Aussichten gemacht hat auf den Präsidentenstuhl, ist Prinz Alexander Karadjordjević.

Anfang des neunzehnten Jahrhunderts hatten seine Vorfahren sich gegen die osmanische Herrschaft erhoben. Im Kampf um Freiheit und Autonomie konnten sie 1830 zunächst ein Erbfürstentum aufbauen. Unter dem Geschlecht der Karadjordjević wurde auch die Idee eines einheitlichen serbischen Staates wiederbelebt. Mitte des neunzehnten Jahrhunderts hatte Innenminister Ilija Garasanin einen Expansionsplan ausgetüftelt, der die unter 400 Jahren türkischer Herrschaft versprengten Serben wieder zusammenführen sollte. Durch diesen Expansionsplan geriet das kleine Reich der Karadjordjević in Konflikte mit vielen Nachbarn. Denn Serben lebten auch in Montenegro und Mazedonien, in Slawonien und der Vojvodina, die damals zu Ungarn gehörte, und nicht zuletzt in der Krajina, die heute Teil Kroatiens ist. Die europäischen Großmächte der Zeit sahen in der Auflösung des Osmanischen Reiches eine Chance, im Balkan Einfluß zu nehmen, aber auch die Gefahr einer neuen Unordnung im Abendland, die sie doch mit dem Wiener Kongreß 1815 unter Metternich eben beseitigt zu haben glaubten. Der greise Metternich ließ sich durch die Expansionsgelüste Serbiens zu der Bemerkung hinreißen: »Was gehen uns die Höfe von Belgrad und Cetinje an?« Damit waren die kleinen Hauptstädte von Serbien und Montenegro gemeint.

Auch für Bismarck, der 1871 gerade den deutschen Nationalstaat auf den Weg gebracht hatte, war das Völkerchaos auf dem Balkan ein Grund zur Sorge. Der Berliner Kongreß 1878 bestätigte die staatliche Souveränität Montenegros und Serbiens, aber Bosnien wie die Herzegowina wurden der Donaumonarchie zugeschlagen. Das ließ den serbischen Nationalismus nicht ruhen: Milan I., 1882 zum König ernannnt, führte Krieg gegen Bulgarien, auch seine Nachfolger setzten die gegen Östereich-Ungarn gerichtete Politik fort und versuchten, die Idee eines Großserbien mit Gewalt durchzusetzen. 1914 erlag der österreichische Thronfolger Franz Ferdinand dem Attentat eines Serben. Österreich und Preußen riefen nach Vergeltung. Eine ältere Generation von Berlinern und Wienern mag sich an die Parole »Serbien muß sterbien« erinnern.

1918, nachdem die Serben auf der Seite der siegreichen

Alliierten gekämpft hatten, kam es zur Gründung eines Königreiches, das auch Slowenien und Kroation umfaßte, aber von den Karadjordjević regiert wurde. Seit 1928 nannte sich dieser von den Serben dominierte Staat, in dem mehr als 15 Nationalitäten lebten, Jugoslawien. Der Traum von Großserbien zerplatzte, als Jugoslawien im Zweiten Weltkrieg von den Achsenmächten zerschlagen wurde. Die jugoslawische Armee ergab sich 1941, in Serbien regierte eine deutsche Militärverwaltung, die rechtsradikale Bewegung Ustascha proklamierte einen Unabhängigen Staat Kroatien, in dem Juden, Muslime und Serben grausam verfolgt wurden. Die anderen Gebiete Ex-Jugoslawiens teilten Italien, Ungarn und Bulgarien untereinander auf. König Peter II. ging ins englische Exil. Im letzten Kriegsjahr wurde in einer Londoner Hotelsuite Prinz Alexander geboren. Der neue Machthaber in Jugoslawien, der Partisanenführer Josip Broz Tito, ließ den König und seinen Sohn ausbürgern. Die serbischen Nationalisten von heute sehen in der Tito-Herrschaft eine Zeit der Demütigung. Serbien war damals eine Republik unter anderen, und Tito räumte sowohl Kosovo wie der Vojvodina Autonomierechte ein, dies empfanden die Serben als zusätzliche Schikane und nationale Beschneidung.

Als in den neunziger Jahren gerade die Deutschen einem unabhängigen Kroatien das Wort redeten, konnten die serbischen Nationalisten ihre Landsleute Glauben machen, dies sei die Speerspitze einer neuen deutschen Invasion. Im Jahre 1991 sah Prinz Alexander seine Stunde gekommen. Er stellte sich zugleich als mäßigende Kraft wie als Garant einer serbischen Tradition dar. Hunderttausende begrüßten ihn in Belgrad und auf dem Lande. Der Prinz glaubt, wenn er damals seine Chance schon genutzt hätte, wäre Serbien und seinen Nachbarn viel erspart geblieben. Aber er fühlte sich durch seine geringe Kenntnis der serbischen Sprache gehemmt und war überzeugt, daß Slobodan Milošević und seine sozialistische Nomenklatura fest im Sattel sitzen.

Nach der Ära Milošević kann sich Alexander Serbien als konstitutionelle Monarchie vorstellen und sich selbst als König. Sein Vorbild ist der spanische Monarch Juan Carlos, der den unblutigen Übergang der Franco-Diktatur in die Demokratie überwacht hat, ohne selbst Partei zu nehmen.

Alexander Karadjordjević ist allerdings aufgrund seiner englischen Erziehung dem Westen mehr verbunden als seiner Nation, und das schmälert seine Chancen bei den serbischen Patrioten.

Und noch ein Machtfaktor spielt eine große Rolle für dem künftigen Weg Serbiens: die orthodoxe Kirche. Sie war in vierhundert Jahren Fremdherrschaft die einzige Institution, die das Serbentum verkörpert hat. Das Volk der Gläubigen mußte einen hohen Preis dafür bezahlen. Denn nur wer zum Islam übertrat, hatte Zugang zu Ämtern, Boden und Besitz im Osmanischen Reich. Das schürte den Haß der Serben auf die Albaner und die Bewohner des Balkans, die aus Profitgründen zum Islam konvertierten. In Kosovo Polje hatte die orthodoxe Kirche ihre Klöster gebaut. Im Laufe der Jahrhunderte strömten aber nach der von den Serben verlorenen Schlacht auf dem Amselfeld immer mehr Albaner ein. Als Milošević im Namen des großserbischen Traumes wieder vollen Anspruch auf das Kosovo erhob, stützte die Kirche zu Anfang die Politik der ethnischen Säuberung. Erst als die Greueltaten der jugoslawischen Streitkräfte und der mit ihnen verbündeten Paramilitärs publik wurden, rief auch die Kirche zum Sturz von Milošević und den Seinen auf. Bei der ersten großen Protestdemonstration in Cacak zeichneten sich die schwarzen Roben der orthodoxen Priester ab. Der Reverend Stojan Stockic rief, die Brutalität der Serben im Kampf um das Amselfeld habe alles geändert. Der Patriarch der orthodoxen Kirche Pavla ließ in Belgrad verlautbaren: »Die Kirche ist keine politische Institution. Aber ihre seelsorgerische Pflicht drängt sie, die Regierung in Belgrad zum Rücktritt aufzufordern.«

Nach Jahren sozialistischer Diktatur ist die orthodoxe Kirche nicht mehr identisch mit der serbischen Nation. Ihr Einfluß ist begrenzt. Im Kosovo versucht sie aber, ihren seelsorgerischen Pflichten nachzukommen, hält die Serben zum Verbleib an und stellt ihre Klöster als Schutz-Enklaven zur Verfügung. Der Exilpolitiker Bogdan Bogdanović hält die Anhänglichkeit an das Amselfeld jedoch für übertrieben: »Die Serben hatten 50 Jahre Zeit, nach Kosovo zurückzugehen. Das Gegenteil trat ein. Sie wanderten aus.« Und Zoran Djindjić, einer der Aspiranten auf die Nachfolge von Slobodan Milošević, rief bei seiner Rückkehr nach Belgrad die Serben auf, sich endlich von ihrer Opferpsychose zu befreien: »Wir müssen jetzt über unsere Zukunft entscheiden.«

Wie ein Priester der orthodoxen Kirche in der kosovarischen Stadt Peć sagte, »kann sich Serbien jetzt mit Mut und Elan vom Krankenbett des Nationalismus erheben«! Auf der großen Balkankonferenz in Sarajevo schränkte NATO-Generalsekretär Solana ein: »Diese Gesellschaft kann nicht gesunden, bevor nicht jene, die Kriegsverbrechen begangen haben, ausfindig gemacht und der Justiz übergeben worden sind!« Doch langsam erkennt eine Mehrheit der Serben, daß Slobodan Milošević nicht ihr Heilsbringer ist, sondern der Quälgeist, der die Volksseele nicht zur Ruhe kommen läßt. Im Oktober 2000 muß er in einem demokratischen Wahlgang die Präsidentschaft abgeben, von der Macht läßt er jedoch nur nach einem politischen Kleinkrieg mit seinen nationalen und internationalen Gegnern und dann nur zum Schein. Heimlich plant er den Putsch gegen die neue Regierung, von seiner Dienstvilla im Eliteviertel Dedinje aus.

Das jedenfalls behaupten Experten des neuen Sicherheitsapparates in Jugoslawien. Spezialeinheiten finden nach dem Sturm auf die Residenz des Despoten Ende März 2001 eine unterirdische Anlage mit Bunkern, Tunnels, geheimen Ausgängen, Hunderten von Überwachungskameras und Waffendepots. Neben dieser Verbunkerung, also der Flucht nach innen, hat der Milošević-Clan auch eine Flucht nach außen erwogen. Das beweisen die vielen ausländischen Konten, die aus dem jugoslawischen Zoll abgezweigten Millionen, die in Plastiktüten und Manteltaschen vollzogenen Geldtransfers. Noch über seinen Sturz, Anfang Oktober 2000, hinaus gingen beträchtliche Mengen Feingold an Edelmetallhändler in der Schweiz. Der Despot hat also nicht nur für Serbien morden lassen, sondern auch Serbeien selbst geplündert. Für Letzteres kommt er in Belgrad vor Gericht, für Ersteres soll er in Den Haag zur Verantwortung gezogen werden. Für die Millionen von Menschen, die seinetwegen die Heimat oder das Leben verloren haben, kommt das Haager Kriegsverbrechertribunal zu spät. Um seiner Festnahme im Frühjahr 2001 zu entgehen, drohte Slobodan Milošević mit dem kollektiven Selbstmord seiner Familie. Damit wäre das Blutregime von Belgrad standesgemäß zu Ende gegangen, hätte Milošević aber auch bei den eingefleischten Nationalisten Mätyrerstatus erhalten. So wird die Zeit an seinen Legenden nagen und seine Untaten zutage fördern. Er hat als letzter der Diktatoren des zwanzigsten Jahrhunderts ein ethnisch beherrschtes Großreich gewollt und die Selbstzerstörung bewirkt. Nicht die Einheit, sondern die Teilung Jugoslawiens ist das Resultat. Den Serben selbst ist dabei ein alter Feind neu erwachsen, nämlich ein Albanien, das mehr sein will als nur eine Nachbarnation.

Großalbanien – ein Morgenland?

Über Prizren, der zweitgrößten Stadt des Kosovo, schallt der Ruf des Muezzin, und auf der Moschee weht die albanische Flagge mit dem schwarzen Doppeladler auf rotem Grund. Ein Signal für ein autonomes Kosovo oder für den Anschluß an Albanien? In einem der nahen serbisch-orthodoxen Klöster hat die Ushtria Çlirimtare e Kosoves (UÇK) gehaust. Die Kosovo-Befreiungsarmee kam mit den deutschen Einheiten der internationalen Schutztruppe in die Stadt. Seit dem Rückzug der serbischen Soldaten übt die UÇK Lynchjustiz. Die Kfor-Einheiten können es kaum verhindern. Die Deutschen mit ihrer militärischen Ausrüstung und ihrer Disziplin markieren einen seltsamen Gegensatz zu den jungen Albanern, die auf den Brücken und an den Ufern der Istrica flanieren.

Etwa 60000 Albaner waren aus der Stadt geflohen. Wie es scheint, sind fast alle heimgekehrt. Ein Rückkehrer aus den Flüchtlingslagern in Albanien, den Kopf von einem Fez bedeckt, sagt in die Kamera: »Ich fühle mich wie neu geboren.« Erleben wir im sozialökonomisch rückständigsten Gebiet Restjugoslawiens die Geburt einer neuen, einer muslimischen Nation? Wenn es nach der Religion geht, ist Kosovo nicht der erste Streifen Morgenland im Balkan. In Bosnien leben Slawen, die sich unter türkischer Herrschaft zum Islam bekehren ließen. Das gleiche gilt für den Sandzaç, einen Landstrich zwischen Montenegro und Serbien. Etwa 80 Prozent der Einwohner von Albanien sind Muslime. Selbst arm, haben sie in ihren Häusern und Höfen Flüchtlinge aus dem Kosovo aufgenommen, als der Platz nicht mehr reichte, wurden Zeltstädte errichtet. Albanien diente bereitwillig als Basis für den Nachschub an Menschen und Material für die Kosovo-Befreiungsarmee. Mir scheint, daß die Albaner mehr an Handel und Wandel hängen als an Minaretten und Muezzins und daß ihre Hilfe nicht den Glaubens-, sondern den Stammesbrüdern galt und gilt. Diese Anteilnahme schafft ein Wir-Gefühl, das die Vorstufe zum Nationalbewußtsein sein kann. Ich finde das sogar notwendig. Denn dieses »Land der Skipetaren«, das der sächsische Schriftsteller Karl May Generationen von deutschen Lesern nahegebracht hat, lag für mehr als ein Jahrtausend im Wetterwinkel der Geschichte. Seine tiefen Schluchten und unzugänglichen Berge haben einen Menschenschlag hervorgebracht, der eigentlich in keinen Gesellschaftsentwurf paßte – bis eine menschenfeindliche Ideologie aus Albanien ein Höhlensystem machte mit Hunderttausenden von Einmannbunkern.

Auf der Rechercherеise für eine Fernseh-Dokumentation über das Land der Skipetaren kam ich Anfang der achtziger Jahre nach Albanien. Vorausgegangen war ein Kleinkrieg mit Behörden, die von dem rein historischen und folkloristischen Charakter des Berichtes überzeugt werden mußten. Ich bezog mich auf den Nationalhelden Skanderbeg, dem es 1443 gelungen war, eine türkische Armee in die Flucht zu schlagen. Seine gerade renovierte Burg in den Bergen hinter der Hauptstadt Tirana wurde mir voll Stolz gezeigt, aber mein Wunsch nach einer Reise ins malerische Hinterland um Girokaster wurde abgewiesen. Den berühmtesten Sohn der musealen Stadt, den Nationaldichter Ismail Kadaré, erlebte ich erst Ende der neunziger Jahre bei einer Lesung in Paris, wo er Exil fand nach seiner Ausweisung aus Albanien. In der französischen Zeitung »Le Monde« antwortete er während des Kosovokrieges auf die Frage, ob der Balkan »europäisiert« werden könne: »Es geht nicht um ein Kann, sondern um ein Muß. Denn der Balkan ist der Patio des europäischen Hauses. Und in keinem Haus kann es Frieden geben, wenn im Innenhof Terror und Konfrontation herrschen.«

Seinerzeit durfte ich aus Gründen der »Sicherheit« nicht nach Girokaster. Stärker noch als in anderen kommunistischen Ländern war Sicherheit eine Art Codewort für totale Abschottung. Und die unendliche Reihen von Bunkern, die im ganzen Land stehen, schienen mir kaum für die Landesverteidigung geeignet, sondern Ausdruck von – ja eben von Bunkermentalität zu sein.

Tatsächlich hatten es die Albaner im Verlauf ihrer Geschichte meist mit Gegnern zu tun und selten mit Verbündeten. Türken und Venezianer, Serben und Griechen trieben sie in die Berge. Sie waren die Nichtslawen in und neben Jugoslawien. Sie bildeten eine kommunistische Enklave im sozialistischen Lager. Nur im Fernen Osten fanden sie einen Partner in Rotchina. Und wie die Roten Garden in der Kulturrevolution Mao Tse-tungs entfachte Enver Hoxha 1967 einen Bildersturm auf Kirchen und Moscheen. Er brach ein Jahr später mit dem Warschauer Pakt, dem letzten politischen Bindeglied in Europa, und 1978 auch noch mit China, die Isolation war vollkommen.

Der Preis, den Enver Hoxha für diesen Akt der Selbstherrlichkeit entrichten mußte, war ein Staatswesen, das auch im Vergleich zu seinen kommunistischen Nachbarn immer weiter zurückfiel in der sozialen Entwicklung und im technischen Fortschritt – ein europäisches Armenhaus. Noch dazu durfte Albanien laut Gesetz keine Auslandsschulden machen, so daß es nicht einmal Kunstdünger beschaffen konnte für das einzige Exportprodukt, nämlich Gemüse, das in Glashäusern gezogen wurde. Ich logierte damals zunächst im Gästehaus der Regierung, dem Hotel Dajti, das Benito Mussolini während der italienischen Besatzungszeit als Residenz gedient hatte. Dann durfte ich an die albanische »Riviera« umziehen, wo in dürftigen Herbergen DDR-Bürger in Gruppen Ferien machten. Ein junger Mann erzählte mir, daß Zöllner ihm an der Grenze die Haarpracht beschnitten hätten. Langmähnen galten in Hoxhas Reich als Zeichen westlicher Dekadenz.

Weil Albanien so hermetisch abgeriegelt war, kam die Welle der Aufstände gegen den Kommunismus spät, aber besonders heftig ins Land, das seit dem Tod Enver Hoxhas im Jahre 1985 von Ramiz Alia beherrscht wurde. Die Glashäuser wurden kurz und klein gehauen, die Geschäfte geplündert, selbst die Krankenhäuser und Schulen ausgeraubt, die blindwütige Rache für 45 Jahre Kerker und Bunkermentalität.

Der Kommunismus hatte die dreieinhalb Millionen Albaner geknechtet, aber auch zur Nation geschmiedet. Ohne diesen Druck fiel der Staatsverband auseinander, und alte Familienfehden und Klankriege überzogen das Land. 1991 flohen Zehntausende junge Albaner übers Meer nach Italien. In Albanien kämpften Nord gegen Süd, Muslime gegen Christen, jeder gegen jeden, bis die aufgestaute Sprengkraft auch noch Polizei und Armee zersetzte, die Waffenlager gestürmt wurden, der Bürgerkrieg drohte. Da griff die Europäische Gemeinschaft im Frühjahr 1997 mit Waffen und Waren ein. Schutzcorps aus Spanien, Italien und Frankreich sollten den Nachschubweg ebnen. Türken und Griechen, Dänen und Österreicher sollten nachrücken. Der Landehafen für die internationale Aktion war Durrës.

Weil die Pioniere zunächst einmal Schiffswracks beseitigen, Untiefen ausloten, Ladezonen vermessen und Plünderer verweisen mußten, begab ich mich auf die Suche nach dem einst berühmten Amphitheater der römischen Hafenstadt Epidamnus. Ein ortskundiger alter Herr namens Zephir führte mich zur ehemaligen Zuschauertribüne, auf der eine Schafherde weidete, und zeigte mir in den Fundamenten, in die Grundwasser eingetreten war, Mosaiken und Fresken aus römischer Zeit.

Vernachlässigung ist eine milde Umschreibung für Albaniens Kultur. Über dem Hafen liegt die Sommerresidenz des kurzlebigen albanischen Königshauses. Dort regierte 1913 für ein Jahr der von europäischen Mächten eingesetzte Fürst zu Wied und zwischen den Weltkriegen ein muslimischer Bey, der sich Zogus I. nannte. Anfang der achtziger Jahre hatte die Residenz als Gästehaus der sozialistischen Regierung gedient, und ich hatte als Gast in der aufwendig renovierten Haupthalle mitdinieren dürfen. Im April 1997 führte mich der zehnjährige Clovis auf den Burgberg und konnte mir nur noch von Plünderung und Vandalismus erzählen. Altklug meinte Clovis: »Verbrecher sind im Lande unterwegs, und deshalb müssen wir Hunger leiden.«

Die Schutzcorps sollten wieder Ordnung und vor allem Nahrung in das verarmte Land bringen. Wir Journalisten folgten einem Konvoi nach Elbasan in der Mitte Albaniens, der ehemaligen Waffenschmiede der Nation. Den Weg säumten Autowracks, verfallene Bunker, Blumenverkäufer und Straßenjungs, die Waffen zum Verkauf anboten, aber auch neu errichtete Imbißstuben in einem gefälligen Landhausstil.

Die italienischen Soldaten wagten sich nicht nach Elbasan hinein. In der Stadt tobten Klankämpfe, und überdies war Blutrache zwischen zwei Familien ausgebrochen. Wir fanden in einem Hospiz Unterschlupf. Die Nonnen hatten vorsichtshalber eine Gruppe Bewaffneter zum Schutz engagiert. Auf dem Hauptplatz konnte ich hinter einem neu aufgehäuften Erdwall eine Erinnerungsplakette an einen Besuch des deutschen Außenministers Genscher entziffern. Dank an die deutsche Außenpolitik, aber auch für ganz handfeste Hilfe. 1991 hatten sich 3000 Albaner in die Deutsche Botschaft in Tirana geflüchtet. Alle durften ausreisen. Die Bundesrepublik gewährte Albanien schon zu Enver Hoxhas Zeit Unterstützung. Nach Franz Josef Strauß ist sogar ein Platz in einem Vorort von Tirana benannt. Der Bayer hatte 1984 eine Lücke für eigenständige Außenpolitik entdeckt.

Albanische Gastarbeiter in Deutschland haben ihr erspartes Geld in neue Restaurants gesteckt. Agim Delia hat sein Gasthaus »Bavaria« getauft, weil er in München gearbeitet hat und weil die Deutschen sich schon im Zweiten

Weltkrieg korrekt benommen hätten. Timo, Besitzer eines Imbißladens am Hauptplatz meint: »Am liebsten aber haben wir das Auto mit dem Stern.« Tatsächlich fallen alte Mercedesfahrzeuge im Straßenverkehr auf. Nicht alle sind auf legalem Weg ins Land gekommen. Die Aufschriften auf vielen Lkws scheinen auf emsigen Handel mit Deutschland hinzuweisen. Aber die meisten der Wagen, die da mit Reklamen für EDEKA, Kraft oder Kaufhof herumfahren, sind einfach nach dem Kauf nicht umlackiert worden. Die vielen Bunker, es sollen einmal 600000 gewesen sein, erfüllen neue Funktionen. Auf dem Land sind sie zu Kühlkellern oder Geräteschuppen umgebaut worden, am Strand zu kleinen Fischlokalen und um Tirana zu Verkaufsständen. Der Kiosk ist ein Wunschtraum vieler Albaner, 2000 davon gibt es inzwischen allein in Tirana. Timo vom Kiosk auf dem Hauptplatz erklärt: »Die Albaner sind Kleinhändler, überall auf der Welt, in Amerika und Italien, in Mazedonien und im Kosovo.«

Im April 1997 folgten wir noch einem größeren Konvoi, der 200 Tonnen Lebensmittel und Medizin für den Bergort Kukes transportierte. Ein wenig Hilfe in der Not hatten schon die albanischen Verwandten aus dem Kosovo über die Grenze gebracht. 1997 ging es den Kosovaren besser als den Einwohnern von Albanien. Aber viel Kontakt gab es nicht. Die Kosovaren sprechen einen anderen Dialekt, fühlen sich ihren albanischen Nachbarn überlegen, nur unter faschistischer Herrschaft waren sie für ein paar Jahre zu einem gemeinsamen Staatengebilde vereint.

Ende des neunzehnten Jahrhunderts hatten sich führende Christen und Muslime zu einer Verteidigungsgemeinschaft gegen die drohende Annexion durch Serben oder Griechen zusammengetan. Diese »Liga von Prizren« wurde 1881 noch von den Türken, also den eigentlichen Schutzherren, zerschlagen. Im Kriege um das Kosovo war Kukes ein großes Auffanglager für die Flüchtlinge vor der serbischen Soldateska, diente Prizren als Hauptquartier der deutschen

Truppe. In Tirana allerdings ist das europäische Abziehbild von deutschen Bierkellern und italienischen Espressobars ein wenig verblichen und ersetzt worden durch den Marlboromann, die Jeans und die American Bar. Das hat weniger mit den US-Boys zu tun, die als Soldaten ins Land gekommen sind, als mit den vielen Amerikanern albanischer Herkunft, die ihrem Land wirtschaftlich und politisch auf die Beine helfen wollen. Ein Heimkehrer, der es in Detroit vom Tellerwäscher zum Millionär gebracht hatte, macht dem feinen »Rogner« Konkurrenz, das bisher die ausländische Kundschaft angezogen hat.

Der Krieg um das Kosovo ist für Albanien nicht nur ein Drama, sondern auch eine Chance. Die Albanoamerikaner bringen Geld ins Land, die Militärs Ordnung und die Hilfsorganisationen Waren. Das so lange armselige Albanien könnte bald zum Vorzeigeprojekt des Westens auf dem Balkan werden. Immer vorausgesetzt, aus dem neuen Selbstbewußtsein erwachsen nicht Ansprüche auf ein Großalbanien, das Minderheiten in Jugoslawien, Montenegro und Mazedonien einbezieht.

Albanien ist eigentlich weniger ein Staat, sondern mehr ein Verbund von Stammesgesellschaften. Die Albaner definieren sich auch nicht über eine Nation, sondern über eine gemeinsame Sprache und Geschichte. Die Römer hatten sie in ihrer Provinz Illyricum zusammengefaßt, und sie nennen sich selbst die Skipetaren. Ihr Zusammengehörigkeitsgefühl hat eher eine ethnisch-kulturelle Basis als eine politische. Dennoch fürchten die Balkannationen, in denen Skipetaren leben, den Sprengsatz eines großalbanischen Nationalismus. Die Vertreibungskampagne der Serben im Kosovo ist einerseits Teil dieser Angst und hat andererseits den Nationalismus geradezu angestachelt. Die Weigerung Mazedoniens, die Flüchtlingsströme aus dem Kosovo vorbehaltlos aufzunehmen, hat mit der Furcht vor einer Albanisierung des Staatswesens zu tun. Tatsächlich betrachten sich ein Drittel der 2,2 Millionen Einwohner Mazedoniens als Skipetaren, und mit jeder Flüchtlingsfamilie, die nicht mehr in das Kosovo zurückkehren will, verschiebt sich die Bevölkerungsbalance. Dabei wird der Kindersegen der Albaner zur Geheimwaffe. Keine ethnische Gruppe in Europa hat so kinderreiche Familien wie die Albaner. Staistiker sagen für das Jahr 2040 ein Mazedonien voraus, in dem 50 Prozent der Bevölkerung albanisch-stämmig sind. In den Randgebieten zum Kosovo sind die Albaner schon jetzt in der Mehrheit. Tetovo, die zweitgrößte Stadt Mazedoniens, hat 100000 Einwohner, davon sind 85000 Albaner. Als sich oberhalb der Stadt, in der alten türkischen Burgfestung Kale, Rebellen einer selbsternannten nationalen Befreiungsarmee nach derm Muster der UÇK im Kosovo verschanzt hatten, jubelten die Albaner von Tetovo. Als sich die Rebellen unter dem Druck der mazedonischen Streitkräfte wieder zurückziehen mußten, hatten sie immerhin erreicht, daß die albanische Bevölkerungsgruppe in Mazedonien mehr Rechte erhält.

Eine frühe Präsenz amerikanischer Truppen hielt Mazedonien aus den Bürgerkriegen heraus, die Slobodan Milošević angezettelt hat. Amerika auch hat die Geheimpläne zwischen Griechenland und Serbien vereitelt, die das kleine Land unter sich aufteilen wollten. Die Griechen haben Mazedonien erst 1995 anerkannt, und zwar unter dem merkwürdigen Eigennamen: »die vormalige jugoslawische Republik von Mazedonien«.

Dabei wacht Athen eifersüchtig über die nationale Historie, die aus dem gebürtigen Mazedonier Alexander dem Großen einen Griechen macht. Im Mittelalter war Mazedonien kurzfristig Teil des bulgarischen Großreiches, und Serbien hatte ebenso kurzfristig in Skopje seine Hauptstadt. Noch heute zerren geschichtlich bedingte Ansprüche an Mazedonien, und die vielen Eroberungen haben in der Volksmischung ihre Spuren hinterlassen. Nicht umsonst heißt auf der Speisekarte vieler lateineuropäischer Länder ein gemischter Fruchtsalat »Macedonia«.

Josip Broz Tito wollte die Eigenständigkeit und Bedeutung Mazedoniens durch Industrieansiedlungen stärken. In der Nähe der Hauptstadt Skopje entstand ein gigantisches Eisen-Stahl-Werk und bei Kavadarci ein Nickel-Eisen-Kombinat. Aber beide Produktionsstätten florierten nicht recht. Eine immer stärker aufbrausende Streikwelle mündete nach Titos Tod in wachsenden Protest gegen die Zentralgewalt in Belgrad und schließlich in die Unabhängigkeit. Dadurch vertiefte sich die ökonomische Krise des kleinen Staatswesens weiter. Der Kosovokrieg hat Mazedonien zudem von seinen traditionellen Märkten abgeschnitten. Präsident Kiro Gligorov klagte darüber, daß internationale Hilfsorganisationen Lebensmittel aus dem Westen einfliegen, aber Mazedoniens Bauern ihre Ernte verfaulen lassen müssen, weil ihnen die Klientel in Jugoslawien abhanden gekommen ist. Mazedonien wird im Rahmen des Stabilitätspaktes an der Aufbauhilfe des Westens teilhaben und mit den anderen Ländern der Region zusammenarbeiten.

Vorsichtshalber hatten die Mazedonier in der illegalen albanischen Universität von Tetovo schon einmal jene Karte eingerollt, die ein fiktives Großalbanien zeigt, zu dem auch der Westen Mazedoniens gehört und ein Streifen der jugoslawischen Republik Montenegro.

Der jugendliche und prowestliche Führer dieser Zwergrepublik von 650000 Einwohnern, Milo Djukanović, kümmert sich nicht um großalbanische Angstmache. Die hochgewachsenen Montenegriner sind große Krieger. Sie widerstanden in ihren Bergfesten als einzige den Türken. Sie waren im Zweiten Weltkrieg gefürchtete Partisanen, und der Kampfgeist ihrer regionalen Polizei hat die jugoslawische Armee in den Kasernen gehalten. Montenegro wird auch von Serben beherrscht, sie haben aber die nationalistischen Scheuklappen der Belgrader Führung nicht angelegt. Djukanović war während des Kosovokrieges ein häufiger Gast in westlichen Staatskanzleien und kann sich insbesondere der Unterstützung durch Bonn und Washington sicher sein. Selbst nach Eigenständigkeit strebend, sähe Montenegro das benachbarte Kosovo lieber unabhängig als in einer von Belgrad abhängigen Autonomie.

Wenn man es genau nimmt, ist das große Reich der Skipetaren ein Hirngespinst von Slobodan Milošević, das seinetwegen und gegen ihn Gestalt in der kosovarischen Befreiungsarmee angenommen hat. Noch nachdem der jugoslawische Machthaber der Südprovinz jene Autonomie nahm, die ihr Josef Broz Tito gewährt hatte, gingen die Kosovaren den Weg Gandhis – also mehr Rechte ohne Einsatz von Gewalt. Dafür hat der Führer dieser friedlichen Autonomiebewegung Ibrahim Rugova auch reichlich Beifall im Westen geerntet. Er wurde 1992 als »Präsident des Kosovo« gewählt und 1998 in seinem Amt bestätigt. International hat man ihn nicht anerkannt. Oft sah ich den unscheinbaren Brillenträger, der nur durch seine extravaganten Schals auffällt, in den Gängen des EU-Rates oder der NATO in Brüssel. Der Schal, so vertraute mir ein Parteigänger an, sei dem Kopftuch von Arafat abgeschaut. Und wie der Palästinenser von der Intifada wurde der Kosovare von der UÇK in seiner Autorität bedroht.

Diese Befreiungsarmee ist sich einig in der Ablehnung von Ibrahim Rugova, besonders seit der Slobodan Milošević die Hand gedrückt hat, doch untereinander sind sich die UÇK-Leute spinnefeind. Mir fiel das besonders vor den Toren des Schlosses von Rambouillet auf, in dem eine heterogen besetzte Delegation der Kosovaren auf den west-östlichen Friedensplan verpflichtet werden sollte. Die 15 Delegierten tagten zwar hinter verschlossenen Türen, aber ihre unterschiedlichen Zubringer gaben in den kleinen Bars vor dem Schloß willig Auskünfte, die sich in fast jedem Detail widersprachen. Einer bejahte die Autonomie: »Jetzt haben wir so lange gewartet, da können wir auch weiter Geduld aufbringen.« Der andere meinte: »Unabhängigkeit und nichts anderes«. Einer stimmte der Entwaffnung der UÇK zu, ein anderer sah in der Truppe die »reguläre Armee der freien Republik Kosovo«. Im Pressecorps der NATO in Brüssel beklagte der Kollege von der Kosovapress Ekrem Krasniqi die Uneinigkeit im eigenen Lager. Er setzte voll auf Hashim Thaçi, einen hochgewachsenen eleganten Akademiker, der den Kriegsnamen »Schlange« trägt. Thaçi hat dem Hörensagen nach die europäischen Vermittler in Rambouillet auflaufen lassen und erst auf Madeleine Albright, die US-Außenministerin, gehört, als die Konferenz nicht nur an den Serben, sondern auch an den Kosovaren zu scheitern drohte.

Auch die »Schlange« Thaçi hat es schwer, die verschiedenen Flügel der UÇK unter ein Dach zu bekommen. Da sind jene Aktivisten, die schon unter Tito ins Gefängnis kamen oder im Untergrund wirkten. Dann die Veteranen oder Nachfahren der Skanderbeg-Brigade, die schon unter Hitler gegen die Serben kämpften. Die schwarze Uniform und der Kampfgruß mit der geballten Faust sind wohl ihre Hinterlassenschaft. Die Bilder aus dem »befreiten« Kosovo zeigten zwar noch die schwarze Uniform, aber die offene Handfläche als Gruß – wohl den amerikanischen GIs abgeschaut. In den Reihen der UÇK finden sich auch althergebrachte Familienclans wie die Jasharis und blutjunge Rekruten aus Amerika und Deutschland. Der US-Colonel Lester Gilson nannte sie »Moskitoarmee«, weil sie nicht mehr als Nadelstiche anbringen konnte. Sie waren den jugoslawischen Streitkräften unterlegen, aber ihr Arsenal an konventionellen Waffen reicht aus, um sich der Bevölkerung als neue Herren anzudienen. Aufgrund blutiger Machtkämpfe in den Reihen der UÇK befürchtete Michael Jackson, der Kommandeur der Kfor, bereits im Sommer 1999, die Führung der UÇK verliere die Loyalität ihrer Untergruppen. Seither haben sie nicht unter Beweis stellen können, daß sie dem Aufbau des zivilen Lebens stärker verpflichtet sind als dem Kampf.

Der Westen hat fahrlässig zugesehen, wie die UÇK die

gewaltlose Opposition von Ibrahim Rugova an die Wand drängte. Für eine gemischte Gesellschaft ist seither kein Platz mehr im Kosovo. Der letzte serbische Arzt im Krankenhaus von Mitrovica sagte: »Nur noch Teilung bringt jetzt Heilung.« Die internationale Schutztruppe wird irgendwann gehen, und die UÇK wird bleiben. Ob dann Kosovaren und Jugoslawen noch gemeinsam im neuen Haus Europa wohnen werden oder so sorgfältig voneinander getrennt wie seinerzeit ihre Delegationen im Schloß Rambouillet, beantwortet auch die Frage nach dem Erfolg der internationalen Gemeinschaft im Kosovokonflikt. Immerhin ist es der vierte Krieg in Folge, den Jugoslawien mit sich selber führte, und damit entspricht es dem Ausruf von Winston Churchill: »Der Balkan produziert mehr Geschichte, als er verdauen kann.« Wir anderen Europäer, die wir da auf den Rängen um die Arena des Balkans sitzen, hätten vielleicht mit Beifall oder Buhruf, mit Hilfe oder Hilfsentzug ein wenig die Richtung vorgeben können auf dem Weg, der nach Europa führt. Aber auch uns passierte zuviel Geschichte auf einmal. Als die Verbündeten 1995 in einer Kaserne bei Dayton in Amerika über einen Frieden in Bosnien verhandelten, hatten sich die Kosovaren lautstark und mit Fahnen und Transparenten vor den Kasernentoren versammelt. Damals starrten alle Beteiligten bewußt über das neue Problem hinweg. »We wanted to fix a tire only and not the whole vehicle«, sagte mir ein amerikanisches Delegationsmitglied, das ich auf das jugoslawische Gesamtproblem ansprach. »Wir wollten ein Loch im Reifen flicken und nicht das Vehikel zum Laufen bringen.«

Angesichts des wütenden Protestes der Kosovaren hatte ich mich gefragt, warum die UÇK nicht den Augenblick der Schwäche des jugoslawischen Machthabers genutzt hatte, um selber loszuschlagen. Vier Jahre später antwortete mir darauf der kosovarische Journalist Ekrem Krasniqi: »Damals setzte eine Mehrheit der Albaner noch auf eine friedliche Lösung. Außerdem hatten wir kaum Waffen und keine Verbündeten.« Hinzu kommt, daß die Muslime in Albanien und in Bosnien nur der Glaube verbindet, nicht die Volkszugehörigkeit. Die bosnischen Muslime stammen von Serben und Kroaten ab und sind während der langen türkischen Herrschaft zum Islam übergetreten. Unter der Habsburgerherrschaft bildeten die Bosniaken eigene, grausam kämpfende Verbände im Heer der Donaumonarchie. Als eigene Volksgruppe traten sie aber erst mit der Gründung Jugoslawiens 1918 in Erscheinung, und erst 1981 erhielten sie den Status einer »jugoslawischen Nation«. Im Krieg, der nach dem Unabhängigkeitsreferendum im Jahre 1992 ausbrach, waren die bosnischen Muslime zunächst auf sich selbst angewiesen. Erst der Übergang von einer leidenden zu einer um das Überleben kämpfenden Volksgruppe prägte ihr Nationalgefühl.

Diesen Übergang habe ich 1994 in Mostar, der Hauptstadt der Herzegowina, beobachtet. Die bosnischen Muslime lebten auf der einen Seite der Neretva, die bosnischen Kroaten und ihre Landsleute aus aller Welt auf der anderen. Die berühmte Brücke aus türkischer Zeit diente eher als Trennlinie, denn als Verbindung. Und hoch über der Neretva thronten die bosnischen Serben mit Kanonen der jugoslawischen Armee. Zunächst den Übergriffen von Serben und Kroaten hilflos ausgesetzt, erhielten die Muslime über einen Schleichweg Vorrat und Waffen. Zunehmend finanzierten sie ihren Widerstand und die Ausrüstung mit saudiarabischem Geld.

Die wachsende Gegenwehr der bosnischen Muslime vor allem hat die Serben an den Verhandlungstisch von Dayton gezwungen. In Dayton mußten auch die Kroaten mit den Muslimen Frieden schließen und in eine Staatengemeinschaft mit ihnen einwilligen. Über den Frieden wachte dann in Mostar der frühere Bremer Oberbürgermeister Hans Koschnick, der, an seiner Aufgabe verzweifelt, sein Mandat im Juli 1996 niederlegte. Sein Pressesprecher Dragan Gasic übernahm später die kitzlige Aufgabe, das Fernsehen in der Republika Srpska zu überwachen. Im Kosovokrieg wollte die Fernsehstation das jugoslawische Programm übernehmen. Die NATO aber, die über Bosnien wie über ein Protektorat wacht, drängte auf Ausstrahlung der Pressekonferenzen in Brüssel. Die Zwickmühle hat Dragan Gasic fast den Job gekostet. Dem hochgewachsenen geborenen Jugoslawen mit österreichischem Paß geht es so wie den meisten Ausländern oder Einheimischen, die zwischen den Völkern schlichten wollen. Sie geraten in Niemands Land. Gasic meint: »Viele Schultern tragen die Schuld im Jugoslawienkonflikt, und auch wir können sie nicht abwälzen.« So kann die internationale Schutztruppe in Bosnien/Herzegowina zwar durch Demonstration der Stärke einen Wiederausbruch des Krieges verhindern, aber versöhnen können sie die Völker nicht. Noch immer wagen sich Kroaten nicht in vornehmlich muslimische Ortschaften und umgekehrt. Die Serben, die vor allem Sarajevo so zugesetzt haben, kehrten der Stadt den Rücken, die ehedem als Muster friedlicher Koexistenz galt. Noch immer liegen Kathedrale, Moschee, die orthodoxe Kirche und eine Synagoge nahe beieinander. Aber nur die Moschee ist gut besucht. Die Muslime von Sarajevo sind durchaus weltlich veranlagt. Darauf weisen neue Kneipen, Boutiquen und Delikatessengeschäfte hin. Die Wirtschaft lebt jedoch hauptsächlich von der Legion der ausländischen Helfer und Polittouristen. Die Stabilität in Bosnien hängt vom Stützkorsett der internationalen Gemeinschaft ab.

Ein hochrangig besetztes Forum um Shimon Peres und George Soros veröffentlichte im Mai 1999 eine Studie mit dem Titel: »Kosovo – von Bosnien lernen!« Dabei waren sich der israelische Friedensnobelpreisträger und der Wirtschaftstycoon einig: Das Abkommen von Dayton hat noch nicht einmal die Bosnienkrise gelöst.

Das Signal von Sarajevo

Am 30. Juli 1999 versammelten sich in Bosniens Hauptstadt Sarajevo 35 Staats- und Regierungschefs zur Verabschiedung des Stabilitätspaktes für Südosteuropa. Mit diesem Treffen im wiederhergestellten Olympiastadion und der gemeinsamen Abschlußerklärung setzten sie ein politisches Signal für einen multiethnischen, multireligiösen und multikulturellen Balkan, in dem Sicherheit, Frieden und Demokratie unteilbar sind. US-Präsident Clinton besuchte demonstrativ ein serbisches Kloster. Bundeskanzler Schröder erklärte, entscheidend für den Aufbau und Wiederaufbau der Region sei die Versöhnung der Menschen über Grenzen und Nationalitäten hinweg. Wenn die Hilfe so rasch anliefe, wie diese Konferenz ablief – drei Minuten Redezeit für jeden, auch für Clinton –, könnte Bodo Hombach, der deutsche Koordinator des Balkanpaktes, zufrieden sein. Es gibt inzwischen ein wohlausgestattetes Aufbauprogramm, dessen Realisierung vom demokratischen Wohlverhaltender einzelnen Nationen abhängt. Der ehemalige Mostarbeauftragte Hans Koschnick warnt vor übertriebenen Hoffnungen: »Das dauert nicht Jahre, sondern Jahrzehnte.«

Sponsoren des Paktes sind die 15 Mitglieder der Europäischen Union sowie Nordamerika und Japan. Sie orientieren sich an jenem Marshallplan, der nach dem Zweiten Weltkrieg Briten und Franzosen, Italiener und Deutsche, Sieger und Verlierer, aus der Zerstörung geführt und dabei einander nähergebracht hatte. Die Zusammenarbeit der Balkanvölker soll ein Jahrhundert der Kriege beenden, das in Sarajevo mit der Ermordung des österreichischen Thronfolgers Franz Ferdinand durch den serbischen Nationalisten Gavrilo Prinaip seinen Anfang nahm.

Dieses Attentat im Juni 1914 war der Startschuß für den Ersten Weltkrieg und der Anfang vom Ende der Donaumonarchie. Anfang der neunziger Jahre war Sarajevo umkämpfter Schauplatz in den jugoslawischen Erbfolgekriegen, jetzt kann die Stadt ein Symbol für ein neues Zeitalter werden, in dem der Balkan nicht mehr für Chaos und Völkermord steht und in dem die Frage nicht mehr lautet, »ob Kosovo zu Jugoslawien gehört, sondern ob beide Teile eines neuen Europa werden«, wie Bill Clinton es formuliert hat. Die Balkanstaaten knüpfen hohe Erwartungen an diesen Stabilitätspakt. Albaniens Präsident Rexhep Mejdani denkt, »die demokratischen und mächtigen Staaten [haben] verstanden, daß diese Region schnelle Hilfe braucht und eine Einbindung in die euro-atlantische Gemeinschaft«.

Das Senkblei der Uneinigkeit, das den Balkan nach unten zieht, beschwert ganz Europa und hindert es daran, Fahrt aufzunehmen. Dabei war Sarajevo selbst nicht nur ein Sinnbild der Auflösung, sondern auch der Eintracht unter den Völkern des Balkans. Eine Ausgrabung nahe dem Flughafen erinnert an die Besiedlung in der Bronzezeit. Im Altertum waren es die Römer, im Mittelalter die Slawen, die dem Ort ihren Stempel aufdrückten. Die Türken gaben der Stadt den Namen »Saraj-ovasi«, zu deutsch Burgfeld. Der Orient schuf das Händlerviertel mit gut 1000 Werkstätten und Läden. Die Karawanen aus Wien, Venedig und Stambul nahmen in der Stadt und ihren 50 Karawansereien Quartier. Im Viertel Carsija lebten Muslime, Juden, katholische und orthodoxe Christen in Harmonie. Die Geschichte der Stadt ist frei von Verfolgungen aus religiösen oder ethnischen Motiven. Unter der österreichisch-ungarischen Doppelmonarchie nahm Sarajevo einen großen wirtschaftlichen Aufschwung. Josip Broz Tito, der seine Völker nach dem Rezept der Habsburger regierte, setzte den Aufbau fort. Die Einwohner zeigten ihre Gastfreundschaft und Weltoffenheit bei den Olympischen Winterspielen von 1984. Sarajevo, selber eine Welt im kleinen, gehörte zum

Westen und zum Osten, aber vor allem sich selbst, bis Haß und Gewalt sich einnisteten. In den Amtsstuben hing bis zum Bürgerkrieg im Jahre 1993 das Porträt Titos, weil er einen Bund gleichberechtigter Völker wollte; den Muslimen war es gleichgültig, daß dieser Bund Jugoslawien, also Land der Südslawen, hieß. Von dieser einst kosmopolitischen Stadt geht nun das Signal für eine »Wiedervereinigung« des Balkans auf demokratischer Basis aus.

Der Wohlstand des Westens will sich dem Notstand des Ostens nicht mehr verschließen und zudem die Fliehkräfte bändigen, die den Balkan immer wieder zerrissen haben. Danach streben auch die Länder der Region, Restjugoslawien ausgenommen. Sie alle haben direkt oder indirekt Schaden genommen in der Kosovokrise, und die Allianz der Sieger sieht sich in einer Art Haftpflicht. Der in Ungarn geborene Amerikaner George Soros schlug eine Zollunion für den Balkan vor und eine gemeinsame Währung, die an den Euro gekoppelt ist.

Die meisten der betroffenen Länder finden sich im Donauraum. Der große Strom hat oft Schicksal gespielt bei der Bildung und dem Zerfall östlicher und westlicher Reiche. An den Ufern der Donau lieferten sich Kreuz und Halbmond epische Schlachten. Die Donau entlang zogen die Heerscharen der Völkerwanderung und der Kreuzfahrer, der Slawen, Türken und Germanen. An der Donau auch läßt die Sage Hunnen und Nibelungen aufeinandertreffen.

Der Komponist des Nibelungenliedes Franz Liszt hatte Gran, das heutige Esztergom, zum Sitz des Hunnenfürsten Etzel erkoren. In der Festung am Donauknie in Ungarn erfüllte sich nach der Sage das Schicksal der Nibelungen. Esztergom war zweihundert Jahre lang Residenz der ungarischen Arpaden-Könige. Im Nachbarort Visegrad gründeten nach dem Zusammenbruch des Kommunismus die ehemaligen sowjetischen Satellitenstaaten in Osteuropa eine demokratische Interessengemeinschaft als Vorstufe zur Aufnahme in EU und NATO. Mein Freund Geza, der an der Sanierung der Trutzburg von Visegrad mitarbeitet, findet es pikant, »daß die Hunnen heute zu den Nibelungen gestoßen sind«. Seit der Aufnahme in die NATO im April 1999 sei »Ungarn keine Fähre mehr zwischen dem Ost- und dem Westufer der Donau«.

Für Ungarn wurde diese militärische Verankerung im Westen gleich zu einer Pflichtaufgabe. Als einziges NATO-Land grenzt es direkt an Jugoslawien. Ungarn zog mit in den Krieg gegen Slobodan Milošević, nahm viele flüchtige Serben auf, die Sorge um ihr Leben und ihren Besitz hatten, und muß um die ungarische Minderheit in der Vojvodina bangen. Die Provinz hatte zur österreichisch-ungarischen Doppelmonarchie gehört, 1920 mußte sie Ungarn an Jugoslawien abtreten. Der ungarische Schriftsteller György Konrád schrieb dazu im Mai 1999: »Ich bin erst seit ein paar Wochen NATO-Bürger und bombardiere Jugoslawien, obwohl ich das gar nicht will.« Dem hielt sein Dichterkollege Imre Kertész im »Spiegel« entgegen: »Der populistische, extremistische Nationalismus wird ein Ende haben. Das macht diesen Krieg sehr wichtig.«

Die ungarische Regierung nahm das Risiko in Kauf, daß sich Slobodan Milošević für seine Niederlage rächen könnte an der rebellischen Vojvodina, der er 1990, in einem Aufwasch mit Kosovo, die Autonomie genommen hatte. Novi Sad, die Hauptstadt der Provinz, hieß einst Neusatz und bildete mit ihrer Festung Peterwardein einen Brückenkopf und mit Karlowitz auf der anderen Donauseite einen Sperriegel gegen die Türken. 1716 brachte der große Feldherr der Habsburger, Prinz Eugen, den Türken eine vernichtende Niederlage bei. 1748 erklärte die österreichische Kaiserin Maria Theresia Neusatz zur freien Königsstadt, das in seiner kulturellen Blütezeit als »serbisches Athen« galt. Hundert Jahre später zerstörten aufständische Ungarn den Großteil der Stadt. Unter Tito nahm Novi Sad einen neuen Aufschwung. Unter den NATO-Bomben verlor die Stadt fast alle ihre Donaubrücken. Schon den Ungarn in der Vojvodina zuliebe drängt Budapest zum Wiederaufbau. Die Allianz will Jugoslawien jedoch erst in den Balkanpakt einbeziehen, wenn die Diktatur in Belgrad gefallen ist. Dazu könnte auch ein Anstoß aus der Vojvodina kommen, denn sowohl Serben wie Ungarn in der Provinz insistieren auf demokratischen Reformen oder gar Unabhängigkeit.

Die Zerstörung der Brücken von Novi Sad sollte Belgrad von Nachschub über die Donau abschneiden, hat aber zugleich die Schiffahrt zum Erliegen gebracht. Die Einbußen, die dadurch den Anliegerstaaten an der Donau entstehen, sollen durch den Stabilitätspakt ausgeglichen werden.

Aber nicht nur die Schiffahrt, sondern die Donau selbst, ja die gesamte Umwelt hat Schaden genommen. Die Bombardements von Chemiefabriken, Ölraffinerien und Elektrizitätswerken durch die NATO setzten große Mengen giftiger Substanzen frei, darunter Phosgen und Quecksilber, die Böden, Luft und Wasser verseucht haben. Quecksilber-Altlasten gefährden die Gewässer über Jahrzehnte. In der Umgebung von Pancevo ballte sich eine Giftwolke zusammen, die sich über mehr als 20 Kilometer erstreckte. 50000 Menschen mußten evakuiert werden. Etliche Tonnen eines krebserregenden Chlorids leiteten Arbeiter in die Donau, um zu verhindern, daß es explodierte. Wie die »Süddeutsche Zeitung« vom 23. Juli 1999 meldet, geht das deutsche Umweltbundesamt in einem internen Bericht an das Umweltministerium von einer »weit über das Kriegsende hinausreichenden Gefährdung der Menschen in der betroffenen Region« aus. In Pancevo leben 150000 Einwohnern – es liegt etwa 15 Kilometer von der Zwei-Millionen-Stadt Belgrad entfernt. Nach den Luftschlägen gegen die Raffinerie in Novi Sad sollen Hunderte Tonnen Öl in die Donau gelangt sein. Sie haben die Ufer verschmutzt und gefährden die Trinkwasserversorgung von mehr als sieben Millionen Menschen in Jugoslawien, Bulgarien, Rumänien, Moldawien und der Ukraine.

Die Leidensgeschichte des zweitgrößten Stromes Europas

hat schon mit der Donauregulierung im zwanzigsten Jahrhundert begonnen. Der Rhein-Main-Donau-Kanal schafft zwar einen Wasserweg von der Nordsee bis zum Schwarzen Meer, stört aber das ökologische Gleichgewicht. Erst sind Auwälder abgeholzt, dann Staudämme und Wasserkraftwerke gebaut worden. Am »Eisernen Tor« wurde die Donau einst durch steile Berge in einen spektakulären Engpaß gezwungen. Diese für die Schiffahrt gefährlichste Stelle wurde 1971 durch den Bau eines 150 Kilometer langen Stausees zwischen Bulgarien und Rumänien entschärft. Die Umweltschutzorganisation World Wildlife Fund hat am »Eisernen Tor« eine weitreichende Vergiftung und ein Fischsterben im Donaudelta zwischen Rumänien und der Ukraine registriert. Die Fischer von Sfintu Gheorghe im Mündungsdelta fürchten um den Störfang und die Hoteliers von Konstanza am Schwarzen Meer um ihre Kundschaft. Seit der Vollendung des Schwarzmeerkanals im Jahre 1984 ist Konstanza über das Delta mit der Donauschiffahrt direkt verbunden. Der 400 km lange Kanal beginnt in Cernavoda. Dort hatte der rumänische Ingenieur Saligny, ein Absolvent der Technischen Schule in Charlottenburg, heute ein Stadteil Berlins, schon um die Jahrhundertwende ein meisterliches Brückenwerk geschaffen und damit eine neue Infrastruktur am unteren Donauverlauf. Der Andrang der Reeder war so groß, daß eine gemeinschaftliche Konvention der Anrainerländer den Schiffsverkehr regeln mußte. Im »Belgrader Vertrag« haben sich die Donauländer auf die Nutzung, aber auch auf die Schonung der Donau geeinigt. Für die neuerlichen Schäden können und wollen sie nicht aufkommen. Besonders Rumänien und Bulgarien erwarten für ihren Beistand im Kosovokonflikt Gegenleistungen vom Westen.

Bulgarien hatte ganz unerwartet einen Treffer im Bombenkrieg abbekommen. Die Lehrerin Diana Verbenova war glücklicherweise nicht zu Hause, als eine fehlgeleitete NATO-Rakete in ihr Apartment am Rande der bulgarischen Hauptstadt Sofia einschlug. Ihr und vielen anderen Bulgaren war dadurch die Nähe des Kriegsgeschehens bewußt geworden. Diana Verbenova sagte in die Fernsehkameras: »Ich bin immer noch für die NATO, weil wir von Serbien nichts erwarten können.« Eine Mehrheit der 8 Millionen Bulgaren stand zur Allianz auch in den Momenten ihrer Verirrungen, weil sie der NATO bald angehören wollen. Präsident Petar Stojanow ist in Brüssel ein häufiger Besucher, und sein Premier Iwan Kostow hatte der Bomberflotte des Bündnisses Überflugrechte eingeräumt. Kostow hat Angst vor Vernachlässigung durch den Westen: »Die Europäer müssen durch Kosovo hindurchsehen, um uns wahrzunehmen.« Diese ehemalige kommunistische Nation hat erst spät, aber dafür um so gründlicher Reformen eingeleitet, die westlichen Investoren imponieren. Bulgarien, das Land der sprichwörtlichen Blutfehde, hat sich dem Ausgleich verschrieben und eine Balkanbrigade aufgestellt, die zur Friedenssicherung in der Region beitragen soll. Vor allem hat es sich mit den türkischen Erzfeinden und mit Mazedonien ausgesöhnt. Letzteres fiel besonders schwer, weil die Wiege der Nation in Skopje stand und Skopje für die Bulgaren die gleiche mythische Bedeutung hat wie das Amselfeld im Kosovo für die Serben.

In einer Ansprache vor dem westlich gesinnten Atlantikclub in Sofia versprach der britische Premier Tony Blair, die baldige Aufnahme Bulgariens in die EU zu unterstützen. Die Regierung in Sofia hofft, mit Hilfe des Stabilitätspaktes die Hürden auf dem Weg nach Brüssel zu bewältigen und die Wirtschaft wieder anzukurbeln. Bulgarien büßte wie Rumänien, Bosnien-Herzegowina und Kroatien durch die Kosovokrise einen gehörigen Prozentsatz im Wirtschaftswachstum ein, das erstmals seit 1991 wieder gestiegen war. Diesen Rückschlag können die genannten Staaten aus eigener Kraft kaum wettmachen, zumal die internationalen Handelsrouten noch unterbrochen sind, ausländische Investoren sich zurückzogen und neue Absatzmärkte erschlossen werden müssen, seit die Lieferungen nach Serbien sich drastisch reduziert haben.

Die rumänische Regierung vermochte die notleidende Bevölkerung nur unter großen Mühen zu beschwichtigen und einen Marsch streikender Bergarbeiter auf die Hauptstadt zu bremsen. Rumänien war einst die Kornkammer des Balkans. Nach dem Krimkrieg beförderten britische Schiffe das Getreide die Donau hinunter. Mit dem Aufbau großer Industrieanlagen und der Erdölförderung entwikkelte sich im Königreich allmählich eine nationale Wirtschaft; die Bankiers des Aufschwungs vor dem Ersten Weltkrieg waren Deutsche. Einen Aufbau politischer Institutionen hatte die Fremdbestimmung verhindert. Der Hinterhof des Balkans hieß Rumänien. Im Kampf gegen europäische Mächte blieb dem Land kein Raum, selbst Geschichte zu machen. Durch die »Assassinen« ist es zum Begriff für gedungene Mörder geworden. Erst mit dem Verfall des Osmanischen Reiches bot sich Rumänien eine Chance zur Nationwerdung. 1916 trat das Land an der Seite der Entente in den Ersten Weltkrieg ein, und nach dem Todeskampf der Donaumonarchie fielen ihm Siebenbürgen, die Bukowina und das Banat zu. Dennoch vermochte sich Rumänien in den zwanziger und dreißiger Jahren nicht zu stabilisieren. Korruption und die Willkürherrschaft des Königs schürten weitere innenpolitische Krisen. Unter einer profaschistischen Militärdiktatur trat das Land dem Dreimächtepakt bei, seit Oktober 1940 stationierte deutsche Truppen besetzten die rumänischen Ölfelder. An der Seite Nazideutschlands führte Rumänien Krieg gegen die Sowjetunion. Nach dem Sturz des Regimes und der bedingungslosen Kapitulation im August 1944 marschierte die Rote Armee ein. Sie trieben deutsche und deutschstämmige Flüchtlingsströme vor sich her. Rumänien verlor Bessarabien und die Bukowina an die Sowjetunion.

Dieses Wechselbad von Faschismus und Kommunismus, von Expansion und Niederlage hat Rumänien zur leichten Beute für die Diktatur Ceauşescus gemacht. Um so brutaler verteidigte sich das Regime gegen jede Reform, und der

Umsturz verlief entsprechend blutig. In kaum einem anderen Land erhoffte sich die Jugend nach 1989 so sehr eine bessere Zukunft von Europa. Rumänien hat sich den Respekt des Westens gesichert, vor allem mit seiner Toleranz gegenüber der großen ungarisch-deutschen Minderheit in Siebenbürgen. Bei einem Besuch in Bukarest hat mich die Europabegeisterung genauso berührt wie die bittere Armut, die gleich vor den Toren der Hauptstadt beginnt. Der Balkanpakt kann dem vergleichsweise riesigen Land mit immerhin 20 Millionen Einwohner durch Kontrakte für den wirtschaftlichen Ausbau im Donauraum direkt und indirekt helfen.

Rumänien, Bulgarien und die Adriaküste Kroatiens bekamen die Kosovokrise nicht zuletzt durch den enormen Ausfall im Tourismusgeschäft zu spüren. Das ist mir besonders in Split aufgefallen, der kroatischen Hafenstadt mit dem ausgeprägten mediterranen Flair und einer gefälligen Architektur. Freundliche Gastwirte haben im Sommer 1999 trotz niedriger Preise vergeblich auf Gäste aus dem Westen gewartet. Die Behörden rechnen mit einer Einbuße von gut 800 Millionen Mark. Kroatien wird am Balkanpakt teilhaben, obgleich sich dort erst Ansätze demokratischer Spielregeln zeigen.

Die Initiatoren des Paktes, vor allem der deutsche Außenminister Joschka Fischer, schließen in ihr Stabilitätskonzept auch Griechenland und die Türkei ein. Geographisch reicht die Balkanhalbinsel bis zum Bosporus, zudem leben Türken in Bulgarien und Griechen in Albanien. Die fernen Türken haben gerne an der Seite der NATO gestritten, die nahen Griechen sich in ihrer übergroßen Mehrheit aber gegen den Kosovokrieg gestellt. Als bei dem griechischen Fischerort Litochoron US-Marines an Land gingen, auf dem Transit in das Kosovo, demonstrierten Tausende mit dem Ruf: »US-Killer go home.«

Nach einer Umfrage waren 95 Prozent der Griechen gegen die NATO-Angriffe, wollten immerhin noch knapp 70

Prozent Bill Clinton vor ein Kriegsgericht stellen. Der Botschaftsrat Griechenlands nennt drei Gründe: »Die Amerikaner halten zu den Türken, die Serben sind unsere Freunde, und es liegt seit dem Altertum in unserer Tradition, dagegen zu sein.«

Die griechische Regierung hat Mut zum Risiko bewiesen, als sie trotz des enormen Drucks der Bevölkerung und der traditionellen, auch religiös bedingten Freundschaft zu Serbien nicht aus der Front der Allianz ausscherte. Griechenland erhofft sich im Gegenzug Hilfe beim Einstieg in den Euro im Jahre 2001.

Die Türkei mußte ebenfalls Einbußen in der Tourismusindustrie hinnehmen und kann dafür auf Verträge beim Wiederaufbau des Kosovo rechnen. Sie alle, Beteiligte und Anrainer, Gegner und Befürworter der Allianz, kommen nun in den Genuß »eines Marshallplanes für den Balkan«. Der Silberglöckchen-Klang des Begriffes ist in Deutschland eng mit dem Wirtschaftswunder nach dem Krieg verbunden. Der nach dem damaligen amerikanischen Außenminister Marshall benannte *european recovery plan* machte 13 Milliarden Dollar für den Wiederaufbau Europas frei, für die USA waren das damals 13 Prozent des Haushaltes. Dies wären im Jahre 2000 um das Siebeneinhalbfache hochgerechnet 100 Milliarden Dollar – eine gewaltige Summe. Heute vergibt Amerika nicht einmal 0,2 Prozent seines Haushalts an ausländische Staaten. Bill Clinton hat darauf verwiesen, daß die Finanzierung des Marshallplans für den Balkan in erster Linie eine europäische Angelegenheit ist.

Vergleichbar sind die Gründe und die Bedingungen damals und heute. Der Wiederaufbau liegt im doppelten Sinne im Interesse des Westens, zum einen geht es um die Stabilität der Region, zum anderen um Aufträge für die heimische Industrie. Die Empfängerländer sollen »keine nationalen Shopping-Listen«, sondern ein Gesamtpaket zusammenstellen, und zwar nach den Prinzipien der freien Marktwirtschaft. Heute wie damals geht es nicht um Alimentierung, sondern um Hilfe zur Selbsthilfe. Heute wie damals bauen die Sponsoren auf einen Zwang zum Miteinander, der ethnische Konflikte und nationalistische Umtriebe überwinden hilft. Im September 1999 wollten die Außenminister aller Mitglieder den Rahmen für weitere Aktivitäten festlegen und die Vorsitzenden für regionale »runde Tische« – Demokratie und Menschenrechte, wirtschaftliche Zusammenarbeit sowie militärische Sicherheit – benennen.

Das »deutsche« Wirtschaftswunder hatte mit dem Instrumentarium zu tun, nämlich der Kreditanstalt für Wiederaufbau. Ihre damalige Aufgabe klingt sehr modern: Aufbau des Kommunalwesens, Förderung des Wohnungsbaus, Hilfe für mittelständische Unternehmen. Voraussetzung für die Gründung einer solchen Insitution im Kosovo ist Rechtssicherheit. Und die Kosten? Die Zahlen schwanken zwischen 30 und 150 Milliarden DM. Unabhängig vom Balkanpakt soll Kosovo allein ein Nothilfeprogramm von umgerechnet acht Milliarden Mark erhalten.

Soll das Kosovo auf den Vorkriegszustand gebracht, also nur repariert werden, oder soll es modernisiert, also an den Lebensstandard Europas herangeführt werden? Diese Frage kann nicht in Planungsstäben der UNO oder der Europäischen Union entschieden werden.

Der ehemalige Bundeskanzler Helmut Schmidt hält die europäische Verflechtung sowieso für töricht. Bei einer Debatte in München im Dezember 2000 sagte er mir: »Wir sollten uns aus fremden Kriegen raushalten«. Für ihn endet die europäische Toleranz, wo die Integration in das »kulturelle Kontinuum Europa« fehlt.

Europas Toleranzgrenzen

Immer wenn der Namenstag des Apostels Jakob auf einen Sonntag fällt, feiert die katholische Kirche Spaniens ein heiliges Jahr. Dann schwillt der Pilgerstrom nach Santiago de Compostela im Norden Spaniens auf ein Vielfaches seines sonstigen Ausmaßes an. Im heiligen Jahr 1999 machten sich Millionen auf den mühsamen Weg über die Pyrenäen, entlang der spanischen Atlantikküste bis nach Galicien, wo einst die bekannte Welt ihr Ende hatte, *Finis terrae* am Kap Finisterre. Sie kamen zu Fuß, hoch zu Roß und per Rad zum Grabe Jakobs, spanisch: Santiago. Die einen in Wanderungen über drei und mehr Monate, die anderen in Urlaubsetappen über mehrere Jahre verteilt.

Die besonders Frommen suchen den Ablaß ihrer Sünden. Die Motive der weniger Gottesfürchtigen sind Wanderlust, Selbstfindung, Abenteuersucht. Ein Radfahrer aus Jülich bedankte sich für Genesung von schwerer Krankheit. Ein Ehepaar aus Prag erfüllte sich seinen europäischen Traum, eine Pilgerschar aus Japan reiste zur Erinnerung an die Christianisierung von Nagasaki an. Eine Delegation der Pfarrgemeinde Mammendorf bei Augsburg kam aus religiöser Überzeugung. Eine Jugendgruppe aus Italien machte einen langgezogenen Abiturausflug. Ein Studienzirkel aus Frankreich erkundete die Kunst und Kultur der Klöster auf dem Jakobs weg. Und der spanische Generalsekretär der NATO Javier Solana wollte zum Millennium ein paar Sternennächte am Jakobsweg erleben. Die Wege all dieser Europäer kreuzen sich an der Pilgerbrücke von Puente la Reina bei Pamplona. Hier sammeln sich täglich Hunderte Wanderer, um ihre Jakobspässe abstempeln zu lassen. Nur wenige finden Quartier in den kostengünstigen Herbergen. Die Einheimischen von Pamplona begegnen den Pilgern mit großem Respekt.

Engelserscheinungen sollen Anfang des neunten Jahrhunderts zur Wiederentdeckung des Apostelgrabes auf einem Sternenfeld, dem *compostela*, geführt haben. Der islamische *Dschihad*, der »Heilige Krieg« der Muslime, hatte diesen nördlichen Zipfel der Iberischen Halbinsel verschont. In Santiago de Compostela nahm die militante christliche Gegenbewegung ihren Anfang, und der heilige Jakob wurde zum Vorreiter der Christenheit. Er war der *Matamoros*, der Maurentöter, der den christlichen Heeren bei der *Reconquista*, der insgesamt 700 Jahre dauernden Wiedereroberung der Iberischen Halbinsel, voranritt. Santiago de Compostela entwickelte sich zum Kristallisationspunkt eines durch seine Gegnerschaft zum Islam geeinten Abendlandes. Im Mittelalter galt die Pilgerreise nach Galicien unter dem Symbol der Jakobsmuschel als Höhepunkt eines Christenlebens, vergleichbar dem *Hadsch*, der Wallfahrt der Muslime nach Mekka zum Grabe Mohammeds.

Auf dem Jakobsweg entstand das Rolandslied, in Bazas an der Garonne rief Papst Urban II. im elften Jahrhundert zum ersten Kreuzzug auf, und im Jahr 1122 verlieh Papst Calixtus II. der Stadt Santiago das Ablaßrecht auf Vergebung aller Sünden in heiligen Jahren. Die prächtigste Herberge haben die »Katholischen Majestäten« Ferdinand und Isabella vor 500 Jahren gleich neben das Ziel der Pilger, die Kathedrale von Santiago, gebaut. Während ihrer Regentschaft fiel 1492 mit Granada die letzte Festung der Mauren auf der Iberischen Halbinsel. Noch im gleichen Jahr begab sich Christoph Kolumbus im Auftrag des spanischen Königshauses auf seine Reise über *Finis terrae*, das Ende der Welt, hinaus und entdeckte die »Neue Welt«, wo im Namen von Kreuz und Schwert und unter dem Schutzheiligen Santiago die Eroberung und Missionierung der Indianerreiche in Amerika begann.

Auch auf der Iberischen Halbinsel wurden »Andersgläubige«, Muslime, Juden und Roma, die in den Kalifaten friedlich und produktiv zusammengelebt hatten, nun unbarmherzig verfolgt. Diejenigen, die nicht bereit waren, zum christlichen Glauben überzutreten, mußten das Land verlassen. Der jüdische Historiker Michael Wolffssohn sieht in dieser Vertreibung ein »Urtrauma« jüdischer Geschichte, das erst durch den Holocaust, den millionenfachen Judenmord der Nationalsozialisten, in Vergessenheit geriet. Nach Wolffssohn galt das muslimische Spanien im Mittelalter als »irdisches Paradies der Juden«, und er rechnet es König Juan Carlos hoch an, daß er 1990 den aus »Spanien stammenden sephardischen Juden seine höchste staatliche Auszeichnung, den Prinz-von-Asturien-Preis der Eintracht« verlieh und sie damit »um Vergebung der Sünden von 1492« bat.

Um so merkwürdiger mutete die Feier zum heiligen Jahr des Jacobus vom 24. auf den 25. Juli 1999 an. König Juan Carlos war im *Parador Los Reyes Católicos* abgestiegen. Vor der Kathedrale nahm er eine Parade spanischer Elitetruppen ab, und während des anschließenden Feuerwerks ging die Attrappe einer Moschee symbolisch in Flammen auf. Die Spanier waren begeistert von diesem Spektakel, die Pilger aus Mitteleuropa eher ratlos. Sie vor allem suchte Juan Carlos am nächsten Tag bei einer Ansprache in der Kathedrale zu besänftigen, die formal an die Adresse des Apostels gerichtet war: »Dein Bild hat über die Jahrhunderte einen Weg geprägt, der auch Programm ist, mal im Kampf, mal auf der Pilgerschaft, immer europäisch und eng verwoben mit unserer amerikanischen Unternehmung ..., aber auch ein Weg der Vergebung, den wir so dringend benötigen um des wahren Friedens willen.« Wie es Tradition ist, umarmte der König dann das Bildnis des Maurentöters. Und ein paar Stunden später beweinte er gemeinsam mit dem Thronerben Mohammed in Marokkos Hauptstadt Rabat den Tod des muslimischen Königs Hassan.

Im Gespräch mit einigen deutschen Pilgern kam ich zu dem Schluß, daß wir mit der Bürde unserer Vergangenheit vielleicht ein allzu geschärftes Empfinden für solche historischen Ungereimtheiten haben. So erschien es uns auch merkwürdig, daß ausgerechnet die Galicier, also das Gastgebervolk in Santiago de Compostela, einen starken Sezessionsdrang demonstrieren. Am Jakobstag hatten sich 15 000 Anhänger einer Unabhängigkeitsbewegung versammelt, die weder etwas von Spanien noch von Europa wissen will, sondern sich auf keltische, voreuropäische Wurzeln beruft.

Im Mittelalter jedenfalls war der Jakobsweg eine Art Perlenschnur, an der sich die christlichen Völker Europas aufreihten. Es war der scharfsinnige Papst Pius II., der Mitte des fünfzehnten Jahrhunderts in seinem Aufruf zum Kreuzzug gegen die Türken erstmals den Begriff »Vaterland Europa« als Sammelbewegung gegen die »Ungläubigen« gebraucht hatte. Auf ihren Kreuzzügen hatten sich die christlichen Heere immer wieder mit türkischen Verbänden geschlagen, oft siegreich. Doch im vierzehnten Jahrhundert drängten die Türken mit Macht nach Europa. Unter der Dynastie der Osmanen überquerten sie den Bosporus und eroberten 1354 Gallipoli, ihren ersten europäischen Besitz. Nachdem 1362 Adrianopel an die Osmanen gefallen war, wandte sich der Kaiser von Byzanz an König Ludwig von Ungarn und an Rom um Hilfe – vergeblich. Der ungarische König wollte eine Art Sicherheitszone zwischen seinem Land und dem Reich der Orthodoxie schaffen, geriet in ein Scharmützel mit osmanischer Reiterei, das er zu seinen Gunsten entschied, feierte diesen ersten »Türkensieg« mit einer Stiftung für die Wallfahrtskirche Mariazell und zog sich in sein Reich zurück.

So blieb die Verteidigung Europas gegen die Osmanen den »Balkanslawen« vorbehalten. Bosnier und Serben rüsteten zum Krieg und erhielten Verstärkung von Söldnern und Rittern aus Albanien und Bulgarien. Im Juni 1389 standen sich die Armeen auf dem Amselfeld gegenüber. Aber trotz seiner Größe von über 100 000 Mann konnte der zusammengewürfelte Haufe der Europäer den 60 000 disziplinierten Soldaten der Osmanen nicht standhalten. Der Balkan wurde Teil des Osmanischen Reiches, auch wenn sich Skanderbeg, der große albanische Freiheitsheld, zeitweilig mit einer Rebellenarmee gegen die Türken behaupten konnte. 1453 fiel Konstantinopel, der letzte Stützpunkt des vormaligen byzantinischen Reiches. Im Jahre 1526 schließlich triumphierten die Türken bei Mohács über die Ungarn und teilten die ungarische Nation. Der größere Teil des Landes wurde dem Osmanischen Reich tributpflichtig gemacht. König von Westungarn wurde der Habsburger Ferdinand I., Statthalter im Heiligen Römischen Reich deutscher Nation.

1520 war Ferdinands Bruder, Karl I. von Spanien, zum deutschen Kaiser gewählt worden. Die Habsburger haben europäische Geschichte geschrieben, zunächst aber keine europäische Identität gestiftet. Zu zerstritten waren die Stände und der Hochadel, zu eigensinnig die neue Geldmacht der Bankiers, der Fugger und Welser. Bauernkriege und Glaubensspaltung wühlten das Reich auf. Eine Zeitlang schien die Voraussetzung sowohl für eine Kirchenreform wie für eine neue Reichsverfassung dennoch gegeben. Es blieb jedoch vorerst bei der Bevormundung durch Kirche und Obrigkeit, und entsprechend formierte sich der Widerstand dagegen. Nachdem die Türken 1529 Wien erfolglos belagert hatten, zogen die kaiserlich-königlichen Brüder 1532 gemeinsam gegen die Osmanen zu Felde – mit mäßigem Erfolg.

Dennoch hält Otto von Habsburg, der Enkel des letzten Kaisers, die Ära von Karl und Ferdinand für den Höhepunkt der Renaissance und den Beginn der Neuzeit. Denn fast am Ende ihrer Herrschaft verabschiedeten die beiden eine Reihe von Verfügungen, die als Vorläufer einer europäischen Verfassung gelten könnten. Dazu gehörte eine neue Gerichtsordnung und eine »Gebietsreform«, die eine neue Kreiseinteilung vorsah. Ein System von Reichstagen sollte den Landfrieden garantieren. Außerdem wurde 1555 der Augsburger Religionsfrieden geschlossen, der das Nebeneinander von Katholiken und Protestanten sanktionierte. Obschon diese Reform den Religionskrieg nicht verhindern konnte, schob sie ihn immerhin um zwei Generationen hinaus.

Zu einem Wendepunkt im Konflikt mit den Türken kam es erst 1684, als sich der Papst und Polen, Kaiser und Reich sowie die Seemacht Venedig auf eine »Heilige Liga« einigten, die Wien aus der Klammer der osmanischen Belagerung befreite. In der Befreiungsarmee kämpften Sachsen und Bayern, Franken und Schwaben und Landsknechte aus vielen Reichsteilen. Im Gegenzug drängten die Habsburger Heere die Türken immer weiter zurück. Mit der Donau monarchie entstand ein osteuropäischer Verbund, der weit in den Balkan hineinreichte, ihn aber nicht vollständig umfaßte. Die um ihre Befreiung vom osmanischen Joch geprellten Balkanvölker wandten sich Rußland als Schutzmacht zu, und es kam zu jener Aufsplitterung der Loyalitäten, die im Balkan noch heute Gültigkeit hat: Kroaten und Slowenen orientierten sich am Westen, Serben und Griechen verbanden sich über ihren orthodoxen Glauben und den Panslawismus mit Rußland. Die islamisierten Völker zeigten ihre traditionelle Begeisterung für die Türken wieder, als deren Truppen 1999 im Verbund der NATO im Kosovo einrückten.

Nach den Türkenkriegen sollte es noch rund 200 Jahre dauern, bis das Osmanische Reich endgültig zerfallen war. 1817 erstritten die Aufständischen unter den Clans der Obrenović und Karadjordjević in Serbien die innere Autonomie. Die Griechen erlangten nach achtjährigem, kräftig von russischen, französischen und britischen Truppen unterstütztem Kampf 1830 die Freiheit. Um 1900 rettete ein großzügiges Kreditangebot des deutschen Kaisers die Türkei vor dem wirtschaftlichen Ruin. Aus Dankbarkeit zogen die Türken an der Seite Deutschlands in den Ersten Weltkrieg und erlitten die deutsche Niederlage mit.

Heute erinnert man sich in Europa nur ungern an die weltpolitische Bedeutung der Türkei in der Blütezeit des Osmanischen Reiches. Das Deutsche Historische Museum in Berlin widmet den Türkenkriegen allenfalls einige etwas groteske Exponate: Im ersten Stock stehen hier unter anderem die fast lebensgroßen Figuren zweier osmanischer Krieger. Sie sollen Gefangene aus der Schlacht um Wien darstellen, und eine Inschrift erinnert daran, daß der Nymphenburger Kanal in München von 1000 türkischen Gefangenen ausgehoben wurde.

Ein dem Westen verbundener General verhinderte die endgültige Zerschlagung der Türkei. Mustafa Kemal schuf als Atatürk, als Vater der Türken, die Grundlagen für eine parlamentarische Demokratie und verfügte die Trennung von Kirche und Staat. Bis heute jedoch zweifeln viele Politiker in Europa an der ernsthaften Absicht Ankaras, sich vom islamischen Fundamentalismus loszusagen. Dieser Verdacht erhielt neuen Auftrieb, als Ende der neunziger Jahre die islamische Wohlfahrtspartei die türkischen Wahlen gewann und den überzeugten Muslimen Erbakan zum Premierminister machte. Der knüpfte auch gleich auf seiner ersten Auslandsreise Verbindungen zum Iran und Libyen. Im Februar 1997 veranstaltete der iranische Botschafter in Ankara Reza Bagheri zudem eine »Jerusalem Nacht«, beschimpfte dabei Israel und die USA als Teufelsanbeter und rief den Zorn Allahs auf jene herab, die mit den beiden kooperieren.

Gerichtet war diese Drohung an das türkische Militär. Es versteht sich seit Atatürk als Wahrer der laizistischen Verfassung, hält engen Kontakt zu Israel und ist Amerika sehr verbunden. Dreimal schon intervenierten die Streitkräfte im politischen Kräftespiel des Landes, zuletzt 1980. Und dank ihrer westlichen Verbündeten konnte die Armee das jedesmal ungestraft tun, denn damals war die Türkei ein mächtiges Bollwerk gegen die Sowjetunion. Heute ist die nach den USA immer noch größte Armee der NATO dem

Westen nicht mehr so wichtig. Mit Argwohn verfolgten die Regierungen in Berlin, London und Paris die innenpolitische Rolle des türkischen Militärs bei der Absetzung des Muslimen Erbakan oder aber im Kampf gegen die militanten Kurden im Hinterland von Anatolien und schließlich bei der Festnahme und Verurteilung des PKK-Chefs Öcalan. Anläßlich eines Besuches von NATO-Generalsekretär Solana im Hauptquartier des türkischen Generalstabes konnte ich im Foyer Gemälde studieren, die allesamt den Sieg der Osmanen in vergangenen Jahrhunderten darstellen. Die türkische Generalität versteht sich nicht nur als Ableger der NATO, sondern auch als Hüter einer großen Tradition. Darin sind sich die Militärs mit dem Premier Bülent Ecevit einig.

Die türkischen Politiker, ob nun linker oder rechter politischer Gesinnung, wollten nicht hinnehmen, daß die Türkei auf dem Luxemburger Gipfel im Dezember 1997 bei der EU-Kandidatenkür durchgefallen war. Dr. Bahri Yilmaz, der an der Bilkent-Universität in Ankara Volkswirtschaft lehrt, meinte: »Die Türken sind es leid, erst gegen den Kommunismus und dann gegen den Islam den Schutzwall zu spielen, aber von der EU immer nur hingehalten zu werden.« Yilmaz ist auch der Überzeugung, daß die zehntausend Absolventen, die jährlich seine Universität verlassen, qualifizierter sind als viele ihrer Kommilitonen in Berlin oder London. Ihn hat die Aussage des niederländischen Außenministers Hans van Mierlo gewurmt, der im Kreis der EU fragte: »Da ist das Problem eines großen Moslemstaates, wollen wir das in der Union?« Die amerikanische Außenministerin Madeleine Albright warnte denn auch: »Eine Türkei, die von Europa schlecht behandelt wird, steht in der Gefahr, in den Orient abzudriften.«

Eine 1998 initiierte Europakonferenz in London sollte Ankara darüber hinwegtrösten, daß es noch nicht für die Aufnahme in die EU in Betracht gezogen wurde. Doch am Bosporus winkte man beleidigt ab. Der damalige Premier

Mesut Yilmaz kommentierte: »Die mittel- und osteuropäischen Länder sind für Europa und Deutschland von strategischer Bedeutung als Hinterhof. Ihr letztliches Ziel ist es, diese Länder in NATO und EU einzubinden und am Bosporus einen Trennstrich zur Türkei zu ziehen.« Der damalige Staatspräsident Suleyman Demirel führte die Abschottung besonders auf Deutschlands Betreiben unter Helmut Kohl zurück und erinnerte daran, daß Tausende Arbeitnehmer aus Anatolien beim deutschen Wiederaufbau halfen.

Erst der deutsche Außenminister Joschka Fischer versicherte bei seinem Antrittsbesuch in Ankara im Juli 1999, daß er sich für die Aufnahme der Türkei in die EU einsetzen werde. Im selben Jahr noch erhielt die Türkei den begehrten Kandidatenstatus – gegen den Widerstand der Konservativen in Deutschland, aber auch der Sozialdemokrat Helmut Schmidt wetterte die Aufnahme von Völkern in die EU, die dem Abendland fremd seien. Der portugiesische Soziologe Sousa Ferreira sprach für viele Mitgliedsstaaten, als er den Bogen Europas nicht bis zum Berg Ararat im türkischen Hinterland spannen wollte. Hinter dieser Skepsis verbarg sich vor allem die Sorge Spaniens und Portugals als der wirtschaftlich schwächeren EU-Länder, daß sie sich die finanzielle Unterstützung durch die Union zukünftig mit der Türkei teilen müßten. Auch Griechenland hatte schon allein wegen des Zypernkonfliktes kein Interesse am EU-Beitritt der Türkei.

Mein Eindruck ist, daß das Land am Bosporus in zwei Hälften zerfällt. Die eine, westlich orientierte und gebildete, kann mit jeder Nation in der EU mithalten. Die andere, traditionsverbundene, ruht zwar auf einer der großen Zivilisationen der Frühzeit, dem Reich der Hethiter, doch sie ist weit hinter der Entwicklung der mediterranen Welt zurückgeblieben.

Als historisch gestaltende Kraft hat die Türkei dennoch die Kultur des Abendlandes ebenso entscheidend geprägt wie einst der hochentwickelte Staat der Mauren oder das

Judentum. Sie alle haben das Recht auf einen Platz im Haus Europa bzw. als dessen Nachbarn. Ein geeignetes Rezept für dieses Zusammenleben wird das Abendland jedoch selbst finden müssen. Zutaten gibt es genug: die Demokratie der Griechen, die Ordnung der Römer, die Kultur der Mittelmeervölker, die Baukunst der »freien« Mauren und sicher auch die in den Hochreligionen von Juden, Muslime und Christen wurzelnde Achtung vor der Würde des Menschen. Europa muß die zivilisatorischen Leistungen dieser Länder anerkennen und sie endlich als gleichberechtigte Partner betrachten. Denn diese Toleranz gehört auch zur Definition der europäischen Idee.

Eine amerikanische Perspektive

Ein Amerikaner entdeckt Europa

Am Ende des Jahres 2000 erlebten Amerika und Europa Parallelereignisse von großer Tragweite. Der mühsame Kampf um jede Stimme in der Auszählung der Wahlergebnisse im Wettlauf um das Weiße Haus trieb Amerika in eine Verfassungskrise, während ein Grinsen der Schadenfreude durch Europa ging. Das zähe Ringen um jede Stimme im Ministerrat der Europäischen Union beim Gipfel von Nizza hinterließ bei Europas Bürgern ein schales Gefühl und löste in Amerika überlegene Heiterkeit aus.

Dabei offenbart die gegenseitige transatlantische Wahrnehmung mentale, politische und kulturelle Unterschiede.

Amerika schätzt die Konsenspolitik in Europa gering ein, denn dort gilt »the winner takes all«, ein System robuster Konfrontation. Den Amerikanern erscheinen europäische Errungenschaften auch wenig glaubhaft. Sie vermuten deren wahren Antrieb in einer pessimistischen Grundhaltung, gepaart mit einer kleinstaatlichen Skepsis vor großen Entwürfen, wie die Kritik am Gipfel von Nizza wieder zeigte. Das Staunen in Übersee ist dann um so größer, wenn sich Europa immer weiter aus der geduckten Haltung innerer Zerrissenheit aufrichtet.

Europäer wiederum nehmen die verpatzte Wahl in den USA als ein Desaster, von dem sich Amerika nur schwer erholen kann, und unterschätzen dabei sowohl den Augenblickscharakter amerikanischer Krisenstimmung wie auch die optimistische amerikanische Grundhaltung gegenüber der Zukunft. Diese Mißverständnisse täuschen aber nicht darüber hinweg, daß sich Amerika und Europa heute noch genauso gegenseitig bedingen, wie in den Zeiten des Kalten Krieges. Der Balkaneinsatz, der ohne Amerika nicht hätte stattfinden können, ist ein Beweis dafür.

Eine heutige Perspektive amerikanischer Europapolitik hatte dabei der 42. Präsident Amerikas entwickelt. Während in Florida eine Art Konfettikrieg um gestanzte Lochkarten tobte, besuchte Bill Clinton Nordirland, um einen europäischen Dauerkonflikt lösen zu helfen. Und weil sein Vizepräsident Al Gore im Wahlkampf seiner nicht bedurfte, widmete sich Bill Clinton der Frage europäischer Integration.

An einem klaren Morgen im Mai 2000 wartete ich in einem Pulk von Journalisten vor den Toren Lissabons auf die Ankunft des Präsidenten. Mit der Morgensonne war er in Portugals Hauptstadt gelandet und zelebrierte dann den Landgang am Turm von Belem, einst das Wahrzeichen portugiesischer Seefahrer. An dieser für das europäische Kolonialzeitalter so historischen Stelle huldigte Clinton dem Kapitän Bartolomeo Diaz, »der das Kap der Stürme in ein Kap der guten Hoffnung verwandelt hat«, und so wie der kühne Seefahrer vor 500 Jahren müßten »auch wir die stürmischen Gewässer glätten«.

Das sind für ihn der Balkan und der Kaukasus einerseits und die »rogue states«, die Schurkenstaaten, andererseits. Letztere wollen die Amerikaner mit einem Raketenschutzschild bekämpfen, der die USA unangreifbar macht. Ersteres sollen die Europäer ohne amerikanische Hilfe lösen, denn »einen Weg zurück zu Jugoslawien gibt es nicht mehr« und auch keine dauerhafte amerikanische Militärpräsenz, wie mir sein Sicherheitsberater Samuel Berger sagte.

In der Tat, als Clinton an die Macht kam, war die Europäische Union nicht viel mehr als eine gewaltige Freihandelszone. Inzwischen hat die EU eine gemeinsame Währung, entwickelt eine gemeinsame Außenpolitik und ist im Begriff, eine eigene Streitmacht aufzustellen. Das hat Bill Clinton nicht nur zugelassen, sondern gefördert. Dafür sind ihm die Europäer dankbar und viele konservative Politiker in den USA gram. Es mag auch ein Zeichen der

Abenddämmerung seiner Präsidentschaft gewesen sein, daß Clinton das Historische an Europa mindestens so interessiert wie die Zukunft der alten Welt.

Beides wirkte zusammen, als er im Mai 2000 den Karlspreis in Aachen erhielt. »Binnen einer Generation erwarte ich, daß die EU 30 Mitglieder haben wird ... Es wird ein größeres Europa sein als Karl der Große sich je zu erträumen wagte«. Dann aber entwirft Clinton ein weit über die Vorstellungen von Außenminister Fischer hinausweisendes Europabild. Während die Deutschen sowohl am Bosporus wie jenseits des Balkan eine Grenze ziehen, mahnte Clinton ein Europa an, das die Türkei ein- und Rußland nicht ausschließt: »Es dürfen Rußland gegenüber keine Türen zugeschlagen werden, weder die der NATO noch die der EU!«

Soweit hat noch kein ernstzunehmender Politiker Europa vom Ende her gedacht, und vielleicht ist diese Sicht auch nur von Übersee her überhaupt möglich und auch schlüssig. Eine Nation, die sich aus allen Völkern der Welt zusammensetzt, kann sich ein vereinigtes Abendland besser vorstellen als ein Mann aus Kärnten oder Mecklenburg. Auch mit der Abgabe demokratischer Autorität von oben nach unten hatte Clinton in Aachen heiße Eisen angefaßt: »Europa hört wieder alte Namen – Katalonien, Piemont, Lombardei, Schlesien, Transsylvanien, Ruthenien!« Das sind Namen, die in den übergreifenden Nationalstaaten eher Kopfschmerzen auslösen als Begeisterung. Denn die Angst Europas vor Separatismus ist größer als der Stolz auf die ethnische Vielfalt. Und dann forderte Clinton bewußt einen Vergleich mit Amerika heraus, dem Europa noch schwerlich standhalten kann, daß Europa nämlich, wie Amerika, »nicht nur ein Ort ist, sondern eine Idee«.

Europa – Amerika, wem gehört die Zukunft?

Es war ein ungewöhnlich langer Abend für Washingtoner Lebensgewohnheiten. Die Hauptstadt der westlichen Welt geht ziemlich früh schlafen. Mein Gast, ein einst berühmter amerikanischer Fernsehkommentator, wollte eigentlich wie üblich gleich nach dem Dessert gehen. Aber das Thema fesselte ihn und hielt ihn wach, das Thema, was wäre die Welt ohne Amerika an der Zeitenwende zum nächsten Jahrtausend.

Meine Freunde nennen ihn einen *Renaissance Man*, einen Mann von Kultur. Nicht unerwartet zitierte er den Schriftsteller J. Hector St. John de Crevecœur, der als erster Europäer schon in der Geburtsstunde der Vereinigten Staaten erkannt habe, daß Amerika anders sei. In seinen »Briefen eines amerikanischen Farmers«, verfaßt in den Jahren 1770 bis 1781, beschreibt der Franzose den Amerikaner als einen »neuen Menschen«, der nach neuen Grundsätzen handelt. Und dann zählte mein Gast eine Reihe von typisch amerikanischen Eigenschaften auf, die sich inzwischen wie Gemeinplätze anhören:

Common sense – jede Theorie immer im Hinblick auf ihre praktische Anwendbarkeit prüfen.

Can do – der Drang, jede praktische Erfindung auch möglichst schnell umzusetzen.

Pursuit of happyness – die Jagd nach dem Glück, die bereits in der Verfassung legitimiert ist.

The mission – das Sendungsbewußtsein als letzte, große Hoffnung der Menschheit.

The American dream – die Überzeugung, daß die amerikanischen Gründerideale irgendwann eine perfekte Gesellschaft herbeiführen werden, in der Freiheit, Gerechtigkeit und Gleichheit herrschen. Dabei verstehen die Amerikaner unter Gerechtigkeit gute Gesetzgebung, unter Gleichheit Chancengleichheit und unter Freiheit die freie Entfaltung der Persönlichkeit.

The balance of power – die politische Gewaltenteilung zwischen Präsident und Parlament, die Amerika vor jeder Diktatur bewahrt.

Auf meine Frage, ob denn Amerika ohne diesen »Prinzipienleim« eine Weltmacht wäre, antwortete mein illustrer Gast: »Dann wären wir eine Bananenrepublik wie so viele andere Länder auch.« Und auf die weitergehende Frage, ob die Welt ohne dieses so beschriebene Amerika anders wäre: »Nein, dann hätte sich die *manifest destiny*, die schicksalhafte Vorbestimmung, in einem anderen geographischen und spirituellen Raum realisiert.« Fazit unseres nächtlichen Gesprächs: Wenn es nicht dieses Amerika gäbe, dann eben ein anderes, vielleicht anders genanntes. Die Sehnsucht und die Vorstellungskraft hätten die Entstehung eines solchen Landes so oder so erzwungen.

Für mich und meine Generation war Amerika jedenfalls ein Wirklichkeit gewordenes Phantasieprodukt. Eine Welt ohne Amerika hätte unsere Zukunftsvisionen ärmer gemacht. Vielen von uns hatte Senator James W. Fulbright mit seinem Austauschprogramm frühe Amerikaaufenthalte ermöglicht. Aber die führten uns nicht nach New York oder San Francisco, zu den Traumzielen, sondern nach Boulder, Colorado oder Durham, North Carolina oder gar ins hinterwäldlerische Arkansas, der Heimat des Senators Fulbright und seines späteren Zöglings Bill Clinton. Wir lernten ein kleinkariertes, freundliches und langweiliges Amerika kennen und nach einiger Zeit auch schätzen. Nach der Täuschung durch die Bilder und Kulissen von Manhattan und Hollywood kam die Enttäuschung über geringes Bildungsniveau und karge kulinarische Genüsse. Dann erst stellte sich Staunen ein über die Gastfreundschaft, die Lernwilligkeit und die Begeisterungsfähigkeit der Amerikaner in der Tiefe ihres Landes. Das Potential, aus dem die

USA schöpfen, sind nicht die Kraftmeier im Pentagon und die Schnelldenker an der Ostküste oder die Erfinder an den westlichen Endpunkten der Expansion in San Diego und San Francisco, sondern die Bauern von Iowa, die Kleinstädter von Oklahoma, die Metallarbeiter von Pittsburgh, die Raketentechniker von Huntsville. Diesen ganz gewöhnlichen Amerikaner beschreibt der Philosoph George Santayana: »Er arbeitet sich so klar und direkt wie möglich vor, in Form von Zahlen, Maßeinheiten, Plänen, Wirtschaftlichkeit und Geschwindigkeit. Er steckt seinen Idealismus in handfeste Dinge. Da er die latenten Kräfte in den Dingen begreift, ist er erfolgreich in der Umsetzung, konservativ bei Reformen und schnell bei der Hand in Notfällen.«

Besonders in der Not kommen diese amerikanischen Charakterzüge zum Tragen. Nach dem japanischen Bombardement der US-Flotte im Hafen von Pearl Harbour 1941 schien Amerikas Seemacht gebrochen, doch bereits am Ende des zweiten Weltkrieges beherrschten die Vereinigten Staaten sieben Weltmeere. Reich und Arm, Schwarz und Weiß, Hollywood und Wallstreet, aber vor allem das provinzielle Amerika hatten sich in den Dienst der gewaltigen Aufrüstung gestellt.

Ein anderer Notfall war Ende der achtziger Jahre eingetreten. In den goldenen Verschwenderjahren unter Ronald Reagan hatte sich die Nation verausgabt – und mußte das Fest des guten Lebens mit einem gehörigen Katzenjammer bezahlen. Ein Riesenloch im Haushalt, eine gigantische Auslandsverschuldung, veraltete Unternehmensstrukturen und mangelnde Wettbewerbsfähigkeit ließen den amerikanischen Traum zum Alptraum werden. Kritiker, die vom Aufstieg und Fall der Großmacht geschrieben hatten und das Ende des amerikanischen Zeitalters herankommen sahen, nahmen bald staunend wahr, wie Unternehmer und Arbeitnehmer mit hohem Tempo, großer Risikofreude und schmerzlichen Einbußen gegen den Strom des Niedergangs ruderten. An der Wende zum nächsten Millennium haben die USA nicht nur ihren Schuldenberg getilgt, sondern auch den Arbeitsmarkt revolutioniert und mit dem Informationshighway ihr weites Land vernetzt. Wie schon in den Nachkriegsjahren schaut Westeuropa wieder auf das Modell USA und schwankt zwischen Bewunderung und Neid, zwischen Nachahmung, Annäherung und Abwehr.

An europäischen Gegenentwürfen zum Modell Amerika mangelt es nicht. Nur haben sie bisher nicht funktioniert. Der Kommunismus als Vision einer herrschaftsfreien und klassenlosen Gesellschaft hat die Welt bewegt, ist jedoch in sich zusammengesackt. Der Sozialismus »mit menschlichem Antlitz« scheiterte an unmenschlicher Unterdrükkung und an menschlicher Schwäche. Der Faschismus ist ein Geschichtskadaver, den auch gelegentliche Stromstöße nicht mehr aus dem Grabe erheben.

Die Demokratie wurde zwar in Griechenland aus der Taufe gehoben und hat in England die Matura gemacht, doch erwachsen geworden ist sie in Amerika. Die Verfassungen der aus den Kolonien europäischer Nationen hervorgegangenen Staaten beruhten auf Volkssouveränität, Gewaltenteilung, häufigem Wechsel der Ämter und Mitwirkung der Bürger. (Frauen und Sklaven blieben allerdings vom Wahlrecht ausgeschlossen.) Alexis de Tocqueville, den die Französische Revolution um den Adelsstand gebracht hatte, bereiste Anfang des neunzehnten Jahrhunderts die frischgebackenen USA. Er nannte Gründe, warum eine republikanische Verfassung und ihr gemäße Institutionen zuerst in den USA gedeihen konnten: die Windstille außenpolitischer Isolierung, die puritanische Grundauffassung von den Rechten und Pflichten des Menschen, die ungestörte Entwicklung ohne Zwang und Kampf. Tocqueville warnte vor den Gefahren der »Mehrheitstyrannei«, welche die Demokratie mit sich bringe, aber er hielt ihren Vormarsch für unausweichlich und pries ihre Vorzüge: »In den demokratischen Zeitaltern opfern sich die Menschen selten füreinander auf, aber sie bekunden ein allgemeines Mitgefühl für alle Angehörigen des Menschengeschlechts. Man sieht sie keine unnützen Leiden zufügen, und wenn sie, ohne sich selber viel zu schaden, die Schmerzen anderer lindern können, so tun sie es gern; sie sind nicht uneigennützig, aber sie sind mild.« Den Erfolg des Experiments in Amerika führte er darauf zurück, daß sich Sitten und Gewohnheiten einbürgerten, aus denen Gesetze, Institutionen und politische Inhalte eine demokratische Qualität gewinnen konnten: »Die Demokratie ist nach und nach in die Gebräuche, in die Meinungen, in die Lebensformen eingedrungen; man begegnet ihr in jeder Einzelheit des sozialen Lebens wie in den Gesetzen.« Dieser Anschauung zufolge kann kaum eine Nation in Europa eine Garantie auf die Demokratie ablegen.

Die meisten Länder der Welt haben sich zur Demokratie bekannt, legen sie aber unterschiedlich aus. In Rußland haben die ersten Demokratisierungsansätze ein gutes Leben für einige wenige und Elend für die Massen gebracht. In Asien gilt Sicherheit mehr als Freiheit. Die Amerikaner haben einen viel ausgeprägteren Sinn für Bürgerrechte als die Europäer und trennen das Wohlstands- vom Freiheitsdenken. Der Deutschlandkenner John Kornblum sagte mir einmal: »Bei euch ist Demokratie so sehr an den Lebensstandard gekoppelt, daß jeder Einbruch im Wohlstand gleich die Demokratie gefährdet.«

In Europa, wo bis heute für viele Völker der Nationalstaat das Zentrum der politischen Identifikation bildet, setzen sich universalistische Prinzipien nur langsam durch. Die Mitgliedsstaaten der Europäischen Union streben erst jetzt danach, die Gleichheit ihrer Bürger durch Synchronisierung der Gesetzgebung zu sichern, Solidarität von der staatlichen Vormundschaft zu befreien und Freiheit an Verantwortungsbewußtsein zu knüpfen.

In Ermangelung einer Staatsform, die für eine Großgemeinschaft Europa bindend ist, bleibt das amerikanische Demokratiemodell übermächtig, und das ist an den Kapitalismus gekettet. Wir Europäer glauben, daß ungezähmter Kapitalismus an sich sozial ungerecht ist, weil er den Stärkeren belohnt und den Schwächeren bestraft. Bei uns greifen Regierungen in den Mechanismus der freien Marktwirtschaft ein, wenn das staatliche Krankenversicherungs- und Rentensystem bedroht ist. Zu eindringlich ist die Erinnerung an Klassenkampf und Staatsverweigerung. Nach Meinung des ostdeutschen Soziologen Wolfgang Engler gefährden Regierungen, die sich an der sozialen Gleichheit vergehen, die Demokratie in weit höherem Maße als solche, die persönliche Freiheit einschränken. Denn »das vielleicht wichtigste Kennzeichen der Demokratie« sei »Anteilnahme am Geschick der anderen, sozialer Sinn«. Auch Johannes Rau, der achte Bundespräsident Deutschlands, hat in seiner Antrittsrede gefordert, die Balance zwischen Freiheit, Gleichheit und Solidarität neu auszutarieren.

Die Amerikaner gehen mit dem Kapitalismus anders um, weil er ihren Pioniergeist förderte und ihre nationale Geschichte sowie ihren Aufstieg zur Weltmacht begründete. US-Historiker sind sich einig, daß die vornehmlich aus Europa kommenden Einwanderer sich im Ringen um die *frontier*, die sich ständig verschiebende Linie zwischen Zivilisation und Wildnis, »amerikanisierten«. Die Gründung der Nation fiel mit der Eroberung des Wilden Westens zusammen. Jerome Bernstein, der den in Amerika gefragten Beruf des Heldenforschers ausübt, nennt den waffentragenden *cowboy* »the All American Hero«. Er ist der Amerikaner schlechthin. In ihm erkennt sich die Nation wieder. Mit ihm wiederum identifiziert der Rest der Welt Amerika. Das Rauhbein darf auch ein wenig gesetzlos sein, solange es Ehrgefühl zeigt. Der Historiker Frederic Jackson Turner leitete die amerikanische Geschichtsschreibung 1893 mit dem Gedanken ein, daß dabei bisher zuviel »Aufmerksamkeit den germanischen Wurzeln gezollt [wurde] und zu wenig den amerikanischen Faktoren«. Turner meinte, das harte Leben der Pioniere, dieser Vorposten der Zivilisation, habe den

Charakter der Amerikaner geprägt: ungeschliffene Stärke, Freiheitswillen, unbändiger Egoismus, energiegeladene Heiterkeit, Improvisationskunst ohne jeden Kunstsinn. Im Laufe meiner Aufenthalte in den USA kristallisierten sich für mich weitere Grundeigenschaften der Amerikaner heraus: schnelle Empörung oder Begeisterung, mangelndes Erinnerungsvermögen und ausgeprägte Verdrängungsmechanismen.

Die Cowboylegenden sind unseren Heldensagen und die Revolvermänner unseren Raubrittern vergleichbar, obschon zwischen ihnen einige Jahrhunderte liegen, denn im Vergleich zu Europa sind die USA jung. Für den Fernsehveteran Dan Schorr ist gerade deshalb das amerikanische Zeitalter noch längst nicht ausgereizt: »Unsere Ahnentafel umfaßt gerade ein Dutzend Generationen. Der Blick in unsere Vorvergangenheit enthüllt eher Geschichtslosigkeit. Deshalb blicken wir nach vorn. Daher rührt unser Optimismus, und der ist die Antriebswelle ins nächste Millennium.« In Europa hingegen ist Vergangenheitsbewältigung ein Dauerthema.

Der größte Dissens zwischen Amerika und Europa liegt im unterschiedlich ausgeprägten Gemeinschaftswillen. Nicht nur Regionalpolitiker wie der bayerische Ministerpräsident Stoiber wollen nach der Aufgabe der Währungshoheit möglichst wenig Souveränitätsverluste in Kauf nehmen. Zbigniew Brzezinski, Sicherheitsberater von Jimmy Carter, kommt zu dem Schluß: »Im allgemeinen macht das heutige Westeuropa den Eindruck einer Reihe von gequälten, unzusammenhängenden, bequemen und dennoch sozial unzufriedenen Gesellschaften, die keine zukunftsweisende Vision mehr haben.«

Ein gemeinsamer Markt und eine gemeinsame Währung sind keine ausreichende Basis für ein Wir-Gefühl der europäischen Völker. Momentan wird der Bau Europas vornehmlich durch die gemeinsame Bekämpfung nationalistischer Tendenzen vorangetrieben. Ein »ungeteiltes Europa«

setzt die Überwindung ideologischer und ethnischer Abgrenzung voraus. In den USA konnten solche Fliehkräfte ihr Zerstörungspotential nicht entfalten, obwohl die Nation sich aus allen Völkern und Rassen der Welt zusammensetzt. »Es ist, als ob die Neuzuwanderer ihre jeweilige Nationalität beim Grenzübertritt wie das Übergewand an einer nationalen Garderobe abgeben«, meint Dan Schorr. Gerade die Einwanderer waren stets bereit zu einem Neuanfang. Ihre ganze Hoffnung lag und liegt in der Zukunft.

Beispiele für den Patriotismus und die spontane Solidarität, die Amerikaner immer wieder entwickeln, ließen sich viele nennen. Ich habe die gelben Schleifen noch deutlich vor Augen, die Zäune, Bäume, Denkmäler, ja ganze Wolkenkratzer schmückten, als von November 1979 bis Januar 1981 das Geiseldrama im Iran die Nation 444 Tage lang in Bann schlug. Dieses Symbol der Verbundenheit und des Mitleidens geht zurück auf das *Yellow Ribbon*, das Abzeichen der Kavallerie im Bürgerkrieg. Im kulturellen Gedächtnis der Nation ist die Schleife mit John Wayne als Kavalleriehauptmann in einem Hollywoodfilm verknüpft. Nach der Freilassung der Geiseln im Januar 1981 verschwanden die Schleifen, als ob sie nie existiert hätten. Auch die Demütigung durch den Iran und seinen damaligen religiösen Führer Ajatollah Khomeini, der die USA als »großen Satan« und größten Feind des Islam bezeichnete, geriet bei vielen Amerikanern in Vergessenheit. Im Frühjahr 1999 wurden in North Carolina angehende Collegestudenten nach ihren Kenntnissen über den Iran befragt. Die meisten verwechselten das Land mit dem Irak und erwähnten den Golfkrieg. Ein Prüfling hielt Khomeini für einen armenischen Ringer.

Bei derselben Befragung bestätigte sich, daß fast 90 Prozent der sechzehn- bis siebzehnjährigen Teenager nur über ein sehr geringes Allgemeinwissen verfügen. Die meisten kannten die Namen der Präsidenten der Nachbarstaaten Mexiko und Kanada nicht. Das allgemeine Bildungsniveau hat sich also trotz moderner Kommunikationsmittel nicht verbessert, ja es entwickelt sich eine neue Kluft zwischen Gebildeten und Ungebildeten. Die amerikanische Regierung sieht darin wie in dem Gefälle zwischen Arm und Reich eine Gefahr für die Zukunft der Gesellschaft und eine Herausforderung für die Gegenwart. Clinton besuchte im Frühsommer 1999 die Armutszonen Amerikas in den Appalachen-Bergen, in Georgia, im Mississippi-Delta, wo die Arbeitslosenquote bei 20 Prozent liegt, und in den Indianer-Reservaten. Er versprach den in Not und Elend lebenden Menschen – Weiße, Schwarze und rote Ureinwohner –, sein Kabinett wolle für sie bessere Bedingungen zur Selbstverwirklichung und zur Teilhabe am Wohlstand schaffen.

Diese Armutsgebiete, die *pockets of poverty*, werden den Aufbruch ins nächste Jahrtausend etwas abbremsen, jedoch keinen Bruch in der amerikanischen Gesellschaft herbeiführen. Die Arbeitslosenrate ist auf einem Tiefstand angelangt, da findet sich selbst für unqualifizierte Arbeiter ein Platz. Selbst jene, die sich ausklinken aus dem *rat race*, dem Rattenrennen, wie sie es nennen, erleben selten Mißachtung, dies widerspräche dem Kodex der *political correctness*. Das amerikanische Gleichwertigkeitsgefühl ist ein stabiles Laufband in die Zukunft, die amerikanische Flexibilität ein zweites. Wer Arbeit sucht, wartet nicht darauf, daß die Chance zu ihm kommt. Er geht überall hin, wo sie sich zeigen könnte, und ist bereit, sich neue Fertigkeiten anzueignen. Mit dieser Mischung aus Stolz, Eigeninitiative und Anpassung an rauhe Rahmenbedingungen gleicht der Amerikaner die meist höhere Qualifikation der Europäer aus.

Im globalen Wettbewerb könnte sich die Waagschale zugunsten Europas neigen, wenn sich in der Alten Welt ein ähnlich dynamischer Arbeitsmarkt wie in den USA entwickeln und die Integrationsfähigkeit der Europäer wachsen würde. Auf der Großbaustelle Berlin habe ich neben deutschen viele britische und türkische, polnische und portugiesische Laute gehört – ein Beleg für den Binnenmarkt

Europa, aber noch kein Bekenntnis zum gemeinsamen Kontinent. Meist blieben die Arbeiter aus Brandenburg, Warschau und Porto, aus Birmingham und Ankara jeweils unter sich. Während meiner langen Aufenthalte in den Vereinigten Staaten hat mich immer wieder verblüfft, wie Amerikaner ethnische Spannungen entschärfen und Konflikte quasi zu einem »positiven Ereignis« machen, das sie zum Überprüfen eigener Haltungen und zur Neuorientierung veranlaßt. Ich bin ein Optimist, meine Zuversicht ist groß, daß in Europa Fremdelei und Fremdenfeindlichkeit bald überwunden werden. Je mehr man voneinander weiß, um so mehr kann man voneinander profitieren. Nach Berlin kommt die nächste große Baustelle in einem anderen EU-Land, und dann sind Deutsche vielleicht Gastarbeiter. Bereits jetzt multikulturelle Städte wie Köln oder Bilbao, Gent oder Rotterdam strahlen eine fast amerikanische Gelassenheit aus; amerikanische Metropolen wie Boston oder Chicago weisen fast europäische Gesichtszüge auf. Solche urbanen Mischungen sind Quellen weiterer wechselseitiger Annäherung und Modernisierung.

Europa hat die Vereinigten Staaten in kontinentale Kriege und die Abwehr von Totalitarismen hineingezogen und ihnen aus eigener Schwäche eine Führungsrolle angetragen, auf die sich die Amerikaner nachweislich nur zögernd einließen. In der Politik erkennen wir die USA nach wie vor als Führungsmacht an, auch wenn sie uns bange macht.

Die beispiellose Vormacht

Die Denker mit den randlosen Brillen, die Historiker, die Neider, die Fans – sie alle geben vor zu wissen, warum Amerika über alle Macht der Welt verfügt. Aber ihre Vergleiche, Vorurteile oder ihre grenzenlose Bewunderung enthalten stets einen Rest von Zweifel. Die Gründungsidee mit ihrem Anspruch von Macht und Größe war vermessen, ihre praktische Auslegung erwies sich jedoch sofort als lebbar. Die Väter der Nation haben von ihrem Hochsitz aus nie die Wurzeln des amerikanischen Lebensbaums aus dem Blick verloren. Das Selbstverständnis der Amerikaner nährt sich immer aus hochfliegenden Idealen und sehr realistischen Zielen. Politiker nennen das *grass-roots democracy*, sie führen diesen Begriff auf Thomas Jefferson, den Rechtsanwalt und Pflanzer aus Virginia, zurück.

Ein Ausflug von Washington zu Jeffersons Anwesen lohnt zu jeder Jahreszeit, weil sich der Ästhet ein besonderes Haus in eine besondere Landschaft gebaut hat. Ich fahre am liebsten zur Erntezeit hin, wenn die Pfirsiche im Obstgarten reifen und sich das Weinlaub einfärbt. Heute wird aus der Traube ein Monticello Sauvignon gekeltert. Jefferson versorgte sich lieber aus Frankreichs Weinkellern. Er entwarf seine Villa Monticello nach Vorlagen des italienischen Architekten Palladio, und der Stadtplan von Karlsruhe diente ihm als Vorlage für den Bau der Hauptstadt, in der das Haus des Volkes majestätische Ausmaße und das Haus des Präsidenten bescheidene Dimensionen haben sollte.

Die Anlage der Hauptstadt ist ein Beleg für die imperiale Perspektive der Vereinigten Staaten. George Washington und sein Staatssekretär Jefferson entwickelten mit dem französischen Militäringenieur Pierre L'Enfant einen Plan,

»der dem kommenden Ruhm und dem wachsenden Reichtum der Nation gerecht wird, und der großzügig genug ist, um Verschönerungen und Erweiterungen in noch so ferner Zukunft aufnehmen zu können«.

Besondere Fortschritte machte die Bautätigkeit unter der imperialen Präsidentschaft Reagans, und zur Jahrtausendwende wurde durch das weitläufige *Ronald Reagan Building* das Regierungsviertel abgerundet. Nach wie vor erhebt sich das Haus des Volkes über die Stadt, Jefferson nannte es »das Kapitol der neuen Welt«, und nach wie vor ist *the house of the president* eher klein. Erst Jefferson, der dritte Präsident, konnte den Regierungssitz beziehen. Er ließ sogleich den Ost- und den Westflügel anbauen, in dem heute ein Filmtheater respektive der Presseraum untergebracht sind. Den Namen Weißes Haus trägt das Gebäude übrigens nach der Brandschatzung durch britische Truppen und einem hastigen Neuanstrich im Jahre 1812.

Seit fast 200 Jahren steht das Weiße Haus am Morgen allen Besuchern offen – eine Million waren es allein im Jahr 1998. Da auch in den USA Angst vor Terrorismus umgeht und während der Präsidentschaft William Clintons ein paar Einzelgänger gewaltsam Einlaß gefordert und dies mit ihrem Leben bezahlt haben, werden sowohl der Präsident als auch sein Amtssitz stärker abgeschirmt. Volksnähe bringt erhöhtes Risiko mit sich, aber »Sicherheit ist der Preis der Freiheit«, wie Thomas Jefferson in seinem Vermächtnis an die Nation schrieb.

Auf den dritten Präsidenten beziehen sich alle seine Nachfolger. Franklin D. Roosevelt, der Erbauer des Jefferson Memorial in Amerikas Hauptstadt, hat es so eingerichtet, daß der Blick aus dem *oval office* auf dem Denkmal ruht. Es ist klassisch, kitschig und doch auch erhaben. John F. Kennedy empfing amerikanische Nobelpreisträger im Jefferson-Room mit den Worten: »Noch nie saß so viel geballtes Talent um diesen Tisch …, seit Thomas Jefferson hier ganz allein dinierte.« Clinton, dessen Kürzel J. im Vornamen für Jefferson steht, hat seiner Seelenverwandtschaft mit diesem Mann auf ungewöhnliche Weise Ausdruck verliehen. Zu seiner Amtseinführung im Januar 1993 kam er nicht zu Fuß wie Jimmy Carter oder im Luxusschlitten wie Ronald Reagan, sondern im Omnibus als dem Symbol für das Vehikel Amerika, in dem alle Klassen und Rassen Platz finden. Die Busfahrt begann in Jeffersons Landsitz Monticello, dem Geburtsort der Idee, die dahintersteht.

Thomas Jefferson war dreiunddreißig Jahre seines langen Lebens im öffentlichen Dienst tätig. 1776, ein Jahr nach Beginn der bewaffneten Kämpfe gegen britische Milizen, hat er als Abgeordneter des Kontinentalkongresses Geschichte gemacht und den Grundstein für den amerikanischen Hoheitsanspruch gelegt. Unbändiges Selbstbewußtsein spricht aus der Unabhängigkeitserklärung, die die Ideale der Französischen Revolution vorwegnahm und von London als Majestätsbeleidigung und Gehorsamsverweigerung interpretiert wurde: »Wir halten diese Wahrheiten für ausgemacht, daß alle Menschen gleich erschaffen wurden, daß sie von ihrem Schöpfer mit gewissen unveräußerlichen Rechten begabt wurden, worunter sind Leben, Freiheit und das Bestreben nach Glückseligkeit ... daß zur Sicherung dieser Rechte Regierungen eingesetzt sind, die ihre gerechten Vollmachten von der Einwilligung der Regierten herleiten.« Die Volkssouveränität schließt Widerstandsrecht ein: »Wenn eine Regierungsform diesen Zielen zum Schaden gereicht, ist es das Recht des Volkes, ... sie zu ändern oder abzuschaffen und eine neue Regierung einzusetzen.«

Als Gouverneur von Virginia setzte sich Jefferson für die Abschaffung sozialer Vorrechte und für die Trennung von Kirche und Staat ein. (Die USA waren der erste Staat ohne Staatsreligion.) Ein öffentliches Bildungswesen konnte er nicht durchsetzten, aber er entwarf die Baupläne für die berühmt gewordene Universität von Virginia.

In seinen Jugendjahren verfaßte Jefferson als Assistent von Benjamin Franklin das erste Handelsabkommen der

USA mit einer europäischen Macht – mit dem Preußen Friedrichs des Großen. Als Gesandter in Frankreich erlebte er die Anfänge einer Revolution, die ganz anders verlief als die amerikanische, obwohl sie auf einer ähnlichen Deklaration der Menschen- und Bürgerrechte beruhte. Die Wortführer des dritten Standes forderten darin die Gleichstellung mit Adel und Klerus, Volkssouveränität, Gewaltenteilung, Abschaffung aller Feudalrechte und Steuerprivilegien, Meinungs-, Presse- und Glaubensfreihheit, Schutz des Privateigentums. Unter dem Druck des Krieges mit Österreich und Preußen mündete die Umwälzung der Gesellschaft in die Schreckensherrschaft der Jakobiner. Nach der Ausrufung der Republik ließen sie den König und Tausende hinrichten: politische Gegner, Konventsmitglieder anderer politischer Richtungen und schließlich sogar Gesinnungsgenossen und Mitkämpfer. Die Menschenrechtserklärung wurde 1791 in die französische Verfassung aufgenommen. Sie diente vielen Völkern im Kampf um ihre Freihheit als Vorbild, wobei die kommunistische Bewegung vor allem auf die soziale Gleichheit der Menschen setzte.

Der Entfaltungsspielraum, den die Menschenrechtserklärung von 1776 bietet, legte den Grundstock für das amerikanische Zeitalter. In Monticello verharren die amerikanischen Besucher bis heute ehrfurchtsvoll vor dem kleinen tragbaren Schreibpult, auf dem Jefferson diese »Wahrheiten« formulierte.

Als *secretary of state*, ein Amt, das später auswärtigen Angelegenheiten vorbehalten war, bekämpfte Jefferson erfolgreich die Einführung der Monarchie oder die Präsidentschaft auf Lebenszeit. Er stellte die Volksvertretung über die Präsidentschaft und beharrte auf den Rechten der Einzelstaaten gegenüber der Bundesgewalt, da nur ein System von *checks and balances*, von gegenseitiger Kontrolle, den Zentralstaat verhindern würde, den er als menschenfeindlich einstufte. Seine Administration hielt er klein, weil Regierung für ihn nur ein notwendiges Übel war.

Für die Kuratorin von Monticello, Susan Stein, lag die Größe Jeffersons weniger in seiner politischen Weitsicht als in seiner Vielseitigkeit und Menschlichkeit. »Er war wie eine Einmann-Nachrichtenagentur. Er glaubte, daß mit der bestmöglichen Verbreitung des Wissens die Demokratie gestärkt würde.« Der umfassend gebildete Aufklärer hat sich lieber mit Naturwissenschaftlern unterhalten als mit Parlamentariern. Zu seinen Gästen gehörten Koryphäen wie Baron Rochefoucauld oder Alexander von Humboldt. Von dem deutschen Weltreisenden existiert in Monticello ein Scherenschnitt, ein Vorläufer der fotografischen Genauigkeit.

Auf Jeffersons Plantage arbeiteten zeitweise 170 schwarze Sklaven. Ihre Hütten und Werkstätten säumen noch heute die *mulberry row*, den Maulbeerbaumpfad. Kunsthandwerker wie der schwarze Zimmermann John Hemmings und der Schlosser Isaac Jefferson bauten nach den Ideen ihres Herrn neuartige Möbel, einen verborgenen Flaschenaufzug, eine Vervielfältigungsmaschine und andere technische Geräte. Jefferson, der ein Verhältnis mit einer Schwarzen hatte, betrachtete die Sklaverei und die afrikanische Überfremdung als ein Problem. Angesichts der »tiefverwurzelten Vorurteile bei den Weißen und der unauslöschlichen Erinnerungen der Schwarzen an die ihnen zugefügten Verletzungen« wollte er die Misere auf kuriose Weise aus der Welt schaffen: Nach der Aufhebung der Sklaverei sollten alle Schwarzen auf Schiffen nach Afrika zurücktransportiert und dafür weiße Einwanderer importiert werden. Doch beendete erst der Bürgerkrieg im neunzehnten Jahrhundert die Sklaverei, bahnten erst die Rassenunruhen im zwanzigsten Jahrhundert den Afroamerikanern einen Weg in die Gesellschaft.

Der Pflanzer hob die Grenzen des amerikanischen Geschichtsbildes auch in anderer Hinsicht auf. Er lebte lange in unmittelbarer Nachbarschaft der Indianer, sein Vater hatte häufig einen Häuptling der Cherokee zu Gast. Jefferson öffnete mit eigener Hand Grabhügel und stellte dabei »eine Ähnlichkeit der Indianer mit den östlichen Bewohnern Asiens« fest. Schließlich rüstete er als Präsident jene große Erkundungsreise aus, die als Lewis-and-Clark-Expedition ins Geschichtsbuch der Nation einging und die ungehemmte Erschließung des Westens einleitete. Die schreckliche »ethnische Säuberung«, die mit dieser Expansion verbunden war, belastet das Gewissen der Nation bis heute. Präsident Bill Clinton hat in einem Interview auf dem Flughafen Frankfurt/Main im Mai 1999 die Vertreibung und Zwangsumsiedlung der amerikanischen Urbevölkerung gebrandmarkt und in Hinblick auf das Schicksal der Kosovoalbaner als warnendes Beispiel zitiert.

Getreu seiner Vision, Amerika solle vom Ebenbild zum Vorbild Europas werden, war Thomas Jefferson sowohl Vorläufer des imperialen wie des gesetzestreuen Amerika. Beide Stränge ziehen sich durch die Geschichte der USA und haben die Legende vom *benevolent behemoth*, von der wohltätigen Hegemonie, begründet. Als Präsident vergrößerte er das Territorium des Staates: Nicht mit Waffengewalt, sondern mit einem großzügigen Scheck für Napoleons Kriegskasse rang er den Franzosen Louisiana ab, den großen Wilden Westen. Jefferson nahm nicht an den Kriegen seiner jungen Nation teil und versuchte, auch in Kriegszeiten menschliche Werte zu bewahren. So ließ er – lange vor der Genfer Konvention – für 4000 britische Gefangene ordentliche Unterkünfte in Virginia bauen.

Ein stehendes Heer lehnte dieser alles andere als kriegslüsterne »Vater der Nation« strikt ab, weil es Basis für eine Militärdiktatur sein könne. Unter Berufung auf die Menschenrechte mischte er sich allerdings in Überseekonflikte ein: Als die europäischen Nationen mit dem Piratenunwesen vor der Küste des heutigen Libyen nicht fertig wurden, schickte er seine kümmerliche Flotte aus, um dem Bey von Tripolis das Handwerk zu legen. Die Schlachtenhymne der *marines*, der berühmten Ledernacken, erinnert daran und an den Krieg gegen Mexiko: »From the halls of Montezuma to the straits of Tripol'« (von den Hallen Montezumas bis zur Straße von Tripolis).

Bevor Amerika sein Selbstverständnis als Mission in die Welt trug, löste es sich von seinen europäischen Mutter- und Vaterländern ab. Jefferson, der das politische Klima in den USA noch lange nach dem Ende seiner Präsidentschaft beeinflußte, formulierte 1823 mit seinen Nachfolgern Madison und Monroe erstmals außenpolitische Prinzipien für die Vereinigten Staaten. In der Monroedoktrin wiesen die Amerikaner Ansprüche europäischer Kolonialmächte auf den Kontinent ab und sicherten im Gegenzug Nichteinmischung in die inneren Angelegenheiten Europas zu: »Wir haben keinen Anteil gehabt an den Kriegen, die die europäischen Mächte in ihren eigenen Angelegenheiten geführt haben. Und wir wollen uns auch nicht daran beteiligen.«

Je mehr die Nation im Zuge wirtschaftlichen Aufschwungs diese defensiven Grundsätze in der westlichen Hemisphäre zugunsten einer imperialistischen Politik aufgab, um so größer wurde ihre Vormachtstellung im Kampf um die Neuaufteilung der Welt.

Das amerikanische Jahrhundert begann nach Meinung verschiedener Historiker symbolisch im Februar 1898, als im Hafen von Havanna das amerikanische Schlachtschiff »Maine« explodierte. Die Vereinigten Staaten erklärten Spanien den Krieg, im April 1898 vernichteten ihre Schlachtschiffe eine spanische Flotte in der Bucht von Manila (Philippinen). Nach dem Sieg über die Spanier fühlte sich Amerika stark genug, die letzten Kolonien in der Neuen Welt von den europäischen Mächten abzutrennen und unter die eigene Kuratel zu stellen.

Roosevelts Vermittlung bei der Beendigung des Russisch-Japanischen Krieges (1905) sowie bei den Konferenzen von Algeciras (1906) und Den Haag (1907) unterstrichen die Weltgeltung der USA. Viele Deutsche verbinden mit dem 26. US-Präsidenten eine eher verniedlichende

Anekdote, die erklärt, warum ihn seine Landsleute Teddy nannten: Er ließ für das Hochzeitsfest seiner Tochter einen Plüschbären aus der deutschen Steiffwerkstatt anfertigen und leitete damit den Siegeszug des Teddybären ein.

Als Europa von den Wolken des Krieges verdunkelt wurde, hielten die USA an der Neutralität fest. Der damalige Präsident Woodrow Wilson wollte noch im Januar 1917 einen »Frieden ohne Sieg« vermitteln, doch dann gewann ein anderer amerikanischer Wesenszug die Oberhand. Im Januar 1917 erschienen in den Zeitungen des Landes Berichte über Greueltaten der deutschen Streitkräfte in Flandern. Die Nation, die sich seit Jefferson der Wahrung der Menschenrechte verpflichtet fühlt, reagierte mit Empörung und Kriegsbereitschaft, zumal die Deutschen den uneingeschränkten U-Boot-Krieg wieder eröffneten. Hatten die USA die Alliierten bisher nur durch Kriegslieferungen und Kredite unterstützt, so schickten sie bis zum Sommer 1918 rund zwei Millionen Soldaten nach Europa. Was heute mit dem Modewort »humanitärer Militarismus« belegt wird, führte den Bruch der Monroedoktrin gegenüber den europäischen Staaten herbei. Nicht Realpolitik, wie sie Metternich zur Neuordnung des Kontinents im neunzehnten Jahrhundert betrieben hat, sondern moralische Überzeugung drängte den Pazifisten Woodrow Wilson zum »Kreuzzug für die Demokratie«. Wilson legte im Januar 1918 dem Kongreß einen Friedensplan vor, in dessen 14. und letztem Punkt er die Bildung eines Völkerbundes vorschlug. Sein Programm sollte die politische Unabhängigkeit und territoriale Integrität großer und kleiner Staaten sichern und nicht zuletzt von der Revolution in Rußland ausgehende Gefahren abwenden helfen. Der US-Präsident konnte in den Waffenstillstands- und Friedensverhandlungen nicht alle seine Vorstellungen durchsetzen, aber der Völkerbund konstituierte sich. Da der amerikanische Senat dem Präsidenten die Unterstützung für das Projekt versagte, traten die USA dem Bund nicht bei.

Der Historiker James Schlesinger sagte mir am Rande eines Kolloquiums zur amerikanischen Außenpolitik: »Die amerikanische Gesellschaft glaubt nicht an Realpolitik. Sie überläßt solche Entscheidungen nicht ihrer Regierung oder irgendeinem Verbündeten. Bei uns kommt Außenpolitik von unten, sie gründet auf Gefühlen.« Seine Äußerung erklärt, warum die USA aus dem europäischen Krieg einen ersten Weltkrieg machten und dann die öffentliche Meinung angesichts der vielen toten Soldaten in Europas Schützengräben die Regierung in die Neutralität zurücktrieb.

Bis 1933 hatte die Sowjetunion für die US-Administration als Staat außerhalb des Gesetzes gegolten. Franklin D. Roosevelt, der Neffe des Machtpolitikers Teddy Roosevelt, beschloß 1933, die Sowjetunion anzuerkennen, da sie nicht länger nach Welteroberung strebe bzw. diese Gefahr zumindest für die aktuellen Beziehungen nicht relevant sei. Der Aufbau normaler Beziehungen zum Kreml wurde zu einem Wendepunkt in der amerikanischen Außenpolitik, der zunächst jedoch die Isolation gegenüber Europa nicht aufhob. Galionsfigur dieser Bewegung war der Flieger Charles Lindbergh, seit seiner erfolgreichen Ozeanüberquerung ein Held, dem die Entführung und Ermordung seines Kindes durch den deutschstämmigen Bruno Hauptmann zusätzlich die Aura des Tragischen verlieh. Lindbergh besuchte die Waffenfabriken Hitlers und warnte vor einem Krieg gegen diese erstarkte europäische Macht.

Roosevelt beließ es bei einem Appell an Adolf Hitler, »Gewaltanwendung im Interesse der Menschlichkeit zu unterlassen«. Dem Präsidenten waren die Hände gebunden. In den Gesprächen am Kamin, *the fireside chats*, betrieb er via Radio Seelenmassage. Aber diesmal reichte das Mitleid mit den unterjochten europäischen Völkern für einen Kriegseintritt nicht aus, der Stolz der Nation mußte erst durch den Angriff der Japaner auf Pearl Harbour und die nachfolgende Kriegserklärung Hitlers verletzt werden.

Am 13. April 1943 begründete Roosevelt anläßlich der Einweihung des Jefferson-Monumentes die massive Vergeltung der USA mit dem Vermächtnis des dritten Präsidenten der USA: »Jefferson glaubte, wie wir es tun, an den Menschen. Er glaubte wie wir, daß kein König, kein Tyrann und kein Diktator die Menschen besser regieren könne, als sie es selber vermögen.« Tatsächlich sind die Amerikaner in zwei Jahrhunderten nie in Versuchung gekommen, einem Diktator zu folgen. Das macht sie aus ihrer Sicht anderen Völkern überlegen.

Nach dem Ende des Zweiten Weltkrieges wollte der eher unscheinbare Präsident Harry S. Truman mit seiner Containmentdoktrin der Expansion Moskaus auf militärischem, wirtschaftlichem und politischem Feld entgegentreten. Die von der öffentlichen Meinung und beiden großen Parteien getragene Politik der Eindämmung des Kommunismus schloß weltweit Militär- und Wirtschaftsprogramme ein. Nun mußte die Nation eine Hegemonie verteidigen. Sie begab sich auf ungewohntes Terrain, den ideologischen Kriegsschauplatz, und erlitt ungewohnte Niederlagen.

Im Rahmen des UN-Kontingents kämpften die USA in Korea. Dieser Krieg endete nach langen Verhandlungen mit einem Waffenstillstand und einer Waffenstillstandslinie, die heute eines der letzten Relikte des Kalten Krieges ist.

Der Einsatz in Vietnam war ein wirtschaftlicher und moralischer Fehlschlag, der die Nation viele Tote und Verwundete kostete und zum erstenmal nach langer Zeit wieder die grundsätzliche Frage aufgeworfen hat, ob die USA ihre »eigentlichen Interessen« nicht am besten verfolgen würden, wenn sie den Rest der Welt oder zumindest einen großen Teil davon sich selbst überließen. Der eher für ungeschliffene Reden bekannte Präsident Johnson richtete an die Nation die eindringliche Botschaft: »Amerika, das ist Acker ungepflügt, das sind Gipfel unbestiegen, das ist Vergangenheit unbewältigt, das ist Hoffnung unerfüllt.«

Richard Nixon leitete mit der Anerkennung Chinas eine

neue Etappe in der amerikanischen Außenpolitik ein. Die Jahre der Entspannung unter Nixon und Ford konnten das Mißtrauen zwischen den Großmächten nicht ausräumen – ein Krieg war zwar in die Ferne gerückt, aber dem Frieden war man nicht näher gekommen. Viele europäische Politiker gaben auch den USA daran schuld. Der damalige Außenminister Henry Kissinger warnte seine Regierung vor einer Entfremdung von den europäischen Bündnispartnern. In den USA weitete sich die moralische Erschütterung durch den Watergateskandal zu einer Staatskrise aus, die Exekutive im Land war gelähmt und die Position der USA als westliche Führungsmacht geschwächt. 1976 feierten die Vereinigten Staaten das 200. Jahr ihrer Gründung. Allerdings war ihnen gar nicht feierlich zumute. In Vietnam hatte die Nation eine schwere Niederlage hinnehmen müssen, und der Rüstungswettlauf mit der Sowjetunion beschwor einen Generationenkonflikt in der amerikanischen Gesellschaft herauf. In ihrer Verunsicherung ließen sich die Amerikaner bei der Wahl des neuen Präsidenten mehr von menschlichen Tugenden als von den politischen Erfahrungen der Kandidaten leiten. Im Januar 1977 zog ein Mann aus der Provinz ins Weiße Haus ein, Jimmy Carter, der Erdnußfarmer aus Georgia. Amerika hatte sich mit ihm wieder auf seine *grasssroots* besonnen.

Jimmy Carter machte Moral zur Richtschnur seiner Politik. Seine Mitarbeiterin Mary King erinnerte sich: »Er sagte Dinge wie ›ich werde euch niemals belügen. Ich glaube an Gott. Ich war meiner Frau immer treu.‹« Seine Innenpolitik war ungeschickt, und seine Außenpolitik blieb in vielem Stückwerk. Mit einer Moralpredigt Jimmy Carters am 15. Juli 1979 hatte es seinen tiefsten Punkt erreicht: »Wir befinden uns in einer Vertrauenskrise. Sie ergreift unsere Seele und unseren nationalen Willen.«

In ihrem letzten Amtsjahr setzte das Geiseldrama von Teheran die Regierung Carter noch stärker unter Druck. Den Triumph der Heimführung der 52 Amerikaner genoß bereits sein Nachfolger Ronald Reagan. Mit der Ankunft der Geiseln in Washington erhielt die Nation ihre Ehre zurück und einen Helden dazu, den Diplomaten Bruce Laingen, der seine Landsleute mit Courage durch 444 Tage Geiselhaft geführt hatte. Sein Fazit lautete: »Die glückliche Heimkehr gab uns Amerikanern die Möglichkeit, Vergangenheit zu verdrängen und wieder wir selbst zu sein.«

Reagans Amtsübernahme wurde von einem neuen Patriotismus und der Sehnsucht nach einem Ende der Jahre der Kritik und Selbstkritik begleitet. Der ehemalige Hollywood-Schauspieler forcierte diese Stimmung durch seine wirkungsvolle Verheißung: »Wir sind eine zu große Nation, um uns mit kleinen Träumen zu begnügen. Nicht Niedergang ist uns vorbestimmt, wie uns manche glauben machen wollen, sondern nationale Erneuerung.« In dieser Zeit entstand das Vietnamdenkmal, das einen monumentalen Schlußpunkt hinter die moralischen Selbstzweifel setzten sollte, und 1981 gingen erstmals Vietnamveteranen ohne Angst vor Schmährufen auf die Straße. Der Ex-GI Dick Strandburg hielt seine Erinnerungen an den Vietnameinsatz in Bildern fest und kommentierte deren guten Verkauf mit der Bemerkung: »Es gibt zwei auseinanderstrebende Richtungen in diesem Land. Wir sind einerseits auf dem Weg zur Reife und zu einem besseren Verhältnis zur Macht. Andererseits ist da immer noch eine natürliche Neigung zum Kriegertum.«

Der ungeahnte politische Höhenflug von Reagans Präsidentschaft wurde in der zweiten Amtszeit durch die Misere seiner Haushalts- und Wirtschaftsstrategie gebremst. Die Reagonomics ließen die Reichen reicher und die Armen ärmer werden. Enorme Rüstungsausgaben trieben das Haushaltsdefizit in schwindelnde Höhen, so daß die USA zum größten Schuldnerland der Erde wurden. Reagans Nachfolger George Bush hatte vor allem mit den daraus erwachsenden inneren Konflikten zu kämpfen. Auch außenpolitische Ereignisse wie die Wiedervereinigung Deutschlands und der Untergang der Sowjetunion oder der Golfkrieg und die Vision einer neuen Weltordnung verhalfen ihm nicht zu einer zweiten Amtszeit. Eine Ära imperialer Präsidentschaft ging zu Ende.

It's the economy, stupid, es ist die Wirtschaft und nichts anderes, mit dieser Parole gelangte Bill Clinton ins Weiße Haus: Wieder hat die beispiellose Vormacht einen Führer bekommen, der den *grass-roots* entstammt.

Ein Präsident, geboren aus dem Volk

In keinem anderen Land ist der erste Mann im Staat so sehr ein Produkt des Zeitgeistes und der Laune des Volkes wie in Amerika. Das geht auf die amerikanische Verfassung von 1787 zurück, in der Parteien keinerlei Bedeutung beigemessen wurde. Die Qualität und Popularität eines Kandidaten sollte den Ausschlag für seine Wahl geben und nicht seine Parteimitgliedschaft.

Der Bundesstaat New Hampshire richtet traditionell die ersten Vorwahlen für eine Präsidentschaft im Lande aus. »First in the nation« verkünden denn auch die Plakatsäulen in Concord, der schmucken Hauptstadt. Die Einwohner von Dixville Notch, einem kleinen Ort im Ski- und Ausflugsgebiet Balsams Wilderness nahe der kanadischen Grenze, nehmen dabei die *pole position* ein. Die 30 wahlberechtigten Bürger versammeln sich am Tag der Vorwahlen Schlag Mitternacht in Balsams Grand Resort-Hotel zur Abstimmung.

Dieser Bundesstaat ist für jeden Kandidaten eine Feuerprobe und für die Meinungsforscher ein Greuel. Er ist zwar nicht repräsentativ für die Nation, aber er beeinflußt sie. New Hampshire ist zu 80 Prozent von Wäldern bedeckt. In den White Mountains liegt von Mai bis Oktober eine geschlossene Schneedecke, im Südosten fallen viele Niederschläge. Die Region hat einen Menschenschlag hervorgebracht oder angezogen, der eigenwillig denkt und dessen Stimmung schwer zu kalkulieren ist. »Wir votieren nur für Leute, die sich mit uns auseinandersetzen«, sagte mir Dwayne Woodruff, Sägewerksbesitzer in der Nähe von Dixville Notch. Also ziehen die Kandidaten schon lange vor den Vorwahlen durch die 600 Ortschaften mit ihren insgesamt 1100000 Einwohnern. Sie suchen einerseits an den *grass-roots* Rezepte für ihre Politik. Andererseits nutzen sie das Vorwahlterrain als Teststrecke für eigene Ideen. Immer aber reiten sie dabei das Pferd des Populismus. Die einen erkunden die Meinung der Leute, nehmen sie in ihr Programm auf und verfüttern sie in dosierten *soundbites* und im Brustton der Überzeugung wieder ans Publikum. Ein Journalistenkollege aus Concord schrieb über den typischen Kandidaten von heute, daß er »für nichts steht, außer für den Kompromiß, und daß er niemandem folgt, außer dem Sog der Macht«. In New Hampshire kommt er allerdings damit nicht weit.

In den Gesprächen am Biertisch, den Treffen vor Fabriktoren und den Dialogen in Schulen trennt sich Spreu vom Weizen, fallen Nichtssager genauso durch wie allzu abgehobene Ideologen. Dafür haben Außenseiter und Seiteneinsteiger durchaus eine Chance: John F. Kennedy gewann hier 1960 überraschend die Vorwahlen und danach die Präsidentschaft. Jimmy Carter, bis dahin ein politischer *nobody*, setzte 1976 hier zu seinem Siegeszug ins Weiße Haus an. Der Verleger Steve Forbes ist trotz seiner Millionen gescheitert, der Rechtsausleger Pat Buchanan hat trotz seiner Ecken und Kanten immer wieder Eindruck gemacht. Und vor der Wahl 2000 gaben sich Al Gore und Bill Bradley von den Demokraten sowie George Bush jr. und Elisabeth Dole von den Republikanern die Klinke in die Hand.

Die Kandidatenauslese spiegelt die nationale Befindlichkeit wider. In New Hampshire wußte 1992 Bill Clinton, der Exgouverneur des kleinen Bundesstaates Arkansas, das Wählervolk zu überzeugen, und dieser Erfolg diente ihm als Sprungbrett ins Weiße Haus. Selbst aus kleinen Verhältnissen, verkörperte er glaubwürdig den Anwalt der kleinen Leute und den Repräsentanten eines anderen Amerika, das nicht an der mondänen Ostküste und der modischen Westküste zu Hause ist, sondern im Herzland der Nation. Eine Regenbogenkoalition aus Schwarzen und Latinos, armen Weißen und ländlichem Kleinbürgertum, von linken Intellektuellen und emanzipierten Frauen stützte ihn. Clinton beherrschte Fernsehtheatralik wie Ronald Reagan, er verfügte wie John F. Kennedy über ein Siegerlächeln. Er liebte das Bad in der Menge, besaß Schlagfertigkeit, volles Haar und eine »präsidentielle Ehefrau«. Doch auch die Liste seiner Verfehlungen ist lang: Er hatte Affären, über die er in den achtziger Jahren gestolpert wäre, als die amerikanische Öffentlichkeit noch restriktiveren Moralvorstellungen anhing. Während des Vietnamkriegs hatte er sich vor dem Wehrdienst gedrückt, und als Mann aus der Provinz fehlte ihm die außenpolitische Erfahrung. All das nutzen seine Gegner gegen ihn.

Ich erinnere mich an einen Fernsehspot, der Ödland zeigt und einen abgestorbenen Baum. Auf einem Zweig sitzt ein Geier. Über der Landschaft braut sich ein Gewitter zusammen. Die unterlegte Musik verkündet drohendes Unheil. Dann wird der Schriftzug eingeblendet: »America can't take that risk« – Amerika kann dieses Risiko nicht eingehen. Mario Cuomo, einst Gouverneur im Staate New York und ein linker Politstar der demokratischen Partei, meinte dazu: »Beim Showdown, wenn es eng wird, greifen die Gegner in Amerika zu jedem Mittel.«

Die Amerikaner gingen das »Risiko« Clinton dennoch ein. Er galt als Vertreter einer neuen Generation, während sie George Bush und vier Jahre später den republikanischen Präsidentschaftskandidaten Bob Dole zum alten Eisen zählten. Auch der Wandel des gesellschaftlichen Moralkodexes verhalf Clinton zur Macht. Die Republikaner warnten: Clinton komme aus einer zerrütteten Familie und habe einen zweifelhaften Charakter, er werde das Land noch tiefer in die Unmoral führen. Die stärkere Trennung zwischen der Politik und dem Privatleben von Amtspersonen sei ein negativer Effekt der Europäisierung. Die Mehrheit der Wähler betrachtet Amerika jedoch nicht mehr als den Hort der heilen Welt. Ausgerechnet der Abgeordnete Newt Gingrich aus dem Bundesstaat Georgia, ein ausgemachter Gegner Clintons, brachte das auf den Punkt: »Wir haben zwölfjährige

Mütter, fünfzehnjährige Mörder, siebzehnjährige Aidskranke und achtzehnjährige Abiturienten, die nicht einmal ihr eigenes Zeugnis lesen können.«

Im Wahlkampf um eine zweite Amtszeit war der Präsident der Mann von nebenan, und er genoß das Bad in der Menge. *Four more years*, weitere vier Jahre, forderten seine Anhänger für ihn. Und die gewährte ihm das Wahlvolk auch.

Clintons Stil und damit das politische Ausleseverfahren in den USA haben auf Staatsmänner in der ganzen Welt abgefärbt. Tony Blair in Großbritannien und Gerhard Schröder in Deutschland schauten sich Tricks und Gebaren genauso ab wie Ehud Barak in Israel und der damalige russische Präsident Jelzin.

Erstaunlicherweise ist das Grundrezept für Clintons außergewöhnliche Erfolgsstory über 200 Jahre alt. Am 25. Mai 1787 trafen sich Washington und die Vertreter jener 13 Kleinstaaten, die sich von London losgesagt hatten, bei strömendem Regen in Philadelphia. Sie wollten aus dem lockeren Verbund für die damals gerade vier Millionen Amerikaner ein Vaterland schmieden. Der Konvent gab der Nation eine Verfassung, die der Erfolgsschriftsteller James Michener so beschrieb: »Wenn es darum geht, die passende Regierungsform gefunden zu haben, dann sind wir die Ältesten.«

Das Muster basiert auf Gewaltenteilung – *seperation of powers* – und gegenseitiger Kontrolle – *checks and balances*. Die Legislative besteht aus Senat und Repräsentantenhaus. Bei den Wahlen zum ersten Bundeskongreß gehörten 30000 Einwohner zum Wahlkreis eines Abgeordneten, inzwischen sind es mehr als 50000. Die 435 Mitglieder des Repräsentantenhauses werden alle zwei Jahre nach dem Mehrheitswahlrecht vom Volk gewählt. Die Abgeordneten sind ihrem lokalen Wahlvolk mehr als der nationalen oder gar der internationalen Politik verpflichtet, sie vertreten örtliche Belange notfalls gegen jede Parteiräson. Dabei sind die amerikanischen Wähler weder geduldig noch großherzig. Das heißt, einem eventuellen Mißerfolg des Volksvertreters oder einem Erfolg, der zu lange auf sich warten läßt, folgt meist die politische Höchststrafe, nämlich die Abwahl. Es gibt weder eine Landesliste noch eine Zweitstimme für eine nationale Regierung, in deren Sog der Abgeordnete mitgewählt wird.

Der langjährige Vorsitzende des Repräsentantenhauses Tip O'Neill sagte mir einmal: »Bei uns in Amerika wird alles an der Lokalpolitik gemessen: *all politics is local.*« Auch dies ist in der verfassunggebenden Versammlung von Philadelphia angelegt. Schon Tocqueville hatte beobachtet, daß die Wähler in ihrem Vertreter »unabhängig von seiner Eigenschaft als Gesetzgeber des Staates auch den natürlichen Schutzherrn des Wahlbezirks in der gesetzgebenden Körperschaft« sehen und darauf zählen, »daß er ihre persönlichen Anliegen mit nicht geringerem Eifer vertreten wird als die des Landes«. In den Senat entsendet jeder Bundesstaat zwei Mitglieder, um die kleinen Staaten nicht zu benachteiligen. Alle zwei Jahre wird ein Drittel der Senatoren für sechs Jahre neu gewählt (übrigens seit einer Verfassungsänderung im Jahr 1913 direkt vom Volk). Die Kongreßabgeordneten dürfen kein öffentliches Amt ausüben.

Die mögliche Tyrannei der Masse oder der Elite wird durch ein System von Gewicht und Gegengewicht vermieden. Jede Gesetzesvorlage bedarf der Zustimmung beider Kammern des Kongresses, aber der Präsident kann ein Veto einlegen. Er wird über ein Kollegium von Wahlmännern für vier Jahre gewählt. Seit 1951 kann er nur für eine zweite Amtsperiode kandidieren. Jeder Staat stellt so viele Wahlmänner auf, wie er Abgeordnete in den Kongreß entsendet. Der Kandidat, der die Mehrheit der Stimmen in einem Staat gewinnt, vereinigt nach dem Grundsatz *winner takes all* sämtliche Stimmen des jeweiligen Wahlmännerkollegiums auf sich. Der Präsident ist Staatsoberhaupt, Regierungschef und Oberbefehlshaber der Streitkräfte. Der Bund, *federal gouvernment*, übt die Hoheit über die Steuer-, Wirtschafts-, Zoll- und Verteidigungspolitik aus.

Zum einen weist die amerikanische Verfassung den Amtsinhaber im Weißen Haus in seine Schranken und zum anderen die öffentliche Meinung. Die Zeitschrift »Time« bemerkte: »… eine Nation, die geboren ist aus dem Mißtrauen gegenüber Monarchen, verzeiht keinem Präsidenten, der sich wie ein König benimmt. Das amerikanische Volk gibt also jemandem den mächtigsten Job der Welt und verlangt dann, daß ihm das nicht zu Kopf steigt, sonst entzieht es ihm seine Gunst.«

Das Prinzip des Gleichgewichts der Kräfte hat sich so in den Köpfen der Amerikaner festgesetzt, daß meist eine andere Partei als die des Präsidenten die nötige Mehrheit im Kongreß erhält und damit den Parlamentspräsidenten sowie alle Ausschußvorsitzenden stellt. Das zwingt die Politiker stets zu Bündnissen über die Parteigrenzen hinweg, ein für europäische Parlamente unerhörter Vorgang.

Die umfragegläubigen Amerikaner brauchen ein langwieriges Auswahlverfahren, um Ansichten und Aussagen der Kandidaten gegeneinander abzuwägen. Diesem Prozedere unterwirft sich jeder Anwärter auf ein politisches Amt. In europäischen Demokratien ist die Aufstellung der Kandidaten Sache der Parteien, in den USA bestimmt die Öffentlichkeit in viel stärkerem Maße mit, wer die Bürger auf den einzelnen Ebenen repräsentiert. Die Kandidaten werden entweder auf Versammlungen, *caucus*, oder durch eine öffentliche Wahl in Wahllokalen per Stimmzettel ermittelt. Wahlberechtigt ist in den USA nur, wer sich beim Wahlamt als Wähler registrieren läßt. Man kann sich als Unabhängiger oder als Wähler für die Demokraten bzw. die Republikaner führen lassen. Mit dieser Eintragung erwirbt man die gleichen Rechte wie die zahlenden Parteimitglieder in Deutschland.

Das größte Protestpotential in Amerika liegt in der Stimmenthaltung. Diese Politikverdrossenheit steht in seltsamem Gegensatz zu der gespannten Aufmerksamkeit, mit der alle Amerikaner den langwierigen und erbitterten Präsidentschaftswahlkampf verfolgen. In den USA finanzieren sich Parteien durch Spenden, Mitgliedsbeiträge werden nicht erhoben.

Es gibt keine einheitliche Satzung, denn die Organisation der Parteien ist Sache der Einzelstaaten, auf Bundesebene glänzen sie nur alle vier Jahre beim Wahlparteitag. Als Sammelbewegungen entsprechen sie heute ungefähr dem Links-Rechts-Denken, das die französische Nationalversammlung in die Plitik eingebracht hat.

Weil nach der Verfassung das K.-o.-System gilt, konnten sich in der Geschichte der Vereinigten Staaten neben den etablierten Parteien selten neue politische Gruppen herausbilden. Sie tauchen allenfalls als Protestbewegungen auf und verschwinden wieder, wenn sich die Etablierten ihrer Ziele bemächtigt haben. John Bibby, Politologe an der Universität von Wisconsin, hat herausgefunden, daß viele Wähler dritten Parteien ihre Stimme nicht geben würden, falls sie eine Siegeschance hätten.

Der Ausleseprozeß der Kandidaten ist geprägt durch die *public relations*, so hat der Historiker William James vor einem Jahrhundert jenes Werben und Buhlen um die Gunst des Wahlvolkes genannt, das stets hart am Rand der falschen Versprechung entlangbalanciert. Abraham Lincoln konstatierte Mitte des 19. Jahrhunderts, die Demokratie habe Politiker stets gezwungen, »die Windrichtung zu testen, den Puls zu messen, das Ohr auf die Schienen zu legen und den Leuten aufs Maul zu schauen«. Der von den Verfassungsvätern bewußt streitbar angelegte demokratische Wettbewerb hat die Unbarmherzigkeit von Rugbyspielen. Wahlkampfveranstaltungen nehmen denn auch, was die Lautstärke und die Hektik angeht, oft den Charakter von Sportübertragungen an.

Der Präsidentschaftskandidat zwingt sich der Partei über seinen Erfolg im Vorwahlkampf auf, er muß noch nicht einmal Parteimitglied sein. Seit Beginn des Medienzeitalters hat ein Politiker allerdings in den USA nur dann eine Chance, wenn er dem Idealbild entspricht, das Hollywood vorschreibt. Robert Redford spielt in seinem Film »Der Kandidat« einen Wahlkämpfer, der wegen seines Erscheinungsbildes und nicht wegen seiner politischen Vorstellungen Senator wird. Michael Douglas hingegen mimt einen Präsidenten, der zwar eine Freundin hat, aber als Politiker überzeugt. In jedem Fall muß der Kandidat Charisma besitzen und telegen sein, so gut aussehen wie John F. Kennedy und eine Stimme haben wie Roosevelt. Washington mit seinen schlechten Zähnen und Jefferson mit seiner Kicherstimme fielen heute bei den Amerikanern durch.

Die strahlende Kuppel über den beiden Flügeln des Kapitols symbolisiert als eine Art Petersdom des Parlamentarismus den Anspruch der USA, an der Spitze aller Demokratien zu stehen. Der politische Wille der einzelnen Gesetzesvertreter ist so ausgeprägt, daß jeder Senator oder Abgeordnete unter seiner eigenen Kuppel zu leben scheint, deshalb tut sich das Parlament mit der Außenpolitik schwer. Der Präsident muß jedoch die Zugbrücken zur Inselfestung Amerika herunterlassen, um die Bittsteller aus aller Welt zu empfangen, die ihre Probleme nicht alleine lösen, ihre Kämpfe nicht alleine schlichten können.

Das Hauptproblem bei dem amerikanischen Mix aus Transparenz und Kosmetik, aus Personenkult und Propaganda, Stabilität und Spontaneität ist das geforderte Tempo. Oft fehlen auch den Präsidenten die Zeit und der Atem für längerfristiges Handeln und konsequente Innen- und Außenpolitik. Das schwächt die Nation und gibt ihren Freunden und Feinden immer wieder Rätsel auf. Dabei stellte Clinton ein besonderes Änigma dar. Er ist talentiert, agiert intelligent, offen und facettenreich, aber gleichzeitig undiszipliniert, vage, selbstgerecht und unentschlossen. In seinem *oval office* stehen die Büsten von fünf Vorgängern, die er besonders verehrt: Washington, Jefferson, Lincoln, Roosevelt und Kennedy.

Clinton wollte wie diejenigen Präsidenten vor ihm, die ebenfalls eine Wiederwahl gewonnen hatten, seine zweite Amtszeit weniger nach taktischen Notwendigkeiten gestalten, sondern sich mehr durch Pläne und Taten fürs Geschichtsbuch der Nation einen Namen machen. Aber ein Geflecht von Liebesaffären und Notlügen zog ihn in den Sumpf des täglichen politischen Überlebenskampfes bis zum *impeachment*, einem Verfahren zur Amtsenthebung.

Der amerikanische Kongreß leitete ein solches Verfahren vor den Augen der Welt 1974 gegen Richard Nixon ein. Was im Juni 1972 der Öffentlichkeit als ein Streich kleiner Gauner bekannt wurde, der Einbruch in das Wahlquartier der demokratischen Partei im Watergate-Gebäude, kostete Nixon schließlich das Amt. Er entzog sich dem *impeachment* durch Rücktritt. Zur gleichen Zeit trat Willy Brandt nach Fahrlässigkeiten im Zusammenhang mit der Agentenaffäre Guillaume zurück. Weder dem amerikanischen Präsidenten noch dem deutschen Bundeskanzler nutzten ihre außenpolitischen Erfolge. Brandt sagte damals: »Mein Rücktritt geschah aus Respekt vor ungeschriebenen Regeln der Demokratie.«

In den USA sind solche Regeln im Grundgesetz verankert. Neben dem Präsidenten und Vizepräsidenten können alle Zivilbeamten des Bundes aufgrund eines *impeachment* und einer Verurteilung wegen Landesverrats, Bestechung oder anderer schwerer Verbrechen aus dem Amt entfernt werden. Bill Clinton hat sich dem Impeachmentverfahren gestellt und es als erster Präsident der Vereinigten Staaten durchgestanden. Die Amerikaner sind sich allerdings nicht sicher, ob dies ein Sieg des Gesetzes war oder eine Niederlage der politischen Moral. Nach der Impeachmentschlacht hat sich Clinton als Präsident präsentiert, der sich für die Welt verantwortlich fühlt: »Wenn die Vereinigten Staaten nicht führen, wird die Arbeit nicht erledigt«.

In der Kosovokrise haben die Amerikaner allerdings erst spät geführt, und im Nahen Osten hinterläßt Clinton einen

Scherbenhaufen. Einzig in Irland, dem Land seiner Ahnen, konnte er Frieden stiften. Dennoch bescheinigen ihm seine Zeitgenossen Phantasie und Geschick. Bundeskanzler Schröder meinte in Okinawa, wo die G8 letztmals mit Clinton zusammensaßen: »Mit seinem großen politischen Talent darf die Laufbahn Clintons eigentlich nicht zu Ende sein«.

Jedenfalls ging er in Frührente mit der höchsten Anerkennungsrate, die ein Präsident jemals am Ende seiner Amtszeit zu verzeichnen hatte, allerdings auch mit dem schlechtesten *character rating* aller Zeiten!

Den Amerikanern bleibt keine Wahl

Der Wahlkampf geht zur Neige und der Betsaal der Kirche im Mittleren Westen platzt aus allen Nähten. Die Begeisterung des Publikums kennt keine Grenzen. Der Redner erntet Beifallsstürme. Nein, es handelt sich nicht um Al Gore oder George W. Bush, der Wahlkämpfer heißt Bill Clinton, und er wirbt für eine schwarze Kandidatin für das Repräsentantenhaus. Am Ende der Veranstaltung schreit die Menge: »four more years«. Vier weitere Jahre für Bill Clinton, aber das Gesetz verbietet dem noch amtierenden Präsidenten eine dritte Amtszeit. Wenn es nach dem Plan der Demokraten geht, ist jetzt sein Vize an der Reihe. Aber um Al Gore steht es kurz vor den Wahlen nicht besonders gut. Deshalb fragen sich viele Demokraten, ob er nicht schlecht beraten war, als er auf die Dienste und vor allem auf die Popularität Clintons im Wahlkampf verzichtet hat.

Der Verzicht hatte zwei Gründe, in seinem enormen Ehrgeiz wollte Gore nicht im Schatten Clintons stehen, und in seiner moralischen Entrüstung wollte Gore nicht mit dem Fremdgänger Clinton in einen Topf geworfen werden. Es ist kurios, daß ausgerechnet Hillary Clinton, die doch in erster Linie unter den Affären ihres Mannes zu leiden hatte, solche Skrupel nicht hat. Sie hat ihren Ehemann voll in die Wahlkampagne eingespannt, die ihr einen Sitz im Senat für den Bundesstaat New York einbringen sollte. Damit hat Hillary Clinton offfensichtlich auf das richtige Pferd gesetzt. Ist Al Gores Mißerfolg auch darauf zurückzuführen, daß er moralisch empfindlicher schien, als die Frau des Präsidenten? Der hatte seinen Vize noch zusätzlich erzürnt mit einem Foto plus Interview in der Zeitschrift »Esquire«, das Clinton als amerikanischen Macho zeichnet und Al Gore als Weichei erscheinen läßt. Dem Europäer wäre die

Wahl allerdings leicht gefallen zwischen den politischen Widersachern. Was an Al Gore hölzern wirkt in Amerika, käme bei uns als seriös an. Er wäre auch schon eingeübt in die Weltläufte gewesen, hätte nahtlos übernehmen können im Weißen Haus. Aber in Amerika gelten andere Maßstäbe. Da ist immer der Hunger nach Wechsel, »time for a change«, das kam Gores Gegenspieler zugute.

Auch George W. Bush hatte im Kampf um die Präsidentschaft ein Hühnchen zu rupfen mit Bill Clinton. Der hatte nämlich 1992 Bushs Vater aus dem Rennen um das Weiße Haus geworfen. Aber George W. Bush läßt kein Gefühl von Rache erkennen, im Gegenteil. Dieser Kandidat mußte zum Jagen getragen werden. Der ältere Sohn aus der texanischen Bush-Dynastie macht Politik nicht aus fanatischem Ehrgeiz, sondern weil er zum richtigen Zeitpunkt für ein politisches Amt zur Verfügung stand. Das war so vor acht Jahren, als es um den Gouverneurs-Posten in Texas ging, und das war so im Jahre 2000, weil sich einfach kein anderer Bewerber durchsetzen konnte im Hindernislauf des Vorwahlkampfes.

Nun sind weder Gore noch Bush aus jenem Holz, aus dem in Amerika normalerweise Präsidenten geschnitzt werden. Zu blaß, zu glatt, zu unerheblich erscheinen beide. Deshalb herrschte gerade bei den Wechselwählern große Unentschiedenheit vor dem Wahlgang und auch bei den eingeschossenen Parteigängern eine große Unlust an den Wahlen an sich. Deshalb auch hätte letztes Jahr eigentlich ein dritter Kandidat alle jene Chancen gehabt, die in 200 Jahren Wechselspiel zwischen den beiden großen Parteien nicht gegeben waren. Aber diesmal bot sich kein Außenseiter an, wie noch vor acht Jahren der Populist Ross Perot. Allenfalls der Anwalt von Umweltfragen und Bürgerrechten Ralph Nader spielte eine Rolle, allerdings nur als Spielverderber. Er konnte dem umweltbewußten Al Gore jene Prozente hinter dem Komma nehmen, die der zum Siegen in diesem knappsten aller Präsidentschaftwahlkämpfe brauchte.

So seltsam das klingt, den Amerikanern blieb diesmal keine Wahl. Egal nämlich, ob sie sich für Al Gore oder für George W. Bush entschieden, stimmten sie eigentlich nicht für einen Präsidenten, sondern für einen Präsidentenersatz.

Vielleicht war es gerade die Qual der Wahl, die Amerika und dem Weltpublikum Drama und Spannung gebracht haben, die Unentschiedenheit der Amerikaner führte zu einem Patt, das letztlich nur noch auf dem Gerichtsweg gelöst werden konnte. Am Tag nach der Präsidentschaftswahl hatte Bill Clinton gesagt: »Das amerikanische Volk hat gesprochen, aber es wird eine Weile dauern, genau herauszufinden, was das Volk gesagt hat.«

Es war nicht das erste Mal, daß sich die Entscheidung über Sieg oder Niederlage von Präsidentschaftskandidaten derartig in die Länge zog. Beim dritten Präsidenten der USA, Thomas Jefferson, ging diese Entscheidung sogar bis ins Parlament. Aber das ist 200 Jahre her, und der außenstehende Beobachter fragt sich, warum Amerika von der komplizierten Prozedur nicht längst Abschied genommen hat. Aber gerade bei ihren altehrwürdigen Institutionen scheuen die Amerikaner eine Änderung, weil sie ja im großen und ganzen gut damit gefahren sind. Und bei allem Stolz auf die Nation versteht sich Amerika doch als ein Verbund von Staaten, die sich einst freiwillig zusammengschlossen haben. Deshalb ist jeder Bundesstaat eifersüchtig auf seine Freiheiten und Rechte bedacht. So kommt es, daß nicht die *popular vote*, also die absolute Stimmenmehrheit in der Nation, über einen künftigen Präsidenten entscheidet, sondern die Mehrheit der Wahlmännerstimmen. Dieses Wahlmännerkolleg war einst das Resultat der Begünstigung der bevölkerungsärmeren Südstaaten. Und das Auszählungsverfahren ist Sache lokaler Autoritäten. Sie entscheiden über Handzählung, Lochkartentechnik oder Elektroniksystem, und da sind Unstimmigkeiten nicht auszuschließen. Die geheime Wahl ist nun mal der Triumph der Demokratie. Die Amerikaner haben dabei stets in Kauf genommen, daß die Stimme des

Volkes verzerrt werden kann. Noch nie aber haben Anwälte und Richter in so großer Zahl eine Präsidentschaftswahl so unterschiedlich beurteilt. Selten auch hat so viel Parteilichkeit in die Entscheidungen der Verfassungsrichter hineingespielt. Nachdem sich am Ende die Waage des Gesetzes zugunsten von George W. Bush geneigt hat, ging ein Vertreter der unterlegenen Minderheit im obersten Verfassungsgericht so weit, das Gesetz zum großen Verlierer der Wahlschlacht zu stempeln.

Sicher ist Al Gore der Schieflage des Systems zum Opfer gefallen, genauso sicher ist es aber auch, daß der letztendliche Gewinner George W. Bush politische Glaubwürdigkeit nur dann zurückgewinnen kann, wenn er nicht nur in Worten, sondern auch in Taten der Präsident aller Amerikaner zu sein gewillt ist.

Eins, zwei, drei viele Silicon Valleys

Zu Mittag spielt auf dem Campus der Stanford-Universität eine Studentenkapelle. Die meisten Kommilitonen arbeiten auch bei Sandwich und Musik fleißig weiter. Schließlich kostet ein Platz 15 000 Dollar Gebühren pro Jahr, und bleiben kann nur, wer sich bewährt. Von 16 000 Bewerbern jährlich werden 1 600 berücksichtigt, jeder zehnte. Diese Hochschule hat eine Bildungsrevolution vollzogen und sich von der eurozentrischen Unterrichtskultur »mit lauter toten weißen Männern« gelöst, wie ein Student aus Taiwan spottet. Seither lernen die Studenten mehr über die Zukunft als über die Vergangenheit. Die höheren Semester wechseln von der Theorie unmittelbar in die Praxis. Der Campus im spanischen Kolonialstil geht in eine riesige Ansammlung von Zweckbauten über, an die 2000 sind wie an einer Schnur aufgereiht – 25 Meilen Silicon Valley …

Das Tal in der Nähe von San Francisco ist Geburtsort der Videospiele und der Taschenrechner, der Heimcomputer und der Lasertechnologie. Der geballte Erfindungsgeist Amerikas scheint hier versammelt – der Rest der Welt hängt sich einfach an. Und ein Ende der Siliciumstrecke ist noch nicht abzusehen.

So erlebte ich die Zukunftsschmiede der Vereinigten Staaten im März 1985. Die Kombination von Lehre und Forschung, von Studium und Geschäft zog Präsidenten und Minister aus aller Welt magnetisch an, auch die Königin von England kam zu einem kurzen Besuch. Anfang der neunziger Jahre geriet der amerikanische Wirtschaftsmotor ins Stocken und damit auch Silicon Valley. Rektor Donald Kennedy stolperte über Konflikte mit konservativen Professoren und zweckentfremdete Forschungsgelder. Sein Nachfolger Gerhard Casper, ein aus Hamburg stammender

Jurist, forderte beim Amtsantritt dazu auf, das Ruder herumzureißen: »Wenn wir unsere Chance nutzen, bricht ein goldenes Zeitalter an.«

Stanford ist seither noch attraktiver geworden (und noch teuerer). Heute versammeln sich Studenten aus 50 Nationen in diesem Lehrreich. Das »System Silicon Valley« hat Ableger in Japan und den Tigerstaaten erzeugt und sich mit etwas Verzug auch in Europa eingenistet. Von Zaventem in Belgien bis zur französischen Riviera, von Garching in Bayern bis Oulu an der Grenze Lapplands sind überall neue Elektronik-Cluster entstanden.

Selbst im Hightech-Rausch der achtziger Jahre konnten sich die Wissenschaftler und Forscher die heutige Web Site World nicht vorstellen. Kein Kommunikationsmittel, weder Radio noch Fernsehen, hat sich so schnell verbreitet wie das Internet. Der Datenaustausch über Internet ist dabei, den Telefonverkehr zu überrunden. Auch hat keine Erfindung bisher so viele Leute in so kurzer Zeit reich gemacht. Und nicht einmal Hollywood wurde so schnell zum Mythos wie Silicon Valley. Computer-Freaks drängen sich um die Holzhütte, in der Hewlett Packard entstand, und in die Garagen, die Intel und Adobe zunächst als Werkstätten dienten.

Die Garagenfirmen sind heute Großkonzerne, Microsoft, das seine Zentrale weiter im Norden hat, im Bundesstaat Washington, ist größer als alle. Microsoft vermeldet im Sommer 1999 ein Vermögen von umgerechnet einer Billion Mark, davon gehört ein Zehntel Bill Gates selbst. Das macht ihn zum reichsten Mann der Welt.

Es heißt, Bill Gates habe im Alter von 13 Jahren den Computer entdeckt und gleich vermarktet. Ich habe ihn 1995 auf dem keineswegs üppigen Fest zum zwanzigjährigen Bestehen von Microsoft in der Nähe von Seattle darauf angesprochen: »Geld war nicht der Antrieb«, antwortete er mir, »wir Kids waren vernarrt in Software, das ist alles.«

1995 galt der 39jährige Bill Gates bereits als ein Methusalem. Auf dem Fest prognostizierte er, daß Computer zu

Beginn des nächsten Millenniums Menschen an ihrer Gestik und Sprache erkennen können und untereinander Instant-Netze bilden werden, die Informationshighways oder Datenautobahnen obsolet machen. Seine Ideen sind bei Wissenschaftlern ebenso gefragt wie bei Politikern und Wirtschaftlern.

Auf der Computermesse CeBIT in Hannover, die ein Bild vom Wettbewerb oder besser »Webstreit« in der Informationstechnik vermittelt, zeigt sich, wie groß Amerikas Vorsprung in der Branche ist. 33 Prozent der Amerikaner arbeiten mit oder in der Informationsindustrie, in Deutschland sind es zehn Prozent. Dafür ist der Anteil der Arbeitnehmer im Produktionsgewerbe in Amerika auf 17,4 Prozent zurückgegangen, in Deutschland liegt er noch bei 34,1 Prozent.

Daß die Umorientierung auf die neuen Informationstechnologien in Deutschland langsamer erfolgt, diesen Trend bestätigen auch die Statistiken der deutschen Hochschulen. Im Sommer 1999 hat sich die Mehrzahl der angehenden Studenten wiederum für klassische Disziplinen wie Jura oder Medizin entschieden, während die Informationsindustrie dringend Nachwuchs sucht. Viele Studienanfänger schreckt die Aussicht auf ein Leben vor dem Bildschirm. Dabei kommt gerade dem Wissensmanagement im Computerzeitalter eine große Bedeutung zu. Über die Informationsstränge laufen im Jahr 2000 mehr Daten als in der gesamten Geschichte des Buchdrucks. Wer dieses neue Medium beherrscht, erringt Zukunftsmacht und kann sich die berühmte goldene Nase verdienen. Deshalb tobt auf dem Gebiet der Breitbandtechnik ein besonders heftiger Konkurrenzkampf. Medien-, Software- und Telefonkonzerne ringen um die Datennetze. Mit vorn dabei sind nicht mehr nur ATT und Microsoft in Amerika, sondern auch Nokia aus Finnland und Bertelsmann aus Gütersloh. Yahoo und andere Online-Dienste prosperieren wie kein anderer Erwerbszweig, und wenn die Trendmacher an die Börse gehen, vervielfachen sich ihre Werte. Der amerikanische Traum vom Tellerwäscher, der Millionär wird, ist noch einmal wahr geworden.

Im Grunde ist die Welle der »Informatisierung« nur eine konsequente Fortsetzung der »Mechanisierung« im 19. Jahrhundert. Die meisten Amerikaner kämen kaum auf die Idee, daß ihnen andere Nationen in der Beschäftigung mit materiellen Dingen zuvorkommen könnten. Diese Zuversicht stammt noch aus der Pionierzeit, die den Yankee geprägt hat. In einem zeitgenössischen Bericht des Arztes Iow Nichols heißt es: »Der Yankee lernte bei allem Hand anzulegen, bis dies zur Gewohnheit seiner Rasse wurde. Er ist ständig am Tüfteln und Planen und dabei, mit dem Kopf herauszufinden, was die Muskeln schont oder einen Mann die Arbeit von zwanzig verrichten läßt.« Das Fließband und die Nähmaschine, der Elektromotor und der Sicherheitsfahrstuhl sind Erfindungen, die das amerikanische Jahrhundert eingeläutet haben. Der industrielle Aufschwung ging mit einer rasenden Rotation von Arbeitsplätzen einher.

Begann der Wirtschaftsrundlauf zu stottern, kamen den Amerikanern die Umstände und ihr Einfallsreichtum zu Hilfe. Im Zweiten Weltkrieg bescherte die Rüstungsmaschine Boomzeiten, im Wiederaufbau danach war es die zivile Industrieproduktion. Wenn es Einbrüche oder Wettbewerbsniederlagen gab, haben die Nachfolger des erfindungsreichen »Yankee« schnell und ungeniert Wissen und Erfahrungen anderer in eigenes Kapital umgewandelt.

Als die Amerikaner in den siebziger Jahren ihren veralteten Industrie- und Verwaltungsapparat nicht umzustellen vermochten, holten sie sich Berater aus dem erfolgreichen Japan und imitierten das japanische System, das nicht die Arbeiterschaft, sondern das Management bei Bedarf auswechselt. Unternehmer wie der Verleger Mortimer Zuckerman setzten darauf, daß »die Vermählung einer Volkswirtschaft mit der älteren amerikanischen Wirtschaftskultur« einen Wettbewerbsvorteil bringt, der bestehen bleibt. »Auch in guten Zeiten sind sich Arbeitnehmer und Unternehmer bewußt, daß es wieder Perioden der Schrumpfung, Umstrukturierung und Einsparung geben kann.«

In den Jahren der Clinton/Gore-Regierung entstanden in Amerika mehrere Millionen neuer Arbeitsplätze, abertausende Firmen wurden neu gegründet. In einem einzigen Monat, im Mai 1996, hat die amerikanische Wirtschaft 348 000 neue Arbeitsplätze geschaffen, in Europa ging mindestens die doppelte Zahl verloren. »Amerika boomt, während Europa lahmt«, schrieb der österreichische Wirtschaftsjournalist und Amerikakenner Klaus Emmerich damals und wies den Einwand europäischer Kollegen zurück, es handle sich nur um Gelegenheitsjobs, wie sie die Fastfoodkette McDonald's anbiete. Ende der neunziger Jahre können nicht einmal alle gut bezahlten Arbeitsplätze besetzt werden, deshalb hat die Hightechbranche sogar ein Einwanderungsgesetz für Fachkräfte durchgesetzt.

Die Reaktion der Europäer auf den amerikanischen Erfolg fällt unterschiedlich aus. Einige, vor allem Briten, Iren und Niederländer, versuchen das US-Rezept möglichst weitgehend zu übernehmen: drastische Sparhaushalte, unternehmerischer Spielraum, moderate Steuern, Öffnung der Märkte, Preis- und Lohndisziplin. Die Franzosen wollen an der Tradition des Dirigismus in der Finanz- und Wirtschaftspolitik festhalten. Andere, so die Deutschen mit dem »Bündnis für Arbeit«, streben bei der Modernisierung der Wirtschaft einen Mittelweg zwischen Liberalismus und staatlicher Steuerung an und setzen auf einen Konsens zwischen Unternehmern, Gewerkschaften und der Politik. Dem angestrebten Konsens steht auf der einen Seite das Marktgeschrei der Arbeitgeberverbände entgegen und auf der anderen Seite die Aussitzkultur sozialdemokratischer Traditionalisten. Die Polarisierung innerhalb der SPD hat meiner Ansicht nach weniger mit Überzeugung zu tun, sondern mehr mit Rechthaberei. Ein solcher Disput hat die Parteilager schon einmal entzweit. Klaus Bölling, unter Kanzler Helmut Schmidt Regierungssprecher, erinnert in einem Beitrag für die »Welt am Sonntag«: »Manche Argumente, die sich in dem Schröder/Blair-Papier für eine Modernisierung der Partei finden, waren akkurat die Argumente von Schmidt, die er den linken und den aufs Geldverteilen spezialisierten Sozialpolitikern in der Bundestagsfraktion entgegengehalten hat.« Der Disput hat übrigens die Regierungszeit Schmidts vorzeitig beendet.

Der jüngste Richtungsstreit kann angesichts des globalen Wettbewerbs nur als Nachhutgefecht betrachtet werden. Der Gegenwind für Schröder kommt aus dem Umfeld Lafontaines im Saarland und von jenen Sozialdemokraten, die der Kanzler bei der Regierungsbildung umgangen hat. Schröder erhält jedoch Zuspruch aus der SPD-Bundestagsfraktion, wie der Vorschlag einer radikalen Steuerreform, die das System vereinfachen und Wirtschaft und Bürger entlasten soll, zeigt. Nach ein, zwei, drei Silicon Valleys nun die Staffelung in drei Steuerstufen. Amerika läßt grüßen. Dort müssen Reiche wie Arme, große wie kleine Firmen auf Steuervergünstigungen verzichten. Dafür ist das System so simpel, daß man Steuerberater nur noch zum Addieren und zur Kontrolle benötigt. Wie ich als amerikanischer Steuerbürger verwundert und erfreut feststellte, werden die Berater nach Stunden entlohnt und nicht etwa mit Prozentsätzen.

Mit dem gemeinsamen Binnenmarkt und dem Euro will die Europäische Union im globalen Wettbewerb konkurrenzfähiger und von den Schwankungen des Weltmarktes unabhängiger werden. Aber es fehlt den Europäern jene Zuversicht in den Markt, die den Amerikanern eigen ist. Derzeit hat die Mittelklasse der Vereinigten Staaten ein neuer Kaufrausch erfaßt. Carola Kaps von der FAZ, deren Urteil ich schätze, sieht »die amerikanischen Verbraucher und ihre Vorliebe fürs shopping« als »die treibende Kraft« des robusten Wirtschaftswachstums an: »Geldausgeben gehört heute zum guten Ton. Die Mittelklasse wirft mit dem Geld ebenso fröhlich und bedenkenlos um sich wie die Reichen. Der persönliche Verbrauch wächst rascher als die Gesamtwirtschaft und deutlich rascher als die Einkommen.« Die Bürger finanzieren also das Wachstum mit ihrer Risikofreude, und der Staat kann die Verschuldung abbauen. In der Alten Welt hingegen sitzen die Bürger auf ihren Sparkonten, und die Regierungen häufen Schuldenberge an.

Das Offenlegen von Staatsausgaben wie von privaten Vermögen ist in den USA gang und gäbe. Der Unterschied zwischen hohen und niedrigen Einkommen weckt in Amerika keinen Neid, solange es der »kleine Mann« aus eigener Kraft ebenfalls zu etwas bringen kann. In Europa liegt seit der Französischen Revolution ein Rechtfertigungsdruck auf den Vermögenden und Meistverdienern, der sich durch die Arbeiterbewegung und die Phasen sozialistischer Herrschaft verstärkt hat.

Gewiß, das System der freien Marktwirtschaft vergrößert den Graben zwischen Wohlstand und Armut, doch staatlicher Dirigismus führt häufig zu einer Nivellierung beider. Vielfach werden die westeuropäischen Wohlstandsgesellschaften nach dem Zweiten Weltkrieg als Beleg für die Behauptung betrachtet, das Stutzen des Reichtums an der Spitze der Gesellschaft komme ihrer Basis zugute. Der rheinische Kapitalismus war aber erstens vornehmlich der amerikanischen Abwehr des Kommunismus zu verdanken, und zweitens erwies sich die soziale Marktwirtschaft nur gegenüber der sozialistischen Planwirtschaft als überlegen.

Anfang 1999 verkündete Bill Clinton voller Stolz in seiner Botschaft an die Nation: »Dieser Aufschwung ist der längste in Friedenszeiten, und diesmal hebt die Flut alle Boote.« Von diesem Ziel ist das reichste Industrieland der Erde noch ein ganzes Stück entfernt, denn die Löcher im sowieso sehr weitmaschigen sozialen Netz sind größer geworden. Der Präsident hat deshalb gegen Ende seiner Amtszeit versucht, einen Teil des reichlich strömenden Staatseinkommens in die Linderung der Armut und den Ausbau des Erziehungssystems zu investieren. Eine grundlegende Reform der Sozialhilfeprogramme scheiterte bisher stets an der konservativen Grundüberzeugung der Parole »Selbst ist der Mann«.

Für die Amerikaner reduziert sich der Wille, für sich selbst zu sorgen, keineswegs auf rücksichtslosen Existenzkampf, wie es der Ruf nahelegt, der dem robusten Kapitalismus made in USA anhaftet. Die High Society wie auch die Mittelklasse nimmt aus freiem Willen Verantwortung für die Gemeinschaft wahr. Dies erklärt ebenfalls, warum die in Europa oft angemahnte »Gerechtigkeitslücke« in den Vereinigten Staaten die Mehrheit nicht anficht. Etwa 20 Millionen US-Bürger werden von Tausenden karitativen Organisationen versorgt. Sie verteilen auch Lebensmittel an Familien, die ihre Existenz mit ihrem Arbeitseinkommen nicht sichern können. Magnaten wie einst Rockefeller und Carnegie oder Bill Gates in neuerer Zeit gerieren sich als Mäzene. Ihre Spenden fließen in Stiftungen, die Kulturprojekte und Universitäten fördern, oder direkt in die Sozialhilfe. Bill Gates veranlaßte mit fünf Milliarden Dollar die bisher größte Schenkung in der Geschichte des Mäzenatentums. Mit dem Geld wird die Gesundheitsfürsorge für junge Mütter in Entwicklungsländern unterstützt. Im Sommer 1999 hat der Computerkönig sogar bekanntgegeben, er wolle sein Gesamtvermögen in Stiftungen verwandeln und seinen beiden Kindern nur je zehn Millionen Dollar hinterlassen, »weil man mehr in einem Leben nicht ausgeben kann«.

Hannah Arendt hat in ihrem historischen Rückblick die Grundhaltung der Westeuropäer zum Thema soziale Gerechtigkeit wie folgt charakterisiert: »Was als unerträglich empfunden wird, sind nicht so sehr Unterdrückung und Ausbeutung, viel aufreizender ist Reichtum ohne jegliche sichtbare Funktion, weil niemand verstehen kann, warum er geduldet werden sollte.« Die meist wohlhabenden Meinungsführer in Deutschland höre ich weniger über hohe

Steuerlast an sich, sondern mehr über die mangelnde Transparenz und Sinnfälligkeit ihres Verwendungszwecks klagen.

In Europa tun sich Unternehmer mit der Übernahme öffentlicher Verantwortung schwerer. Zu den rühmlichen Ausnahmen gehört Reinhard Mohn in Gütersloh. Mit seiner Stadtstiftung von 4 Millionen Mark finanziert der Gründer des Bertelsmann-Konzerns Aufgaben, für die sich die Kommune nicht zuständig fühlt: Sportförderung, Jugendhilfe, Hausaufgabenbetreuung. Noch hemmt der Staat durch seinen Anspruch auf Mitsprache und ein reformbedürftiges Stiftungsrecht solche privaten Aktivitäten. Hingegen hat sich das »Sponsoring« nach amerikanischem Vorbild in Europa immer mehr durchgesetzt. Dem Problem, daß private Geldgeber bei sich bietender Gelegenheit selbstverständlich um staatliche Gefälligkeiten bitten, kann wohl am ehesten durch öffentliche Kritik abgeholfen werden.

Die Transaktionskosten für Waren, Dienstleistungen und Kapital sind auf breiter Front gesunken, die Produktionsstätten werden ähnlich mobil wie die Produkte. Die Bekleidungsfirma Boss zum Beispiel war lange stolz auf ihre Verwurzelung in Metzingen, Baden-Württemberg. Im Juli 1999 verkündete ihr Vorstandsvorsitzender Werner Baldessarini: »Entscheidend ist, daß die Marke für Qualität bürgt, gleich, wo die Ware produziert wird.« Das unangenehme Resultat für die Mitarbeiter in Metzingen: Boss läßt in der Türkei fertigen. Der Airbus wird unter anderem in Toulouse gebaut, Boeing produziert in Seattle, viele Maschinenteile werden aus anderen Kontinenten zugeliefert. Mercedes hat mit Chrysler fusioniert, die Deutsche Bank mit Bankers Trust, Hoechst mit der französischen Poulenc usf.

Beim Skifahren während der Weltwirtschaftskonferenz in Davos fragte ich den Siemenschef Heinrich von Pierer, warum er denn nicht mehr Arbeitsplätze in Deutschland schaffe. Darauf entgegnete er mir: »Siemens ist kein deutsches Unternehmen.« Tatsächlich wickelt Siemens seine Verwaltungsgeschäfte hauptsächlich über Indien ab.

Um im Zeitalter der Globalisierung gegenüber Amerika und Asien konkurrenzfähig zu bleiben, versuchen die europäischen Industriegesellschaften den privaten Bürger, sei er reich oder arm, stärker für das Gemeinwesen in die Pflicht zu nehmen. Liberalisierung, Steuersenkung für Unternehmen, ein flexibler Arbeitsmarkt, Einrichtung eines Niedriglohnsektors, Abbau der Sozialsysteme und der Bürokratie sind die Hauptpunkte des Modernisierungsprogramms, das Schröder und Blair ihren Wählern verordnet haben. Margaret Thatcher hatte Großbritannien ein solches Programm bereits aufgezwungen. Deutschland muß verlorenen Boden gutmachen, denn die Koalition aus Christ- und Liberaldemokraten unter Helmut Kohl vermochte die Kostenexplosion, die Unternehmer schreckt und Arbeitslosigkeit in die Höhe treibt, nicht ausreichend zu dämpfen. Dies kann offenbar nur einer Regierung gelingen, die nicht per se im Verdacht steht, für die Interessen der Reichen und damit gegen die der Arbeitnehmer einzutreten.

Die Bundesrepublik erlitt auch durch Kassandrarufe von Spitzenmanagern Wettbewerbseinbußen, selbst Frankreich mit seinen hohen sozialen Nebenkosten erweckt bei Investoren oft mehr Vertrauen. Wenn ein verläßlicher staatlicher Rahmen geschaffen ist, genauer, der unternehmerische Freiraum nicht mehr durch zu starke Einmischung der Obrigkeit und ein kompliziertes Regelwerk eingegrenzt wird, können sich regionale Zentren stärker entfalten. Köln mit seiner Servicementalität und seiner Infrastruktur ist in dieser Hinsicht ein Vorreiter in Deutschland. Hier haben sich bereits 800 ausländische Firmen niedergelassen. Neben Bayern sind zudem das Rhonetal, die Lombardei und Katalonien auf eine globalisierte Weltwirtschaft gut vorbereitet. Die »Silicon Valleys« Europas bieten aber nicht nur Fachpersonal und Service, sondern auch Freizeitangebote für jeden Geschmack und ein reiches kulturelles Umfeld. Im Konkurrenzkampf um Investoren und Kapitalgeber sind sie eine attraktive Alternative zu Orten, die den Wünschen moderner Eliten nach Bildung, Zerstreuung und Genuß nicht Rechnung tragen. Der Aufschwung in Silicon Valley begann in einer Garage, der Ort ist noch heute nicht viel mehr als eine modernisierte Produktionszeile.

Das »Wallstreet Journal« kommentierte: »Es ist mehr als Wettbewerb, es ist Krieg«. Die Idee des Wettbewerbs resultiert aus dem Willen, tüchtiger und erfolgreicher zu sein als die anderen und dadurch Ansehen, Ruhm und Ehre zu erringen, und bezog sich schon in der Antike nicht nur auf die Muskelkraft der Athleten in Olympia, sondern auch auf den Lorbeerkranz für den besten Denker, für die überlegene pilosophische Schule, also auf materielle und immaterielle Werte. Je mehr sich die Massenproduktion und der Massenkonsum abschwächen, um so mehr steigt die Wissensproduktion, und der kulturelle Gehalt von Waren und Dientsleistungen gewinnt an Gewicht. Was Traditionspflege, regionalen Kunstreichtum und Lebenskultur anbelangt, stechen die Toskana und der Peloponnes, das Frankenland und das Burgenland amerikanische Konkurrenten aus.

Allerdings hat in Seattle, einem geographisch von der Alten Welt weit entfernten Ende Amerikas, eine gewisse Europäisierung eingesetzt. Die 530000-Einwohner-Stadt im US-Bundesstaat Washington ist ein Zentrum der Zukunftstechnologien. Dort sind 1500 Computerentwicklungsfirmen, darunter der Software-Riese Microsoft, Unternehmen für Bio- und Umwelttechnologie, Flugzeugbau und Medizintechnik ansässig. Schulen und die drei Universitäten besitzen einen ausgezeichneten Ruf, die größte Ansammlung von Bibliotheken und Antiquariaten an der Pazifikküste lockt neben der technischen Elite das Bildungsbürgertum und Literaten an. Von »Starbuck« oder der Seattle Coffee Company ging die Espressorevolution in den USA aus. Das Hinterland von Seattle ist Cascadia, ein Landschafts- und Interessenverbund, der sich im Norden bis hin zum kanadischen Vancouver, im Süden bis zur höchsten Erhebung der Cascade Range, dem Mount Rainier, und entlang des Puget Sound bis nach Victoria, der Hauptstadt der kanadischen Provinz British Columbia, erstreckt. Diese Einheit von günstigen Produktionsbedingungen, ausgereifter Infrastruktur, guter Anbindung an in- und ausländische Märkte, hoher städtischer Lebensqualität und kultureller Vielfalt schlägt Silicon Valley um Längen. Seattle hat mehrere Jahre den Titel der Stadt mit dem höchsten Lebenswert in Amerika erhalten. Aber im wechselvollen Spiel von Auf und Nieder, von boom und bust ist auch Seattle keine Dauergarantie für Erfolg in Amerika.

Ein Paßwort für Amerika

Tiger Woods ist der erste Afroamerikaner, der das Masters gewonnen hat, die Krone des Golfsports. Das junge Supertalent ließ sich auf seinem Siegeszug über die Turnierplätze der Welt gerne feiern, aber nicht als Afroamerikaner. In der »Oprah Winfrey Show« hat er sich als »Cablinasian« bezeichnet und damit aus caucasian, das heißt weiß, black, indianisch und asiatisch ein neues Wort kreiert.

Tiger Woods' Selbstbeschreibung stellt die gebräuchlichen Kategorien in Frage, nach denen sich die Nation rassisch definiert: Gilt doch als »schwarz«, wer auch nur einen dunklen Hauch aufweist, als »weiß«, wer irgendwo zwischen Gibraltar und dem Kaukasus seine Ahnen weiß oder vermutet. Zwischen Indianern, Eskimos und Aleuten wird kaum noch unterschieden, die Einwohner der pazifischen Inseln zählt man oft pauschal zu den Asiaten. Als Hispanics gelten nicht nur die Spanier, sondern vor allem die Lateinamerikaner.

Diese Typisierung, die auch von der Behörde für Volkszählung verwendet wird, die Verschiebungen oder Veränderungen in der Zusammensetzung der Nation registriert, stößt bei vielen Amerikanern auf Kritik: Inzwischen wird über die Einführung einer weiteren Kategorie nachgedacht: *mixed race*, vermischte Rasse. Damit würde auch der Tatsache Rechnung getragen, daß sich in den USA die Zahl der Heiraten über rassische Grenzen hinweg in den letzten 20 Jahren vervierfacht hat. Einige Experten bezeichnen dies als die beginnende Amerikanisierung Amerikas, eine Anlehnung an den Begriff »Brasilianisierung«, also der schon weiter fortgeschrittenen Vermischung im zweitgrößten Staat auf dem amerikanischen Kontinent.

Schließlich läuft die Entwicklung einem Trend zuwider,

der mit einem weiteren Modewort belegt ist, der »Balkanisierung«, also der Aufsplitterung der ethnischen Zusammengehörigkeiten. Der Stolz auf die mixed race gründet sich auch auf das Bewußtsein, die Abgrenzungsmechanismen der siebziger Jahre, die der Autor Michael Novak die Dekade der ethnischen Gruppen nennt, hinter sich gelassen zu haben.

Als Korrespondent in Amerika habe ich diese Zeit der ethnischen Rückbesinnung miterlebt. Damals hat Amerika seine rassische und kulturelle Vielfalt wiederentdeckt und gefeiert: die Tänze der Griechen, das irische Besäufnis am St. Patricks day, Little Tokio in Los Angeles, polnische Polka in Chicago, die Rückbesinnung auf die *Kwanzaa*, ein Weihnachtsfest der Afroamerikaner, und dergleichen mehr. Diese ethnische Welle ist nicht verebbt, aber zurückgegangen. So schmilzt etwa Little Italy in New York immer mehr zusammen, hat internationaler Lifestyle das jüdische Art-déco-Viertel von Miami in Besitz genommen, verblaßt das Bild des hochgewachsenen blonden Texaners nordischer Abkunft vor hispanischem Hintergrund. Ein *melting pot*, ein Schmelztiegel, ist Amerika dennoch nicht geworden.

Der Erfinder des Slogans, Israel Zangwill, sah seinerzeit die Einwanderung nur aus europäischem Blickwinkel. In seinem gleichnamigen Theaterstück von 1909 mahnte er: »Alle Menschen, die in die Staaten kommen, sollen ihre schlechten Eigenschaften ablegen, vor allem natürlich den Nationalstolz und die damit verbundene Verachtung anderer Nationalitäten. Nur ihre guten Eigenschaften sollen sie mitbringen, sollen sie einschmelzen und das daraus Entstehende ist dann eben Amerika.«

Diese Vorstellung von Amerika mußte Utopie bleiben, weil über die Immigranteninsel Ellis Island vor New York nicht die Auserlesenen kamen, sondern die Ausgestoßenen. Emma Lazarus verfaßte für sie einen Willkommensgruß, der auf der Statue of Liberty steht: »Gebt mir eure Müden und Armen ...« Die meisten Immigranten fühlten sich ja nicht so sehr von Amerika angezogen, sondern von ihrer jeweiligen Heimat betrogen und abgestoßen. Sie flohen vor dem Hunger in Irland, der religiösen oder politischen Verfolgung in Deutschland, aus Vietnam vor dem Kommunismus und aus Afghanistan vor dem militanten Islam. Wenn sie weder begütert noch gebildet waren, hat Amerika sie nicht mit offenen Armen aufgenommen, sondern auf den Prüfstand geschickt: Waren sie bereit und in der Lage, um diese neue Welt zu kämpfen, sich auf hartem Wege hochzuarbeiten? In den Arbeitervororten der neuen Industriestädte im Osten geben die Einwanderer in Schüben die billigsten Plätze wie in einer Stafette aneinander ab. Iren an Deutsche, Griechen an Slawen. Und auf den Gemüsefeldern und den Computerfarmen in Kalifornien ringen Mexikaner und Koreaner um Stundenarbeit und Tagelohn.

Das Paßwort für Amerika war und ist nicht Herkunft, Farbe, Rasse, sondern Mut zur Mühsal, Risikobereitschaft und die Annäherung an eine andere Dimension. Dabei hat Amerika aus der Masse der Immigranten genauso Kapital geschlagen wie aus der Elite.

Der Österreicher Arnold Schwarzenegger, der es zu Starruhm und in die Kennedyverwandtschaft gebracht hat, sagte mir 1983: »Ich liebe meine Heimat, aber für mich war Amerika der bessere Platz zum Leben. Alle dachten in größeren Dimensionen als zu Hause in Europa. Jeder setzte große Hoffnungen in die Zukunft. Ich habe mich gelehrt, Amerikaner zu sein.« Im selben Jahr wurde er US-Bürger.

Der Sohn des sowjetischen Machthabers Nikita Chruschtschow erhielt im Frühjahr 1999 die amerikanische Staatsbürgerschaft. Ihn bewegten die Freiheit der Lehre und die weitgehende Abwesenheit von Neid in der amerikanischen Leistungsgesellschaft zu diesem Schritt.

Die amerikanische Staatsbürgerschaft kann auf unterschiedlich schwierigen Wegen erlangt werden. An der mexikanisch-amerikanischen Grenze greifen die Patrouillen immer wieder schwangere Frauen auf, die ihr Kind in den

USA gebären wollen, da dies dem Nachwuchs automatisch die US-Bürgerschaft sichert. Wer bei der Jagd nach einer Arbeitserlaubnis, der Green Card, erfolgreich war, kann irgendwann auch auf die Einbürgerung hoffen. Jedes Jahr einmal spielt der Staat eine Green Card-Lotterie aus, an der sich jeder beteiligen kann. So kann man nach dem Zufallsprinzip Amerikaner werden. Problemlos ist die Einbürgerung für Anwärter, deren Talent, Handwerk oder Können in den USA gefragt ist. Diesen Weg sind die Architekten Helmut Jahn aus Nürnberg oder I. M. Pei aus Kanton gegangen, aber auch die Tennisstars Ivan Lendl und Monica Seles. Ansonsten begrenzt eine Quotenregelung pro Staat das Kontingent der Immigranten aus einem Herkunftsland. In der Vergangenheit gaben auch unedle Motive den Ausschlag für Begrenzungen, wie das Einwanderungsverbot für Chinesen 1887, für ungelernte japanische Arbeiter 1917 oder für Kommunisten nach dem Zweiten Weltkrieg zeigt. Bekennende Prostituierte sind von der Einreise ebenso ausgeschlossen wie nachweisliche Verbrecher ..., als ob man Moral verordnen könnte.

Das größte Problem für den Staat ist die illegale Einwanderung über die 2800 km lange Grenze zu Mexiko.

Während einer Reportage über die Grenzgänger konnte ich auf einem Wachtpunkt mit Hilfe eines Nachtsichtgeräts einen solchen illegalen Grenzübertritt beobachten. Wir sahen einen organisierten Trupp durch den Rio Grande waten. Dann kamen Grenzer ins Bild, die den Illegalen Handschellen anlegten. »Sobald sie freikommen, werden sie es wieder versuchen«, sagte mir der Wachposten. Es ist nicht nur die wirtschaftliche Not, die sie nach Kalifornien und Texas treibt, sondern auch das Gefühl, daß ihnen ein Leben im Südwesten der USA genauso zusteht wie den Amerikanern. Schließlich haben ihre Ahnen dies Land einmal besiedelt. Die Mehrheit der Kalifornier ist da ganz anderer Ansicht. In einem Volksentscheid haben sie 1994 ein Gesetz gegen die Überfremdung gutgeheißen. Eine andere Gesetzesnovelle aus dem Jahr 1996 geht noch weiter. Sie beschränkt auch die besonderen Rechte der Minderheiten im Lande selbst. Diese waren den Hispanics und den Afroamerikanern zugesprochen worden, um ihnen den Weg in die große Gesellschaft zu erleichtern. Für die einen ist die Abschaffung dieser Sonderrechte ein Sieg der Gleichberechtigung, für die anderen der Verrat am Prinzip der Chancengleichheit. Der Abbau dieser Startchancen zeige »eine Verrohung der Sitten und den Niedergang der Fairneß«, meint der schwarze Historiker John Hope Franklin. Selbst Präsident Clinton beklagte vor Studenten der Georgetown Universität in Washington »das Abhandenkommen des amerikanischen Gesellschaftswillens und das Überhandnehmen der gegenseitigen Entfremdung«. Eine Umfrage in der Zeitschrift »Newsweek« gibt ihm recht. Danach glauben 86 Prozent der Amerikaner, daß ihre Landsleute früher mehr gemeinsam hatten und sich einiger in ihren Wertvorstellungen waren als zur Jahrtausendwende. 1996 hat das Verfassungsgericht in Washington mit 6:4 Stimmen auch ein Gesetz abgeschafft, das der schwarzen Bevölkerung in Amerika politisch zugute kam. Durch den eher willkürlichen Zuschnitt von Wahlbezirken mit hohem Anteil an schwarzer Besiedelung konnten überproportional viele schwarze Parlamentarier ins Repräsentantenhaus einziehen. Dieses »Zoning« hat das Gericht wegen der Benachteiligung andersfarbiger Kandidaten aufgegeben. Das klingt gut und schön. Aber damit sinkt die politische Einflußnahme der Afroamerikaner. Daß ethnische Zugehörigkeit nach wie vor eine starke gefühlsmäßige Verbundenheit erzeugt und auch Entscheidungen beeinflußt, zeigte auch das Gerangel um die Geschworenen 1996 im Prozeß gegen den ehemaligen schwarzen Sportstar O. J. Simpson. Er wurde von den mehrheitlich farbigen *members of the jury* des Mordes an seiner Frau und ihrem Gefährten freigesprochen, und das schwarze Publikum vor dem Gericht hatte den Freispruch bejubelt. Proteste gegen das Urteil gab es dennoch nicht, weil die Achtung vor dem Gesetz und den Gesetzgebern zum stillschweigenden Abkommen zwischen Rassen und Klassen gehört. In diesem Sinne sind die Amerikaner eine zivilisierte Gesellschaft (bis zur *political correctness*).

Bei ihrer unterschiedlichen Herkunft und ethnischen Verschiedenartigkeit brauchen die Amerikaner Felder der Gemeinsamkeit, um Entschlüsse zu fassen, Vertrauen zu gewinnen und auch das scheinbar Unverbindliche verbindlich zu machen. Daher ihr Glaube an und ihr Stolz *auf* Traditionen und Institutionen. Dazu gehören die Gesetze genauso wie die Gebräuche. Und in beiden finden sich die vielen Nationalitäten des Landes wieder ... vom höchsten Feiertag, dem Thanksgiving Fest, das indianische Wurzeln hat, bis zum Martin Luther King Day, der aus der schwarzen Civil Rights Bewegung stammt.

Die Amerikaner kommen von überall her, unter anderem auch aus ihrem eigenen Land. Deshalb waren sie nacheinander Pioniere und Jäger, angelsächsische Protestanten, eine gesamteuropäische Immigrantennation, eine multikulturelle Gesellschaft. Nach dem Journalisten Michael Lind sind seine Landsleute erst jetzt dabei, eine weitere Nationenbildung zu versuchen, die er trans-amerikanisch nennt. Er glaubt, Amerika würde nicht gleich Jugoslawien auseinanderfallen ohne Staatsgewalt, sondern sei eher wie Polen, das auch nach vielen Teilungen als nationale Einheit überlebte. »Es gibt eine rassenübergreifende amerikanische Nation, die Polen gleich, weiter existieren würde, auch wenn die Vereinigten Staaten von Amerika von der Landkarten verschwinden würden.«

Dieses inzwischen breit angelegte amerikanische Selbstgefühl ist das Ergebnis einer gewaltigen und gewalttätigen Auseinandersetzung zwischen Klassen und Rassen, Interessen und Ambitionen, Urteilen und Vorurteilen. Eine entscheidende Schlacht um Amerikas Bestimmung wurde dabei in den Kennedy/Johnson-Jahren geschlagen.

Mit John F. Kennedy errang erstmals ein Katholik in einem protestantisch beherrschten Land das höchste Amt. Er tat das mit einer so knappen Mehrheit, daß eine politische Zweiteilung der Nation unvermeidlich schien – übrigens ähnlich der Wahlschlacht zwischen George W. Bush und Al Gore 40 Jahre später. Im Kalten Krieg gegen die Sowjetunion bestand er die Kubakrise und rief zur Eroberung des Mondes auf. In der heißen Auseinandersetzung mit dem Kommunismus begann er die Verstrickung in den Vietnamkrieg. Ein Krieg, der am Ende zum Kampf um die Seele der amerikanischen Nation wurde. Bei uns in Westdeutschland war JFK ein Held, Symbol der Allianz und der Zukunft. Als er am 26. Juni 1963 Berlin besuchte in der größten Not deutscher Teilung, da flogen ihm die Herzen der jungen Generation zu. Zumal in seinem Gefolge Amerikas Intellektuelle die Regierungsbühne betraten und seine Frau Jacqueline den Salon im provinziellen Washington einführte.

Kennedys große Leistung aber war der Beginn der nationalen Aussöhnung mit den Afroamerikanern, die als einzige nicht freiwillig, sondern in Ketten ins »Land der Freiheit« verbracht worden waren. Es mußten allerdings erst die Innenstaaten von Washington und Los Angeles in Flammen stehen, bis die schwarze Bürgerrechtsbewegung zum Integrationsgesetz von 1964 führte. Kennedy selbst, wie auch der Märtyrer der Civil Rights Bewegung, Martin Luther King, bezahlten ihren Einsatz mit dem Leben, fielen Attentaten zum Opfer.

Auf dem Friedhof von Arlington vor den Toren Washingtons steht seine Mahnung in Stein gemeißelt: »Frage nicht, was Dein Land für Dich tun kann, sondern was Du für Dein Land tun kannst.« Sein Nachfolger Lyndon B. Johnson vollendete den Traum von einer »großen Gesellschaft« mit dem Einwanderungsgesetz von 1965, das nicht mehr nach Herkunft urteilte, sondern nach beruflicher Qualifikation: »eine Nation, die von Einwanderern geschaffen wurde, kann jene, die jetzt Einlaß begehren, durchaus fragen: Was könnt Ihr für unser Land tun? Aber nicht: In welchem Land seid Ihr geboren?«

Zu der Integration der Schwarzen, die sogar mit besonderen Förderungsmaßnahmen verbunden war, der »affirmative action«, kam also die Abkehr von der »Quotenregelung« der Immigration.

Im selben Jahr 1965 fiel auch ein Gesetz, das die »Qualität des Erbmaterials« in Amerika schützen sollte und auf eine ausgesprochen fremdenfeindliche Zeitperiode zurückging.

Es war der sechsundvierzigste Präsident der USA, Theodore Roosevelt, der den Anstoß zu dieser Bewegung ab mit den Worten: »Das große Problem der Zivilisation besteht darin, einen relativen Zuwachs der wertvollen und nicht der weniger wertvollen oder gar schädlichen Elemente in der Bevölkerung sicherzustellen«. Wer die nachfolgenden Debatten im Kongreß nachliest, stößt auf erstaunliche Beiträge, in denen die Rede ist von der »der Notwendigkeit, amerikanisches Blut rein zu erhalten« oder »der drohenden Entartung vorzubeugen«.

Es ist verbrieft, daß sich in den zwanziger Jahren, als Hitlers »Mein Kampf« entstand, deutsche Rassenhygieniker sowohl Informationen wie Vokabular aus dieser finsteren, amerikanischen Debatte abschauten. Umgekehrt hat die Umsetzung dieses Gedankengutes durch Hitler Amerika in Schrecken und schließlich in Kriegsbereitschaft versetzt. Das schreckliche Beispiel der ethnischen und politischen »Säuberung« unter Hitler und Stalin hat die Amerikaner zuerst zu Antinazis und dann zu Kommunistenjägern gemacht und sie natürlich vor eigenen Exzessen ähnlicher Art bewahrt. Der Schulterschluß der Amerikaner unterschiedlicher Rasse im Weltkrieg hat sowohl Integration wie Emanzipation gefördert. Aber ich kann mich an erste Amerikaaufenthalte in den fünfziger Jahren erinnern, als Frauen, Juden und Schwarze noch keinen Zugang zu den Clubs der besseren Gesellschaft hatten. Und erst 1965 zogen mit Kennedy und Johnson neue Gesetze in die Demokratie der Gleichen ein. Seitdem tendiert jedoch Amerika selbstgerecht dazu, die Regeln der Menschenrechte in aller Welt nach eigenem Muster zu fordern. Dabei ist nicht Gleichheit das oberste Gebot, sondern allenfalls Chancengleichheit und Gleichberechtigung. Das Amerika von heute nimmt langsam Abschied von der besonderen Forderung der Minderheiten, weil sie von der Mehrheit als ungerecht empfunden wird. So haben in Kalifornien vor allem Amerikaner mexikanischen Ursprungs ein Gesetz wieder aufgehoben, das die Zweisprachigkeit in kalifornischen Schulen vorschrieb. Die Änderung ist der Erkenntnis geschuldet, daß auch die spanisch- oder mexikanischstämmigen Amerikaner im täglichen Existenzkampf auf englisch bestehen müßten, der Sprache des Wettbewerbs und des Internets.

Die *affirmative action* für die Schwarzen war als Starthilfe gedacht, und wer den Stark verpaßt hat, muß sich den Regeln des freien Marktes unterwerfen. Dabei entwickelt sich nicht so sehr ein harmonisches Miteinander, sondern ein reibungsloses Nebeneinander. Bei diesem Prozeß werden keine Fliehkräfte freigesetzt, sondern entstehen immer neue Regeln der political correctness, also Verhaltensregeln für den täglichen und den geschäftlichen Umgang. Dieses identitätsstiftende Einverständnis bewahrt die Amerikaner auch vor neuen Rissen in der Gesellschaft oder der politischen Zweiteilung nach knappen Wahlergebnissen. Der politische und ethnische Proporz wird nicht mehr von oben dirigiert, sondern entsteht nach den Regeln des gesunden Menschenverstandes. Er läßt auch die »Verlierer« im amerikanischen Selbstfindungskauf zum Zuge kommen. So stellt der Süden Amerikas, der Mitte des 19. Jahrhunderts im Bürgerkrieg niedergerungen wurde, immer öfter den Präsidenten, von Jimmy Carter über Bill Clinton bis George W. Bush. So drängen die Schwarzen immer mehr ins politische Leben. Der neue amerikanische Präsident besetzt seine zwei wichtigsten außenpolitischen Posten mit Afroamerikanern, Colin Powell für das Außenministerium und Condoleeza Rice für den Sicherheitsrat, was das Image der Republikaner als Partei der Weißen verblassen läßt.

Von Henry Kissinger bis Joseph Lieberman spielen sich jüdische Amerikaner in den Vordergrund. Und in Hillary Clinton sehen viele Beobachter seit ihrem Sieg im Senatsrennen von New York eine Kandidatin für die Präsidentschaft in kommenden Jahren. Eigentlich müßte die ständige Nachwanderung diesen Vorgang der Selbstregulierung und Verantwortungsteilung durch stets neue Gewichtsverlagerung stören. Aber, wie der Kommunikationswissenschaftler Sanford Ungar in seinem Buch »Frisches Blut« feststellte, »ist der Beitrag, den Einwanderer für unser Land leisten stets größer als der mögliche Schaden, den sie anrichten«.

Mit Doris Meissner hatte Ex-Präsident Bill Clinton 1993 auch eine Frau an der Spitze der amerikanischen Einwanderungsbehörde berufen, die ihren 16000 Beamten ein Vorbild abgab. Als Tochter deutscher Einwanderer habe sie gelernt, »die Vereinigten Staaten für ihre Offenheit zu verehren und für die unbegrenzten Chancen dankbar zu sein, die sich allen Einwanderern bieten«, wie sie der FAZ-Korrespondentin Carola Kaps zu Protokoll gab.

Andererseits hat sie die illegale Einwanderung und die Schwarzarbeit von Schlepperbanden energisch gestoppt und den beispiellosen Einwanderungsdruck kanalisiert. Es ist nicht von ungefähr, daß die USA in ihrer jährlichen Einwanderungstombola gerade um die Teilnahme von deutschen Bewerbern buhlen. Ich hab so manchen Deutschen kennengelernt, dem das Mut machte und der dadurch die begehrte Arbeitserlaubnis, die Green Card, erlangte. Sie ist die Vorstufe zur »Einbürgerung« für viele Immigranten. Eine gute Freundin, die im November 2000 Amerikanerin wurde, war überwältigt von der damit verbundenen Zeremonie und dem Gefühl des Stolzes, dem sie sich nicht entziehen konnte oder wollte.

Wie ich selbst in vielen Jahren Amerika erleben durfte, kann man in Amerika auch ohne US-Paß willkommen sein. Da wirken sowohl Anziehungs- wie auch Integrationskraft dieses großzügigen Landes. Das gilt schon für Details. Ich habe mich als Bayer und gekleidet in bayerischen Loden in New York wohler gefühlt als in ost- oder norddeutschen Landen. Fremd ist man in Amerika eigentlich nur, wenn man sich nicht anfreunden kann. Dazu bedarf es auch keiner Leitkultur, der *American way of life* genügt als Anleitung, man muß ihm nicht folgen, es genügt, ihn zu akzeptieren.

Der neue amerikanische Präsident George W. Bush konnte sich schneller als erwartet in der Öffentlichkeit etablieren. Das hat zum einen damit zu tun, daß die Amerikaner schneller bereit sind zu vergessen und sehr stark zukunftsorientiert sind. Daß Bush eine Sturzgeburt war und seine Amtsübernahme unter unwürdigen Begleitumständen zustande kam, ist schnell in Vergessenheit geraten. Andererseits konnte Bush rasch seine konservative Gesinnung unter Beweis stellen. Das hat ihm zwar auch Feindschaften und Mißtrauen eingebracht, aber zu seiner Profilierung beigetragen. Ein amerikanischer Raketenschutzschild im Weltraum ist schon im Frühjahr 2001 kein Diskussionsthema im Bündnis mehr, sondern eine Vorgabe, mit der sich die Welt abfinden muß. Den Bedenken von Deutschen und Franzosen zum Trotz und der Ablehnung durch Rußland und China gewiß, bereiten Pentagon und State Department diese Abschreckungsstrategie der USA weiter vor. Die Kollision eines amerikanischen Spionageflugzeugs mit einem chinesischen Abfangjäger verschärft die Spannung zwischen Washington und Peking. Die Ablehnung des Umweltschutzabkommens von Kyoto durch die neue amerikanische Regierung brüskiert die Verbündeten in Japan und Westeuropa. Aber von Texas aus gesehen, der Heimat des neuen Präsidenten, sind die Öltürme im Golf von Mexiko nahe, ist der Umweltschutz so fern wie Europa und Asien.

Zum Ausgleich sucht George W. Bush neue geopolitische Allianzen mit alten Nachbarn. Eine neue »westliche Hemisphäre« von Alaska bis Feuerland soll ein allamerikanisches Bündnis schnüren, das von der Bevölkerungszahl und den Ressourcen her der Europäischen Union gleichkommt und die Vorherrschft der USA neu begründet. Der neue Mann im Weißen Haus, der in der europäischen Presse und Öffentlichkeit als Leichtgewicht dargestellt worden war, wird dem amerikanischen Schwergewicht schnell neue Geltung verschaffen. Dabei hat die Unterschätzung neuer amerikanischer Präsidenten schon Tradition. Jimmy Carter war nur ein dahergelaufener Erdnußfarmer aus dem Süden, Ronald Reagan ein abgehalfterter Hollywoodstar, Bill Clinton ein Hinterwäldler aus dem Mittleren Westen. Alle drei haben tiefe Spuren in der Weltgeschichte hinterlassen, mit George W. Bush wird es nicht viel anders sein.

Das Leid mit der Leitkultur

Kurz bevor das »Tacheles« Ende des Jahres 2000 in einem Immobilienprojekt aufging, sind die Besetzer dieser berühmtesten Kunstruine in Berlin noch einmal in Aktion getreten. Sie haben die Fassade des »Tacheles« zur Klagemauer gemacht gegen die Leitkultur, und in einem Wortspiel haben sie sie heruntergemacht zur Leidkultur oder gar zur Lightkultur. Sie fürchten, daß die Kultur »light« wird, wenn der Berliner Senat ihnen die Subventionen von 300 000 Mark im Jahr streicht, auch, daß die Raver von der jährlichen Love-Parade kein Zuhause mehr haben. Sie sind eine Kultur »leid«, die der autonomen Szene keine Aufmerksamkeit mehr schenkt, und sie fordern 0-Toleranz gegenüber der Leitkultur, dies besonders.

Ob nun Unwort, Reizwort, Schimpfwort, Worthülse oder Wertvorstellung, seit dem »Reformstau« hat kein Begriff mehr Deutschland so erregt oder angeregt. Während der »Reformstau« aber einen konkreten Vorgang bezeichnete oder besser die Behinderung eines Vorganges, so ist das Feld der Redeschlacht um die Leitkultur die graue Theorie.

Es war der CDU-Fraktionschef Friedrich Merz, der den Begriff wie einen Fehdehandschuh auf den politischen Turnierplatz geworfen hat. Der Grad der Anpassung an eine deutsche Leitkultur solle danach über die Gewährung der deutschen Staatsbürgerschaft entscheiden. Keiner hat diesen Fehdehandschuh so erbost aufgehoben wie der Vorsitzende des Zentralrats der Juden, Paul Spiegel. Bei einer Kundgebung gegen Fremdenfeindlichkeit am Brandenburger Tor und vor der eindrucksvollen Kulisse von 200 000 Zuhörern nutzte Spiegel den zehnten Jahrestag des Mauerfalls zur Vergegenwärtigung des 9. November 1938, an dem es in Deutschland zu organisierten antijüdischen Pogromen kam. Das Wort Leitkultur assoziierte er mit den Verbrechen am Judentum und der ethnischen Säuberung im Namen des Arierwahns.

Spiegel sprach dabei sicherlich auch im Namen der jüdischen Träger deutscher Kultur, die dem Naziterror zum Opfer fielen oder ihm nur durch Flucht entkommen konnten. Tatsächlich hatte wohl keine Minderheit die deutsche Kultur so bereichert wie die jüdische bis zum Dritten Reich. Flüchtlinge wie Albert Einstein und Otto Klemperer haben dann Amerikas Kultur bereichert. Paul Spiegels Empörung steigerte sich noch durch die Anschläge auf Synagogen in Deutschland, die verbliebene oder neu zugewanderte Juden erschrecken und verunsichern. Der Berliner Verleger Peter Moses-Krause spitzt es auf die Frage zu: »Ist es für Juden richtig, im Land der Mörder zu leben?« Mein Freund Michael Blumenthal, der einige Semester an der Freien Universität Berlin amerikanische Literatur lehrte, schrieb mir: »Das zeigt wieder einmal, warum Deutsche ein besonders hohes Maß an Rechtfertigung zeigen müssen, wenn es um Fragen der Moral oder der Menschenrechte geht. Denn auch die Worte und Taten von Deutschen, die zur Nazizeit noch ungeboren waren, werden an einer Vergangenheit gemessen, die auch die ihre ist, ob sie das wahrhaben wollen oder nicht.«

Paul Spiegel hat in seiner Klagerede am 9. November 2000 noch ein übriges getan, er hat sich zum Anwalt all jener Gruppen gemacht, die unter dem Neonazi-Terror leiden, den »Fremden« an sich und den Schwachen dazu.

Ein Chor verschiedener Stimmen, eher links von der politischen Mitte, hat Spiegel zugestimmt. Stimmen von halbrechts bis zum rechten Rand fanden seinen Wortangriff überspitzt oder gar unanständig.

So hat sich die Debatte über die Leitkultur ein großer Teil unserer Gesellschaft zu eigen gemacht. Der Erfinder des Begriffes, Bassam Tibi, hatte ihn eigentlich auf Europa gemünzt und auf die Frage einer europäischen Identität bezogen. Der geborene Syrer lebt seit 1962 in Deutschland und hat seit 1976 die deutsche Staatsangehörigkeit. Die letzten zwei Jahre hat er an der Harvard University in den USA gelehrt und sich dort nach eigenem Bekunden so integriert gefühlt, wie in Deutschland in dreißig Jahren nicht. Bassam Tibi führt das darauf zurück, daß ihm Deutschland keine Identität vermittelt hat. Das nunmehr liegt nicht mehr an der fehlenden Leitkultur, sondern »muß wohl am Selbstverständnis der Deutschen liegen«, wie Tibi meint.

Auf der Suche nach deutscher Identität ist die Sprache stets der erste Fund. Aber da kann schon der Dialekt zum Problem werden. Ich werde nie meine Bewerbung am westdeutschen Rundfunk vergessen, wo mir ein Abteilungsleiter aufgab, zunächst einmal meinen bayerischen Dialekt abzuschleifen, damit ich als Reporter im Regionalmagazin »Hier und Heute« nicht zu fremdartig klinge. Und wer heute Deutsch mit ausländischem Akzent spricht, ist irgendwie verdächtig, auch wenn er seine deutsche Staatsbürgerschaft nachweisen kann.

In der Leitkultur ist eine zweite Definition für Anpassung das Erlernen deutscher Geschichte. Ich wuchs in einer Zeit auf, als Geschichtsunterricht kurz vor dem Ersten Weltkrieg aufhörte, weil Vergangenheitsbewältigung noch ein ungeschriebenes Lehrbuch war. Ein halbes Jahrhundert nach dem Ende des Zweiten Weltkrieges und ein gutes Jahrzehnt nach dem Fall der Mauer, sind wir mit unserer Geschichte immer noch nicht zurechtgekommen. Wie können wir von unseren Neubürgern eine positive Haltung dazu erwarten. Wollen sie überhaupt mehr als Gäste sein in einem Land, in dem Fremde nicht willkommen sind. Ausländerfeindlichkeit im Osten Deutschlands ist keine Folge der Wiedervereinigung. Das Zentrum für zeithistorische Forschung in Potsdam hat herausgefunden, »daß die Einreise und Anwesenheit von Fremden in der DDR von der Bevölkerung nicht als selbstverständlich wahrgenommen wurde, sondern als eine an staatliche Zustimmung gebundene Ausnahme«. Die Forscher stellten fest, daß sich »in der DDR keine Kultur des Umgangs mit Fremden und Ausländern entwickeln konnte«. Die Konflikte waren also tabuisiert und traten erst zutage, als die staatliche Propaganda wegfiel. Die Neonazis von heute haben diese staatliche Unterdrückung gar nicht mehr mitbekommen, sondern allenfalls die Vorurteile ihrer Eltern übernommen.

Klar, daß Ostdeutschland einen ungeheuren Nachholbedarf hat im Umgang mit Nichtdeutschen und mit Neubürgern, die anders aussehen, selbst wenn es die Nachkommen der Gastarbeiter aus einstigen sozialistischen Bruderstaaten wie Vietnamesen, Kubaner und Angolaner sind. Aber unverständlich bleibt, wieso ihnen ein neues Teutonentum den Krieg erklärt hat, mit Quälerei und Folter und mehr als 100 Toten. Das sind mehr Opfer, als die Mauer gefordert hat, die quer durch Deutschland ging.

Dabei haben sowohl die Intellektuellen als auch die Ideologen in der DDR den verborgenen Rechtsextremismus unterschätzt. Als ich im Frühjahr 1990 den damaligen Kirchenmann Manfred Stolpe auf Schmierereien an Wänden und andere neonazistische Signale ansprach, hielt er das für die extreme Äußerung jugendlichen Übermutes, nachdem der Staat sein Gewaltmonopol nicht mehr ausüben konnte.

Als heutiger Ministerpräsident in Brandenburg sagte Stolpe in einem Interview mit der »ZEIT«: »Ich wollte es einfach nicht wahrhaben. Ich lebte mit der Vorstellung, daß bei den jungen Leuten doch etwas hängengeblieben sein müsse von dem Antifaschismus, dem Internationalismus und der Solidarität mit Menschen aus anderen Ländern, die an den DDR-Schulen gelehrt wurden.«

Daß die Schläger mit den Glatzen und den Springerstiefeln auch noch in einem sympathisierenden Umfeld gedeihen, zwingt die Regierung zu Maßnahmen, zum Beispiel zum Verbot der NPD. Denn damit wird den Sympathisanten klargemacht, daß sie sich in der Minderheit befinden und noch dazu außerhalb des Rechtes. Wir brauchen die Anwendung des staatlichen Gewaltmonopols gegen diesen Feind im Inneren auch als Zeichen für das Ausland. Schon raten Fremdenführer in den USA und England vom Besuch in Dresden, Rostock, Saßnitz und anderen Städten ab. »Rügen ist berüchtigt für die Skinhead-Gangs, die gelegentlich Besucher überfallen«, schreibt der besonders bei Jugendlichen beliebte Guide »Lonely Planet«, und »Lets go Germany« warnt vor Halle: »Wenn Sie nicht gekommen sind, um graue, schäbige DDR-Wohngebäude zu sehen, halten Sie sich besser in der sicheren Altstadt auf.«

Das Vertrackte an dieser herben Kritik ist, daß sie den Neonazis in die Hände spielt. Denn sie wollen ja eine Abkopplung vom Rest der Welt. Die Globalisierung liefert ihnen ihm Gegenzug ihre Stichworte: Das Ende der Deutschen Mark, der Einzug der »Inder« über die *Green Card* und die Osterweiterung der Europäischen Union. In Grenznähe sind »Pole« und »Tscheche« Schimpfworte der Skinheads für die Fremden, ist »Deutschland den Deutschen« ihre Losung. Auf welch unsicherem Parkett sich eine deutsche Mehrheit bewegt, die sich zur Globalisierung und einem größeren Europa bekennt, zeigt der Fall »Sebnitz«. Als erwiesen schien, daß Neonazis im Schwimmbad dieses Ortes in Sachsen einen kleinen Halbiraker namens Joseph ertränkt haben sollen, traute Deutschland das den Deutschen zu. Als sich die Mordsache als erfunden entpuppte, atmete Deutschland auf nach dem Tenor »so schlecht sind wir Deutschen doch nicht«.

Jedenfalls schadet diese Deutschtümelei der Neonazis nicht nur unserem Ansehen in der Welt, sondern ist auch dem Wir-Gefühl in Europa, das wir anstreben diametral entgegengesetzt. Hakenkreuz und Lebensborn, Walhalla und Nibelungenlied gehören für Merz sicher nicht zur deutschen Leitkultur. Dann vielleicht die deutsche Lebensart, so etwas wie ein »German way of life«? Das Münchner Oktoberfest und der Nürnberger Christkindlmarkt, Schwarzbrot und Gummibärchen, »draußen nur Kännchen« in Terrassenrestaurants, »diese Liege ist reserviert« im Hotelschwimmbad. Wandervogel und Spazierstock, Deutscher Wald und Zapfenstreich, Rotkäppchensekt und Sättigungsbeilage, Stammtisch und Gemütlichkeit, Betriebsausflug und Kegelclub. Sollen wir das zum Maßstab nehmen für die Akkulturation der Zuwanderer?

Fußballclubs wie »Energie Cottbus« oder der »FC Freiburg« bestücken sich aus Georgien und Afrika. Von Robert Lembke über Peter Frankenfeld bis Günther Jauch haben deutsche Quizmaster amerikanische Spielshows eins zu eins übernommen. Helfen da vielleicht deutsche Gedenktage zur Findung unserer Identität? Der 3. Oktober, der Tag der Vereinigung, war eigentlich nur ein Verwaltungsakt, der 9. November, der Moment des Mauerfalls war auch das Datum des Hitlerputsches 1923 und der »Reichskristallnacht« von 1938. Der 17. Juni, Datum des Aufstandes in der DDR, gerät in Vergessenheit. Zwischen Brandenburger Tor und Reichstag liegt der Platz des 18. März. Er erinnert an die Märzrevolution von 1848. Aber das war eine fehlgeschlagene Revolte. Die unterlegenen Intellektuellen und Feuerköpfe flohen damals vor allem nach Amerika. Viele von ihnen kämpften dann auf Seiten des Nordens für die »Befreiung der Sklaven« im Süden der USA.

Mein Großvater erzählte mir oft von »Sedan« und dem 1. September als Tag der Erinnerung an den Sieg über die Franzosen 1870. Dieses Datum wird heute gleichgesetzt mit der Geburt der deutschen Nation ein Jahr später. Ihr Denkmal ist die Siegessäule mit der vergoldeten Viktoria auf ihrer 60 Meter hohen Spitze. Die Berliner nennen sie Goldelse und verbinden sie nicht mehr mit Feldzügen, sondern mit dem Flair ihrer Stadt.

Vor der Reichsgründung gab es bereits eine deutsche Kulturnation, auf die wir stolz sein können. Ihre Protagonisten gehören heute jedoch zum Weltkulturerbe. Und selbst Johann Gottfried Herder, der als Vater des kulturellen deutschen Nationalismus gilt, schrieb im Jahre 1772: »Wir Deutsche würden noch ruhig wie die Amerikaner in unsern Wäldern leben, oder vielmehr noch in ihnen rauh kriegen und Helden sein, wenn die Kette fremder Kultur nicht so nah an uns gedrängt und mit der Gewalt ganzer Jahrhunderte uns genötigt hätte, mit einzugreifen.« Den Kulturnationalisten entgegnete Herder, es sei »die Anlage der Natur, daß wie ein Mensch, so auch ein Geschlecht, also auch ein Volk von und mit dem andern lerne, unaufhörlich lerne, bis alle endlich die schwere Lektion gefaßt haben: Kein Volk sei ein von Gott einzig auserwähltes Volk der Erde; die Wahrheit müsse von allen *gesucht*, der Garten von *allen* gebauet werden.«

Aus seinen Gedanken über Patriotismus und Humanität spricht keine deutsche Leitkultur, sondern die Aufforderung zu Verbindung und Verbrüderung, nicht zur Abgrenzung.

Als einen der Gründe für den amerikanischen Zusammenhalt sagte mir der CBS-Fernsehveteran Walter Cronktie einmal »we are a nation of joiners«, wir sind bereit, gemeinsame Sache zu machen. Offenbar haben wir Deutschen zu lange unter Obrigkeitssystemen gelebt, daß uns Gehorsam leicht, aber Anpassung an andere Lebensformen schwer fällt.

Dabei ist Kultur in einer Gesellschaft, die sich frei entfalten kann, die Summe ständig wechselnder Einflüsse. Bei uns gehört das Erbe Johann Gottfried Herders genauso dazu wie die Kunstszene im Tacheles an der Oranienburger Straße, die Walhalla genauso wie die frühere Volkskammer der DDR, ja sogar die Ruine des Führerbunkers. Die Entfaltung von Kultur muß sich allerdings einer Hausordnung fügen, das deutsche Grundgesetz ist die Gewähr dafür. Leitkultur ist in diesem Sinne unsere ziemlich großartige Verfassung, die Rechte und Pflichten definiert. Zuwanderer müssen sich ihr genauso beugen wie eingeborene Mitbürger. Wenn es möglich wäre, müßten wir demnach eher einige

Deutsche ausbürgern, als ausländischen Anwärtern das Bürgerrecht zu verwehren. Gemeint sind natürlich die Rechtsextremen, die einem deutschen Nationalismus frönen, an dem der Zeitgeist längst vorbeigezogen ist. Hinzu kommt, daß unsere Lebensart längst durchmischt ist mit europäischen Symbolen und amerikanischem *way of life*. Weltanschauung und Weekend, Laptop und Lederhose, Armani und Calvin Klein, Renaissance Man und Powerfrau.

In einer Welt der Amerikanisierung und Globalisierung bedient sich auch der deutsche Neonationalismus des Internet, findet Unterstützung bei ausländischen Organisationen und da wieder besonders militanten bei Gleichgesinnten in den USA. Es ist ein kleiner Trost, daß der Fanatismus kein deutsches Privileg darstellt.

Es gibt sie aber noch, die deutsche Eigenart und auch ihr erfreuliches Traditionsgut. Sie speist sich aber weniger aus dem deutschen Nationalstaat als aus den Provinzen und Regionen. Folklore ist eher auf dem Vormarsch denn auf dem Rückzug. Verschüttetes Liedgut tritt wieder zutage. Dialekt findet Auftrieb. Volks- und Straßenfeste fördern Nachbarschaftsgeist, und lokale Traditionen leben wieder auf.

Unter dem noch unfertigen Dach Europas und der Kuppel der Nation suchen die Bundesländer nach eigener Identität. Da tun sich jene Provinzen leichter, die nicht mit Bindestrichen zusammengebunden worden sind. Offenbar fühlen sich Franken und Oberpfälzer in Bayern zuhause – ohne Bindestrich. Haben es Mecklenburg-Vorpommern und Nordrhein-Westfalen schwerer, eine gemeinsame Identität zu entwickeln. Dabei war es in NRW, wo schon einmal eine deutsche Form des »Melting pot« entstand, auf den jetzt die Amerikaner so stolz sind.

Die Gegend an Rhein und Ruhr hat sich sogar selbst den Titel »Schmelztiegel« gegeben. Das große Revier aus Kohle und Stahl hatte Bergleute, Handwerker und Händler aus ganz Europa angezogen. Im täglichen Zusammenleben »erfanden« sie eine eigene Sprache. Die Lothringer machten aus dem Unfall ein Malheur, die Briten aus der Grube eine Pit. Aus dem Rotwelsch der jüdischen Pfandleiher kamen die Maloche und die Mischpoke. Die Theke an der Ruhr, diese Bar des kleinen Mannes, wurde zum Ausschank der Meinungen. Böhmen und Slowaken, Schlesier und Polen machten aus dem Kohlepott ihre zweite Heimat. Auch als die Fördertürme verschwanden, blieben die Bergleute teilweise da.

Doch dieser Einschmelzprozeß verlief nicht nur harmonisch. Die Polen wurden von oben herab als Polacken abgetan. Antek und Frantek waren Witzfiguren. Einige Völkerschaften ließen sich nicht integrieren. Ich erinnere mich an ein Treffen der ukrainischen Gemeinde im Januar 1967 in Essen. Die Ukrainer betrachteten sich als Heimatvertriebene, ihr Land war für sie ein vom russischen Kolonialismus unterdrückter Freistaat. Sie sangen vaterländische Lieder und zogen ihre Fahnen auf. 26 Jahre später sollte sich ihr Traum von der Rückkehr erfüllen, als die Ukraine eine eigenständige Republik wurde.

Das Völkergemisch an der Ruhr weist allerdings nur eine Farbe auf, weiß. Im Gegensatz dazu mischen sich in den Vorstädten von London indisches Braun und afrikanisches Schwarz, in Paris kommt das Gelb der Vietnamesen hinzu. Die Deutschen, die als Kolonialmacht eine untergeordnete Rolle spielten, fremdelten viel stärker, als Menschen anderer Hautfarbe ins Land kamen. Ich erinnere mich gut daran, daß im Nachkriegs-München Beziehungen zwischen schwarzen GIs und deutschen Mädchen als besonders anrüchig galten.

Der Germanismus ist ein Virus, der noch immer in Deutschland grassiert. Das haben in Westdeutschland besonders die Türken zu spüren bekommen. Die ersten kamen Anfang der sechziger Jahre, waren die Vorhut für ein Millionenheer. Damals hatte der Bau der Berliner Mauer den Arbeitsmarkt des Ostens abgeschottet, die Türken sprangen ein. Für sie war Deutschland ein kleines Amerika mit Eisschrank und Auto, mit Freizeit und Sozialversicherung. Die Türken wurden zwar an der Ruhr und an der Spree gebraucht, doch sollte ihre Präsenz nur vorübergehend sein, entsprechend hießen sie Gastarbeiter. Aber Krupp und BMW, Thyssen und AEG benötigten die fleißigen »Gäste« auf Dauer. So kamen die Familien nach, gingen türkische Kinder in deutsche Schulen. Aus Gastarbeitern wurden ausländische Arbeitnehmer, Mitbürger aber, im Sinne der Aufnahme in die deutsche Gesellschaft, wurden sie selten. Die Regierung Schröder, speziell Innenminister Schily, will das Problem für die in Deutschland geborenen Türken mit dem Doppelpaß regeln.

Der Doppelpaß hat jedoch eine Debatte ausgelöst, die alle Schichten der Gesellschaft erfaßt, die Eliten wie die Stammtische. Die Unternehmensberaterin Gertrud Höhler glaubt, daß wir uns durch einen Verwaltungsakt von der Aufgabe wegstehlen wollen, unsere ausländischen Mitbürger ökonomisch und kulturell zu integrieren. Der Schriftsteller Günter de Bruyn hält die Discount-Staatsbürgerschaft für eine Entwertung. Der große Musiker Lord Yehudi Menuhin hat bis zu seinem Tod in Berlin für eine Alternative plädiert, nämlich einen europäischen Paß, in dem auch die Kultur vermerkt wird: »Kurde, Baske, Katalane, was auch immer«. Die Mitglieder der politischen Klasse argumentieren nach Parteilinien. Die Linke glaubt, daß eine doppelte Staatsbürgerschaft einer weltoffenen Gesellschaft entspricht, die Rechte lehnt sie als Einladung zur Überfremdung ab. In der politischen Mitte hat sich eine Formel durchgesetzt, die ein in Deutschland geborenes Ausländerkind mit dem Doppelpaß versieht. Wenn die Volljährigkeit erreicht ist, muß es sich für eine Nationalität entscheiden. Es ist bedauerlich, daß Parteien im Wahlkampf mit dem »Ausländerproblem« Stimmung machen, um Stimmen für sich zu verbuchen, wie bei der Landtagswahl in Hessen 1999 geschehen. Dies widerspricht sowohl dem

Geist der Weltoffenheit wie dem Europagedanken. Wolfgang Schäuble (CDU) meint zwar mit Recht: »Noch immer ist die Nation die Ebene, die von den Menschen als Verantwortungsebene akzeptiert wird. Und darauf kann Europa noch lange nicht verzichten.« (»Süddeutsche Zeitung«, 15. November 1998) Aber der historische Prozeß auf dem Weg nach Europa sollte von den Organen des Staates gefördert und nicht gebremst werden. Einer der wenigen in Deutschland geborenen Türken, der in die politische Klasse aufgestiegen ist, der Grünenabgeordnete Cem Özdemir, empfiehlt seinen deutschen Mitbürgern mehr Souveränität und Selbstbewußtsein und verweist auf die Amerikaner: »Ihnen ist es egal, ob jemand neben dem US-Paß noch zwanzig andere besitzt.« Der Vergleich hinkt allerdings, weil sich die USA immer noch als Einwanderungsland definieren, als »dauerhaft unvollendetes Land«, wie der Soziologe Nathan Glazer schreibt.

In unserer Enge haben wir Deutschen das Paßwort für andere Nationalitäten, die mit uns leben wollen, noch nicht gefunden. Das befremdet die Amerikaner, die sich ja aus Angehörigen aller Völker der Welt zusammensetzen. Joel Kotkin, ein befreundeter Soziologe aus Los Angeles, zeigte sich bei einer Studienreise durch Deutschland besonders fasziniert von der großen Zahl der Einwanderer aus den Gebieten der früheren Sowjetunion. Tatsächlich waren 1997 von 300000 Zuwanderern zwei Drittel »Spätaussiedler«. Kotkin konnte nur schwer verstehen, daß wir dem Blutrecht den Vorzug vor dem Territorialrecht geben. Kein Wunder, auf welche Blutzugehörigkeit sollten sich die Amerikaner auch beziehen. Nicht nur auf ihn wirkt es merkwürdig, daß wir im Zeitalter der Europäisierung »germanisches Blut« zum Kriterium für Bürgerschaft in Deutschland machen.

Eine deutsche Verfremdung

Das Thermometer zeigt 20 Grad unter Null, nichts Besonderes für Ende März nach einem langen Winter im Osten Sibiriens. Aus der Unendlichkeit der Tundra, die an das Flugfeld von Chandyga grenzt, kommt ein beißender Wind. Die Öde des Platzes nahe dem Kältepol greift nach dem Gemüt. Die Amerikaner haben im Zweiten Weltkrieg das Flugfeld von Chandyga angelegt als Zwischenstation für die Transportbomber mit Hilfslieferungen für die Rote Armee.

Ich mußte in Chandyga zwischenlanden auf der Reise nach Topolinoje, einer Sowchose am Rande der Zivilisation. Es war Frühjahr 1989, und jeder Gedanke an ein Ende des Kalten Krieges lag so fern wie die gemütlichen Wohnzimmer der Bundesrepublik Deutschland. In Chandyga mußte ich so lange auf Anschluß warten, daß ich mich auf die Suche nach einer Bleibe machte. Schwierig genug, denn das Straßendorf am Flugfeld bestand aus Werkstätten, einer Kaserne und einer Kantine. Dort half mir eine dralle und rotbäckige ältere Frau aus der Not. Sie sprach mich in gebrochenem Deutsch an. Katharina heiße sie, und ich könnte im Vorratsraum nächtigen. Wie sich herausstellte, war Katharina die Witwe eines deutschstämmigen Agrartechnikers, den es in die Autonome Republik Jakutien verschlagen hatte. Über ihre Ahnen wußte sie nicht viel, nur, daß sie Landwirte in Kasachstan waren und daß irgendwann ihre Namenspatronin, die Zarin Katharina, die Deutschen nach Rußland geholt hatte. Der größte Wunsch der Katharina von Chandyga war es, nach Deutschland zu gehen, »zurückzukehren«, wie sie sagte, obwohl sie eigentlich nicht recht wußte, wohin dort. Mir erschien es damals nur recht und billig, daß Katharina nach Deutschland kommt, aber mehr ihres öden Schicksals als der deutschen Blutsverwandtschaft wegen.

Im selben Jahr noch brach die Mauer, und eine meiner ersten Reisen in die DDR führte mich nach Zerbst. Ich nutzte damals eine Gierfähre, um in das anhaltinische Städtchen zu kommen. Mir erschien der Geburtsort von Katharina, der späteren Zarin von Rußland, verwahrlost, und irgendwie fühlte ich mich in ein früheres Jahrhundert zurückversetzt. Mit 16 wurde die Tochter des Fürsten Christian August von Anhalt-Zerbst mit dem russischen Zarewitsch verheiratet, und als Peter III. von Mörderhand starb, erbte Katharina selbst den Thron. Mit ihrem Manifest vom 22. Juli 1763 begann Katharina die Große mit der planmäßigen Ansiedlung von Ausländern in Rußland. Ihrem Ruf folgten vor allem die Deutschen. Die Lockmittel waren freie Religionsausübung, keine Abgaben, kein Wehrdienst und unantastbarer Besitz auf Lebenszeit. Die Werber von Zarin Katharina und später Zar Nikolai waren ungemein erfolgreich. Denn in Deutschland herrschten politische Unterdrückung, Heeres- und Frondienst, Landmangel und Steuerlast, wirtschaftliche Not und religiöser Zwang. Aus Württemberg und Nordbaden, aus dem Elsaß und der Pfalz, aus Hessen und aus Westpreußen zogen Bauern und Handwerker, Familien und oft ganze Dorfgemeinschaften über den Landweg ins Schwarzmeergebiet oder über die Wolga abwärts bis Saratow. Die Zarin folgte dabei dem Beispiel von Kaiserin Maria Theresia und der Ansiedlung der Donauschwaben in der Habsburgermonarchie.

Ziel war in beiden Fällen nicht nur die Stärkung der Volkswirtschaft, sondern auch die Abwehr des Bandenwesens. Mit Recht gingen die Machthaber davon aus, daß die Neuzuwanderer ihre neue Heimat und Erde mit Zähnen und Klauen verteidigen würden. Einer der ersten, die dem Lockruf der Werber folgten, war Johann Fein aus Cleebronn bei Heilbronn. Er hatte in Württemberg Fahnenflucht begangen. Ohne jede Habe schloß er sich einem Treck nach Südrußland an und wurde zum Stammvater einer der erfolgreichsten deutschrussischen Familien. Ihr Großgrundbesitz glich Anfang des zwanzigsten Jahrhunderts einer Kolonie, Askania Nova genannt. Friedrich Falz-Fein schuf aus Liebhaberei auf seinem Gut einen Tierpark, der zu den größten Freilandzoos der Welt gehörte.

Noch 1914 erhob Zar Nikolai II. die Familie in den Adelsstand. Der Zoo hat die russische Revolution und die beiden Weltkriege überdauert, wie ein Besuch des großen Tierforschers Bernhard Crzimek im Jahre 1963 bestätigte. Der Familie aber blieb nichts als der Adelstitel. Im Dezember 1991 hat mir Baron Eduard von Falz-Fein seine Familiengeschichte erzählt. Er selbst hatte sich in Liechtenstein niedergelassen.

Im achtzehnten Jahrhundert jedoch ging die Rechnung von Zarin Katharina auf. Keine Volksgruppe in Rußland vermehrte sich so stark wie die deutsche. Die Durchschnittsfamilie hatte acht Kinder. Und innerhalb von 140 Jahren stieg die Zahl der Rußlanddeutschen von 100000 auf 1,7 Millionen. Schon 1870 aber begann die Misere des Deutschtums. Die Slawen empfanden den germanischen Zuzug als volksfremd. Zar Alexander III. entzog den Deutschen ihre Privilegien wie freie Religionsausübung und Befreiung vom Wehrdienst. Und so nahmen viele deutschstämmige Familien die Wanderung wieder auf. Sie gingen nach Sibirien, wo die neuen Gesetze nur Schall und Rauch waren, oder nach Übersee. Im Westen Argentiniens und im Süden Brasiliens habe ich viele deutsche Auswandererfamilien getroffen, deren Umgangssprache Russisch ist. Wenn sie von Heimat sprechen, meinen sie nicht so sehr Hessen oder das Rheinland, sondern Wolhynien oder die Wolga. In Rußland selbst führte die Slawisierung zur Umtaufe vieler deutscher Ortsnamen. Im Ersten Weltkrieg standen die Kolonistensöhne an der Front, während ihre Angehörigen zu Hause bei Strafe ihre Sprache und ihre Gewohnheiten aufgeben mußten. Die Rußlanddeutschen nahe der Westfront wurden nach Sibirien deportiert. Die gewaltsame Enteignung des Bodens nach dem Ersten Weltkrieg machte ihren Wohlstand zunichte.

Hungersnöte und Mangelwirtschaft zwangen jedoch die sowjetischen Behörden zu einer neuen Wirtschaftspolitik. 1924 kam es zur Gründung der Autonomen Sozialistischen Sowjetrepublik der Wolgadeutschen. Aber schon fünf Jahre später verhängte Stalin die Kollektivwirtschaft. Verhaftung und Verbannung, Hungertod und Selbstmord suchten die Deutschen heim. 1941 mußten die restlichen 400000 Wolgadeutschen den Treck nach Sibirien und Kasachstan antreten. Oft wurden dabei die Männer von ihren Familien getrennt, manche schlugen sich nach Deutschland durch, traten in die Wehrmacht ein. So wurde Kasachstan vor allem von Frauen kolonisiert. Karl Stumpp schreibt in seinem Buch über die Rußlanddeutschen: »Die Frauen hausten in schnell aufgeworfenen Erdhöhlen. Bei einer Kälte bis minus 50 Grad mußten sie arbeiten. Das Schlimmste aber war die Hoffnungslosigkeit.«

1955 gewährte Moskau den Deutschrussen per Dekret deutschsprachigen Schulunterricht, zwei Zeitungen und ein Radioprogramm in deutscher Sprache. Dies konnte aber ihre Sehnsucht nach der alten Heimat nicht stillen. Die erlittene Qual, dann die wirtschaftliche Not und später die Erwartung eines besseren Lebens trieben die Rückwanderung an. Aus den Rußlanddeutschen wurden »Aussiedler«.

In Unna-Massen habe ich im Aufnahmelager der Aussiedler von vielen schrecklichen Einzelschicksalen gehört. Zunächst wurden diese Aussiedler mit offenen Armen begrüßt, brachten sie doch Arbeitskraft und Kinderreichtum in die Bundesrepublik. Horst Waffenschmidt, für lange Jahre der Aussiedlerbeauftragte der Bundesregierung, machte seine Heimatstadt Waldbroel zu einer ersten Wohnstätte für die Rußlanddeutschen. Von den knapp 20000 Einwohnern der

Gemeinde im Bergischen Land ist jeder sechste ein Zuwanderer. Die erste Welle der Rußlanddeutschen hat es zu etwas gebracht: Eigenheim, Auto, Arbeit. Aber mit der wachsenden Arbeitslosigkeit und der unverminderten Zuwanderung häuft sich Konfliktstoff an. Die Kriminalität in Orten wie Waldbroel steigt. Eine zunehmende Zahl von Aussiedlern, die der deutschen Sprache nicht mächtig sind, wird in die Isolation getrieben. In Waldbroel-Eichen gibt es freitags einen »Russenmarkt«, auf dem auch Ikonen und Knoblauchwurst gehandelt werden. Es fremdelt in Waldbroel. Die jungen Rußlanddeutschen schauen ins Schaufenster der Konsumwelt, können sich selbst aber nichts leisten. Sie sind Außenseiter. In Rußland wurden sie als Deutsche gebrandmarkt, hier als Russen.

Horst Waffenschmidt hatte versucht, in Rußland selbst Bedingungen zu schaffen, die diese Auswanderflut dämmt. Aber die Wirtschaftskrise in der ehemaligen Sowjetunion bricht alle Dämme. Vier Millionen Aussiedler kamen bisher nach Deutschland, vierzigmal so viele, wie im 18. Jahrhundert nach Rußland gezogen sind. Eine Rechtssprechung, die Blutsverwandtschaft zum Kriterium macht, zwingt die Behörden zur Aufnahme der Rußlanddeutschen. Das ist an sich fragwürdig. Man stelle sich folgendes Szenario vor: Jene Deutschstämmigen, die in den vergangenen Jahrhunderten Amerika statt Rußland zur neuen Heimat wählten, würden von einer Katastrophe getroffen und zurückkehren wollen. Da jeder vierte US-Amerikaner seinen Stammbaum nach Deutschland zurückverfolgen kann, würden wir vor einer unlösbaren Herausforderung stehen. Fazit: Bei der Aufnahme müßten andere Merkmale als das »germanische Blut« ins Gewicht fallen. Zumal das Fremdeln ja auch die Blutsverwandten trifft, die sich in Deutschland wieder eingefunden haben. Man kann den Rußlandheimkehrern nicht zum Vorwurf machen, daß sie nur noch gebrochen Deutsch reden oder russische Lebensart mitbringen. Ihre Wege wurden zu oft gebrochen durch Kriege und Katastrophen, durch Zwang und Unterdrückung. Mindestens jeder zweite Rückwanderungswillige würde sich bei uns auch als Asylbewerber qualifizieren. Für mich zieht die Floskel nicht, wir seien kein Einwanderungsland, wo wir uns doch als Auswanderungsland über die Jahrhunderte qualifiziert haben. Die Enge ist kein Argument, und die Parole vom »Volk ohne Raum« war es schon gar nicht. Unser Argument sollte die Mitmenschlichkeit sein, das würde uns auch nach außen gut anstehen.

Die westliche Hemisphäre

Bundeskanzler Gerhard Schröder fühlt sich nach einer langen Reise über den Südatlantik in Rio de Janeiro gar nicht so weit von Europa entfernt. Bei der Fahrt durch die Stadt am Zuckerhut grüßen ihn klassizistische Bauten wie in Paris, Klöster wie in Lissabon, Hochhäuser wie überall. Schröder logiert im »Copacabana Palace«, der in den zwanziger Jahren für den Besuch des belgischen Königs Leopold gebaut wurde – natürlich im europäischen Stil. Ein reicher Brite, dem auch der Orientexpress gehört, hat das Hotel in alter Pracht wieder herrichten lassen.

Anlaß für den Besuch ist ein Gipfeltreffen zwischen der Europäischen Union und der Region Lateinamerika/Karibik im Juni 1999. Der Dialog zwischen den Erdteilen hatte zehn Jahre zuvor mit einem Treffen und einer Absichtserklärung in Rom begonnen. So recht ernst genommen wurde diese »neue strategische Partnerschaft« damals nicht, vor allem nicht von den Vereinigten Staaten, die ihren monopolaren Anspruch auf Südamerika behalten wollten. 1989 gab es weder die EU noch den Euro, auch das nordamerikanische Freihandelsabkommen NAFTA und der Zusammenschluß von Brasilien, Argentinien, Paraguay und Uruguay zum Mercosur-Pakt wurden erst vorbereitet. Seitdem ist der Handel zwischen Europa und Lateinamerika auf das Dreifache angestiegen, und der Kapitalfluß hat sich vervierfacht.

Vor zehn Jahren klagte der Dichter Mario Vargas Llosa aus Peru noch: »Manchmal habe ich den Eindruck, daß die Europäer nicht begreifen wollen, was derzeit auf meinem Kontinent vor sich geht. Eine überwältigende Mehrheit der Lateinamerikaner hat sich zur Demokratie bekannt, nicht zur Volksdemokratie nach kubanischem Muster und nicht zum autoritären Ständestaat, sondern zur westlichen Demokratie mit Pressefreiheit, Pluralismus und der Möglichkeit des Machtwechsels. Die Europäer wissen mit diesem Bekenntnis zur westlichen Zivilisation nicht viel anzufangen.«

Im Juni 1999 verpflichteten sich die Staats- und Regierungschefs aus 48 Ländern diesseits und jenseits des Südatlantik zur Zusammenarbeit in Handel, Politik und Kultur. Die 69 Punkte der Erklärung von Rio de Janeiro enthalten neben allgemeinen Floskeln handfeste Abmachungen. Die Vorverhandlungen waren schwierig. Lateinamerikanische Nationen wie Mexiko und Peru können die europäischen Forderungen im Bereich der Zivilgesellschaft – zum Beispiel Wahrung der Rechte eingeborener Völker und Umweltschutzstandards – schwer akzeptieren. Manche europäischen Länder wie Frankreich und England sträubten sich gegen die Aufhebung von Handelsschranken bei landwirtschaftlichen Produkten, doch letztlich zeigten auch sie sich kompromißbereit: Der Agrarsektor wird nicht von der schrittweisen Liberalisierung des Handels ausgenommen.

Der politische Wille zum Dialog und zur Zusammenarbeit ist gewachsen. Vorhandene Organisationsstrukturen erleichtern die Kooperation. So hat in Rio nicht jede Nation für sich verhandelt, sondern ein Triumvirat: der mexikanische Präsident Zedillo als Vertreter der NAFTA, der brasilianische Präsident Cardoso für den Rio-Pakt und der deutsche Bundeskanzler für die EU. Gerhard Schröder betonte: »Zudem wissen wir, daß sich die westliche Hemisphäre darauf vorbereitet, ab dem Jahre 2005 eine Freihandelszone zu errichten, die von Alaska bis Feuerland reichen wird. ... Vor diesem Hintergrund zeichnen sich erste Konturen eines umfassenden transatlantischen Dreiecks ab.«

Ob das gleichbedeutend mit einer Abnabelung von den USA sei, wollten die wenigen US-Journalisten wissen, die über den Gipfel von Rio berichteten. Wolf Grabendorf, Mitarbeiter des Instituts für europäisch-lateinamerikanische Beziehungen IRELA, das den Gipfel vorbereiten half, antwortete diplomatisch: »Die EU und Lateinamerika repräsentieren einen Großteil des Westens. Und die Art ihrer Zusammenarbeit entscheidet über ihre Rolle auf der internationalen Bühne.«

Die so umschriebene Emanzipation schränkt die US-amerikanische Vorherrschaft in der westlichen Hemisphäre natürlich ein. Je enger die Regierungen von Mexico City bis Buenos Aires miteinander kooperieren und je mehr gemeinsame kontinentale Institutionen sie aufbauen, um so stabiler wird der transatlantische Dreierbund. Die Mitglieder der Europäischen Union haben sich vor allem durch die Gründung einer gemeinsamen Währung die Basis für eine noch engere Zusammenarbeit geschaffen und von den USA emanzipiert.

Die kulturelle und politische Übermacht des Nordens über den Süden der Neuen Welt kommt auch darin zum Ausdruck, daß man bis heute bei uns unter einem Amerikaner in erster Linie einen Einwohner der Vereinigten Staaten von Amerika versteht.

In den Befreiungskriegen des 18. und 19. Jahrhunderts hatten Amerikaner im Süden wie im Norden ihre Kolonialherren bekämpft. Washington und seine Mitstreiter formierten einen Staatenbund, der aufgrund wirtschaftlicher Effizienz und politischer wie kultureller Dynamik das 20. Jahrhundert zum amerikanischen machte. Dagegen fiel der Süden des Kontinents unter der Herrschaft »einer kleinlichen Schar von Diktatoren« in politische Bedeutungslosigkeit – wie der südamerikanische Freiheitsheld Simon Bolivar auf dem Totenbett vorhergesagt hatte. Für die Nachkriegsgeneration in Europa verband sich mit den USA das Prädikat modern oder fortschrittlich, während Lateinamerika als exotisch bzw. rückständig galt. Dem Teufelskreis von Unterentwicklung, Verschuldung, Marktabhängigkeit und wachsender Bevölkerung versuchten Revolutionäre mit Gewalt und Reformer mit Programmen zu entkommen. In den siebziger Jahren argumentierte der chilenische Sozialist Salvador Allende: »Lateinamerika ist kein unterentwickelter, sondern ein unterschiedlich entwickelter Kontinent.« In den achtziger Jahren erklärte Venezuelas Präsident Carlos Andrés Pérez: »Lateinamerika ist der Kontinent der Dritten Welt, der den Industrienationen entwicklungsmäßig am nächsten steht. Wir haben ein gewaltiges menschliches Potential, wir stellen einen riesigen Markt, wir haben Rohstoffe, von denen die gesamte Menschheit profitiert.«

Roman Herzog sagte während seines Staatsbesuches in Südamerika im März 1999: »Lateinamerika, die USA und Europa bilden die westliche Hemisphäre, gehören nach Geschichte und Kultur zusammen, wenn sie sich denn als gleichberechtigte Partner verstehen.« Der Gastgeber des Gipfeltreffens in Rio, Brasiliens Präsident Cardoso, forderte, die Asymmetrie zu überwinden, die die Neue Welt teilt. Ich spürte das gewachsene kontinentale Bewußtsein der Völker Lateinamerikas – Vorbedingung für eine gleichberechtigte Partnerschaft im transatlantischen Verbund. Dieses Nationalgefühl hilft ideologische Grenzen zu überwinden.

Fidel Castro – ganz in Zivil und nicht im Kampfanzug – bewertete die neue bikontinentale Partnerschaft deutlich als Front gegen Washington. Der Altrevolutionär kam zu dem Schluß: »Wir müssen uns auf einen Platz in der Welt einigen, selbst wenn das eine kapitalistische Welt ist.« Er konnte sich eine Anspielung auf die USA nicht verkneifen: »Es gibt nur einen Block, der uns hier keinen Erfolg wünscht.« Noch immer strahlt Castro Charisma aus. Sein Chauffeur in Rio erzählte eine Anekdote, die unter den Teilnehmern des Gipfels kursierte: Castros Delegation bestellte ein Zweibettzimmer für den Comandante, ein Bett für ihn selbst und eines für sein Ego.

Ein US-Beobachter meinte in Rio: »Die neue Einheit kommt für die USA genauso überraschend wie die Gründung des Euro.« Die Politstrategen in Washington bekennen sich allerdings zur neuen Bedeutung und zur neuen Stabilität, die der westlichen Hemisphäre durch den Aufschwung der lateinamerikanischen Staaten erwächst. Die Länder der Landbrücke zwischen den Subkontinenten sind keine »Bananenrepubliken« mehr, die von »United Fruit«, einem US-amerikanischen Großkonzern, regiert werden, und sie haben auch den Ruf als »Balkan« Amerikas verloren, in dem Paramilitärs und Guerilleros, Contras und Sandinisten wüten. Die Übergabe des Panamakanals Ende 2000 ist Ausdruck dieser Fortentwicklung. Der Kanal war fast ein Jahrhundert nicht nur eine Schiffahrtsstraße in US-amerikanischer Hand, sondern eine Demarkationslinie gegenüber dem Süden der Neuen Welt.

Die Inselstaaten in der karibischen See dienten den USA einst als *cordon sanitaire* gegenüber möglichen Invasoren aus Übersee. Fidel Castro hatte einen Strich durch Washingtons Rechnung gemacht. Heute sehen die lateinamerikanischen Staaten in Cuba keine Gefahr mehr für ihre Demokratien. Auch jene, die durch die Umsturzversuche eines Che Guevara in Bolivien oder eines Douglas Bravo in Venezuela in ihrer Entwicklung zurückgeworfen und zeitweise von Militärdiktaturen regiert wurden, schreiben ihm die Rolle als »Stachel im Fleisch« der Supermacht gut.

Die revolutionären Gruppen in den Andenstaaten stehen nicht mehr unter dem Patronat Fidel Castros. Vom »Leuchtenden Pfad« in Peru und der Revolutionsarmee FARC in Kolumbien geht derzeit die größte Gefahr der Destabilisierung aus. Da diese Gruppen in Rauschgiftgeschäfte involviert sind, mischen sich die USA in den Kampf gegen die Guerilleros ein – sehr zum Unwillen der Lateinamerikaner. Die US-Amerikaner reden vom »Krieg der Drogen« und verknüpfen ihre Mitwirkung an der »Front gegen die Großkriminalität und Korruption« mit der eigenen Führungsrolle. Die Europäer reden von einer Kooperation bei der Bekämpfung des Drogenhandels und haben sich mit den Lateinamerikanern in Rio auf eine transatlantische Zusammenarbeit auf diesem Gebiet verständigt.

Für die Ausuferung der Kriminalität ist Rio selbst ein Beispiel. Entsprechend gewaltig war der Sicherheitsaufwand für den *Cimeiro*, den Gipfel. Von seinem Appartement im »Copacabana Palace« blickte der Bundeskanzler auf die Schönen am Strand und auf Patrouillenboote, Militär und Polizei mischte sich zwischen die Einheimischen, die Cariocas, mit ihrem berühmten Müßiggang. Die *Favelas*, die auf den Hügeln thronen, waren abgeschottet. In diesen Elendsvierteln blühen Drogenschmuggel und Waffenhandel. Dort verschwinden Menschen spurlos, die Mordrate bleibt konstant hoch. Während der Militärdiktatur der siebziger Jahre haben die Behörden versucht, die Nachfahren schwarzer Sklaven mit Gewalt auszusiedeln. Die Demokratie von heute sucht sie zu integrieren. Sowohl die interamerikanische Entwicklungsbank als auch europäische Sponsoren helfen dabei mit, und zum Teil zeigen sich erste Erfolge.

Ein Beispiel ist die Elendssiedlung Serrinha. Sie entstand wie so viele Favelas nach der Sklavenbefreiung Ende des 19. Jahrhunderts. Vor dreißig Jahren war dies ein Ort des Elends und der Verzweiflung, zwischen den Hütten türmte sich Müll, Gangster trieben ihr Unwesen. Nur unter speziellem Schutz konnte ich damals eine Reportage über die ortseigene Sambaschule »Imperio Serrano« machen. Jetzt sah ich befestigte Wege, Kinderkrippen, eine Schule und einen Sportplatz. Die inzwischen grauhaarige langjährige Ortsvorsteherin Maria Lucia ist stolz auf einen Aufzug, der den unteren Teil der Budenstadt mit dem oberen verbinden soll: »Dieser Aufzug ist unser Weg nach oben.« Daß in Serrinha bei alledem die Kriminalität noch immer hoch ist, merke ich an den zahlreichen freiwilligen Begleitern, die mir und einem griechischen Journalisten den Weg bahnen. Mein Kollege meinte, in den Vorstädten von Athen sehe es nicht viel anders aus als hier in Rio. Griechenland ist das schwächste Mitglied in der EU, der dortige wirtschaftliche und sozialpolitische Standard ist mit dem in den meisten lateinamerikanischen Staaten vergleichbar. In Osteuropa ist das Lebensniveau teilweise sogar niedriger als in Brasilien, Chile und Argentinien.

Er sieht noch eine Parallele: »Osteuropa ist für Westeuropa so etwas wie Südamerika für Nordamerika – ein noch entwicklungsbedürftiges Hinterland.« Dieser Vergleich verrät in doppelter Hinsicht ein koloniales Denken, denn erstens wollen sich die Lateinamerikaner von der US-amerikanischen Vormacht lösen und mit den Westeuropäern Gleichberechtigung in der westlichen Hemisphäre zwischen sich und den USA herstellen. Zweitens schiebt die Erweiterung der Europäischen Union das westliche Wirtschafts- und Gesellschaftssystem immer weiter nach Osten vor. Die Völker erhoffen sich davon Wohlstand, Demokratie und Freiheit. Der Westen würde sich letztlich ins eigene Fleisch schneiden, wenn die osteuropäischen Staaten durch Kredite und Know-how aus dem Westen, die sie für den Aufschwung dringend benötigen, in neue Abhängigkeiten gerieten, anstatt ihre eigenen, selbstbestimmten Wege zu gehen.

Die panamerikanische Idee ist so neu nicht. Schon 1820 schwärmte der *secretary of state* Henry Clay in Washington von einem »menschlichen Freiheitsbund, der alle Völker von der Hudsonbay bis zum Kap Hoorn vereinigt«. Gleichwohl ließen sich gerade die Nordamerikaner oft unter fadenscheinigen Vorwänden zu Hilfe rufen, zum Beispiel zur Eintreibung von Schulden, um ihre eigene egoistische Politik durchzusetzen. Im Jahre 1906 faßten in Rio de Janeiro dennoch alle amerikanischen Staaten einen für die Zeit erstaunlichen Beschluß, der »eine gewaltsame Eintreibung von Schulden« untersagt. Danach dürfen Geldforderungen, die ein Staat gegen einen anderen geltend macht, nicht zu kriegerischen Interventionen führen. Am 11. Mai 1908 schließlich vereinigten sich die Staaten der Neuen Welt zu einer »panamerikanischen Union«, später OAS, Organisation amerikanischer Staaten, genannt. Ihr Hauptquartier, heute eines der schönsten Gebäude in Washington, war lange Zeit nur eine Clearingstelle für Anordnungen aus dem State Department. Mißwirtschaft und Korruption zwangen zudem viele lateinamerikanische Staaten zu Kreditaufnahmen bei US-amerikanischen Banken. Aus dieser Abhängigkeit konnten sich die Lateinamerikaner nur langsam befreien.

Die ökonomische Voherrschaft führte im restlichen Amerika wie in Europa zu einem oft gewaltsamen Antiamerikanismus, der Widerstand gegen den *American way of life* einschloß. Die Sympathie der Jugend in Westeuropa galt in den sechziger Jahren den lateinamerikanischen Revolutionären und den Armen in den Slums von Rio, Lima und Santiago und Ende der siebziger Jahre dem Kampf der Sandinisten gegen die Somoza-Diktatur in Nicaragua. Zu den Anhängern von Fidel Castro, Che Guevara und Ernesto Cardenal gehörten Hans Magnus Enzensberger, Régis Debray und Günter Wallraff.

Diese Intellektuellen sind wie viele andere junge Europäer damals enttäuscht zurückgekehrt. Enzensberger wurde aus Cuba ausgewiesen, Debray aus einem bolivianischen Gefängnis diplomatisch freigehandelt. Der Idee eines vereinten Europa stehen beide kritisch gegenüber. Nach wie vor sehen sie in den USA den Störenfried für die Entwicklung einer westlichen Hemisphäre gleichberechtigter Staaten. Der wachsende Austausch von Gütern und Ideen, von Personen und Programmen nährt die Hoffnung, daß sich die alten Schutzwälle von Vorurteil und Bevormundung abtragen lassen und der Atlantik vom trennenden Burggraben zum völkerverbindenden Meer wird.

Es ist eher ein Zufall, daß ich dieses »Dreieck« der westlichen Hemisphäre beruflich entlanggewandert bin. Zunächst als Reporter von der Iberischen Halbinsel, dann als Berichterstatter aus Lateinamerika, danach als Korrespondent in den USA und schließlich als Kommentator in Brüssel, Europas Verwaltungshauptstadt. In diesen nunmehr 35 Jahren ist mir ein mählicher Prozeß der wirtschaftlichen Integration genauso bewußt geworden wie eine wechselseitige kulturelle Bereicherung. Jedenfalls ist der *American way of life* keine Einbahnstraße mehr. Jeans und Jazz, McDonald's und MacJob haben Buenos Aires genauso erobert wie Frankfurt oder Glasgow, aber sowohl die Vermischung indianischer, afrikanischer und spanischer Kulturmuster und -produkte in

Lateinamerika als auch die Europäisierung haben auf die USA zurückgefärbt.

In den Clubs von New York und Los Angeles wird Salsa, Tango und Bossa Nova getanzt. Die Imbißstuben um das Weiße Haus servieren Frankfurter und Pretzels, Tortilla und Nocadomus. Ein Netz von Espresso-Bars überzieht die Vereinigten Staaten. Caffè Macchiato und Pizza haben sich so eingebürgert, daß die US-Amerikaner sie für ihre eigene Erfindung halten. Die Gäste sitzen lieber im Garten als in der Aircondition, Wein ersetzt nicht nur bei Partys Whisky. Nicht wenige Amerikaner benutzen das Fahrrad und nicht den Zweitwagen, essen Brötchen statt Bagels. Günter Grass und Mario Vargas Llosa rückten zu den amerikanischen Schriftstellern Hemingway und Steinbeck auf. Architekten wie der Amerikaner Gehry, der deutschstämmige Jahn und der Wahlbrasilianer Oscar Niemeyer haben die westliche Hemisphäre schon länger besetzt. Europäische Ausstellungen in Rio und Washington, lateinamerikanische Autoren auf deutschen Buchmessen, amerikanische und britische Musicals auf allen drei Erdteilen sind mittlerweile eine Normalität. Mick Jagger und Paul McCartney ernten seit Jahren Beifallsstürme diesseits und jenseits des Atlantiks, wo sie auch jeweils Wohnsitze haben. Die US-Amerikaner produzieren zwar immer noch die meisten Autos in der Welt, aber sie formen sie nach europäischem Muster oder lassen sie gleich von Deutschen und Italienern in den USA bauen. In Mexiko und Brasilien wird nicht mehr nur amerikanische, sondern auch europäische Technik eingesetzt. Talente und Patente suchen sowieso unabhängig von der Nationalität eine Heim- und Werkstatt. Der Transfer beschränkt sich natürlich nicht auf Kultur, Erfindungen und Erfolge, den Lebensstandard und den Wohlstand; Kriminalität und Drogenkonsum entwickeln gleichfalls neue Netzwerke. Die Kluft zwischen Reich und Arm hat sich in allen Gesellschaften der westlichen Hemisphäre vergrößert.

Auf dem Gipfel in Rio hat Präsident Cardoso in seiner

Begrüßungsansprache die schottische Herkunft des Namens »Brasil« erläutert, und Kanzler Schröder zitierte Alexander von Humboldt als den »zweiten Entdecker Lateinamerikas«. Am Ende des zwanzigsten Jahrhunderts verbinden sich die Amerikaner beider Subkontinente und die Europäer in Ost und West auf neue Weise. Die Zahl der Deutschstämmigen in São Paulo übertrifft die Zahl der Einwohner von Weimar. Und die Industrie in North Carolina erhält immer mehr Zuzug aus Nordrhein-Westfalen. In zwei der baltischen Staaten präsidieren geborene Amerikaner. In das Kosovo strömen albanischstämmige Amerikaner. Je näher sich Ungarn, Tschechien und Polen auf die EU zubewegen, desto mehr amerikanisches Kapital fließt nach Budapest, Prag und Warschau. Halb Chicago trägt osteuropäischen Charakter, Los Angeles ist nach Mexico City die größte »mexikanische« Stadt. Ich glaube, bei dieser Synthese aus Patriotismus und wirtschaftlichem Pragmatismus handelt es sich um den ersten Wellenschlag neuer Austauschprozesse, der den Begriff Heimat um eine halbe Welt erweitert.

Daß sich Mischidentitäten herausbilden, die weder an bestimmte Territorien noch an spezifische soziale Schichten gebunden sind, findet nicht nur ein positives Echo. Bevor er zum Oberkommandierenden der NATO-Streitkräfte ernannt wurde, bedauerte Wesley Clark mir gegenüber: »Wir sind keine einheitliche amerikanische Nation mehr.«

Die Gefahr neuerlicher nationaler Abschottung oder Blockbildung, die aus neuerweckten Gefühlen euroamerikanischer Überlegenheit resultieren könnte, ist auch im Zeitalter der Globalisierung nicht endgültig ausgeräumt. Der Pionier, der sie überwinden kann, ist das Unternehmertum, der Vorläufer einer Welt AG.

Europa und die Welt AG

In einem Restaurant an der mondänen Petite Louise in Brüssel ist Tomas Buzios mein Tischnachbar. Der junge Grieche arbeitet als Lobbyist für Firmen seines Landes. Er ist weit gereist, vielsprachig und in der Business-Welt zu Hause. Als die Rede auf die Türkei kommt, versteinert das sonst so freundliche Gesicht des alerten Mannes. Seine Angst vor dem alten Feind Griechenlands hat er deutlich formuliert: »Ich will meine Familie vor einem neuen Krieg schützen.« Er fügt hinzu: »Die Türken gehören nicht nach Europa.« Dann wechselt Tomas Buzios das Thema.

Ähnliche Paradoxe prägen die Welt im großen wie im kleinen: Griechische Reeder von Onassis bis Niarchos haben die Weltmeere erobert – Athen erlaubt sich heute einen Rüstungswettbewerb, der die Volkswirtschaft ruiniert. Mikis Theodorakis, ein Musiker von Weltruhm, dirigiert vor vollem Haus »Axion Esti«, die lyrische Geschichte der Leiden eines griechischen Soldaten während des Ersten Weltkrieges im islamischen Albanien.

Die Griechen haben uns die Urbausteine der Demokratie gegeben und die Olympische Idee. Heute spielen in ihrem Langzeitgedächtnis Abwehrschlachten gegen den Orient wie die bei den Thermopylen eine patriotische Rolle. Europas »Welt AG« scheitert so bereits vor der Haustür.

In meiner Jugend war Pirmin Julen mein Skilehrer in Zermatt. Zu seinen Schülern gehörten Amerikaner und Australier, Japaner und Briten. Noch bei jeder Volksabstimmung, diesem Ausdruck direkter Demokratie, hat Pirmin Julen gegen die Aufnahme der Schweiz in internationale Gemeinschaften gestimmt. Bei aller Weltoffenheit traut er eigentlich nur seiner Heimat. Ruth Dreifuss, 1999 Präsidentin der Schweiz, Jüdin und engagierte Europäerin, will die Schweiz von ihrem »Autismus« befreien und glaubt, daß ihr Land nicht der letzte weiße Fleck in Europa bleiben kann. Sie verschließt vor den Problemen internationaler Integration keineswegs die Augen: »Im System der Schweiz können politische Entscheidungen nicht mit Mehrheiten, sondern nur mit gutem Willen gefällt werden.« Und sie fürchtet, durch die Herausforderung der Globalisierung könnten »die Bindungskräfte unserer Gesellschaft nachlassen. Globalisierung ist zum Teil nur ein Vorwand für das Infragestellen der Politik.«

Mit ihrem Bankenwesen verfügt die Schweiz schon seit einem Jahrhundert über eine eigene »Welt AG«, doch die Gegner der Integration warnen vor »neuen Vögten« in Brüssel – in Anspielung auf den Vogt Gessler, der Wihelm Tell und den Seinen den Weg in die Eidgenossenschaft verwehren will.

Für viele Menschen in Europa ist der Weg in die Zukunft der Globalisierung eine hohle Gasse, in der alte Werte auf der Strecke bleiben. Aber der freie Markt zwingt sie auf die internationale Bühne, weil sich nur dort jene Kräfte messen, die Zukunft verheißen.

Da in unserer komplexen Welt das Wissen des einzelnen längst nicht mehr ausreicht, müssen sich Interessen bündeln, muß Vertrauen Kenntnis ersetzen. Aber wem vertrauen? Nur den Kräften des Marktes? Der ist jedoch so hektisch geworden und so sehr am Tagesgeschäft orientiert, daß viele seiner Teilhaber an Bedingungen wie *contigency work*, also der Arbeit nach Bedarf, verzweifeln und sich ihm innerlich verweigern. Weil sie das Drehbuch ihres Lebens in diesen unsicheren Zeiten nicht mehr selbst schreiben können, begeben sich viele in die Obhut von Sekten und Kulten oder in den Schoß ihrer jeweiligen Kirche zurück.

Dabei entwickeln fernöstliche Glaubensrichtungen besondere Anziehungskräfte, vielleicht, weil sie noch die Mystik ausstrahlen, die mit der Ferne kommt, vielleicht aber auch nur, weil Menschen wie der Dalai Lama so glaubwürdig sind.

Der Zulauf, den der islamische Fundamentalismus verzeichnet, hat sicher nicht nur mit Glaubenseifer, sondern auch mit Realitätsflucht zu tun. Das Christentum, das so lange von Sozialismus und Materialismus ausgezehrt worden war, profitiert ebenfalls von der neuen Orientierungslosigkeit. Eindrucksvolle Beispiele dafür sind die Millionen Gläubigen, die den Papst Wojtyla in seiner Heimat Polen sowie in Mexiko feierten, das er als seine zweite Heimat betrachtet.

Aber himmlische Glaubenssätze allein entbinden die Gesellschaft nicht von irdischen Regeln.

Ein neuer Verhaltenskodex ist gefragt und neue staatsrechtliche Formen, die dem nächsten Millennium gerecht werden. Der damalige Bundespräsident Roman Herzog hat auf seiner letzten Überseereise in einem Vortrag an der Universität von Córdoba in Argentinien einen Schlüssel offeriert: »die überstaatliche Integration der durch gemeinsame Interessen verbundenen Regionen dieser Welt«.

Herzog geht also davon aus, daß nicht Nationalstaaten mit ihren oft auferzwungenen oder willkürlich gezogen Grenzen die Zukunft erschließen können, sondern neue Formen freiwilliger Kooperation auf regionaler oder professioneller Basis. Im Umkehrschluß meint Kurt Biedenkopf, Ministerpräsident in Sachsen: »In dem Maße, wie sich supranationale oder übernationale Ebenen von erheblicher Kompetenz bilden, wächst das Bedürfnis der Bevölkerung nach regionaler Verankerung.«

Im Spagat zwischen dem Dorf und der Welt ist die deutsche Verfassung in diesem Sinne zukunftsfähig. Sie gewährt den Ländern große Eigenständigkeit. Die Länder bilden eine Nation, stehen aber auch Rücken an Rücken mit Blick auf die Nachbarstaaten: die Norddeutschen nach Skandinavien und die Hanse, die Sachsen nach Polen und Böhmen, die Westdeutschen in den frankophonen Raum, die

Süddeutschen nach Südosteuropa. Das politische System der Bundesrepublik kann eine Vorbildfunktion übernehmen, zum Teil sogar über Europa hinaus. Schottland und Panama beispielsweise haben die Verfassung des Freistaates Bayern als Muster genommen.

Weil dies Ausschwärmen und Sprengen der Grenzen nicht aufgezwungen ist, sondern auf gemeinsamen Interessen beruht, ist es nicht vergleichbar mit den Eroberungen im Zeitalter der Kolonialreiche. England und Holland, Spanien und Frankreich hatten sich dieselben Weltmeere zu eigen gemacht und die Kontinente in weiten Teilen dazu. Sie haben den eroberten Völkern ihre Kriege und ihre Kulturen aufoktroyiert, der Welt die christliche Zeitrechnung diktiert und den *European way of life* kreiert.

Einerseits hat erst das Ende der Kolonialzeit ein geeintes Europa möglich gemacht, das auf das Abendland begrenzt ist. Andererseits kommt die Hinterlassenschaft der Kolonialzeit Europa immer noch zugute. So fühlt sich Spanien für Lateinamerika zuständig, so hat Frankreich eine Art Patenschaft über seine früheren Kolonien in Westafrika übernommen, und so hat die größte der Kolonialmächte – Großbritannien – zur Staatswerdung Indiens beigetragen. In diesen Symbiosen waren Lasten und Gewinne ungleich verteilt. Die Kolonien trugen mit ihren Rohstoffen und Billiglöhnen zur Industrialisierung der Mutterländer bei. Im zunehmend freien Wettbewerb werden die ehemals abhängigen Staaten zu ernsthaften Konkurrenten und sorgen damit für entsprechende Turbulenzen in den im Wohlstand erstarrten Gesellschaften des Westens.

Wie so oft war es Amerika, das als erstes die Zeichen der Zeit erkannt hat: weniger Staat und mehr Markt. Ronald Reagan, der 40. Präsident der USA, erklärte, der Staat solle am Ende nur noch einen Rahmen für das Gedeihen des Gemeinwesens bilden. Er reduzierte die Aufgaben der Regierung auf die Verteidigung und Sicherung der Gesellschaft und die Gewähr eines Auffangnetzes für die Ärmsten der

Armen. Wenn Konzerne nicht nur auf Erwerb ausgerichtet sind, sondern einen sozialen Flankenschutz aufbieten, wird es zu einem »natürlichen Fortschritt des Wohlstandes« kommen, meinte schon Adam Smith. Wenn aber der Staat zu schlank wird und die internationalen Konzerne verantwortungslos handeln, ist der Bruch der Erfolgsgeschichte vorgezeichnet. Es hat sich erwiesen, daß weder die Welthandelsorganisation WTO noch die Weltorganisation UNO die schnell wachsenden Waren-, Geld- und Informationsnetze kontrollieren oder gar lenken können. Hinzu kommt, daß die Apokalypse neue Reiter hat wie die weltumspannende organisierte Kriminalität und die willkürliche Zerstörung der Umwelt. Beide können nicht mehr mit regionalen Sturmtrupps oder nationalen Armeen bekämpft werden. Eine weltweite Koalition der Kampfwilligen ist von Nöten, Kräfte, die sich dem Verfall der Gesellschaft in den Weg stellen. Bis jetzt haben sich vor allem *nongovernmental organizations*, Organisationen ohne Regierungsauftrag, kurz NGO, stark und gleichzeitig glaubwürdig gemacht: Amnesty International in der Verteidigung der Menschenrechte, Greenpeace an der Umweltfront.

Die Europäische Kommission hat 1997 eine Expertengruppe zusammengestellt, die zumindest für Europa mögliche Projektionen ausgearbeitet hat. Dabei lassen Jean-Claude Thébault und seine 60 Mitarbeiter nicht nur die Phantasie spielen, sondern ziehen aus gegenwärtigen Entwicklungen Rückschlüsse auf die Zukunft. In einem der Szenarios wird die Kluft zwischen kreativen und passiven Gesellschaftsgruppen so groß, daß es zu sozialen Unruhen kommt und zum Sturz der politischen Klasse. In einem anderen haben die Konzerne und die Politiker das Vertrauen der Bevölkerung verloren, greifen Selbstorganisation und ziviler Ungehorsam um sich.

Ein drittes Gedankenspiel treibt den freien Wettbewerb nach dem Muster der USA so weit, daß Staaten, wie wir sie kennen, einfach verschwinden. Mein persönliches Lieblingsszenario ist das der »geteilten Verantwortung«. Nach einer radikalen Reform des öffentlichen Sektors gewinnt Brüssel an Glaubwürdigkeit, umfaßt die EU beinahe die gesamte Euro-Zone, entsteht so etwas wie ein weltweites Bündnis für Arbeit, agieren kleine oder größere Interessenverbände transparent.

Eine solche Welt, in der die Verantwortung auf viele Schultern verteilt wird, bedingt natürlich eine Gesellschaft, die mitzutragen und mitzuverantworten bereit ist, und die Bereitschaft des einzelnen, auf eigenen Füßen zu stehen. Damit reduziert sich Europa nicht auf eine Ansammlung von Einzelunternehmern: Es wird immer jene geben, die nie eine Chance haben, und auch jene, die eine Chance sehen, aber sie nicht wahrnehmen. In der Wettbewerbsgesellschaft werden die Risikofreudigen belohnt und die Mutlosen bestraft. Das mag man bedauern, aber ändern kann man es nicht, dazu ist der Zug der freien Marktwirtschaft schon zu weit vorgefahren. Aber noch kann das Tempo reguliert werden, und Weichen müssen ohnehin gestellt werden. Gerade in den Regionen, also im kleinen, wird es immer Nischen geben, auch für die Außenseiter, die Paradiesvögel und die Querdenker. Ohne sie könnten wir das Wichtigste verlieren: den Spaß an Europa.

Michael Naumann
Europa und seine Kultur

Das vereinte Europa, das durch die Wirtschafts- und Währungsunion und durch die Aufnahme der Verhandlungen mit den beitrittswilligen Staaten einen weiteren Schritt vorangekommen ist, würde keine Zukunft haben, wenn es sich lediglich als einen losen Interessenverband oder als eine gehobene Freihandelszone begreift. Wenn die europäische Kultur einzig die Kultur des Geldes bleibt, ist Europa als Idee verloren und die Währungseinheit als Verbindungselement früher oder später auch.

Das Europa der Zukunft muß auch und vor allem eine Kulturgemeinschaft sein. Die europäische Identität kann dabei nur eine zweifache sein: Den Europäer werden stets sowohl seine nationalen Besonderheiten wie auch das gemeinsame europäische Erbe prägen. Das Ziel der europäischen Einheit schließt keineswegs die Vorstellung kultureller und historischer Gleichförmigkeit ein. Die häufig gleichgestalteten und mit Souvenirs bestückten europäischen Touristenorte zum Beispiel wirken bedrückend und versinnbildlichen ein wirtschaftlich vereintes Europa, in dem die handwerklichen und kulturellen Eigenheiten der Regionen unter dem Druck der Kommerzialisierung verloren gegangen sind. Das Ziel Europas ist jedoch nicht Homogenität, sondern Einheit in Vielfalt.

Die kulturellen Leistungen unseres alten Kontinents haben alle Zerrissenheit, alle schrecklichen Irrwege und europäischen Bürgerkriege überdauert. Aber sie waren auch Teil und eine Ursache all dieser schrecklichen Ereignisse. Sie machen den Rang Europas und sein Bild in der Welt aus. Deshalb darf die kulturelle und historische Dimension der europäischen Einigung gegenüber der Wirtschaftspolitik und der Währungsunion, der gemeinsamen Außen- und

Sicherheitspolitik und den anderen wichtigen Themen nicht als quantité négligeable angesehen werden.

Dies ist besonders an die Finanzminister Europas gerichtet, die wieder ihren Rotstift ansetzen, um den Kulturetat der Kommission zu kürzen. Es sollte ihnen mit allem Nachdruck deutlich gemacht werden, daß die Idee Europas nicht nur eine stabile Währung, nicht nur eine Maxime des Gewinns durch die Öffnung der Grenzen sein kann.

Die Idee Europas ist auch nicht eine machtvolle Projektion dieser Einheit in die Wirtschaftsregionen der übrigen Welt. Die Idee Europas ist und bleibt ein Abschied von dem territorialen, tribalistischen und diplomatischen Irrsinn der Vergangenheit. Sie verwirklicht sich in der individuellen Freiheit, der Toleranz, der Neugier, der Gerechtigkeit, der Rechtsstaatlichkeit und vor allem durch den kulturellen Austausch. Wenn das aus den Augen verloren geht, werden sich hier im nächsten Jahrhundert unsere Nachfolger versammeln und über die Versäumnisse unserer Zeit nachdenken können.

Nüchtern betrachtet ist die Identität Europas über Jahrhunderte hinweg negativ bestimmt gewesen, eine zeitlich befristete Einheit zur Abwehr von wirklichen oder erfundenen und empfundenen Bedrohungen. Max Weber hat bekanntlich vom Rationalisierungsprozeß als einem ausschließlichen und bestimmenden Wesenszug Europas gesprochen und an diesem Leitfaden die Kontinuität Europas von den Griechen bis zur Gegenwart entwickelt. Er kannte damals noch nicht die enorme Wirtschaftskraft Japans. Rationalisierung, Logik, Entzauberung, so glaubte Weber, prägten den Verlauf der europäischen Geistesgeschichte. Daß aber auch das Reden selbst von der Entzauberung zu neuen und ähnlichen Phänomenen in der Wissenschaftsgeschichte, nämlich Selbstverzauberung, Selbstüberschätzung und Selbstüberheblichkeit, führen sollte, hatte er nicht bedacht.

Die Entdeckungen der Wissenschaft verliehen den Europäern ein Instrument zur Beherrschung der Natur und der Menschen, wie es in anderen Kontinenten in dieser Form nie entwickelt worden ist. Mit der Vernunft trat der Geist des Zweifels, der Skepsis und der Ironie in das europäische Denken ein sowie die Rechte, die einst Sokrates, zumindest was das Zweifeln betraf, definiert hatte. Ungewißheit, Ambivalenz und Zweideutigkeit drücken seitdem die Spannung aus zwischen Vernunft und Glauben, Mythos und Logos, Aufklärung und Romantik, Tradition und Fortschritt.

Die Geschichte Europas ist aber auch die Geschichte der unaufhörlichen Kriege, die Geschichte von Unterdrückung, Gewissenszwang und Diktatur. Die monströse Effektivität der fürchterlichsten Massenvernichtung der Geschichte, der nationalsozialistische Holocaust am jüdischen Volk und anderen Opfern des NS-Regimes, war in ihrer Rationalität spezifisch deutsch – eben keine »asiatische Tat«, wie mancher Historiker meint.

Ich stimme György Konrád zu, wenn er sagt: »Zwei verschiedene europäische Logiksysteme standen sich im vergangenen Jahrhundert gegenüber, und diese Konfrontation ist auch heute noch nicht verschwunden, sondern hat sich lediglich gewandelt. Die eine Vorstellung beinhaltet die Vereinigung Europas unter der Herrschaft einer Nation, während die andere Konzeption die freiwillige und gleichberechtigte Assoziierung der Nationen fördert. Die allzu überzogene Eigenliebe der einen Gemeinschaft führte zur Erniedrigung und Vernichtung der anderen Gemeinschaften. Der Gedanke der hierarchischen Unterscheidung von Völkern und Nationen ist äußerst abstrakt, doch der daraus folgende Massenmord scheußlich konkret.« (Europäisches Schriftstellertreffen, Herbst 1998 in Berlin)

Ich möchte diesen Gedanken ergänzen: Auch die Hingabe an den Glauben an eine gerechte Zukunft im Kommunismus ist im Gulag und einem seelenlosen bürokratisch-verknöcherten Parteiapparat untergegangen und war für den einzelnen Menschen nicht minder gefährlich. Die schleichenden Entmündigungen, die darin verborgen sind, wurden in den letzten Jahren lautstark thematisiert.

In seinem Buch »Wieviel Geschichte braucht die Zukunft?« (1998) stellt Eric Hobsbawm fest: »Früher habe ich immer gedacht, als Historiker könne man im Gegensatz zu einem Kernphysiker keinen Schaden anrichten.« Ich meine, Hobsbawm hätte das besser wissen können, vor allem durch das Studium der Historiker des späten 19. Jahrhunderts. Unsere Untersuchungen, sagte er, können zu Munitionsfabriken werden. Was heißt »können«? Sie wurden es!

Nahezu alle europäischen Völker waren im Verlauf ihrer Nationen- und Staatenbildung ständig darauf bedacht, ihre jeweilige Einmaligkeit und Unvergleichlichkeit hervorzuheben. Die historischen Mythen sind durchweg solche der Vereinigung nach innen und der Abgrenzung nach außen. Sie versuchen die Einheit aller Mitglieder der Gemeinschaft in einer einzigen, homogenen Gruppe mit möglichst göttlichem Ursprung oder in einer Art historischen Genesis in einer archaischen, von jeglicher Überprüfbarkeit entfernten Urgemeinschaft zu rechtfertigen.

Die Mythen besaßen weiterhin die Funktion, Grenzen zwischen sich und den jeweils anderen Nationen und ihren Mythen zu ziehen. Diese Grenzziehung stimmte oft genug mit den territorialen Grenzen überein. Dort, wo es Sprachräume gab, die diese territorialen, meistens militärisch etablierten Grenzziehungen überlappten, waren die nächsten Konflikte bereits angelegt.

Das erste Element, in dem sich die Nationen einig waren und oft noch sind, ist der Glaube an die Kraft der Mythen als ihre eigentliche Geschichte.

Mythos heißt aber im Griechischen nicht nur Geschichte und Erzählung, sondern auch Legende und Fiktion. Auch und gerade die größten Historiker des 19. Jahrhunderts haben in dem Bemühen, eine möglichst objektive Darstellung der jeweiligen nationalen Geschichte zu geben, im Ergebnis nur allzu oft die nationalen Mythen als wissenschaftliche Wahrheit verkleidet.

Die konstruierte, organisierte und kollektive Beschwörung großer Augenblicke der Vergangenheit ist eine regelrechte »kollektive Erneuerung« durch die gesamte Nation, die mit der Hilfe von Jubiläen, Lehrplänen, Gedenkfeiern jeder Art – übrigens auch Denkmälern – zu den Ursprüngen ihrer Existenz als Gemeinschaft zurückkehrt.

Kult der Geschichte und Kult der Nationen sind somit unzertrennlich und gefährlich miteinander verbunden. Als religiöse Praxis verwandelt die Zelebrierung der großen Augenblicke die Nation oft in ein undurchsichtiges Gewebe von Mythen: Der Mythos ist weiterhin eine symbolisch wirksame Erzählform, welche die gesellschaftliche Erhaltung und Erneuerung einer Gemeinschaft garantiert und legitimiert. Er erklärt aber in Wirklichkeit nicht die Existenz solcher Gesellschaften, sondern deutet sie in der Figur oft religiös legitimierter Ursprungsgeschichten. Der Ursprung wird in die Totalität der Zeit eingeordnet: Der Mythos faßt Vergangenheit, Gegenwart und Zukunft in sich zusammen. Seine Sprengkraft erleben wir gerade wieder auf dem Balkan.

Aus der Distanz eines an Krisen und Brüchen besonders reichen Jahrhunderts betrachtet erscheinen diese nationalen Mythen strukturell von Nation zu Nation ähnlich, wenn nicht sogar austauschbar. Den anderen besser verstehen, heißt, aus diesen Austauschbarkeiten der Mythen zu entkommen in das Partikulare, das Genaue, das Aufklärende, das Rationale, das nicht mehr zu politischen Zwecken zu mißbrauchende Beschreiben von dem, was war, und von dem, was sein könnte.

Dieter Kronzuckers Bild von Europa ist persönlich gefärbt und aus dem Blickwinkel des engagierten Journalisten erzählt. Er öffnet das Fenster zu unseren Partnern im Westen und unseren Nachbarn im Osten. Er sieht den Balkankonflikt und seine Lösung als Test für eine neue Solidarität der Völker Europas und schildert die Hindernisse und Fortschritte auf dem Weg zu einer Staatengemeinschaft, die sich mit den Vereinigten Staaten von Amerika messen kann. »Mein Europa« ist die Biographie eines Kontinents, der sich vom 20. Jahrhundert hoffnungsvoll verabschiedet hat – in ein neues Millennium.

Literarische Spaziergänge mit Büchern und Autoren

Das Kundenmagazin der Aufbau-Verlage.
Kostenlos in Ihrer Buchhandlung

Aufbau-Verlag | Rütten & Loening | Aufbau Taschenbuch Verlag | Gustav Kiepenheuer | Der >Audio< Verlag

Oder direkt: Aufbau-Verlag, Postfach 193, 10105 Berlin
e-Mail: marketing@aufbau-verlag.de
www.aufbau-verlag.de

Für *glückliche* Ohren

Ob groß oder klein: Der Audio Verlag macht alle Ohren froh. Mit Stimmen, Themen und Autoren, die begeistern; mit Lesungen und Hörspielen, Features und Tondokumenten zum Genießen und Entdecken.

DER>AUDIO<VERLAG D>A<V

Mehr hören. Mehr erleben.

Infos, Hörproben und Katalog: www.der-audio-verlag.de
Kostenloser Kundenprospekt: PF 193, 10105 Berlin

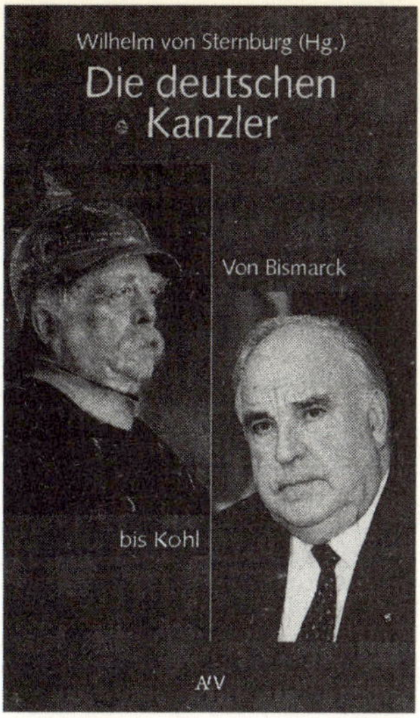

Die deutschen Kanzler
Von Bismarck bis Kohl

Herausgegeben
von Wilhelm von Sternburg

Mit 28 Abbildungen
488 Seiten
Band 8032
ISBN 3-7466-8032-8

28 Kanzler haben Deutschland seit der Reichsgründung im Januar 1871 regiert. Ihre politischen Biographien, geschrieben von Rudolf Augstein, Joachim Fest, Fritz Fischer, Jürgen Leinemann, Klaus Harpprecht, Heinz Höhne, Theo Sommer und anderen renommierten Historikern, Politologen und Publizisten, bieten einen »Überblick über die jüngere deutsche Geschichte, der seinen Ausgangspunkt bei den Kanzlerpersönlichkeiten nimmt, aber nicht bei ihnen steckenbleibt« Süddeutscher Rundfunk.

»Ein lesenswertes Buch.«

Westdeutsche Allgemeine

AtV
Aufbau Taschenbuch Verlag

Wolfgang Engler
Die Ostdeutschen
Kunde von einem verlorenen Land

348 Seiten
Band 8053
ISBN 3-7466-8053-0

Wolfgang Englers Buch »Die Ostdeutschen« zeichnet ein Bild unerwartet lebendiger Vergangenheit ... Ihm geht es, ganz der Dialektik verpflichtet, um das Verlorene, wissend, das es in irgendeiner Form an seiner Aufhebung arbeitet, durch Verklärung oder Aufklärung wiedererscheint. ... Engler spricht nicht ohne Doppelsinn von der DDR als einer »Diktatur in Grenzen«, also einer Herrschaft, die nach außen mit strikter Grenzziehung arbeitete, die Räume nach innen ebenfalls vertikal abschottete, aber horizontal durchlässig hielt. Aus ihren Werten, Normen und Zielvorstellungen rekonstruiert er das Bild einer »arbeiterlichen Gesellschaft«, die die Verarbeiterlichung« der bürgerlichen Schichten und das Abschmelzen sozialer Barrieren und Differenzen erfolgreich bewerkstelligte, um schließlich an eben diesem Erfolg zu scheitern, am Mangel an Effizienz, Differenzierung und Individualisierung. ...

Wolfgang Engler könnte einmal das Verdienst zukommen, daß er half, angehäufte Mißverständnisse aufzuklären, den Knoten sich verfestigender Ignoranz und ideologischer Selbstblockade zwischen Ost und West zu lösen.

Wolfgang Thierse

AtV
Aufbau Taschenbuch Verlag

Friedrich Schorlemmer

Absturz in die Freiheit

Was uns die Demokratie abverlangt

265 Seiten
Band 7029
ISBN 3-7466-7029-2

»... Aber der aufrechte Gang, das aufrichtige und aufrichtende Wort gehört zu unseren menschlichen Möglichkeiten und gehört zu unserer Menschwerdung.«

Friedrich Schorlemmer streitet in seinem jüngsten Buch für die Überwindung der »Sprachlosigkeit«, die sich inmitten der deutschen Medien- und Konsumlandschaft ausgebreitet hat. Er appelliert an die Verantwortung jedes einzelnen für die Bewahrung von Demokratie und Freiheit. Mit der Kraft des Wortes ruft er zu mehr Zivilcourage auf, um unsere »Massengesellschaft« individueller und menschlicher zu gestalten.

AtV
Aufbau Taschenbuch Verlag

Heinrich Hannover

Die Republik vor Gericht 1954–1974

Erinnerungen eines unbequemen Rechtsanwalts

494 Seiten
Band 7031
ISBN 3-7466-7031-4

Die Liste von Heinrich Hannovers Mandanten spiegelt ein Stück bundesdeutscher Geschichte wider. Die Verfahren gegen Günter Wallraff, Ulrike Meinhof, Peter-Paul Zahl, Karl Heinz Roth, Astrid Proll oder Daniel Cohn-Bendit standen symbolhaft für den Zustand unserer Bundesrepublik, an deren Rändern zudem eine Fülle jener Namenloser zu Kriminellen erklärt wurde, die in traditionellen Demokratien das Salz der Gesellschaft bilden: Kommunisten, Anarchisten, Kriegs- und Atomwaffengegner, radikale Kritiker und Unruhestifter.

»Heinrich Hannover, ein furchtloser Mann von Anstand und Gesittung, hat ein sehr wichtiges und spannendes Buch geschrieben. Es sei allen, vor allem aber jenen zum Studium empfohlen, die in ihrer satten Selbstzufriedenheit befangen sind.«

Die Zeit

AtV
Aufbau Taschenbuch Verlag

Ingo Hasselbach
Winfried Bonengel
Die Abrechnung
Ein Neonazi steigt aus

Aktualisierte Ausgabe
192 Seiten
Band 7036
ISBN 3-7466-7036-5

Ingo Hasselbach, jahrelang ein führender Neonazi, gibt einen authentischen Bericht über den Rechtsextremismus in Deutschland. Er beschreibt seinen eigenen verhängnisvollen Weg vom Punk zum Neonazi. Hasselbach nennt Namen, zeigt Strukturen, charakterisiert »Führer« und Anhänger. Er schildert seine Motive für den radikalen Ausstieg aus einer Szene, die wie eine Droge wirkt im Kampf um Anerkennung und Gemeinschaftsgefühl. Auch heute, Jahre nach seinem Ausstieg, muß Hasselbach im verborgenen leben. Präzise verfolgt er die neuesten Entwicklungen und analysiert Fehler, die vor allem von Politikern im Umgang mit der rechten Szene begangen werden.

»Ingo Hasselbach hat sich an seinen eigenen Haaren aus dem rechten Sumpf gezogen.«

Die Zeit

»Mit seiner Abrechnung will er die eigene Vergangenheit abschütteln und stellt dabei das rechtsextreme Milieu bloß.«

Focus

AtV
Aufbau Taschenbuch Verlag

Hervé Hamon / Patrick Rotman

Yves Montand
Du siehst, ich habe nicht vergessen
Ein Leben in diesem Jahrhundert

Aus dem Französischen von Christel Gersch und Joachim Meinert

588 Seiten
Band 1077
ISBN 3-7466-1077-X

Er ist besessen vom Film, und er will nach Amerika: ein verwegener Traum für das italienische Emigrantenkind Ivo Livi in einer Marseiller Vorstadt der 30er Jahre. Doch 1953 steht der Sänger, der sich nun Yves Montand nennt, bereits auf dem Gipfel seines Ruhms als Star der französischen Music-Hall, bald weltweit gefeiert von Paris bis Rio, von Moskau bis San Francisco, von Tokio bis Prag. 1960 öffnen sich dem Schauspieler die Filmstudios von Hollywood, 1982 steht er auf der Bühne der Metropolitan Opera in New York. Ein Leben wie eine Legende in den Stürmen dieses Jahrhunderts und an der Seite dreier berühmter Frauen: Edith Piaf, Simone Signoret und Marilyn Monroe.

AtV
Aufbau Taschenbuch Verlag

Alfred Kerr

Mein Berlin

Schauplätze einer Metropole

Mit einem Geleitwort von Günther Rühle

Mit 37 Abbildungen
208 Seiten
Band 1705
ISBN 3-7466-1705-7

Die Auswahl der witzigsten, charmantesten und kritischsten Texte aus den Berliner Briefen führt uns zu Orten und Ereignissen, in denen der Wandel der Hauptstadt sinnfällig zutage tritt. Wir folgen dem jungen Kerr, der zwischen 1895 und 1900 die Metropole durchstreift und festhält, was sich seinen Sinnen darbietet, seinen Spott herausfordert, seinen Enthusiasmus beflügelt.

Die Plastizität der Kerrschen Schilderungen wird ergänzt durch charakteristische Fotos von den Schauplätzen jener Zeit. Sie nehmen uns mit auf eine Entdeckungsreise in das Vergangene, das immer noch erlebbar ist.

»Staunend steht man hundert Jahre später vor diesen Dokumenten des Aufbruchs und einer wunderbaren Leichtigkeit.«

Berliner Zeitung

AtV
Aufbau Taschenbuch Verlag